W0239919

Arthur Freeman / Rose DeWolf

Die 10 dümmsten Fehler kluger Leute

Arthur Freeman ist Dozent für kognitive Therapie an der University of Medicine and Dentistry in Camden, New Jersey, und arbeitet in der psychiatrischen Abteilung des dortigen Universitätskrankenhauses.

Rose DeWolf arbeitet als Journalistin in erster Linie für die »Philadelphia Daily News«, aber auch für das Fernsehen und andere Printmedien.

Arthur Freeman / Rose DeWolf

Die 10 dümmsten Fehler kluger Leute

Wie man klassischen Denkfallen entgeht

Mit einem Vorwort von Aaron T. Beck

Aus dem Amerikanischen von Karin Diemerling

Piper
München Zürich

Für B. J. und K. M. S.

ISBN 3-492-04473-5
Sonderausgabe 2002
© Arthur Freeman und Rose DeWolf, 1992
Deutsche Ausgabe:
© Ernst Kabel Verlag GmbH, Hamburg 1996
Umschlaggestaltung: Büro Jorge Schmidt, München
Umschlagabbildung: Mauritius
Gesamtherstellung: Clausen & Bosse, Leck
Printed in Germany

www.piper.de

Inhalt

Vorwort

Vor über dreißig Jahren erhielt ich durch einen meiner Patienten den Anstoß, ein therapeutisches Verfahren zu entwickeln, das mittlerweile als kognitive Therapie bezeichnet wird. Das ist das Verfahren, das Sie in diesem Buch kennenlernen werden.

Zu jener Zeit führte ich Forschungen zu Freuds Theorien durch und parktizierte traditionelle psychoanalytische Psychiatrie – hörte mir die Erinnerungen von Patienten an und machte freie Assoziationsübungen mit ihnen, in der Hoffnung, ihr Unbewußtes anzuzapfen. Der betreffende Patient war frustriert über die Langsamkeit dieses Prozesses und sagte mir das auch. Er war wütend auf mich. Er sagte, daß allein schon der Gedanke an mich bei ihm Ärger und Schuldgefühle auslöse. Und er fuhr fort, mir diese beunruhigenden Gedanken genauer zu schildern. Im Kern liefen seine Gedanken – die er bisher vor mir verborgen hatte – darauf hinaus, daß er ein schlechter Mensch war, weil er Wut auf mich empfand.

Das gab mir einiges zu denken. Ich begann, andere Patienten nach den Gedanken zu fragen, die ihnen durch den Kopf gingen, wenn negative Gefühle wie Ärger oder Wut in ihnen aufstiegen. Ich stellte fest, daß die immer wieder genannten Gedanken sehr spezifische, genau erkennbare Muster ergaben. Diese Muster ließen erkennen, wie Menschen, unabhängig von ihrem Intelligenz- oder Bildungsgrad, Situationen falsch einschätzen, wie sie Handlungen anderer fehlinterpretieren und die Bedeutung von bestimmten Vorkommnissen überschätzen.

Es bedurfte vieler Jahre Forschung, um genug Beobachtungen zu sammeln und die effektivste Therapie zu entwickeln. Aber die zusammengetragenen Daten führten unausweichlich zu der Schlußfolgerung, daß die Art und Weise unseres Denkens in hohem Maße mitbestimmt, ob wir Erfolg haben und das Leben genießen, oder sogar, ob wir überleben – und daß es möglich ist, sich eine höhere Denkebene zunutze zu machen, um negative Denkmuster zu korrigieren.

Diese Forschungen ermöglichten es mir, Techniken zu finden, die nicht nur mit sichtbarem Erfolg seelisches Leid mildern, die Effektivität des Handelns verbessern und eine Unmenge selbstbehinderndes Verhalten vermeiden helfen, sondern die diese Ergebnisse auch relativ schnell und einfach herbeiführen. Während weiterer Jahrzehnte haben meine

Untersuchungen sowie die von anderen Forschern dazu geführt, daß die kognitive Therapie auf einem breiten Spektrum psychischer Probleme ihre Anwendung findet. Natürlich stelle ich mit großer Befriedigung fest, daß das, was die »kognitive Revolution« genannt wird, nicht nur in den Vereinigten Staaten, sondern auch in anderen Ländern rund um den Globus Anerkennung gefunden hat.

Ebenfalls mit großer Befriedigung stelle ich fest, daß diese Revolution durch die Bemühungen anderer weiter vorangetrieben wird. Eine dieser Bemühungen stellt das vorliegende Buch dar, das erklärt, wie sich die verbreitetsten Verzerrungen des Denkens auswirken und was Sie tun können, um diese zu vermeiden beziehungsweise zu korrigieren.

Arthur Freeman, einst einer meiner Studenten und später mein Kollege im Zentrum für Kognitive Therapie an der Universität von Pennsylvania, ist heute weltweit einer der wichtigsten Lehrer für kognitive Therapie. Die Autorin Rose DeWolf besitzt die Fähigkeit, die komplexen Aspekte der kognitiven Therapie so darzustellen, daß sie leicht zu verstehen und leicht anzuwenden sind. Das Autorengespann hat sich bereits in einer früheren hilfreichen Veröffentlichung bewährt, wie die Leserinnen und Leser von *Du mußt nur wollen!* wissen.

Wenn Sie Ihr Leben von den negativen Denkmustern, die Millionen von Menschen unglücklich machen, befreien möchten – dieses Buch zeigt Ihnen den Weg.

Aaron T. Beck, M. D.
Direktor des Zentrums für Kognitive Therapie und
Professor für Psychologie an der
Universität von Pennsylvania

Einführung: Woher wissen wir, welches die zehn dümmsten Fehler sind?

Wir alle machen Fehler. Das gehört zum menschlichen Leben. Wir teilen sie in kleinere (Sie bemerken – huch –, daß Sie Ihren Pullover falschherum angezogen haben) und größere (Sie bemerken – seufz –, daß die Person, der Sie Ihre Liebe und Ihr Vertrauen geschenkt haben, dessen nicht wert ist) ein. Wir bezeichnen sie als dumm, wenn wir glauben, daß *wir es zu dem gegebenen Zeitpunkt hätten besser wissen müssen.* Und genau das ist leider viel zu oft der Fall.

Sie fragen sich vielleicht, wie man aus den Hunderten, ja Tausenden von dummen Fehlern, zu denen wir Menschen neigen, die zehn dümmsten herausfinden kann.

Die Antwort ergibt sich durch die Auswahl einer bestimmten Kategorie von Fehlern. Diese sind die dümmsten, weil sie uns zu zahllosen anderen Fehlern verleiten. Es sind Fehler, die auf vielfältigen Wegen unnötiges seelisches Leid verursachen. Es sind Fehler, die nicht in bestimmten Entscheidungen, die wir treffen, liegen, sondern *in der Art und Weise, wie wir unsere Entscheidungen treffen.* Kurzum: Es sind Fehler, die *in unserer Einstellung begründet liegen.*

Die Rede ist nicht von solch naiv-optimistischen Rezepten wie »Denk einfach positiv, und all deine Probleme werden verschwinden« oder »Kopf hoch. So schlimm ist es doch gar nicht« (was immer »es« auch sein mag). Wir sprechen von sehr spezifischen Denkfehlern, die Probleme erzeugen, bereits existierende Probleme verschlimmern oder uns Schwierigkeiten bei der Lösung von Problemen bereiten. Diese Sorte Denkfehler veranlaßt uns, Erfahrungen *falsch zu interpretieren* und uns selbst und andere *falsch einzuschätzen.*

Diese Fehlinterpretationen und Fehleinschätzungen lösen häufig schmerzliche Gefühle in uns aus – und diese Gefühle verleiten uns dann zu Handlungen, die wir später bedauern, oder, was manchmal noch schlimmer ist, halten uns von Handlungen ab, die ein lebensbereicherndes Potential haben. Oft hört man Leute sagen: »Ich war so niedergeschlagen (oder ängstlich oder voller Schuldgefühle oder wütend oder gestreßt), daß ich nicht klar denken konnte.« Doch dieses Buch wird deutlich machen, daß Sie genau dann, wenn Sie *nicht* klar denken, Gefühle wie Niedergeschlagenheit, Ängstlichkeit, Schuld, Ärger oder Streß *entwickeln und verstärken.* Indem Sie lernen, wie Sie die zehn in diesem Buch beschriebenen dummen Denkfehler vermeiden, werden Sie entdecken, daß Sie Angst und Sorge vermindern, psychisches Leid lindern und Streß verringern können.

Das Tor zu Ihren Gefühlen

Kognitive Therapeuten unterscheiden sich von Vertretern anderer Therapierichtungen durch ihre Betonung der Rolle, die das »klare Denken« bei der Befreiung von seelischen Leiden spielt. Innerhalb der therapeutischen Gemeinde gibt es eine Vielzahl widerstreitender Meinungen über den besten Weg, die Ursachen solcher Leiden zu erkennen und sie zu lindern. Die Debatte dreht sich hauptsächlich um die Frage, wo man zuerst ansetzen muß: ob bei den Gefühlen, den Handlungen oder den Gedanken.

Manche Therapeuten glauben, daß wir ganz und gar von unseren Gefühlen regiert werden. Das heißt, sie behaupten, daß die Gefühle unsere Gedanken und Handlungen bestimmen. Diese Therapeuten glauben, daß wir nur »in Kontakt mit unseren Gefühlen kommen« müssen, unsere »Empfindungen nicht mehr unterdrücken« dürfen und »alles herauslassen« sollen, um besser mit den Problemen, die uns das Leben unweigerlich präsentiert, zurechtzukommen. Sie behaupten, daß man nur tief genug in sich selbst graben muß, um auf einen Brunnen unterdrückter Gefühle zu stoßen – bis zum Rand gefüllt mit den Taten unserer Eltern, unseres Lebenspartners, oder den Auswirkungen unserer Lebensumstände. Sie glauben, daß wir einen Zustand des Wohlbefindens erreichen können, wenn wir unser Inneres von diesen vergrabenen Gefühlen säubern, so wie ein Zahnarzt Karies entfernt.

Andere Therapeuten glauben, daß wir nicht nur diesen unterirdischen Brunnen von Gefühlen angraben, sondern auch lernen müssen, auf positivere, lebensbejahendere Art zu handeln. Anders ausgedrückt, diese Einsicht in Ihre innersten Gefühle und Empfindungen muß von einer Änderung in Ihrem Verhalten begleitet sein.

Wieder andere vertreten die Ansicht, daß allein in unserem Verhalten der Schlüssel zu einem besseren Leben liegt. Nach ihrer Meinung werden Sie durch das bewußte Bemühen, positiver zu handeln, mehr im

Leben erreichen, auch wenn der Aufruhr in Ihrem Innern weitergehen mag.

Die kognitive Therapie – die therapeutische Methode, die in diesem Buch vorgestellt wird – vertritt die Anschauung, daß jede dieser Theorien einen Teil der Antwort enthält. Aber jede von ihnen läßt auch viele Fragen offen.

Zweifellos ist das, was Sie fühlen, von Bedeutung. Gefühle bilden einen zentralen Teil unseres Seins. Dennoch hat die Erfahrung gezeigt, daß es möglich ist, in Kontakt mit unseren Gefühlen zu kommen, genau zu verstehen, *warum* wir so empfinden – und trotzdem zu leiden. Sie können verstehen, *warum* Sie so fühlen, wie Sie fühlen, und sich trotzdem auf eine selbstdestruktive Weise *verhalten*. Sicher kann eine Katharsis – das Ausleben der Gefühle – bewirken, daß es uns besser geht. Wenn Sie geweint haben, fühlen Sie sich erleichtert. Wenn Sie eine schwere Last ablegen, fühlen Sie sich sofort wohler. Wenn jedoch das Problem, das Sie zum Weinen gebracht hat, bestehen bleibt, werden Sie bald wieder weinen. Und wenn Sie die Last wieder aufnehmen, werden Sie ihr Gewicht von neuem spüren.

Dies alles scheint die Ansicht zu bestätigen, daß *etwas zu tun*, um unsere Probleme zu lösen, in der Tat eine unerläßliche Komponente dabei ist, unser Leben besser in den Griff zu bekommen. Dennoch hat die Erfahrung auch gezeigt, daß es möglich ist, produktivere Verhaltensweisen zu lernen – *und sich immer noch schlecht zu fühlen*.

Am hilfreichsten wäre es also, eine Lebensformel zu finden, die den Aufruhr in unserem Innern beruhigt und uns gleichzeitig lehrt, auf positivere, produktivere Weise zu handeln. Und genau hier setzt die kognitive Therapie an. Was sie von anderen Therapieformen unterscheidet, ist, daß sie die verschiedenen Elemente auf eine neue Weise *kombiniert* – eine Weise, die Menschen nach eigener Aussage *schneller* hilft, *leichter* anzuwenden ist und *dauerhaftere* Ergebnisse erzielt.

Die kognitive Therapie verlangt nicht, daß Sie zuerst in Ihrer emotionalen Vergangenheit graben, bevor Sie etwas zur Verbesserung Ihrer Gegenwart und Ihrer Zukunft unternehmen können. Was immer andere Ihnen in der Vergangenheit angetan haben, Sie müssen sie nicht zuerst bestrafen oder ihnen vergeben, bevor *Sie sich selbst gestatten können, sich weiterzuentwickeln*. Auch wenn die Umstände in Ihrer Vergangenheit ungünstig waren – und trotz sehr realer Gründe für Qual und Unsicherheit –, werden Sie entdecken, daß Sie *in sich selbst* die Fähigkeit tragen, Ihr Leben *jetzt* zum Besseren zu ändern, wenn Sie bereit sind, die Verantwortung für sich selbst zu übernehmen.

Die Verantwortung für sich selbst zu übernehmen bedeutet, die Verantwortung für die eigenen Gefühle zu übernehmen. Es ist immer verlockend, anderen – oder den unglücklichen Umständen – die Schuld für Gefühle wie Wut oder Niedergeschlagenheit, Angst oder Scham, Unsicherheit oder ein schlechtes Gewissen zu geben. Aber die Schuld anderer kommt nicht ohne unser Zutun zustande. Andere Menschen oder unglückliche Umstände mögen den Schmerz, den Sie empfinden, verursacht haben, aber nur *Sie* haben die Kontrolle darüber, ob Sie *diesem Schmerz gestatten, Sie weiterhin zu beherrschen*. Wenn Sie wollen, daß diese Gefühle verschwinden, dann müssen Sie sich sagen: »Es liegt bei mir.«

Die Verantwortung für Ihre Gefühle übernehmen

»Aber was kann ich tun?« fragen Sie. Sie können die Art und Weise ändern, wie Sie über die Ereignisse in Ihrem Leben *denken*.

Das Wort *kognitiv* bedeutet »auf Erkenntnis beruhend«. Der kognitive Ansatz *beginnt* damit, sich die erstaunliche Denkfähigkeit des menschlichen Gehirns zunutze zu machen. Das ist wichtig, denn unsere Gefühle und unsere Handlungen sind nicht von unseren Gedanken getrennt. Sie stehen alle in Beziehung zueinander. Das Denken ist das *Tor* zu unseren Gefühlen – und unsere Gefühle bilden das Tor zu unseren Handlungen.

Während Sie dieses Buch lesen, werden Sie entdecken, wie die Änderung Ihrer Denkweise Sie dazu befähigen kann, Verantwortung für Ihre Gefühle zu übernehmen, statt sich von Ihren Gefühlen beherrschen zu lassen. Sie werden entdecken, daß die Gefühle, die Ihnen Probleme bereiten, *nicht* irgendwo tief in Ihrem Innern lagern und dort vor sich hin schäumen. Gefühle werden tatsächlich in dem Augenblick produziert, in dem wir sie brauchen. Und wir rufen sie durch die Art, wie wir *denken*, hervor.

Wenn Sie das nicht glauben können, betrachten Sie einmal folgende Beispiele:

Der rücksichtslose Autofahrer

Nach heftigem Schneefall liegen fast zwanzig Zentimeter Schnee auf der Straße. Sie müssen mit einem Rezept zur Apotheke, fahren also dort hin und stellen fest, daß ein Auto die beiden einzigen freigeschaufelten Parkplätze davor blockiert. Das bedeutet, daß Sie im Schnee parken müssen und nur hoffen können, nicht stecken zu bleiben. Es bedeutet außerdem, daß Sie durch eine hohe Schneeverwehung waten müssen, um zur Tür zu gelangen. Was fühlen Sie? Frustration? Vermutlich ein wenig. Ärger? Vermutlich eine ganze Menge.

Sie denken vielleicht: »Ich bin stinkwütend. Ich kann es nicht fassen, daß jemand einfach beide Parkplätze zuparkt. Was für eine Rücksichtslosigkeit. So was Dreistes. Ich hoffe, der Blödmann hat einen Platten auf dem Nachhauseweg.«

Als Sie die Apotheke betreten, rennt ein Mann so schnell an ihnen vorbei zu dem Auto des Anstoßes, daß Sie ihm nichts mehr zurufen können. Sie wollen gerade eine Bemerkung zu der Apothekerin machen, als sie sagt: »Der arme Kerl. Sein Kind liegt im Sterben. Der Arzt hat ihm zwar etwas verschrieben, aber eigentlich kann ihm nichts mehr helfen.«

Was passiert jetzt mit all dem Ärger? Selbst wenn Sie immer noch ein wenig aufgebracht sind, hoffen Sie weiterhin, daß der Mann auf dem Nachhauseweg einen Platten hat? Wahrscheinlicher ist, daß Sie jetzt ganz anders über ihn denken. Sie empfinden jetzt Bedauern oder Mitleid statt Ärger oder Wut. Das nächste Mal, wenn Sie in die Apotheke kommen, werden Sie sich vermutlich nach dem Kind erkundigen.

Die unzuverlässige Freundin

Sie brauchen Hilfe und rufen eine Freudin an. Sie ist nicht zu Hause, daher hinterlassen Sie eine Nachricht auf ihrem Anrufbeantworter. »Ich habe ein großes Problem«, sagen Sie. »Es ist sehr wichtig, und ich brauche dringend deine Hilfe. Bitte, ruf mich sofort zurück, wenn du nach Hause kommst.«

Aber Ihre Freundin ruft nicht zurück – nicht an diesem Abend, noch am nächsten oder übernächsten. Sie glauben, daß sie Sie einfach vergessen hat; ein Anruf bei Ihnen hat bei ihr offenbar keine Priorität. Wie fühlen Sie sich? Enttäuscht? Verletzt? Sie denken vielleicht: »Ich bin immer für sie dagewesen. Alles, was ich von ihr wollte, war ein Anruf. Eine wirkliche Freundin hätte zurückgerufen.«

Eine Woche später ruft Ihre Freundin an. Sie war verreist. Ein Notfall in der Familie. Hatte keine Gelegenheit mehr, sich bei Ihnen zu melden, bevor sie abfuhr. Hat gerade Ihre Nachricht abgehört. Und sofort angerufen. Will Ihnen helfen. Hofft, daß es nicht zu spät ist. Ist ganz aufgelöst, weil sie Ihren Anruf verpaßt hat.

Wie fühlen Sie sich jetzt?

Die schlechten Eltern

Ihre Kindheit war hart, daran besteht kein Zweifel. Ihre Mutter war Alkoholikerin; Ihr Vater war streng und gefühllos.

Sie wuchsen mit einem Gefühl des Neids auf die Liebe und die materielle Sicherheit auf, die andere Kinder zu erhalten schienen und Sie nicht. Sie glauben, daß Ihre Eltern Ihr Leben in vielerlei Hinsicht ruiniert haben. Kein Wunder, daß Sie jedesmal, wenn Sie an sie denken, wütend und niedergeschlagen sind. Sie denken: »Alles ist für mich schwerer wegen ihnen. Mein Leben ist ein einziges Chaos. Ich fühle mich, als ob ich ein großes Loch in mir hätte.«

Diese Gedanken gehen Ihnen durch den Kopf, als plötzlich Michael Jackson und Madonna hereinkommen. Im Rahmen einer Fernsehshow haben sie sich eine beliebige Person – nämlich Sie – ausgesucht, um Sie zu unterhalten. Sie haben ein Orchester mitgebracht. Sie haben ein Dutzend anderer Stars mitgebracht, die sie Ihnen vorstellen möchten. Sie sind fest entschlossen, Sie zu amüsieren.

Wie fühlen Sie sich? Überrascht? Erstaunt? Ungläubig? Verblüfft? Die eigentliche Frage im Fall einer derart ungewöhnlichen Situation ist, ob Sie immer noch daran denken, wie *wütend* und *verzweifelt* Sie sind. Können Sie sich vorstellen, daß Sie zum erstenmal in Ihrem Leben Michael Jackson und Madonna treffen und zu ihnen so etwas sagen wie: »Ich muß euch von meinen schrecklichen Eltern erzählen«? Wahrscheinlicher ist es, daß Sie Ihre Wut und Ihr Elend zumindest vorübergehend vergessen. Sie sind viel zu sehr damit beschäftigt zu denken: »Wahnsinn! Michael und Madonna zusammen!« Oder: »Warum kann es nicht Sinatra sein?« Oder: »Ich habe doch gar keinen Platz hier für ein Orchester.« Oder: »Das muß ein Traum sein, ein ziemlich merkwürdiger Traum.«

Was Ihre Handlungen bestimmt

Die Situationen können verschieden sein, aber im Kern geht es immer um dieselbe Sache: Andere Gedanken rufen andere Gefühle hervor. Es macht keinen Unterschied, ob ein Vorkommnis Ihren Beruf, Ihre persönlichen Beziehungen, Ihr Sicherheitsbedürfnis, Ihr Selbstwertgefühl oder Ihr Äußeres betrifft – die Art, wie Sie über Ihre Situation *denken*, bestimmt Ihre Gefühle, und Ihre Gefühle bestimmen weitestgehend, ob Sie etwas unternehmen, und wenn ja, was das sein wird. Es kommt nicht darauf an, ob das Ereignis oder das Gespräch, das Ihre Gedanken von

Wut, Scham, Bitterkeit oder Traurigkeit auslöst, vor einer Minute stattgefunden hat oder schon fast ein ganzes Leben zurückliegt – Ihre gegenwärtigen Gedanken bestimmen, was Sie fühlen, und was Sie fühlen, formt daraufhin Ihr Verhalten.

Wenn Sie glauben, daß eine Situation hoffnungslos ist, verhalten Sie sich anders, als wenn Sie denken, daß es vielleicht doch noch eine Möglichkeit gibt. Wenn Sie glauben, daß Ihnen jemand absichtlich wehgetan hat, verhalten Sie sich dieser Person gegenüber anders, als wenn Sie glauben, daß es sich um ein Versehen handelte.

Wenn Sie glauben, daß andere Menschen ganz und gar für Ihre Lebenssituation verantwortlich sind – und daß Sie selbst daher nichts daran ändern können –, fehlt Ihnen die Motivation, sich zu bemühen. Doch wenn Sie dagegen denken, daß Sie trotz allem, was vorher war, weiterkommen können, werden Sie fähig sein zu überlegen, *welche Art* von Bemühungen Ihnen weiterhelfen könnte.

Kluge Leute sind auch nur Menschen

Irren ist menschlich.

Wenn jeder von uns bei jedem Schritt, den wir im Leben machen, alles notwendige Wissen und alle Informationen hätte, um zu jeder Zeit absolut korrekte Entscheidungen treffen zu können...

Wenn jeder von uns fähig wäre, jederzeit ruhig, kühl und rational zu sein und alles Wissen und alle uns zur Verfügung stehenden Informationen nutzen zu können...

Wenn wir nie etwas tun würden, was wir später bereuen, oder nie etwas vermasseln würden, was uns zuerst so einfach erschien, oder nie in einer unglücklichen Beziehung landen würden...

Wenn niemand sich je überlastet, überarbeitet und emotional überfordert fühlen würde...

Wenn wir uns niemals wie ein Nervenbündel oder wie ein Stück Dreck fühlen würden...

Wenn nie jemand sagen müßte: »Wie ist das bloß passiert?« Oder: »Warum habe ich das nur gemacht? Wo war ich da bloß mit meinen Gedanken?«

Wenn niemand je dumme Denkfehler begehen würde...

Dann...

Nun, dann wäre dieses Buch überflüssig.

Doch wenn Sie sich nicht sehr von allen anderen Menschen unterscheiden, werden Sie vermutlich feststellen, daß Sie manchmal in einer Weise denken, die Ihnen schadet. Vielleicht hielten Sie schon einmal etwas für wahr, das nicht stimmte. Vielleicht haben Sie schon einmal eine Entscheidung oder Wahl getroffen, als Sie in Eile, ärgerlich oder verwirrt waren, und mußten später zugeben, daß Sie sich falsch entschieden haben. Egal wie klug Sie sind – selbst wenn andere Sie für ein Genie halten –, Sie haben wahrscheinlich schon mehr als einen der in diesem Buch beschriebenen dummen Denkfehler begangen. Vermutlich haben Sie sogar schon mehrere von ihnen zur selben Zeit begangen, da es in der Natur dieser Fehler liegt, in Kombination aufzutreten.

Zugegebenermaßen ist eine Liste von dummen Denkfehlern keine genauso präzise Angelegenheit wie das Feststellen einer Blutgruppe unter dem Mikroskop oder die Aufreihung der zehn größten Städte Deutschlands, aber hinter der in diesem Buch vorgestellten Liste stehen Tausende von Jahren menschlicher Beobachtung. Diese zehn Denkmuster sind diejenigen, die uns den meisten Ärger zu bereiten scheinen. Keines von ihnen ist irgendwie kompliziert. Und dennoch verursachen sie endlose Komplikationen, Sorgen und Unannehmlichkeiten.

Allen Fehlern, die in den Kapiteln dieses Buches beschrieben werden, ist folgendes gemeinsam:

1. Sie ereignen sich in unseren Denkprozessen.
2. Sie bereiten uns große Schwierigkeiten.
3. Sie haben zur Folge, daß es uns schlecht geht.
4. Sie sind relativ leicht zu vermeiden.
5. Sie sind Reaktionen, die wir *vermeiden würden*, wenn wir *klar und vernünftig* über sie nachdächten.

Die Rolle der kognitiven Therapie

Die kognitive Therapie ist eine wirkungsvolle Psychotherapie, die gezielt entwickelt wurde, um diesen Fehlern zu begegnen und sie zu bekämpfen. Sie basiert auf einer Reihe von Entwicklungen in der klinischen Psychologie, die von der Voraussetzung ausgehen, daß die meisten von uns genug gesunden Menschenverstand besitzen, um die Krisen und Herausforderungen des Lebens zu bewältigen. Doch allzu oft verläßt uns dieser gesunde Menschenverstand genau dann, wenn wir ihn am meisten brauchen. Unser sogenanntes Urteilsvermögen wird von einer Flutwelle von Gefühlen überschwemmt, die aus Liebe, Aufregung, Wut,

Unglücklichsein, Angst oder was auch immer bestehen kann. Die Gefühle übernehmen die Kontrolle, und der Verstand macht Urlaub. Wir suchen lieber nach Scheinerklärungen, als logisch zu analysieren. Das geschieht so häufig und bei so vielen Menschen, daß Formulierungen wie »blind vor Liebe«, »trunken vor Glück«, »gelähmt vor Furcht« und »vor Angst den Kopf verlieren« als Klischees in unsere Sprache eingegangen sind.

Um diese verbreiteten Denkfehler zu vermeiden, brauchen wir einen Satz praktischer Denkwerkzeuge, mit denen wir die Gefühle zurückdrängen und zu unserer Vernunft zurückkehren können. Die kognitive Therapie gibt uns diese Werkzeuge in die Hand. Die fünfundzwanzig in diesem Buch beschriebenen Techniken stützen sich auf ein therapeutisches Modell, das Aaron T. Beck entwickelt hat, Psychiater an der Universität von Pennsylvania, der weltweit als einer der wichtigsten Theoretiker der Psychologie anerkannt ist.

Wird das Erlernen dieser Ihre Entscheidungsfähigkeiten verbessernden Techniken es Ihnen ermöglichen, in Zukunft *alle* Fehler zu vermeiden? Leider nein. Schließlich ist es stets möglich, daß sich auch die sorgfältigst bedachten Entscheidungen als falsch erweisen. Viele unserer Handlungen schienen zu dem gegebenen Zeitpunkt eine gute Idee zu sein. Aufgrund der Informationen, die Ihnen zur Verfügung standen, würden Sie wahrscheinlich dasselbe wieder tun. Sie können nicht sagen, daß Sie nicht klar gedacht haben.

Manchmal tun Sie vielleicht etwas, von dem Sie genau wissen, daß es dumm ist, aber Sie haben sich ziemlich bewußt entschieden, es trotzdem zu tun. Meistens sind dies Fälle, in denen dem sofortigen Vergnügen vor einem längerfristigen Ziel der Vorzug gegeben wird. Wie zum Beispiel fernzusehen, statt sich an die Steuererklärung zu machen, obwohl die Abgabefrist schon bedrohlich zusammengeschrumpft ist. Oder Golf zu spielen, statt Unkraut im Garten zu jäten, obwohl Sie wissen, daß das Jäten immer schwieriger wird, je länger Sie es aufschieben.

Vor nicht allzu langer Zeit befragte ein Forscher eine Gruppe von Leuten, die wegen Hautkrebs behandelt worden waren, ob sie es jetzt vermeiden würden, in die Sonne zu gehen. Viele antworteten: »Wie bitte? Und meine Bräune verlieren?« Ob sie einen Sunblocker verwenden würden, wurden sie weiter gefragt. Nein, antworteten diese Leute wieder, sie wollten doch gerne braun sein. Sie würden sich dann einfach besser fühlen. Sie können natürlich einwenden, daß sie sich weigern, der harten Realität ins Gesicht zu sehen. Und manche tun das vielleicht auch. Aber es ist ebensogut möglich, daß sie *zwischen zwei unangenehmen Alternativen wählen*. Leider ist das oft die einzige Wahl, die wir haben.

In diesem Fall bestand die Wahl darin, entweder ihr medizinisches Risiko zu erhöhen oder ohne ihre geliebte Bräune auszukommen. Die Liebhaber der Sonnenbräune entschieden sich eben für die ihnen am *wenigsten* unangenehm erscheinende Alternative – auch wenn andere dies für einen Fehler halten.

Sie handeln kaum ungewöhnlich, wenn Sie sich manchmal ganz kühl, klar und bewußt entscheiden, etwas zu tun, von dem Sie genau wissen, daß Sie es besser nicht tun sollten, wie zum Beispiel ein zweites Stück Schokoladenkuchen essen oder weiterhin zwei Päckchen Zigaretten am Tag rauchen. Sie entscheiden sich, diesen Kuchen zu genießen, obwohl er Ihnen ungewollte Pfunde bescheren wird. Sie wollen die Qual vermeiden, die es für Sie bedeuten würde, das Rauchen aufzugeben, obwohl Sie wissen, daß Ihre Lunge es zu schätzen wüßte.

Daher werden die Informationen dieses Buches Sie nicht davon abhalten, sogenannte ehrliche Fehler zu begehen – solche, die Sie begehen, weil Sie die Zukunft nicht vorhersagen können, oder solche, die Sie begehen, weil Sie sie begehen wollen. Und sie werden Sie vermutlich auch nicht davon abhalten, »unehrliche« Fehler zu machen, wenn Sie dazu neigen. Die folgenden Kapitel beschäftigen sich nicht mit negativen Charaktereigenschaften wie Unehrlichkeit oder Gier oder Unmoral, weil sich zum einen nicht alle einig darüber sind, wie diese Begriffe definiert werden sollten. Zum anderen kommt es selten vor, daß ein Gewohnheits-Einbrecher sich mit den Worten verteidigt: »Ich hab einfach nicht nachgedacht, Euer Ehren« und ihm geglaubt wird.

Was diese Techniken *können*, ist, Fehlurteile und falsche Schritte bekämpfen, zu denen es kommt, weil Sie zu dem jeweiligen Zeitpunkt nicht nachgedacht haben. Und das ist ein sehr wichtiger Beitrag. Durch das Erlernen dieser Techniken können Sie Fehler, *die entscheidende Auswirkungen auf Ihr Leben haben*, vermeiden oder zumindest lernen, besser mit ihnen umzugehen.

Ihre Denkkraft mobilisieren

Um es noch einmal zu wiederholen: Dieses Buch beschäftigt sich gezielt mit einer Sorte von Fehlern, die Menschen machen, weil sie ihre Denkkapazitäten nicht voll ausnutzen können. Es ist die Sorte Fehler, die Ihre Wahrnehmung trübt und Ihre Fähigkeit, Entscheidungen zu treffen, stark einschränkt. Diese Fehler bringen kluge Leute dazu, ihren wohlfunktionierenden Verstand schlichtweg zu ignorieren. Sie veranlassen kluge Leute, sich ausweglose Situationen, Enttäuschungen, Ängste, Sorgen, Depressionen und ein Leben voller Unglück buchstäblich *herbeizudenken.* Sie sind nicht dumm, weil Wissenschaftler sie mit diesem zugegebenermaßen unwissenschaftlichen Adjektiv belegt haben, sondern *weil die meisten Leute, die diese Fehler begehen, sie selbst so nennen.*

Es ist die Sorte Fehler, die Sie begangen haben, wenn Sie nicht genau sagen können, was Sie eigentlich falsch gemacht haben – aber Sie wissen, daß etwas, das ohne weiteres hätte glattgehen müssen, schiefgelaufen ist. Dieses Buch wird Sie in die Lage versetzen, sich Ihrer eigenen Denkmuster bewußt zu werden. Es wird Sie befähigen, dumme Denkfehler zu erkennen, wenn sie auftreten, und *etwas gegen sie zu unternehmen.*

Wenn Sie Ihre Denkmuster ändern, ändern Sie Ihre Einstellung gegenüber sich selbst, gegenüber anderen und gegenüber der Welt im allgemeinen. Und diese veränderte Einstellung wird es Ihnen ermöglichen, produktiver mit Ihren Problemen und Sorgen umzugehen und die notwendigen Schritte zur Steigerung Ihrer Lebensfreude zu unternehmen. Wenn Sie einmal gelernt haben, mit diesen dummen Denkfehlern besser fertig zu werden, werden Sie feststellen, daß Dinge, die früher schiefgelaufen sind, jetzt glattgehen.

Ein Fehler-Quiz

Wie gescheit Sie auch sein mögen, Sie haben vermutlich die meisten der in diesem Buch beschriebenen Fehler irgendwann schon einmal begangen. Aber es ist ebenfalls sehr wahrscheinlich, daß Ihnen manche Fehler mehr Probleme bereiten als andere. Das folgende Quiz kann Ihnen dabei helfen, diejenigen Kapitel herauszufinden, welche für Sie von größtem Interesse sind.

Bewerten Sie Ihre Reaktionen auf die folgenden fünfzig Aussagen auf einer Skala von 0 bis 4, wobei 0 für die geringste Bedeutung in Ihrem Leben steht und 4 die größte Bedeutung repräsentiert. Machen Sie ein Kreuz in eines der Kästchen neben jeder Aussage. Die Auswertungsanleitung finden Sie am Ende des Quiz. Die Ziffern stehen für diese Bewertungen:

0 heißt: Diese Aussage trifft zu keinem Zeitpunkt in meinem Leben auf mich zu.
1 heißt: Diese Aussage trifft in seltenen Einzelfällen auf mich zu.
2 heißt: Diese Aussage trifft manchmal auf mich zu.

3 heißt: Diese Aussage trifft häufig auf mich zu.
4 heißt: Diese Aussage trifft meistens auf mich zu.

	0	1	2	3	4
1. Auch geringfügige Probleme können mich schon aus der Fassung bringen.	☐	☐	☐	☐	☐
2. Andere werfen mir vor, aus Mücken Elefanten zu machen.	☐	☐	☐	☐	☐
3. Ich rege mich leicht auf.	☐	☐	☐	☐	☐
4. Es hat keinen Zweck, es zu versuchen, denn ich weiß, daß es nichts nützen wird.	☐	☐	☐	☐	☐
5. Ich weiß schon im voraus, daß es schiefgehen wird.	☐	☐	☐	☐	☐
6. Ich weiß oft, was andere denken.	☐	☐	☐	☐	☐
7. Menschen, die mir nahestehen, sollten meine Wünsche kennen.	☐	☐	☐	☐	☐
8. Man kann von der Körpersprache der Leute auf ihre Gedanken schließen.	☐	☐	☐	☐	☐
9. Wenn Menschen viel Zeit miteinander verbringen, sind ihre Gedanken oft in Einklang miteinander.	☐	☐	☐	☐	☐
10. Ich war schon oft grundlos beunruhigt über das, was andere denken könnten.	☐	☐	☐	☐	☐
11. Ich bin für das Glück meiner Lieben verantwortlich.	☐	☐	☐	☐	☐
12. Wenn etwas schiefgeht, denke ich immer, daß es mein Fehler ist.	☐	☐	☐	☐	☐
13. Ich finde, daß ich mehr als andere Leute kritisiert werde.	☐	☐	☐	☐	☐
14. Ich weiß genau, wenn Leute etwas gegen mich haben – sie müssen es noch nicht mal direkt sagen oder meinen Namen erwähnen.	☐	☐	☐	☐	☐
15. Ich bin schon unfairerweise für Dinge getadelt worden, für die ich gar nichts kann.	☐	☐	☐	☐	☐
16. Mein allzu großes Selbstvertrauen bringt mich oft in Schwierigkeiten.	☐	☐	☐	☐	☐
17. Mein Selbstvertrauen scheint die Leute abzuschrecken.	☐	☐	☐	☐	☐
18. Ich finde, wenn man bei einer Sache Erfolg hat,					

	0	1	2	3	4
kann man bei allem anderen genauso erfolgreich sein.	☐	☐	☐	☐	☐
19. Für meine Mißerfolge sind andere Leute verantwortlich gewesen.	☐	☐	☐	☐	☐
20. Wenn man erst einmal Erfolg gehabt hat, kann man sich zurücklehnen, weil der Schwung einen auf der Erfolgsleiter hält.	☐	☐	☐	☐	☐
21. Irgendwie schaffen es die Leute immer, mit ihrer Kritik auf meine empfindlichsten Stellen zu zielen.	☐	☐	☐	☐	☐
22. Was Kritik angeht, habe ich einen sechsten Sinn. Ich merke genau, wann ich gemeint bin.	☐	☐	☐	☐	☐
23. Negative Bemerkungen von anderen können mich wirklich verletzen, mich sogar deprimieren.	☐	☐	☐	☐	☐
24. Ich höre die negativen Bemerkungen und überhöre Komplimente.	☐	☐	☐	☐	☐
25. Ich glaube, daß alle wertenden Bemerkungen etwa gleichviel zählen.	☐	☐	☐	☐	☐
26. Ich bin beunruhigt, wenn ich etwas nicht zu Ende bringen kann.	☐	☐	☐	☐	☐
27. Als »durchschnittlich« oder »einer unter vielen« bezeichnet zu werden, ist eine Beleidigung.	☐	☐	☐	☐	☐
28. Ich reiche lieber gar keine Arbeit ein als eine, die meine selbst gesetzten Maßstäbe nicht erfüllt.	☐	☐	☐	☐	☐
29. Es ist mir wichtig, als jemand zu gelten, der nie von den untadeligsten Maßstäben abweicht.	☐	☐	☐	☐	☐
30. Auch ein geringfügiger Fehler kann mir schon den ganzen Tag ruinieren – oder mein Leben.	☐	☐	☐	☐	☐
31. Verglichen mit anderen bin ich ein Versager.	☐	☐	☐	☐	☐
32. Ich sehe mich immer im Wettbewerb mit anderen.	☐	☐	☐	☐	☐
33. Es beunruhigt mich, von den Erfolgen anderer zu hören.	☐	☐	☐	☐	☐
34. Es deprimiert mich, daß ich noch nicht die Position erreicht habe, die ich zu diesem Zeitpunkt erreicht haben sollte.	☐	☐	☐	☐	☐

		0	1	2	3	4
35.	Ich finde, man muß sich mit anderen vergleichen, wenn man Erfolg haben will.	☐	☐	☐	☐	☐
36.	Das Leben ist gefährlich.	☐	☐	☐	☐	☐
37.	Man muß bei allem, was man tut und sagt, sehr vorsichtig sein, um nicht in Schwierigkeiten zu geraten.	☐	☐	☐	☐	☐
38.	Ich gehe nicht gern Risiken ein.	☐	☐	☐	☐	☐
39.	Ich habe schon einige Chancen verpaßt, weil ich nicht bereit war, etwas zu riskieren.	☐	☐	☐	☐	☐
40.	Ich unterlasse manche Handlungen, wenn ich glaube, daß ich verletzt oder zurückgewiesen werden könnte.	☐	☐	☐	☐	☐
41.	Ich fühle mich schuldig wegen etwas, das ich in der Vergangenheit zu tun versäumt habe.	☐	☐	☐	☐	☐
42.	Ich glaube, daß es wichtig ist, sich nach den Regeln zu richten.	☐	☐	☐	☐	☐
43.	Wenn ich auf meine Vergangenheit zurückblicke, sehe ich mehr Mißerfolg als Erfolg.	☐	☐	☐	☐	☐
44.	Ich fühle mich unter Druck, immer das Richtige zu tun.	☐	☐	☐	☐	☐
45.	All meine Pflichten und Aufgaben überwältigen mich oft.	☐	☐	☐	☐	☐
46.	Die Meinung anderer interessiert mich nicht.	☐	☐	☐	☐	☐
47.	Mir wird oft vorgeworfen, daß ich nicht richtig zuhöre.	☐	☐	☐	☐	☐
48.	Ich fühle mich sofort angegriffen, wenn Leute mich bitten – oder mir gar auftragen –, etwas zu tun.	☐	☐	☐	☐	☐
49.	Ich finde, daß die Dinge auf meine Art oder gar nicht gemacht werden sollten.	☐	☐	☐	☐	☐
50.	Ich neige dazu, Dinge aufzuschieben, sogar solche, die wichtig sind.	☐	☐	☐	☐	☐

Wie Sie Ihre Antworten auswerten

Sehen Sie sich das Muster an, das Ihre Kreuze ergeben. Wenn Sie sehen, daß Sie neben jeder Aussage nur die Kästchen 0 oder 1 angekreuzt haben, dann haben Sie offenbar nur sehr wenig Schwierigkeiten mit diesen Fehlern – und vermutlich überhaupt wenig Schwierigkeiten, mit den Herausforderungen im Leben zurechtzukommen.

Die meisten werden jedoch feststellen, daß sie bei wenigstens einigen der Aussagen die 2 oder eine höhere Ziffer angekreuzt haben. Wo das der Fall ist, ist es gut möglich, daß Sie eine ganze Ansammlung von Kreuzen für die höheren Ziffern bei mehreren aufeinanderfolgenden Aussagen entdecken. Diese Ansammlungen geben Ihnen einen Hinweis auf die speziellen Denkfehler, die Ihnen am meisten Unannehmlichkeiten bereiten.

Finden Sie eine Ansammlung von Kreuzen für die Ziffern 2 bis 4:

- bei den Aussagen 1–5, konzentrieren Sie sich besonders auf Kapitel zwei.
- bei den Aussagen 6–10, konzentrieren Sie sich besonders auf Kapitel drei.
- bei den Aussagen 11–15, konzentrieren Sie sich besonders auf Kapitel vier.
- bei den Aussagen 16–20, konzentrieren Sie sich besonders auf Kapitel fünf.
- bei den Aussagen 21–25, konzentrieren Sie sich besonders auf Kapitel sechs.
- bei den Aussagen 26–30, konzentrieren Sie sich besonders auf Kapitel sieben.
- bei den Aussagen 31–35, konzentrieren Sie sich besonders auf Kapitel acht.
- bei den Aussagen 36–40, konzentrieren Sie sich besonders auf Kapitel neun.
- bei den Aussagen 41–45, konzentrieren Sie sich besonders auf Kapitel zehn.
- bei den Aussagen 46–50, konzentrieren Sie sich besonders auf Kapitel elf.

1. Es besser wissen

In einer Reihe von Szenen des populären Films *Indiana Jones und der letzte Kreuzzug* wird sehr schön die allzu-menschliche Tendenz vorgeführt, etwas »eigentlich besser zu wissen« – und dieses Wissen trotzdem zu ignorieren.

Der unerschrockene Forscher Indy und das schöne Biest Elsa Schneider haben endlich den Heiligen Gral gefunden – einen vasenähnlichen Gegenstand, für den sie schon alle möglichen Abenteuer und Gefahren bestanden haben. Aber kaum hat Elsa ihre Hand um den Gral gelegt, als ein Erdbeben den Boden unter ihren Füßen erschüttern und einen tiefen Spalt entstehen läßt. Plötzlich hängt Elsa über einem Abgrund. Nur Indiana Jones, der sie gerade noch an einem Arm festhält, bewahrt sie vor dem Absturz.

Der Gral ist ihr aus der Hand gerutscht und knapp außerhalb ihrer Reichweite auf einem Felsvorsprung gelandet. Elsa streckt ihren freien Arm aus, um ihn zurückzuholen. Indy warnt sie, daß seine Kraft nachläßt. »Ich kann Sie nicht mehr länger halten«, ruft er verzweifelt. »Geben Sie mir Ihre andere Hand!« Elsa hört nicht auf ihn. Ihre ganze Aufmerksamkeit gilt dem Gral. »Ich kann ihn erreichen«, beharrt sie. Aber als sie sich noch einmal nach ihm streckt, entgleitet sie Indys Griff und stürzt in den Tod.

Indiana Jones weiß jetzt – wie sollte er auch nicht? –, wie gefährlich es ist, nach dem Gral zu greifen, und doch hat er nur Sekunden später, als er selbst über dem Abgrund hängt, *dieses Wissen vergessen* und versucht seinerseits, ihn zu erreichen. Diesmal ist es Indys Vater, der ihn mit letzter Kraft an einem Arm festhält, während Indy mit dem anderen nach dem Gral hangelt.

»Ich kann dich nicht mehr halten«, schreit der ältere Jones. *»Gib mir deine andere Hand!«*

»Ich kann ihn erreichen«, sagt Indy. Er denkt nur daran, wie sehr er diesen Gral will, obwohl er *erst Minuten zuvor* versucht hat, die törichte Elsa zur Vernunft zu bringen, so wie sein Vater es nun bei ihm versucht. Zum Glück für Indiana Jones – und für seine Fans – kommt er rechtzeitig zur Vernunft, bevor auch er in die Tiefe fällt.

Genau das ist es, was wir alle gerne möchten – zur Vernunft kommen, bevor wir etwas Katastrophales, Ungeschicktes, Unglückseliges oder einfach nur Dummes tun. Doch leider fallen wir vorher allzu oft in einen von uns selbst geschaffenen Abgrund.

Wenn Ihre Intelligenz Sie im Stich läßt

Ist Ihnen das nicht auch schon passiert? Nachdem es geschehen ist, nachdem Sie etwas gesagt oder getan haben, das Sie anschließend bereuen, oder nachdem Sie es versäumt haben, einen völlig naheliegenden, vernünftigen Schritt zu unternehmen, stöhnen Sie: »Wie konnte ich nur so dumm sein?« Oder Sie schlagen sich frustriert mit der Hand an die Stirn und klagen: »Es wäre so einfach für mich gewesen. Warum habe ich es bloß nicht getan?« Oder jemand, der Ihnen nahesteht, sagt: »Ich kann das nicht verstehen. Du müßtest es doch besser wissen.«

Sie hören auch manchmal, daß berühmte Leute, die, nach ihrer Stellung zu urteilen, ziemlich gescheit sein müssen, etwas unglaublich Dummes getan haben, das zum Beispiel eine wichtige Beziehung zerstört oder ein Unternehmen ruiniert hat, ein Vermögen gekostet oder die Chance auf einen wichtigen Regierungsposten verdorben hat, das die Arbeit eines ganzen Lebens zunichte gemacht hat oder womit sie sich so bloßgestellt haben, daß es auf allen Titelseiten und in den Abendnachrichten verbreitet wird. Und Sie fragen sich: Was haben sie sich nur dabei gedacht? Was ist mit ihrer vielgerühmten Intelligenz passiert?

Es ist unwahrscheinlich, daß es eine physische Erklärung für dieses Versagen gibt. Sie wurden nicht plötzlich vom Blitz oder von einer Funkwelle vom Mars getroffen. Psychologen wissen, daß es sehr spezifische Gründe dafür gibt, daß gescheite Leute Dinge tun, die sie sicher nicht getan hätten, *wenn sie ihre Denkfähigkeit besser eingesetzt hätten.*

Wenn Sie überlegen, weshalb Ihre Intelligenz Sie im Stich ließ, als Sie sie so dringend brauchten, wird Ihre Antwort wahrscheinlich lauten: »Ich habe einfach nicht nachgedacht.« Oder: »Ich war zu diesem Zeitpunkt schon so entmutigt, daß mein Gehirn völlig blockiert war.« Oder: »Ich war so nervös, so aufgeregt, daß ich nur noch Leere im Kopf hatte.« Wenn wir hinterher sagen: »Ich wußte es eigentlich besser, aber...«, dann wußten wir es für gewöhnlich *wirklich* besser. Nur beruhten unsere Handlungen auf *emotionalem Denken* und nicht auf *logischer Überlegung* – und brachten uns in Schwierigkeiten.

Die Macht der Gedanken

Wie wir über eine Situation denken, kann deren Handhabung entweder erleichtern oder fast unmöglich machen. Wie wir über eine Situation denken, kann uns beruhigen oder uns aufwühlen. Es stimmt sogar, daß der Blickwinkel, aus dem wir eine Erfahrung betrachten, unser Schmerzempfinden beeinflussen kann. Psychologen haben herausgefunden, daß zum Beispiel auf dem Schlachtfeld verwundete Soldaten die Stärke ihrer Schmerzen geringer einstufen als Zivilisten, die nach der objektiven Beurteilung von Ärzten gleich schwere Wunden erlitten haben.

Wie kann das sein? Theoretisch müßte man doch annehmen, daß gleiche Wunden gleiche Schmerzen verursachen. Der Unterschied liegt in der Art und Weise, wie die beiden Gruppen über ihre Schmerzen *denken*. Für den Soldaten bedeutet die Verwundung vielleicht: »Ich komme von der Front weg, und ich lebe noch. Hurra!« Aus dieser Sicht bedeutet die Wunde eine Erleichterung. Sie ist sicher keine schöne Erfahrung, aber auch nicht das Schlimmste, was einem auf dem Schlachtfeld passieren kann. Dieses Gefühl der Erleichterung verringert die Schmerzen. Für einen Zivilisten erweckt die Verwundung jedoch eher den Gedanken an die *Möglichkeit* des Todes als an ein Entkommen vor ihm. Der Zivilist hat die Erwartung, gesund zu sein, und rechnet nicht mit einem plötzlichen Krankenhausaufenthalt. Deshalb empfindet er eher Angst als Erleichterung, und Angst verstärkt die Schmerzen.

Die alte Geschichte über den Mann, der den Rasenmäher seines Nachbarn ausleihen will, verdeutlicht ebenfalls, wie unsere Art zu denken unsere Stimmungen beeinflussen kann. In dieser Geschichte verläßt Bert sein Haus in dem vollen Vertrauen, daß sein guter Freund und Nachbar Ed ihm gerne seinen Rasenmäher ausleihen wird. Er denkt: »Der gute alte Ed. Er ist so ein netter Kerl.« Doch während er die Straße entlanggeht, kommen ihm Bedenken. »Was ist, wenn er nein sagt?« Zuerst redet er sich selbst gut zu. »Er wird nicht nein sagen. Er ist ein guter Freund. Und außerdem habe ich ihm auch schon viele Gefälligkeiten erwiesen.« Aber dann denkt er: »Ja, aber wenn er diese Gefälligkeiten nicht zu schätzen weiß? Vielleicht ist er ja der egoistische Typ, der nur nehmen, aber nicht geben kann.« Dann stellt er sich im Geist mehrere Szenen vor, in denen er von seinem Nachbarn abgewiesen wird. Er stellt sich vor, daß Ed behauptet, keinen Rasenmäher zu besitzen. (»Erwartet er etwa, daß ich das glaube?«) Er stellt sich vor, daß sein Nachbar behauptet, den Rasenmäher selbst zu brauchen. (»Ich weiß, daß das nicht stimmt. Man sieht ja, daß sein Rasen schon gemäht worden ist.«)

Er stellt sich vor, wie sein Nachbar einfach nein sagt. (»Der Mistkerl!«)

Als er schließlich bei Eds Haus angelangt ist, ist er so davon überzeugt, daß seine Bitte abgewiesen werden wird, daß er es für Zeitverschwendung hält, überhaupt noch zu fragen. Jetzt ist er obendrein ärgerlich, daß er den ganzen Weg umsonst gemacht hat. Und als Ed, der im Garten arbeitet, ihm ein »Morgen, Bert« zuruft, ist Bert überhaupt nicht in der Stimmung für ein freundliches Geplänkel. Er murmelt seinem Nachbarn einen kruzen Gruß zu und tut, als wolle er ganz woandershin.

Hätte Ed seinem Nachbarn Bert den Rasenmäher ausgeliehen? Wer kann das wissen? Jedenfalls nicht Bert, der ihm noch nicht einmal die Gelegenheit gab, ja oder nein zu sagen. Bert verwandelte Ed ganz allein in seinem Kopf von einem großzügigen in einen egoistischen Nachbarn.

Es besteht kein Zweifel daran, daß das, was in unserem Kopf vorgeht, sich auf unseren Gemütszustand auswirkt, und dieser wirkt sich wiederum auf unsere Handlungen aus. Nach seiner Scheidung sagte sich Jerry: »Ich glaube, ich bin einfach nicht für die Ehe geschaffen.« Das Ergebnis war, daß er vor jeder ernsthafteren Beziehung zurückschreckte. Er sehnte sich nach einer glücklichen Ehe, aber weil er dies für unmöglich hielt, versagte er sich selbst jede Chance, sein Ziel zu erreichen.

Linda hatte eine ganz andere Einstellung. Nach ihrer Scheidung schwor sie sich: »Ich habe meine Lektion gelernt. Ich werde nicht noch einmal denselben Fehler machen. Das nächste Mal werde ich eine klügere Wahl treffen.« Dadurch hielt sie sich die Möglichkeit einer neuen und besser funktionierenden Beziehung offen. In beiden Fällen war nicht das Ereignis (die Scheidung) selbst das Entscheidende, sondern die Haltung der jeweiligen Person gegenüber diesem Ereignis.

Wenn Sie Ihre Streßschwelle überschreiten

Ist unsere Haltung gegenüber demselben Ereignis immer dieselbe? Nein. Und das ist ein entscheidender Faktor. Die Art, wie Sie über etwas denken und empfinden – also Ihre Gemütsverfassung –, kann sich buchstäblich von einem Moment zum anderen ändern. Viele gebräuchliche Redewendungen verdeutlichen diese Tatsache. Wir sprechen davon, »die Kontrolle zu verlieren«, »den Kopf zu verlieren« oder es einfach »vermasselt« zu haben. Wir sagen, daß wir »wie erstarrt« waren oder aber »in die Luft gegangen« sind. Wir sagen »ich hab einfach nicht nachgedacht«. Mit diesen Redewendungen erkennen wir nachträglich an, daß etwas, was wir getan oder gesagt haben, nicht besonders sinnvoll war: Wie bei Indiana Jones, der über seiner Frustration, den Gral nicht erreichen zu können, den Abgrund unter seinen Füßen vergaß. Das Problem in diesen Situationen liegt oft darin, daß Sie unwissentlich Ihre Streßschwelle überschritten haben.

Jeder von uns hat eine Streßschwelle, unterhalb derer wir ganz gut zurechtkommen und oberhalb derer unsere Schaltkreise kurzschließen. Die Wissenschaft hat bisher keine Erklärung für das Zustandekommen der individuellen Streßschwellen gefunden. Es ist möglich, daß jeder Mensch mit einer ererbten Fähigkeit, mit Streß umzugehen, geboren wird. Aber es ist genausogut möglich, daß unsere individuellen Streßschwellen Produkte von Erfahrungen in der frühen Kindheit sind. Vielleicht liegt die Erklärung auch in einer Kombination aus Ererbtem und Erworbenem.

Wir wissen lediglich, daß sich Menschen in ihrer Fähigkeit, streßbeladene Situationen ohne Schaden zu überstehen, sehr voneinander unterscheiden. Die Fähigkeit, Streß aufzufangen, ist nichts, was man entweder hat oder nicht. Wenn es für diese Fähigkeit ein Meßgerät mit einer Skala von 1 bis 100 gäbe, würden Sie Menschen verschiedenster Herkunft bei jeder Markierung finden. Menschen, deren Streßschwelle am unteren Ende der Skala angesiedelt ist, sind oft recht ängstlich. Menschen mit Streßschwellen in den oberen Regionen gehören dagegen zum »Fels von Gibraltar«-Typus: Sie meistern beinahe jede Katastrophe spielend.

Es hat sich sogar die neue Bezeichnung *Transcender* (Verwinder) für Leute eingebürgert, die in ihrer Kindheit einem weit über das normale Maß hinausgehenden Streß ausgesetzt waren. Sie konnten es verwinden, mißbraucht oder vernachlässigt oder auf eine andere schreckliche Weise geschädigt worden zu sein. Sie waren in der Lage, diesen Streß irgendwie abzuwerfen und zu völlig ausgeglichenen, seelisch gesunden und erfolgreichen Erwachsenen zu werden. Das andere Extrem sind Personen, deren Leben unter den vorteilhaftesten Bedingungen verlaufen zu sein scheint und die im Alltag mit viel weniger Streß als die meisten anderen konfrontiert sind – und dennoch zu Ängstlichkeit, Ärger und Depressionen neigen.

Die meisten Menschen befinden sich irgendwo in der Mitte der Streßskala. Sie müssen nicht genau festlegen, wo Ihre eigene Streßschwelle auf dieser imaginären Meßlatte liegt, um zu wissen, wann irgendein Streß zu einer beliebigen Zeit Ihre Belastungsgrenze überschreitet. Sie wissen es, weil Sie es spüren. Wenn Sie Ihre Streßschwelle überschreiten, scheinen sich Ihre Nerven und Muskeln im Protest aufzulehnen. Ihr gesamtes Nervensystem stellt sich auf einen von drei automatischen Zuständen ein, die uns die Natur der Theorie zufolge als Schutzmechanismen gegeben hat. Diese automatischen Zustände sind Angriff, Flucht und Erstarrung, und man kann sich leicht vorstellen, wie sie die menschliche Rasse in prähistorischen Zeiten in Gefahrensituationen geschützt haben.

Stellen wir uns vor, wie ein urzeitlicher Höhlenmensch von einem Säbelzahntiger bedroht wird. Dieser Höhlenmensch rettet vielleicht sein Leben, indem er, angetrieben von einem automatischen Adrenalinschub, den Tiger angreift, bevor dieser ihn angreift, oder indem er so überzeugend schreit, lärmt und tobt, daß der Tiger die Flucht ergreift. Er könnte sein Leben auch dadurch retten, daß er wegrennt. Oder er könnte vor Angst so erstarren, daß er keinen einzigen Muskel mehr bewegen kann – und diese Bewegungslosigkeit könnte ihn ebenfalls retten, wenn der Tiger ihn dadurch nicht bemerkt und weiterzieht, um nach anderer Beute Ausschau zu halten. Wenn Sie Ihre Streßschwelle überschreiten, reagiert Ihr Nervensystem auf den Säbelzahntiger, was bedeutet, daß Ihr Gehirn sich auf die eine oder andere Weise Ihrer *bewußten* Kontrolle entzieht.

Das Problem ist jedoch, daß die Gefahren, denen wir uns heutzutage gegenübersehen, kaum aus Säbelzahntigern bestehen und uns daher die von Natur zu unserem Schutz entwickelten unwillkürlichen Reaktionen häufig mehr schaden als nützen. Wenn Sie Angst davor haben, sich zu blamieren, wenn Sie eine Rede halten sollen, ist Erstarren nicht gerade hilfreich. Wenn Sie aus Furcht vor Zurückweisung vor Gelegenheiten flüchten, bei denen Sie andere Menschen treffen können, kann das unglückliche Resultat Einsamkeit sein. Wenn die Bedrohung, der Sie sich gegenübersehen, aus einem unfreundlichen Chef besteht, dann wird Schreien, Toben und Angreifen ihn höchstens dazu veranlassen, Sie zu feuern.

Ihre Schwelle verschieben

Wenn Sie demnach die Zahl der Anlässe, bei denen Sie Ihre Streßschwelle überschreiten, verringern, werden Sie die Kontrolle über die Ereignisse in Ihrem Leben ausweiten können. Zum Glück ist das nicht schwer zu bewerkstelligen.

Ihre persönliche Streßschwelle ist kein unveränderliches Kennzeichen wie die Farbe Ihrer Augen. Viele der auf Sie einwirkenden Bedingungen und Situationen *senken* Ihre normale Streßschwelle – das heißt, der Punkt, an dem Ihre automatischen Reaktionen auf Streß (Angriff, Flucht, Erstarrung) die Kontrolle übernehmen, wird früher erreicht.

Das funktioniert ungefähr so: Sagen wir, Ihre normale Streßschwelle liegt bei 50. Ihr Job ist zwar anspruchsvoll, aber normalerweise können Sie ihn gut bewältigen, da er bei einer Streßmarke von etwa 30 liegt – deutlich unterhalb Ihrer Schwelle. Es gibt zwar Zeiten, in denen das Streßaufkommen Ihrer Arbeit auf 40 oder 45 ansteigt, aber Sie bleiben dennoch relativ ruhig, gelassen und gesammelt. Es ist immer noch unterhalb Ihrer Schwelle, und Sie können damit umgehen.

Aber dann passiert etwas, das Ihre normale Streßschwelle auf 35 *senkt*. Sie haben quälende Kopfschmerzen, oder Sie konnten die Nacht zuvor nicht schlafen, oder Sie mußten vor kurzem einen Todesfall in der Familie verwinden. Jetzt scheinen die streßverursachenden Komplikationen im Bereich 40 bis 45, die Sie sonst leicht bewältigen, Sie zu erdrücken. Sie machen Fehler, Ihr Gehirn fühlt sich wie Watte an. Sie verlieren die Selbstbeherrschung. Anderen fällt auf, daß Sie nicht Sie selbst sind.

Amy zum Beispiel fährt jeden Tag dieselbe Strecke zur Arbeit. Die Straße ist immer stark befahren, aber normalerweise stört Amy das nicht. Es gehört einfach zur Pendlerroutine. Doch letzte Nacht arbeitete sie bis in die frühen Morgenstunden an einem Bericht und ging daher heute zu spät und ohne Frühstück aus dem Haus. Deshalb ist sie jetzt müde, sie ist spät dran, und sie ist hungrig – und ihre Streßschwelle ist um mindestens 20 Punkte abgesenkt. Das Ergebnis? Heute kommt ihr jedes Schlagloch wie der Grand Canyon vor. Sie verflucht das Straßenbauamt. Ein Auto schneidet ihr den Weg ab. Sie kann gerade noch den Impuls unterdrücken, den Wagen zu verfolgen und an den Straßenrand zu drängen. (»Wenn dieser Fahrer Ärger will, dann kann er ihn bekommen.«) Kurzum, normale Streßsituationen, die Amy gewöhnlich spielend bewältigt, wirken jetzt wie persönliche Beleidigungen.

Verwundbarkeitsfaktoren

Faktoren, die zur Absenkung Ihrer Streßschwelle führen, werden Verwundbarkeitsfaktoren genannt: Es sind Situationen oder Umstände, die Sie anfälliger für Streß machen. Ein Verwundbarkeitsfaktor bewirkt durch ein Absenken Ihrer Schwelle, daß Zwischenfälle, mit denen Sie sonst erfolgreich umgehen, Sie jetzt überfordern. Die Anonymen Alkoholiker arbeiten unter anderem mit dem Akronym ÄHEM, um ihren

Mitgliedern diese Tatsache bewußt zu machen. Die Buchstaben stehen für ärgerlich, hungrig, einsam und müde. Die AA wollen damit in Erinnerung rufen, daß dies die Bedingungen sind, unter denen jemand am ehesten die Kontrolle verliert und wieder zu trinken beginnt. Aber diese vier sind nicht die einzigen Verwundbarkeitsfaktoren. Andere sind zum Beispiel Schmerz, Krankheit, Schlafmangel, Drogen- oder Medikamentenmißbrauch, ein großer Verlust oder eine große Veränderung im Leben – auch wenn sie zum Besseren ist.

Manchmal kennen die Leute die Bedingungen, unter denen sie besonders verwundbar sind. Manche sagen: »Ich kann mit niemandem sprechen, bevor ich meine erste Tasse Kaffee getrunken habe.« Oder: »Wenn ich nicht meine acht Stunden Schlaf bekomme, bin ich am nächsten Tag zu nichts zu gebrauchen.« Manchmal wird ein Verwundbarkeitsfaktor erst erkannt, nachdem er zu dem berühmten Tropfen geworden ist, der das Faß zum Überlaufen bringt. Zum Beispiel wenn jemand sagt: »Es tut mir leid. Ich habe das nicht so gemeint. Ich bin heute etwas durcheinander, weil ich mich gestern abend mit meinem Verlobten gestritten habe.« Oder: »Ich war sehr ungeduldig an diesem Tag. Es ging mir nicht gut.« Andere sind sich dagegen nicht bewußt, daß sie solchen Einflüssen unterliegen. Ein unter schweren Depressionen leidender Mensch mag seinem Therapeuten sagen: »Ich hatte ein paar schlimme Augenblicke in dieser Woche. Viermal wollte ich mich umbringen, weil mir das der einzige Ausweg erschien. Aber später habe ich mich dann wieder besser gefühlt.« Irgendein Verwundbarkeitsfaktor war verschwunden, und der Streß war leichter auszuhalten.

Eine Verwundbarkeits-Checkliste

Sie werden wahrscheinlich feststellen, daß bestimmte Faktoren Sie mehr beeinträchtigen als andere Leute – genauso wie andere wiederum mehr von anderen Faktoren beeinträchtigt werden. Hier ist ein kleines Quiz, das ihnen helfen soll, die Faktoren zu bestimmen, die den größten Einfluß auf Ihr Leben haben. Bewerten Sie jeden Faktor auf einer Skala von 1 bis 5. Eins steht für »beeinträchtigt mich überhaupt nicht«. Fünf steht für »beeinträchtigt mich sehr«. Und 2, 3 und 4 stehen für die Stufen dazwischen.

Nehmen Sie diese Bewertungen separat für Auswirkungen auf Ihre Gefühle (spüren Sie eine emotionale Veränderung?), Ihre Gedanken (neigt dieser Faktor dazu, Ihre Gedanken zu beherrschen?) und Ihr Verhalten (verhalten Sie sich anders, wenn dieser Faktor auftritt?) vor. Je höher die Gesamtpunktzahl für einen einzelnen Faktor ist, desto größer seine Bedeutung für Sie.

	Gefühle					Gedanken					Verhalten				
	1	2	3	4	5	1	2	3	4	5	1	2	3	4	5
1. Hunger															
2. Ärger															
3. Drogen- und Tablettenmißbrauch															
4. Einsamkeit															
5. Müdigkeit															
6. Schmerzen															
7. Krankheit															
8. Großer Verlust (Job, geliebter Mensch)															
9. Schlafmangel															
10. Große Veränderung															

Streß vermehrt Fehler

Sich darüber bewußt zu sein, wie diese Verwundbarkeitsfaktoren die individuelle Streßschwelle absenken, ist sehr wichtig. Selbst wenn Ihnen die zehn in diesem Buch beschriebenen Denkfehler unter normalen, alltäglichen Umständen nicht unterlaufen, fallen Sie ihnen möglicherweise doch zum Opfer, wenn Ereignisse zusammenwirken, die Sie *über Ihre Streßschwelle hinaustreiben.* Sie fallen Denkfehlern – die Sie nicht begehen, wenn es Ihnen gut geht – zum Opfer, wenn Sie sich einsam fühlen oder unter Kopfschmerzen leiden, wenn Sie in Eile sind oder zuviel getrunken haben. Auch wenn Sie normalerweise eine relativ hohe Streßschwelle haben, fallen Sie wahrscheinlich dummen Denkfehlern zum Opfer, wenn sich mehrere Verwundbarkeitsfaktoren akkumulieren – wenn Sie zum Beispiel Kopfschmerzen haben und in Eile sind *und* zuviel getrunken haben.

Daher leuchtet es ein, daß Sie am ehesten die Kontrolle über Ihre Gedanken, Gefühle und Handlungen bewahren, wenn Sie diese Verwundbarkeitsfaktoren auf ein Mindestmaß reduzieren können. Wenn

Sie beispielsweise wissen, daß Sie nach acht Stunden Schlaf besser arbeiten können, ist es sinnvoll, Ihren Tagesablauf so zu arrangieren, daß Sie diese acht Stunden Schlaf auch bekommen – besonders, wenn Sie am nächsten Tag eine schwere Aufgabe vor sich haben.

Doch offensichtlich ist es nicht immer möglich, Verwundbarkeitsfaktoren zu kontrollieren. Manchmal tauchen sie einfach auf. Manchmal sind sie ein unvermeidlicher Teil des täglichen Lebens. Ihre Streßschwelle ist gesenkt, Ihr Nervensystem befindet sich in Alarmbereitschaft. Und Ihr Gehirn schaltet wahrscheinlich auf Automatik. Heißt das, daß Sie sich damit abfinden müssen, die Kontrolle zu verlieren? Müssen Sie sich wie ein Höhlenmensch verhalten? Heißt es, daß Sie machtlos sind? Müssen Sie aufgeben und nachgeben?

Keineswegs. Nicht, wenn Sie verstehen lernen, was geschieht, wenn Ihre Denkprozesse auf Automatik schalten. Nicht, wenn Sie die häufigsten Denkmuster erkennen, die in solchen Situationen auftreten – und lernen, wie man sie durchbricht und die *Kontrolle wiedererlangt*.

Ihre Denkmuster erkennen

Die in diesem Buch beschriebenen zehn Denkmuster sind so verbreitet, daß Sie vermutlich irgendwann schon einmal von einigen von ihnen negativ beeinflußt wurden, auch wenn Sie sich in diesem Moment nicht darüber im klaren sind. Therapeuten sprechen hier auch vom »Aha-Effekt«. Wenn Leute das erste Mal von diesen Denkfehlern hören, sagen sie bei dem einen oder anderen »Aha, das kenne ich. Diesen Fehler mache ich auch.« Erkenntnis ist der erste Schritt, diese hinderlichen Reaktionen unter Kontrolle zu bekommen.

Jedes Kapitel in diesem Buch greift einen anderen von klugen Leuten begangenen dummen Fehler auf und erklärt, wie dieser Ihre Entscheidungsfähigkeit, Ihr Verhalten und Ihre Einschätzung von sich selbst und anderen beeinflußt. Sie werden sehr schnell erkennen, welche davon Sie am meisten beeinträchtigen. Aber die Erkenntnis ist nur der erste Schritt. Sie werden außerdem lernen, wie Sie mit jedem dieser Fehler so verfahren, daß Sie sich von seinen schädlichen Auswirkungen befreien können.

Im folgenden finden Sie einen kurzen Überblick über die zehn dümmsten Fehler. Doch bevor Sie weiterlesen, hier noch ein paar erklärende Worte: Sie mögen vielleicht den einen oder anderen Punkt auf dieser Liste fehl am Platze finden. Punkt Nummer sechs zum Beispiel ist Perfektionismus, das heißt das Streben nach Perfektion. Sie sind vielleicht der Meinung, daß es alles andere als dumm ist, an hohen Standards festzuhalten. Sie weisen eventuell sogar darauf hin, daß es meistens ein Kompliment ist, als Perfektionist bezeichnet zu werden. Sie sagen vielleicht, daß das Bestehen auf Perfektion eine Tugend ist.

Das ist es auch – manchmal. Aber auf Perfektion zu bestehen kann zu einem Laster werden, einer Falle. Wenn Sie zum Beispiel beschlossen haben, daß Sie einen Arbeitsauftrag nicht abgeben, bevor er perfekt ist – aber *nie* denken, daß er perfekt ist –, dann geben Sie ihn wahrscheinlich zu spät ab. Das wird vermutlich die Person, die Ihnen den Auftrag gegeben hat, sehr verärgern. Für diese Person hat Ihr Unvermögen, rechtzeitig abzugeben, nichts mit Perfektion zu tun. Wenn Sie das Kapitel über Perfektionismus lesen (oder eines der anderen Kapitel in diesem Buch), werden Sie deutlich sehen, daß der Unterschied zwischen einer hilfreichen Denkweise und einem Denkfehler sehr häufig nur ein gradueller ist. Therapeuten benutzen zwei Wörter, um den Unterschied zu kennzeichnen: Dysfunktion und Unbehagen. Etwas wird erst zu einem Fehler, wenn es Sie bei Ihrem Vorhaben behindert, statt Ihnen dabei zu helfen, oder wenn es seelisches Unbehagen verursacht. Wenn also Ihre umfassende Neigung zur Perfektion Ihnen zu Erfolg und Glück verhilft, dann ist sie eindeutig kein dummer Fehler. Aber wenn Sie feststellen, daß Ihr Streben nach Perfektion öfter zu Mißerfolg als Erfolg führt, Sie öfter unglücklich als glücklich macht, dann ist es an der Zeit, Ihre Einstellung neu zu überdenken. Dann ist es an der Zeit, über dieses spezielle Denkmuster etwas genauer nachzudenken.

Die zehn dümmsten Fehler

Nach diesen Vorbemerkungen hier nun endlich die Liste:

1. Das Klein-Hühnchen-Syndrom. In einer Kindergeschichte wird Klein-Hühnchen von einer vom Baum fallenden Eichel am Kopf getroffen und denkt sofort, daß der Himmel herunterfällt. In derselben Weise sehen manche Leute überall gleich Katastrophen lauern. Und das kann sich lähmend auswirken.

2. Gedankenlesen. Eine unserer liebsten Illusionen ist, daß wir wissen, was andere denken – und daß die anderen wissen sollten, was wir denken. »Ich muß ihm das nicht sagen, er weiß es« ist eine allzu häufig gehörte Bemerkung – und eine, die meistens zu einer Enttäuschung

führt, wenn sich herausstellt, daß er es nicht nur nicht weiß, sondern noch nicht einmal weiß, daß Sie denken, daß er es wissen sollte.

3. Personalisieren. Manche Leute scheinen alles persönlich zu nehmen. Sie machen sich für die schlechte Laune anderer verantwortlich, sogar für schlechtes Wetter – das Ergebnis ist, daß sie sich häufig ärgern oder schuldig fühlen.

4. Ihrem PR-Agenten glauben. Das ist eine verbreitete Schwäche der Reichen und Berühmten, aber auch normale Leute, die keinen PR-Agenten haben, der sie in den Medien glorifiziert, fallen ihr zum Opfer. Unter anderem verleitet sie zu dem Glauben, daß Erfolg auf einem Gebiet sich automatisch auf jedes andere Gebiet überträgt, ohne daß dazu dieselben Anstrengungen nötig wären, die zu dem ersten Erfolg geführt haben.

5. Ihren Kritikern glauben (oder Kritiker erfinden). Dieser Fehler ist das direkte Gegenteil vom Glauben an die Worte des PR-Agenten. Es kann auf eine andere Art genauso behindernd wirken, widerstandslos jegliche Kritik zu akzeptieren – oder einfach anzunehmen, daß andere Sie kritisieren –, ohne zu überlegen, ob diese Kritiker qualifiziert genug sind, um über Sie zu urteilen, oder ob diese Kritiker überhaupt existieren.

6. Perfektionismus. Das ist der Drang, in allem, was man tut, perfekt zu sein. Es klingt zunächst bewundernswert, und niemand würde bestreiten, daß es klug ist, sich selbst hohe Maßstäbe zu setzen. Perfektionismus wird jedoch zu einer Dummheit, wenn Ihre Maßstäbe so hoch sind, daß Sie sie nie erreichen können – und andere Menschen auch nicht. Es ist dumm, wenn der Drang, hundertprozentig perfekt zu sein, zu null Prozent Ergebnis führt.

7. Vergleichssucht. Gegenüberstellen und Vergleichen ist eine vernünftige Methode, um Unterschiede herauszuarbeiten. Aber viele Leute machen sich das Leben schwer, indem sie nur die für sie selbst negativen Ergebnisse des Vergleichs beachten – oder auf andere hören, die zu negativen Ergebnissen kommen. Das ist sehr entmutigend und entspricht meistens nicht den Tatsachen.

8. Was-ist-wenn-Denken. Sorgen. Sorgen. Sorgen. Nur um sie dreht sich das Was-ist-wenn-Denken. Zusätzlich zu den realen Bedrohungen für Glück und Gesundheit sorgen Sie sich um Dinge und Umstände, die nicht existieren oder nur mit größter Unwahrscheinlichkeit eintreten. Und die Sorgen um die realen Bedrohungen nehmen ein Ausmaß an, das Sie schwächt, statt Ihre Kompetenz zu stärken.

9. Gebote des Sollens. »Ich sollte« oder »man sollte« sind alltägliche, harmlose Formulierungen – außer wenn sie benutzt werden, um Befehle

zu formulieren, denen nicht widersprochen werden darf. Dann werden diese Gebote zum drohenden Zeigefinger, der besagt: »Wage es nicht, auch nur einen tausendstel Millimeter von dem vorgezeichneten Weg abzuweichen, oder es wird dir leid tun. Du wirst dich schuldig fühlen; du wirst dich schämen müssen.« Menschen, die häufig »ich sollte« benutzen, bauen sich ihr eigenes Gefängnis. Sie sind so auf das fixiert, was sie tun sollten – oder in der Vergangenheit hätten tun sollen –, daß ihnen keine Zeit mehr bleibt zu überlegen, was sie jetzt und in Zukunft tun *können*.

10. Ja-aber-Sucht. Ja-aber-Menschen finden immer etwas Negatives, das sämtliche positiven Aspekte einer Sache überlagert. Oder sie erfinden die unglaublichsten, schein-vernünftigen Erklärungen, um eine negative Sichtweise zu rechtfertigen. Ja-aber-Menschen stehen sich selbst – und anderen – im Weg.

Durch kognitive Therapie Fehler bekämpfen

Jeder dieser im Denken begründeten Fehler kann durch die Techniken der kognitiven Therapie bekämpft werden. Diese Techniken haben sich nachweislich bei extremen psychischen Problemen bewährt – bei Menschen, die unter derart schweren Depressionen leiden, daß sie morgens nicht aufstehen können, oder bei Menschen, die unter Angstzuständen und Panikattacken leiden, die ihnen buchstäblich den Atem rauben. Und sie haben sich ebenfalls darin bewährt, Menschen bei der Vermeidung von verbreiteten, *alltäglichen Fehlern im Denken und Empfinden* zu helfen, in die sich auch die Besten von uns verstricken. Wenn Sie mit Hilfe dieser Techniken gelernt haben, die Gedanken, die Ihnen durch den Kopf schießen, zu beobachten und einzuschätzen, dann werden Sie feststellen, daß der Einsatz Ihrer Intelligenz Sie aus Streßsituationen erretten kann. Sie können sich selbst davon abhalten, diese dummen Denkfehler zu begehen, die so viele andere Fehler zur Folge haben. Ihr Verstand wird erkennen, wenn Sie sich von Ihren Gefühlen beherrschen lassen, und wird Ihnen helfen, Ihr Leben besser in den Griff zu bekommen.

Geht es hier, wie einige unwissende Kritiker behauptet haben, nur um ein rationales Erklären unserer Verhaltensweisen – sozusagen um das psychologische Äquivalent zur Kosmetik, um die Dinge besser erscheinen zu lassen, als sie sind? Ganz und gar nicht. Hier geht es um logische Analyse, was etwas ganz anderes ist. Es geht darum, unsere Fähigkeit, vernünftig zu urteilen, zu verbessern, und nicht unsere Fähigkeit, Entschuldigungen zu finden (was die meisten von uns heutzutage schon allzu gut können).

Ist dies eine Verurteilung des instinktiven Handelns? Sie mögen einwenden, daß die instinktive Reaktion schließlich oft die beste Reaktion ist. Manchmal sagt Ihnen Ihr gesamter Erfahrungsschatz, wie Sie am besten handeln sollen. Manchmal stimmt das auch, aber manchmal ist »instinktive Reaktion« nur ein Deckname für emotionales Denken, welches einen Fehler nach dem anderen nach sich zieht. Anders formuliert: Es gibt Zeiten, in denen Ihre Instinkte der Unterstützung durch Ihren Verstand bedürfen.

Stellen Sie sich vor, Sie stehen an einem Bahnübergang. Dort gibt es ein Schild mit der Aufschrift: »Stopp! Vergewissern Sie sich vor dem Überqueren der Gleise, daß kein Zug kommt!« Neunundneunzig von hundert Malen könnten Sie wahrscheinlich das Schild ignorieren, einfach weitergehen und vollkommen sicher über die Gleise gelangen, in der Annahme, daß schon eine Schranke heruntergehen würde, wenn ein Zug käme. Aber wenn Sie feststellen, daß die Schranke an diesem Übergang nicht immer richtig funktioniert, wird Ihnen Ihr gesunder Menschenverstand sagen, daß Sie besser stehenbleiben, nachsehen und horchen sollten, um nicht von einer Lokomotive überfahren zu werden. Wenn ein wenig zusätzliches Denken Sie vor den Rädern der Lokomotive bewahren kann, warum nicht?

Unausgesprochene Gedanken aussprechen

Die kognitive Therapie lehrt, unausgesprochene Gedanken in Worte zu fassen beziehungsweise auszusprechen. Diese unausgesprochenen Gedanken liegen direkt unterhalb der Bewußtseinsebene, und es ist nicht schwer, ihrer gewahr zu werden. Viele Leute glauben, daß Gedanken streng in bewußte und unbewußte unterteilt sind, wobei letztere so tief vergraben sind, daß es einer großen Anstrengung bedarf, um sie auf die Bewußtseinsebene zu bringen. Doch für die unausgesprochenen Gedanken gilt das nicht. Sie mögen zwar nicht an vorderster Stelle in Ihrem Kopf vorhanden sein, aber es kostet nicht viel Mühe, sie nach vorne zu ziehen – genauso wie Sie am Tuner einen Radiosender deutlicher einstellen können.

Wenn Sie sich nicht jedes Gedankens, der Ihnen durch den Kopf schießt, bewußt sind, liegt das wahrscheinlich daran, daß viele Gedanken auf Gewohnheit beruhen. Die meisten Menschen denken bei Gewohnheiten nur an Handlungen. Es gibt gute Gewohnheiten, wie Zähneputzen, und schlechte Gewohnheiten, wie Nägelkauen. Aber in der Tat haben wir auch beim Denken gute und schlechte Gewohnheiten. Handlungs- und Denkgewohnheiten gleichen sich insofern, als beide *automatisch* ablaufen. Normalerweise kostet es Sie keine Konzentration oder Planung, Ihren Schlüssel in die Haustür zu stecken, um diese aufzuschließen. Sie tun es einfach – automatisch, gewohnheitsmäßig. Ihr Gehirn arbeitet zwar, aber unauffällig.

Die Gewohnheiten, die wir beim Denken entwickeln, werden stark von etwas beeinflußt, das Psychologen unser individuelles »Schema« nennen. Das Schema umfaßt die grundlegenden Muster, nach denen wir erhaltene Informationen ordnen und verarbeiten. Wir erwerben unser eigenes spezielles Schema, indem wir uns einige oder alle Lebensregeln aneignen, die uns zu Hause oder in der Schule beigebracht werden oder die wir durch unsere Religion oder von Freunden lernen.

Ein individuelles Schema ist wie eine Brille, durch die Sie die Welt betrachten. Wenn Ihre Brille purpurrote Gläser hat, sehen Sie die Welt purpurn gefärbt. Genauso glaubt wahrscheinlich jemand, der die Welt durch Gläser betrachtet, auf denen »abhängig und hilflos« steht, daß es gefährlich ist, zu widersprechen, daß es gefährlich ist, sich zu beschweren, daß es wichtig ist, von allen gemocht zu werden.

Ihr persönliches Schema – die Art, wie Sie die Welt sehen – erklärt auch, warum manche der zehn dümmsten Denkfehler Sie mehr betreffen als andere. Wenn Ihr Schema besagt, daß die Welt ein gefährlicher Ort ist, an dem das Überleben davon abhängt, daß man sehr, sehr vorsichtig ist, dann neigen Sie vermutlich dazu, automatisch – aus Gewohnheit – auf die »Klein-Hühnchen«- oder »Was ist-wenn«-Art zu denken. Wenn Ihr Schema besagt, daß es das Wichtigste im Leben ist, sich vor anderen auszuzeichnen, könnten Ihre Denkgewohnheiten »Vergleichssucht«, »Ihren Kritikern glauben« oder »Ihrem PR-Agenten glauben« umfassen.

Weil wir in dem Glauben aufwachsen, daß unser spezielles Schema die Dinge einfach zeigt, »wie sie sind«, stellen wir es meistens nicht in Frage. Aber weil Sie etwas glauben – und alle anderen, die Sie kennen, es auch glauben –, wird es dadurch nicht notwendigerweise wahr. Wenn Sie eine Brille mit blauen Gläsern tragen, sehen Sie alles blaustichig. Wenn Sie mit diesen Gläsern eine Zitrone ansehen, welche Farbe hat diese Zitrone? Viele Leute würden ohne zu zögern »Grün« antworten, denn das erhält man, wenn man Blau und Gelb mischt. Aber die Antwort lautet, daß die

Zitrone immer noch gelb ist. Nur weil Sie und die anderen Leute mit blauen Gläsern sie grün sehen, verwandelt sich die Zitrone nicht in eine Limone.

Wenn Sie beginnen, Ihre eigenen speziellen Denkgewohnheiten zu analysieren, werden Sie eventuell die Gläser wechseln wollen – um die Welt auf eine neue Art zu betrachten.

Neue Denkgewohnheiten

Die Botschaft lautet also: Schädliche Gewohnheiten können durchbrochen werden. Sie können eine schlechte Denkgewohnheit genauso aufgeben wie andere schlechte Gewohnheiten. Und Sie können neue Gewohnheiten entwickeln, die förderlicher und gesünder sind.

Zu lernen, wie man eine schlechte Denkgewohnheit durchbricht, ist der leichteste Teil. Sich neue, hilfreichere Gewohnheiten zuzulegen, ist schon schwerer. Aber gilt das nicht auch für körperliche Gewohnheiten? Es ist leicht zu lernen, wie man einen Tennisschläger hält. Der Tennistrainer bringt Ihre Hand in die richtige Position, die Sie jederzeit wieder einnehmen können, wenn Sie daran denken. Das Knifflige besteht darin, jedesmal, wenn Sie einen Schläger anfassen, Ihren alten Griff durch den neuen zu ersetzen – auch (und besonders dann), wenn Sie sich mitten in einem hitzigen Match befinden. Das kostet einige Mühe. Und es erfordert Übung.

Jemand, der im Zweifingersystem tippt, kann leicht auch das Zehnfingersystem erlernen. Doch es ist etwas Übung nötig, es darin zu einer gewissen Geschwindigkeit zu bringen. Der Zweifinger-Experte sagt sich: »Ich weiß, daß ich meine Geschwindigkeit verdoppeln oder sogar verdreifachen könnte, wenn ich mir etwas Zeit zum Üben des Zehnfingersystems nehmen würde. Aber ist es mir diese Zeit wert?« Die Antwort mag »nein« heißen, wenn das langsame Schreiben mit zwei Fingern dem Betreffenden vollauf genügt. Doch wenn er findet, daß sich die Investition lohnt, weil das Tippen mit zehn Fingern auf lange Sicht bessere Ergebnisse erzielt und leichterfällt, wird die Antwort »ja« lauten.

Dieselbe Frage muß man sich stellen, wenn es um die Entwicklung neuer Denkgewohnheiten geht: Lohnt sich die Mühe? Wenn Ihnen gelegentliche kleinere Fehler, wie wir sie alle machen, keine Schwierigkeiten oder psychische Probleme bereiten, werden Sie vielleicht keine Lust haben, die in diesem Buch beschriebenen Techniken zu erlernen. Wenn Sie sich dagegen unwohl fühlen, wenn die Dinge nicht so laufen, wie

Sie wollen, dann werden Sie es ausgesprochen nützlich finden zu lernen, wie man stehenbleibt, nachsieht, horcht und die Gleise auf eine neue Weise überquert.

Können Ihnen die hierin enthaltenen Techniken garantieren, daß Sie nie wieder eine falsche Wahl treffen, nie wieder die Beherrschung oder Geld verlieren, nie wieder abgewiesen werden oder sich mutlos fühlen? Sorry, eine solche Garantie gibt es nicht. Dieses Buch kann lediglich versprechen, Ihnen zu zeigen, wie Sie eine größere Kontrolle über Ihre Denkkraft gewinnen und die beschriebenen, sehr alltäglichen Fehler minimieren.

Die Techniken werden Ihnen nicht die Macht verleihen, Sturmfluten zu dämmen, aber Sie werden Sie in die Lage versetzen, eine entstandene Notsituation ruhiger zu bewältigen. Indem Sie Ihre Entschlossenheit und Ihr Selbstvertrauen stärken, werden Sie nicht automatisch beruflichen Erfolg haben, aber es macht den Erfolg sicherlich wahrscheinlicher. Offener für die Liebe zu werden ist keine Garantie dafür, daß Prinz oder Prinzessin Charming an Ihrer Tür auftaucht – aber es entfernt den Riegel, der ihn oder sie davon abgehalten hätte, einzutreten.

Eine benutzerfreundliche Therapie

In den folgenden Kapiteln wird jeder der zehn dummen Denkfehler einzeln behandelt. Nicht weil sie unbedingt getrennt auftreten. Im Gegenteil, häufig wirken mehrere Faktoren zusammen, genauso wie die Probleme im Leben nicht einzeln nacheinander entstehen, sondern sich überschneiden oder schubweise auftauchen. Jedoch wird eine ausführliche Beschreibung jedes Fehlers für sich Ihnen ein *vollständiges Verständnis* dafür vermitteln, wie sich diese Fehler sowohl separat als auch in Kombination auswirken. Dieses Verständnis ist für das Erlernen der Techniken zur Fehlerbekämpfung notwendig. Es ist nicht unsere Absicht, die Vielschichtigkeit der menschlichen Existenz oder der Menschen an sich zu leugnen, sondern eine wirksame therapeutische Methode auf leichte Weise zugänglich zu machen. Zweck dieses Buches ist es, um es mit einem Ausdruck aus der Computerwelt zu sagen, benutzerfreundlich zu sein.

Die fünfundzwanzig hier vorgestellten Techniken werden Ihnen helfen, Ihre Gedanken anders einzusetzen, emotionale Barrieren zu durchbrechen und eine bessere Kontrolle über die Geschehnisse in Ihrem Leben zu erlangen, statt sich von diesen Geschehnissen kontrollieren zu lassen. Sie werden feststellen, daß einige dieser Techniken auf jeden der Denkfehler anwendbar sind, während andere nur bei bestimmten von Nutzen sind. Viele der Techniken wirken am besten, wenn sie mit anderen kombiniert werden. Aber auch die Techniken werden nacheinander und nicht auf einmal eingeführt, so daß Sie sich Schritt für Schritt mit ihnen vertraut machen können. In manchen Kapiteln werden Sie außerdem erfahren, wie Sie eine schon vorher beschriebene Technik unter anderen Bedingungen anwenden können.

Am Ende des Buches finden Sie eine Überblickstabelle, die aufführt, welche der therapeutischen Techniken für jeden der einzelnen Denkfehler am geeignetsten sind. Diese Tabelle wird Ihnen zweifellos mehr sagen, nachdem Sie das Buch durchgelesen haben, aber Sie können sie natürlich auch zwischendurch schon benutzen.

In den Kapiteln zwölf und dreizehn werden darüber hinaus alle in den vorhergehenden Kapiteln beschriebenen Techniken noch einmal aufgeführt und ausführlicher behandelt. Sie können jederzeit zu diesen Kapiteln vorblättern, um mehr über diejenigen mentalen Werkzeuge zu erfahren, die Ihnen persönlich am geeignetsten erscheinen. Alle Techniken zusammengenommen bilden eine Art Handbuch für Besitzer intelligenter Gehirne – einen Leitfaden zur Fehlerbehebung bei gelegentlichen Betriebsstörungen. Wenn Sie sich die Informationen, die Ihnen dieses Buch liefert, zunutze machen, werden Sie nicht nur einen Zugewinn an Wissen, sondern auch an Lebensfreude erfahren.

2. Das Klein-Hühnchen-Syndrom

Als Klein-Hühnchen in dem gleichnamigen Kinderbuch von einer vom Baum fallenden Eichel am Kopf getroffen wird, zieht es sofort den voreiligen Schluß, daß der Himmel herunterfällt. Und es läuft los, um die anderen zu warnen.

Es ist eine Verhaltensweise, die auch als Katastrophendenken bekannt ist. Man vermutet gleich das Schlimmste. An jeder Ecke lauern Katastrophen. Der Psychologe Albert Ellis nennt das »verschrecklichen«, weil die Betreffenden sich stets unerträglich schreckliche Konsequenzen vorstellen. Aber wie man es auch nennt, dieses Denken liegt uns allen nicht fern.

Wir alle kennen Situationen, in denen unser Verstand eher zu Pessimismus als Optimismus neigt. Nehmen wir zum Beispiel an, Sie erhalten einen Brief vom Finanzamt. Was ist Ihr erster Gedanke? »Toll! Ich kann es kaum erwarten, den Brief zu öffnen. Ich wette, es ist die Benachrichtigung über eine hohe Rückzahlung.« Wenn Ihnen das als erstes durch den Kopf geht, sind Sie erstaunlich optimistisch, denn die meisten Leute würden eher denken: Oh je, ich hoffe, das ist kein Nachzahlungsbescheid.« Oder: »Oh nein, ich wette, das ist die Benachrichtigung über eine Steuerprüfung.« Ähnlich wird eine Mutter, wenn ihr Sohn einen unerwarteten Brief vom Büro des Schuldirektors mit nach Hause bringt, ihn zuerst fragen: »Was hast du angestellt?« statt anzunehmen, daß der Brief eine Einladung zu einem Elternabend enthält.

Die Redewendung »mir rutscht das Herz in die Hose« beschreibt genau Anns Reaktion auf die Nachricht, daß ihr Chef sie in zwanzig Minuten in seinem Büro sehen will. Ihr Herz scheint sich irgendwo in ihrer Magengrube zu befinden und ihr Magen auf Kniehöhe. Ihre Füße fühlen sich wie Bleigewichte an. Sie ist sicher, daß sie einen Tadel erhalten wird – oder Schlimmeres. Sie geht im Geist alle Fehler durch, die sie während ihrer fünf Jahre bei dieser Firma gemacht hat, um herauszufinden, welcher davon der Grund für die ihr sicher bevorstehende Katastrophe sein könnte. Die zwanzig Minuten kommen ihr wie zwanzig Jahre vor. Es stellt sich heraus, daß der Chef wissen will, ob sie bereit ist, eine Wohltätigkeitsaktion des Büros zu leiten. Sie hat all die körperlichen und seelischen Qualen umsonst durchlitten.

Vor ein paar Jahren ging in den USA ein Bericht über eine wachsende

Anzahl junger Leute von Anfang Zwanzig, die von Panik erfaßt wurden, weil sie glaubten, Alzheimer zu haben, durch die Medien. Diese Personen hatten alle Geschichten darüber gelesen, wie Alzheimer-Opfer ihr Gedächtnis verlieren. Und als sie dann etwas vergaßen, glaubten sie sofort, mit dieser unheilbaren Krankheit geschlagen zu sein. Dieser Gedanke erschreckte sie derart, daß ihre Körper mit Taubheit, Herzklopfen oder Schüttelfrost reagierten. Diese physischen Reaktionen auf ihre Angst bestärkten die jungen Leute noch mehr in ihrer Überzeugung, daß sie bald sterben müßten. Doch die Ärzte konnten keinerlei Symptome entdecken. Sie hatten unnötige Ängste ausgestanden.

Aber unnötige Sorgen und Ängste sind vielleicht sogar noch die geringsten der vom Klein-Hühnchen-Syndrom verursachten Probleme.

Die Nerven verlieren und andere Symptome

Klein-Hühnchen ist nicht einfach beunruhigt, es ist *außer sich vor Angst* – denn es ist nicht nur überzeugt, daß eine unmittelbare Katastrophe bevorsteht, sondern auch, daß es *nichts dagegen tun kann*. Das führt zu dem Zustand, den wir auch »die Nerven verlieren« nennen. Klein-Hühnchen kann angesichts dieser angeblichen Katastrophe nicht viel mehr unternehmen, als schreiend herumzurennen.

Es gibt die verschiedensten Situationen, in denen es besonders leicht ist, die Nerven zu verlieren:

- Die Kinder kommen nicht rechtzeitig nach Hause. Ihre Mutter denkt: »Sie sind überfahren worden.« »Sie sind entführt worden.« Ihr Herz rast wie verrückt. Sie ist so voller Panik, daß sie noch nicht einmal zum Telefonhörer greifen kann.

- Ralph fährt zu einem wichtigen Vorstellungsgespräch und biegt unterwegs falsch ab. Er merkt, daß er zu spät kommen wird und denkt: »Ich hab's vermasselt. Jetzt werde ich den Job nie bekommen.« Er ist so verzweifelt darüber, daß er sich nicht mehr richtig auf das Fahren konzentriert und eine Abzweigung verpaßt, die ihn wieder auf die richtige Straße zurückgebracht hätte.

Das Klein-Hühnchen-Syndrom läßt uns manchmal nicht nur eine Abzweigung verpassen, sondern verhindert schon, daß wir nach einer Ausschau halten. Leute, die glauben, daß eine Katastrophe unvermeidlich ist, neigen dazu, einfach aufzugeben – und keine Anstrengung mehr zu unternehmen, das Problem zu lösen. Denn wenn man einmal beschlossen hat, daß es nichts gibt, was man noch tun kann, dann unternimmt man natürlich auch nichts:

- Emily findet einen Bericht nicht mehr, den sie unbedingt bei einer für heute anberaumten Besprechung gebraucht hätte. »Ich muß ihn weggeworfen haben«, denkt sie. »Das sieht mir mal wieder ähnlich, etwas Wichtiges wegzuwerfen. Es hat gar keinen Sinn, danach zu suchen. Ich werde ihn sowieso nicht finden.«

- Joe ist entlassen worden und »weiß«, daß er nie wieder einen neuen Job finden wird. Er verschickt ein paar Kurzbewerbungen, auf die sich niemand meldet. Das bestätigt seine Haltung. »Es ist hoffnungslos«, sagt er. Ein Freund hört von einer freien Stelle und erzählt ihm davon. »Die wollen mich doch sowieso nicht«, sagt Joe und macht sich gar nicht erst die Mühe anzurufen.

- Marcia lehnt die Einladung einer Freundin zu ihrer Party ab, weil sie sicher ist, daß alle sie übersehen, ablehnen und demütigen werden. Also bleibt sie lieber zu Hause und weint.

Herbeidenken, was Sie fürchten

Unglücklicherweise führt diese Tendenz, das Schlimmste anzunehmen, häufig dazu, daß das Schlimmste – oder etwas ähnlich Schlimmes – tatsächlich eintritt. Das ist die berüchtigte sich selbst erfüllende Prophezeiung. Natürlich wird Emily den Bericht nicht finden, wenn sie nicht nach ihm sucht, selbst wenn er fast unter ihrer Nase liegt. Wenn Joe sich nicht weiter um einen Job bemüht, wird er auch keinen finden. Auf diese Weise macht er seine eigene Prophezeiung wahr. Wenn Marcia nicht zu der Party geht, vermeidet sie damit die eventuelle Demütigung, abgelehnt zu werden – aber sie schließt gleichzeitig die Möglichkeit aus, einen netten Abend zu verbringen. Und sie hat bestimmt keinen netten Abend, wenn sie weinend zu Hause sitzt.

An das Schlimmste zu denken kann die von Ihnen gefürchtete Katastrophe auf sehr subtile Art herbeiführen. Auch hierfür ist Klein-Hühnchen das perfekte Beispiel, weil seine Befürchtung es so kopflos macht, daß es nur panisch durch die Gegend rennen kann. Dieses Verhalten ängstigt seine Scheunenhof-Freunde Entchen Glücklich und Guter Puter derart, daß auch sie anfangen, panisch herumzulaufen. Genau dann taucht der clevere Fuchs auf und bietet ihnen an, sich in seinem Bau »in Sicherheit« zu bringen. Also wirklich. Kein Huhn, keine Ente und kein Truthahn, die noch einigermaßen klar denken können, würden einen Fuchs freiwillig in seinen Bau begleiten. Sie würden sich sagen: »Hilfe, meine Federn! Dieser Fuchs will uns doch nur zum Abendessen verspeisen.« Aber leider denken Klein-Hühnchen und seine Freunde nur an den herabfallenden Himmel. Deshalb kommt ihnen das Angebot des Fuchses nicht merkwürdig vor, und sie gehen widerstandslos mit ihm mit. Und so finden sie ihr Ende nicht durch den gefürchteten herunterfallenden Himmel, sondern durch die Fänge des Fuchses. Ihr Katastrophendenken hat eine wirkliche Katastrophe erst ermöglicht.

So etwas passiert dauernd. Nehmen Sie Mark zum Beispiel. Er ist ein guter Handelsvertreter und hat normalerweise Vertrauen in seine Fähigkeiten. Aber die Vorstellung, vor einem großen Publikum eine Rede halten zu müssen, macht aus ihm Wackelpudding. Er hat noch nie zuvor eine Rede gehalten und ist sicher, daß er sie verpatzen wird. Als er zum Rednerpult geht, taucht eine Reihe von schrecklichen Szenen in seinem Kopf auf:

»Das Mikrophon wird ausfallen.
↘
Das wirft mich aus dem Konzept, und ich verliere den Faden.
↘
Dann fange ich an zu stottern.
↘
Dann bringe ich alles durcheinander.
↘
Alle werden lachen.
↘
Mein Chef wird wütend auf mich sein.
↘
Ich kann jede Hoffnung auf eine Beförderung vergessen.
↘
Ich kann froh sein, wenn ich meine Stelle behalte.
↘
Ich werde vernichtet sein.«

Innerhalb von Sekunden hat Mark das Drehbuch für eine Katastrophe geschrieben und sich eingeredet, daß sie unvermeidlich ist. Kein Wunder also, daß seine Zunge am Gaumen klebt, als er anfangen will zu sprechen, daß seine Hände feucht sind, seine Knie zittern und seine Stimme unsicher ist. Er stottert tatsächlich. Und er verliert den Faden. »Ich habe es ja gewußt«, denkt er niedergeschlagen. Aber er hat es nicht gewußt, er hat es *herbeigeführt*, indem er dem Klein-Hühnchen-Syndrom zum Opfer fiel.

Realistisch denken

Wir wollen damit nicht zum positiven Denken auffordern. Weit davon entfernt. Dieses Buch ist eine einzige Aufforderung zum realistischen Denken. Denn zwischen beiden besteht ein großer Unterschied. Vielleicht kennen Sie die Anekdote von dem kleinen Jungen, der außer sich vor Freude ist, weil er eine Wagenladung voll stinkendem Mist geschenkt bekommt. Ein Freund fragt ihn: »Wie kannst du dich nur über diesen Mist freuen?« Und der kleine Junge schaufelt fröhlich Mist und antwortet: »Bei all diesem Mist muß irgendwo ein Pony versteckt sein.« Das ist ein Fall von positivem Denken ohne Verbindung zur Realität.

Es gibt sogar Umstände, unter denen negatives Denken angebrachter ist. Zum Beispiel hat eine kürzlich veröffentlichte Studie über die sexuellen Praktiken von Collegestudentinnen und -studenten ergeben, daß viele sich beim Sex nicht durch Kondome schützen. Ob sie sich der Gefahren von AIDS und anderer sexuell übertragbarer Krankheiten bewußt seien, wurden sie gefragt. Ja, das seien sie. Sie gaben an, die Gefahren zu kennen, es aber vorzuziehen, nicht daran zu denken oder davon auszugehen, daß es sie nicht treffen werde. Wenn sie Glück haben, wird es sie nicht treffen, aber die Statistiken deuten darauf hin, daß nicht alle Glück haben werden. In diesem Fall könnte eine pessimistischere Haltung (»Wenn ich mich nicht schütze, bekomme ich eine tödliche Krankheit«) Leben retten.

Die gesamte Versicherungsbranche beruht auf versicherungsstatistischen Tabellen, die voraussagen, daß ein bestimmter Prozentsatz von Menschen Verluste erleiden wird (durch Autounfälle, schwache Gesundheit, Feuerschäden, vorzeitigen Tod), während die Mehrzahl unversehrt bleibt und weiterhin Beiträge zahlt. Wenn Sie eine Versicherung abschließen, heißt das nicht, daß Sie damit rechnen, *garantiert* einen Verlust zu erleiden, sondern daß Sie die *Möglichkeit* eines Verlustes oder Schadens akzeptieren und finanziell vorsorgen wollen.

Mit anderen Worten, *realistisch* denken bedeutet nicht, fröhlich-naiv durch die Welt zu gehen und zu glauben: »Es wird schon alles gut« oder »Mir kann nichts passieren«. Aber es bedeutet auch nicht, sich trübselig zu sagen: »Alles wird schiefgehen, mein Schicksal ist besiegelt.«

Wir wissen alle, daß Unglücke geschehen. Die täglichen Schlagzeilen in den Zeitungen und unsere eigene Erfahrung sagen uns das. Dennoch erweist sich die übereilte Schlußfolgerung, daß der Himmel herabstürzt oder zumindest kurz davor ist, in den meisten Fällen als *falsch*. Und oft zieht sie unnötige Probleme und Sorgen nach sich.

Wenn Sie für jede Gelegenheit, bei der Sie das Schlimmste vermutet haben und bei der das Schlimmste dann nur halb so schlimm war oder gar nicht eintrat, eine Mark bekommen hätten, hätten Sie jetzt vielleicht ein hübsches Sümmchen beisammen. Aber im allgemeinen erhalten wir leider kein Geld, sondern viel unnötiges Leid zur Belohnung.

Realistische Denker haben erkannt, daß es einen Mittelweg gibt, daß es auch andere Erklärungen für eine Situation geben kann. Realistische Denker leugnen nicht, daß das Schlimmste *möglich* ist, aber sie gehen auch nicht fraglos davon aus, daß es *garantiert* eintritt.

Klein-Hühnchen denkt nicht: »Ich möchte wissen, was mir da auf den Kopf gefallen ist«, oder »Ich glaube, mir ist ein Stück Himmel auf den Kopf gefallen, ich rufe besser einen Experten, der sich das mal ansehen soll.« Es verfällt sofort in Panik. Klein-Hühnchen hat einen einzigen Beweis (etwas ist ihm auf den Kopf gefallen) und leitet davon eine übertrieben negative Schlußfolgerung ab (das muß bedeuten, daß der Himmel einstürzt). Wir nennen das auch »aus einer Mücke einen Elefanten machen«.

Realistische Denker können Gefahren erkennen und erleiden auch Enttäuschungen, aber sie übertreiben das Ausmaß der Gefahr oder der Enttäuschung nicht, und sie gehen nicht automatisch davon aus, daß sie nichts tun können, um ihre Lage zu verbessern.

Sich selbst zuhören

Wenn Sie schon öfter dem Klein-Hühnchen-Syndrom erlegen sind, ist es gut möglich, daß Sie ein erhöhtes Bewußtsein von der Tatsache haben, daß schreckliche Dinge *tatsächlich* geschehen. Das kann einfach ein Teil Ihrer Weltsicht sein. Klein-Hühnchen mag einmal von glaubwürdiger Seite versichert worden sein, daß der Himmel unter bestimmten Umständen wirklich herunterfallen kann. Diesen Gedanken hat es in seinem Kopf gespeichert. Dann passiert etwas (die Eichel fällt herunter), das diesen Gedanken wieder hervorruft. Aber er taucht nicht plötzlich und von ganz allein auf. Wie der Psychiater Dr. Aaron T. Beck in seinen wegweisenden Forschungen gezeigt hat, redet man sich in solchen Situationen den schlimmstmöglichen Ausgang buchstäblich ein.

Denken Sie zum Beispiel an Mark, den Redner. Irgendwo in Marks Vorstellung existiert die *Möglichkeit,* daß er entlassen werden kann. Doch daran denkt er zuerst gar nicht, als er auf das Rednerpult zugeht. Er macht sich nur Sorgen darüber, ob das Mikrofon funktionieren wird. Aber dieser Gedanke genügt (wie die Eichel), um den nächsten Gedanken auszulösen (daß er durcheinandergeraten und den Faden verlieren wird), der zum nächsten führt und zum übernächsten usw., bis Mark es direkt vor sich sieht, wie er wegen seines Versagens auf dem Podium gefeuert wird.

Mark merkt nicht, wie er sich selbst davon überzeugt, daß ihm eine Katastrophe bevorsteht. Sein innerer Monolog spielt sich innerhalb von Sekunden oder sogar Tausendstelsekunden ab. Seine Gedanken rasen so schnell, daß er die einzelnen Gedanken kaum wahrnehmen kann. Dr. Beck nennt diese rasenden Gedanken »automatische Gedanken«.

Hier ist ein weiteres Beispiel: Valerie packt ihre Sachen für eine Geschäftsreise. Sie kann einen Ordner nicht finden, den sie unbedingt mitnehmen muß. Ihr erster Gedanke ist: »Ich kann diesen Ordner nicht finden.« Das beunruhigt sie natürlich etwas. Und sie weiß, daß ihr nur eine begrenzte Zeit bleibt, um nach dem Ordner zu suchen, weil sie den Zug erreichen muß. Diese Tatsache löst folgenden Gedanken aus: »Wenn ich den Ordner nicht bald finde, werde ich meinen Zug verpassen.« Dies wiederum hat eine ganze Reihe von automatischen Gedanken zur Folge:

»Wenn ich meinen Zug verpasse, verpasse ich den Termin.

↘

Wenn ich den Termin verpasse, werde ich das Geschäft nicht abschließen können.

↘

Wenn ich das Geschäft nicht abschließe, wird sich das auf meine Stellung in der Firma auswirken.

↘

Wenn ich in der Firma an Ansehen verliere, kann ich sogar meine Stelle verlieren.«

Valerie merkt vielleicht noch nicht einmal, daß sie gerade ein Katastrophenszenario entworfen hat. Sie spürt lediglich, wie eine ansteigende Welle der Panik ihren Magen aufwühlt und ihr Gehirn zu überschwemmen scheint. Sie ist so von den Gedanken an die schrecklichen Konsequenzen eingenommen, die ihr bevorstehen, wenn sie den Ordner nicht findet, daß sie nicht gezielt überlegen kann, wo er sein könnte. Sie kann sich nicht darauf konzentrieren, wo sie ihn zuletzt gesehen hat. Ihre automatischen Gedanken arbeiten gegen sie.

Automatische Gedanken sind etwas ganz Normales. Durch die Köpfe der meisten Leute fließt ein unaufhörlicher Gedankenstrom. Das können auch kleine Tagträume sein, die nichts mit der gerade anstehenden Aufgabe zu tun haben. »Tut mir leid, ich war in Gedanken woanders«, sagt man dann meistens. Diese Gedanken können aber auch zur Bewältigung der vorliegenden Aufgabe unbedingt notwendig sein. Schnell einen Katalog von Gedanken durchgehen zu können ist wichtig bei Entscheidungsprozessen. Sie fragen sich: »Soll ich dies oder jenes tun?« Sie wägen die Vor- und Nachteile der Möglichkeiten ab, bevor Sie sich entscheiden.

Aber weil Ihre Gedanken – ob positiv oder negativ – sich unweigerlich auf Ihre Handlungen auswirken, gibt es Momente, die es erfordern, daß Sie sich *deutlich* bewußt machen, was genau Sie gerade denken. Sie können das Tonband Ihrer Gedanken ohne weiteres zurückspulen und es sich noch einmal anhören, wenn Sie sich darauf konzentrieren. Wenn Sie die Gedanken, die zu einer bestimmten Schlußfolgerung geführt haben, noch einmal betrachten, können Sie sie auf ihre Richtigkeit hin überprüfen. Sie können Ihre eigenen Gedanken sogar in Frage stellen, so wie Sie die Behauptung eines anderen, daß die Welt in zwanzig Minuten untergeht, in Frage stellen würden (»Bist du sicher? Woher weißt du das? Warum sollte ich dir glauben?«).

Indem Sie lernen, eine schnelle Schlußfolgerung Ihres Denkapparates in Frage zu stellen, können Sie herausfinden, ob diese Schlußfolgerung auf Tatsachen gegründet ist oder nicht. Indem Sie lernen, Ihre automatischen Gedanken nicht selbstverständlich hinzunehmen, können Sie die berühmten sich selbst erfüllenden Katastrophenprophezeiungen leichter vermeiden und besser – realistischer – mit schwierigen Situationen umgehen. Natürlich können Sie es nicht immer verhindern, daß unangenehme Dinge oder auch Unglücke passieren, aber Sie können dafür sorgen, daß Sie ihnen nicht mehr Bedeutung beimessen, als ihnen zukommt. Um es wieder auf die Klein-Hühnchen-Geschichte zu übertragen: Sie können nicht verhindern, daß Ihnen eine Eichel auf den Kopf fällt, aber Sie können den Schmerz, die Panik und die durch Selbsterfüllung herbeigedachten Katastrophen vermeiden, die aus der voreiligen Schlußfolgerung, daß der Himmel einstürzt, resultieren. Das bedeutet *nicht*, daß Sie ständig jeden Ihrer Gedanken überwachen müssen. Es bedeutet auch nicht, daß Sie alles, was Sie tun, analysieren müssen. Es ist eine Technik, auf die Sie in streßreichen Situationen, in denen Sie am ehesten zu übereilten, falschen Reaktionen neigen, zurückgreifen können.

Wenn Sie ein Bombenexperte wären, der eine Bombe entschärfen soll, würden Sie dieser heiklen Aufgabe Ihre ganze Aufmerksamkeit widmen. Aber Sie müßten nicht mehr so konzentriert aufmerksam sein, wenn Sie danach zu Mittag essen oder im Supermarkt einkaufen. Es geht also darum, eine Fähigkeit zu entwickeln, auf die Sie zurückgreifen können, *wenn Sie sie brauchen*. Denn das Leben bringt ständig emotionale Bomben hervor, die entschärft werden müssen.

Ihre Gedanken in Frage stellen

Der Moment, Ihre Gedanken in Frage zu stellen, ist gekommen, wenn ein Gefühl der Verzweiflung in Ihnen aufsteigt – und das merken Sie sehr deutlich. Zuerst werden Sie sich Ihrer Schlußfolgerungen bewußt: »Jetzt ist alles aus.« »Ich werde es vermasseln.« »Ich bin vernichtet.«

Die erste – und wichtigste – Technik gegen diese selbstbehindernden Gedanken ist, deren Bedeutung zu hinterfragen. Sie fragen sich einfach: »Was meine ich denn genau mit diesem Gedanken, der meinen Magen in Aufruhr bringt, meine Nerven bis zum Zerreißen spannt und mein Gehirn betäubt?«

Sie sind zum Beispiel zu dem Schluß gekommen: »Ich bin vernichtet.« Was meinen Sie mit »ich«? Meinen Sie Ihre Person – fürchten Sie einen körperlichen Angriff? Oder meinen Sie Ihr Geld, Ihren Besitz? Meinen Sie Ihre Selbstachtung? Was meinen Sie mit »vernichtet«? Ist Ihr Leben bedroht? Auf welche Weise werden Sie vernichtet?

Diese einfache Technik ist erstaunlich hilfreich. Warum? Weil sie Sie zwingt, sich Ihr Katastrophenszenario genau anzusehen. Mark sagt sich: »Ich werde vernichtet sein.« Aber er meint nicht wirklich, daß sein Körper vernichtet werden wird – er wird nicht sterben, wenn er seine Rede vermasselt. Was er meint, ist, daß er sich blamieren wird. Was er meint, ist, daß sein Chef nicht mit ihm zufrieden sein wird. Das sind zwar keine angenehmen Aussichten, aber kommen sie totaler Vernichtung gleich? Kann man sie nicht überleben? Wenn Mark erst einmal klar wird, was er *wirklich* meint, ändert er höchstwahrscheinlich seine panikverursachende Jetzt-ist-alles-aus-Haltung.

Wir möchten gerne glauben, daß wir immer sagen, was wir meinen, und meinen, was wir sagen. Aber wenn Sie genauer hinsehen, werden Sie zugeben müssen, daß das nicht stimmt. Wir sprechen – und denken – oft in einer Art Kurzschrift: »Das ist das Letzte.« »Das ist toll.« Wir verwenden eine Menge Übertreibungen: »Ich wäre vor Peinlichkeit fast gestorben.« (Kennen Sie jemand, der tatsächlich vor Peinlichkeit gestorben ist?) »Ich hatte bis acht Uhr abends nichts gegessen und war am Verhungern.« (Hungrig, ja. Am Verhungern? Wohl kaum. Verhungern heißt aus Nahrungsmangel umkommen.) Wir unterstellen gewohnheitsmäßig Bedeutungen. Es gibt diesen Witz über einen zehnjährigen Jungen, der seinen Vater fragt: »Woher komme ich?« Der Vater denkt: »Diesen Moment habe ich befürchtet, aber ich muß ihm seine Frage wohl beantworten.« Er läßt also eine umfangreiche Erklärung über die menschliche Fortpflanzung vom Stapel und bemüht sich, die für einen Zehnjährigen verständlichen Worte zu finden. »Hast du noch Fragen?« sagt er schließlich zu seinem Sohn. »Ja, Papa«, antwortet der Junge. »Das war alles sehr interessant, aber ich möchte immer noch wissen, woher ich komme. Jimmy sagt, er kommt aus Cleveland und...«

Sehr oft meinen Sie nicht wirklich, was Sie gerade denken. Das werden Sie feststellen, wenn Sie lange genug anhalten, um Ihre Gedanken zu überprüfen und sich fragen: »Was meine ich genau mit diesen Worten, die mir da gerade durch den Kopf gegangen sind?«

Ent-Katastrophisieren

Wenn Mark angehalten hätte, um die Gedanken, die ihm auf dem Weg zum Rednerpult durch den Kopf schossen, zu analysieren, hätte er jeden einzelnen von ihnen auch mit Hilfe einer anderen Technik, dem Ent-Katastrophisieren, widerlegen können. Bei dieser Technik analysieren Sie Ihre Gedanken, indem Sie bei der schlimmstmöglichen Schlußfolgerung anfangen und sich dann zurückarbeiten.

Nehmen wir an, Mark wäre am Ende zu dem Schluß gekommen, daß seine Stelle in Gefahr ist. Das allein genügte, um ihn krank vor Aufregung zu machen. Es mag ihm noch nicht einmal sofort bewußt sein, daß er zu diesem Schluß gekommen ist. Es ist ihm jedoch deutlich bewußt, daß er immer nervöser wird. Lassen Sie uns annehmen, daß Mark das Klein-Hühnchen-Syndrom kennt. Er weiß, daß Menschen unter Streß sehr leicht zum Katastrophendenken neigen. Also hält er inne und fragt sich: »War das jetzt gerade Katastrophendenken?« Mark läßt seine Gedanken Revue passieren – indem er sich einen nach dem anderen klar ins Bewußtsein ruft. Während er das tut, untersucht er jeden Gedanken auf dessen Beziehung zur Wirklichkeit.

»Ich kann jede Hoffnung auf eine Beförderung vergessen. Ich kann froh sein, wenn ich meine Stelle behalte.«

»Stimmt das wirklich? Ist es wirklich möglich oder auch nur wahrscheinlich, daß eine einzige Rede, selbst wenn sie schlecht vorgetragen wird, all meine anderen Leistungen für die Firma einfach auslöscht? Ist jemals ein Angestellter unseres Büros entlassen worden, weil er bei einer Rede gestottert hat? Bei seiner allerersten Rede?«

»Ich werde den Faden verlieren. Ich werde stottern. Ich werde alles durcheinanderbringen. Alle werden lachen.«

»Stimmt das wirklich? Die Rede umfaßt zehn Seiten. Werde ich bei jeder Seite alles durcheinanderbringen? Vermutlich nicht. Wird von mir wirklich erwartet, eine Rede wie Winston Churchill oder Jesse Jackson zu halten? Nein.«

Selbst wenn sein eingeflochtener Scherz danebengeht, selbst wenn Mark wirklich stottert, werden ihn *alle* auslachen? Es muß ein paar Leute im Publikum geben, die sich auch schon einmal durch eine Rede gequält haben. Und Fehler gemacht haben. Sie werden bestimmt Verständnis haben. Andere werden die Fehler noch nicht einmal bemerken. Mark kann sich dies alles vor Augen halten.

»Das Mikrofon wird ausfallen.«

»Wenn das Mikrofon ausfällt, werde ich lauter sprechen müssen.«

Realistisch denken bedeutet nicht, daß Mark jetzt garantiert sein Publikum im Sturm erobern wird. Natürlich will er seine Sache gut machen. Natürlich wird er enttäuscht sein, wenn es nicht so gut läuft, wie er hofft. Aber indem er sich einfach seine Klein-Hühnchen-Gedanken bewußt macht und sie analysiert, beruhigt Mark sich selbst. Er kann sich nun auf die Rede konzentrieren, statt ein Desaster nach dem anderen zu ersinnen. Er mag immer noch nervös sein, aber er wird nicht als nervliches Wrack zum Podium gehen. Und da er sich jetzt auf die Rede konzentrieren kann, ist es eher unwahrscheinlich, daß er die gefürchtete Katastrophe herbeiführt.

Die Studenten, die den voreiligen Schluß zogen, an Alzheimer zu leiden, haben die gefürchtete Krankheit durch diesen Gedanken natürlich nicht ausgelöst. Aber sie haben sich unnötigem körperlichem und seelischem Leid ausgesetzt. Das ist das gewöhnliche Resultat des Katastrophendenkens. Deshalb ist es so hilfreich, sich klarzumachen, daß so etwas wie Katastrophendenken vorkommt. Wenn sie die Bedeutung ihrer Schlußfolgerung hinterfragt hätten, hätten die Studenten eventuell festgestellt, daß der ihnen durch den Kopf schießende Gedanke »tödliche Krankheit« auf der Tatsache beruhte, daß sie etwas vergessen hatten. Das hätte wenigstens dazu geführt, weiter über das Vergessen nachzudenken – und darüber, ob Vergessen immer ein Symptom für eine tödliche Krankheit ist.

Die Beweise in Frage stellen

Das führt uns zu einer weiteren Technik: Die Beweise in Frage stellen. Wenn Sie einen voreiligen Schluß ziehen, überspringen Sie dabei oft Beweise, die Sie bei näherer Betrachtung vielleicht zu einem anderen Schluß gebracht hätten. Wenn Ihre Gefühle die Kontrolle über Ihr Denken übernehmen, laufen Sie Gefahr, Entscheidungen zu treffen, die entweder auf gar keinen Beweisen beruhen oder sogar auf Beweisen, die Ihrer Klein-Hühnchen-Schlußfolgerung völlig entgegengesetzt sind.

Nehmen wir an, Klein-Hühnchen hätte nur eine Sekunde innegehalten, um sich zu fragen: »Was läßt mich glauben, daß der Himmel herunterfällt?« Es weiß, daß es einen leichten Schlag auf den Kopf bekommen hat. Es könnte zum Himmel aufsehen. »Sieht okay aus.« Es könnte sich fragen, wie oft der Himmel in der Vergangenheit schon heruntergefallen ist. Es könnte sich sogar umsehen und die Eichel finden. Das heißt, es könnte, wenn es lange genug innehalten würde, um überhaupt irgendwelche Fragen zu stellen.

Nehmen wir an, die Studenten hätten ihren Gedankenfluß angehalten, um ihre Schlußfolgerung einer tödlichen Krankheit in Zweifel zu ziehen. Das könnte so klingen:

»*Ich habe eine tödliche Krankheit.*«

»Woher weiß ich das?«

»Weil ich gerade den Namen eines Bundestagsabgeordneten vergessen habe, den ich eigentlich wissen müßte.«

»Ist Alzheimer die einzige Erklärung dafür, daß Leute manchmal Namen und andere Fakten vergessen?«

»Nein.«

»Hat jeder, der etwas vergißt, Alzheimer?«

»Nein.«

»Habe ich schon einmal etwas vergessen?«

»Ja.«

»War dieses Vergessen auf eine Krankheit zurückzuführen?«

»Nein.«

»Weiß ich sicher, daß ich diese Krankheit habe?«

»Eigentlich nicht.«

»Kann es sein, daß ich mich wegen etwas aufrege, das vielleicht gar nicht stimmt?«

Den Argumentationsverlauf aufzeichnen

Das Klein-Hühnchen-Syndrom tritt nicht nur auf, wenn jemand unter besonderem Druck steht – wie einen Zug erreichen oder eine Rede halten zu müssen. Es kann jederzeit vorkommen. Sie können zum Beispiel abends zu Hause über eine persönliche oder berufliche Situation nachgrübeln und sich am Ende ganz furchtbar fühlen. Ihr Herz liegt wie ein Klumpen Blei in Ihrer Brust. Sie erkennen dieses bewußte Es-hat-jadoch-keinen-Zweck-Gefühl. Die Schlußfolgerung in diesem Moment könnte sein: »Es gibt keine Möglichkeit, mich mit meinen Kindern zu verständigen.« Oder: »Es gibt keine Möglichkeit, wie ich dieses Projekt erfolgreich abschließen kann.« Oder: »Ich werde nie einen Job finden.« Oder: »Er interessiert sich überhaupt nicht für mich.« Oder: »Frauen mögen mich einfach nicht.« Absolut nicht. Niemals. Auf keinen Fall. Furchtbar. Desaster. Katastrophe.

In solchen Augenblicken kann es nützlich sein, sich die automatischen Gedanken, die Sie zu dieser Schlußfolgerung führten, nicht nur bewußt zu machen, sondern sie auch aufzuschreiben. Sie können natürlich auch nur in Gedanken argumentieren, aber Sie werden feststellen, daß es Ihnen bei dem Argumentationsprozeß hilft, wenn Sie die jeweiligen Gedanken schwarz auf weiß vor sich sehen. Das Aufschreiben Ihrer Gedanken erleichtert Ihnen den Zugang zu ihnen.

Versuchen Sie dies: Schreiben Sie Ihre Schlußfolgerung auf. Nun denken Sie an die Gedanken, die Sie zu dieser Schlußfolgerung geführt haben, und schreiben Sie sie auf. Welche Bedeutung verbinden Sie mit diesen Worten? Warum glauben Sie, daß der schlimmste Fall eingetreten ist oder unmittelbar bevorsteht? Welche Beweise haben Sie, um diesen Glauben zu unterstützen und zu nähren?

Fragen Sie sich: »Warum glaube ich das? Weiß ich es sicher? Was ist tatsächlich das Schlimmste, das passieren kann? Kann ich es überleben? Haben andere es schon überlebt?« Sie werden sehen, daß Sie die Antworten wissen. Sie müssen nur daran denken, sich diese Fragen zu stellen. Manchmal genügt es, diese Katastrophengedanken aufzulisten und sie durchzulesen, um sich aus einer düsteren Stimmung zu befreien, denn ein schrecklich erscheinendes Vorkommnis ist auf Papier meist weniger schrecklich. Aber auch wenn das nicht der Fall sein sollte, bietet das Auflisten Ihrer Gedanken eine gute Ausgangsposition, um sie in Frage zu stellen.

Ihre eigene Verteidigung übernehmen

Es hilft Ihnen vielleicht auch, sich vorzustellen, daß Sie *jemand anderen* davon überzeugen müssen, daß die Lage nicht so schlimm ist, wie Sie behaupten. Wenn Sie Anwältin oder Anwalt der Verteidigung in einem Strafprozeß wären, bestünde Ihre Aufgabe darin, Fragen zu stellen und diejenigen Fakten hervorzuheben, die berechtigte Zweifel in der Meinung der Jury aufkommen lassen: »Wie können Sie sicher sein, daß meine Mandantin ihn erschoß? Hat sie es gestanden? Nein. Hat jemand gesehen, wie sie ihn erschoß? Nein.«

Selbst wenn kein Zweifel daran besteht, daß die Angeklagte die Tat begangen hat, wird der Verteidiger versuchen, den Geschworenen jeden mildernden Umstand vorzuführen, der die Schwere der Anklage mindert:

»Ja, sie hat ihn erschossen, aber er hat zuerst auf sie geschossen.«

»Ja, sie hat ihn erschossen, aber sie zielte auf eine Zielscheibe, und er lief in die Schußlinie.«

»Ja, sie hat ihn erschossen, aber sie wußte nicht, daß die Waffe geladen war.«

»Ja, sie hat ihn erschossen, aber es geschah nicht vorsätzlich, sondern während eines heftigen Streits, deshalb verdient meine Mandantin zwar eine Gefängnisstrafe, aber nicht den elektrischen Stuhl.«

Wenn Sie merken, daß Sie dabei sind, das Urteil der unvermeidlichen und unverhinderbaren Katastrophe zu fällen, müssen Sie zuerst die Beweislage prüfen. Ist es tatsächlich so sicher, daß das von Ihnen Gefürchtete eintritt? Gibt es irgendwelche mildernden Umstände?

Kehren wir noch einmal zu dem Beispiel der Mutter zurück, die nach einer Reihe sich überstürzender negativer Gedanken auf die Schlußfolgerung zurast, daß ihre Kinder entweder entführt oder gar ermordet worden sind, als diese nicht rechtzeitig nach Hause kommen und auch nicht anrufen. Während sie eine Welle der Panik in sich aufsteigen fühlt, kann sie innehalten und ihre Gedanken in Frage stellen.

»Weiß ich denn sicher, daß meine Befürchtungen den Tatsachen entsprechen?«

»Da ich bisher keinen Erpresserbrief oder einen Anruf von der Polizei erhalten habe, ist die Antwort nein.«

Sehr, sehr häufig wenn Sie in irgendeiner Form glauben, daß der Himmel herunterfällt, und sich diese Schlüsselfrage stellen, werden Sie ebenfalls feststellen, daß die Antwort nein ist. Das heißt, was Sie befürchten, *kann* wahr sein, aber Sie haben keine *überzeugenden Beweise* dafür.

»Sind die Kinder in der Vergangenheit schon einmal nicht rechtzeitig nach Hause gekommen? Und wenn ja, war es, weil sie ermordet oder entführt worden waren?«

»Ja, sie sind schon einmal zu spät gekommen. Und es lag nicht daran, daß Sie Opfer eines Verbrechens geworden waren.«

Wenn Ihre Befürchtungen in der Vergangenheit nicht eingetreten sind, warum sollte es diesmal anders sein?

Wenn die Kinder noch nie zu spät waren, gehen Sie zur nächsten Frage über:

»Gibt es andere mögliche Erklärungen dafür, daß sie noch nicht zu Hause sind?«

»Der Bus hatte einen Platten, und es ist keine Telefonzelle in der Nähe.«

»Die Kinder albern in einem Schnellrestaurant mit anderen Kindern herum und haben die Zeit vergessen.«

»Die Kinder haben sich meiner Anweisung, nach dem Spiel sofort nach Hause zu kommen, widersetzt, weil sie der Versuchung erlegen sind, mit den anderen noch auf einen Snack einzukehren. Sie sind ungehorsam, aber nicht tot.«

Sie könnten jetzt einwenden, daß die Mutter für diese anderen Erklärungen ebenfalls keine schlüssigen Beweise hat. Kann sie überhaupt Gewißheit haben? Nein. Aber wenn sie nicht weiß, welche von diesen

Erklärungen stimmt oder ob überhaupt eine von ihnen der Wahrheit entspricht, warum sollte sie dann von der schlimmsten ausgehen und darüber hysterisch werden?

Hier noch ein anderes Beispiel: Arlene wollte Jason ursprünglich zum Thanksgivingessen einladen, aber sie ruft ihn nicht an. Warum nicht? Sie ist zu dem Schluß gekommen, daß Jason sie nicht mehr sehen will und daß es daher sinnlos ist, sich einer Zurückweisung auszusetzen. Woher weiß sie, was Jason fühlt? Ihre Gedanken lauten etwa so: »Er hat mich angeschrien. Er war wütend auf mich, und ich weiß nicht, womit ich das verdient habe. Es bedeutet einfach, daß er nicht glücklich ist. Und das bedeutet, daß er mit mir nicht glücklich ist. Und wenn er nicht glücklich mit mir ist, heißt das, daß es zwischen uns aus ist. Also warum sollte ich ihn da noch einladen?«

Vielleicht ist es für Jason ja wirklich aus. Aber wenn Arlene die Gedankengänge in Frage stellt, die sie von der Situation A zu der Schlußfolgerung B geführt haben, wird sie es vielleicht doch riskieren, die Einladung auszusprechen. Weiß sie denn sicher, daß Jason sie nicht mehr sehen will? Er hat es jedenfalls nicht direkt gesagt, daher lautet die Antwort nein. Könnte es eine andere Erklärung für sein Verhalten geben? Vielleicht. Er könnte über einen bestimmten Umstand wütend gewesen sein – und das läßt sich klären. Möglicherweise war er auch wegen etwas ganz anderem frustriert an diesem Tag und ist an der falschen Stelle explodiert. Wenn Arlene etwas an Jason liegt, kommt sie vielleicht zu dem Ergebnis, daß sie sich zuerst mit ihm aussprechen sollte, bevor sie ihn aus ihrem Leben streicht.

Was stimmt nicht in diesem Bild?

Sie kennen vielleicht diese Bilderrätsel, bei denen ein unpassendes oder unlogisches Element herausgefunden werden soll. Dieses Element kann ein umgekehrter Baum sein, ein Wasserhahn, der nach oben tropft, ein Hund, der einen Menschen an der Leine führt, etc. Manchmal müssen Sie sich eben auch fragen: »Was stimmt nicht in diesem Bild?«, wenn Sie eine in Ihrer Vorstellung entstandene Katastrophenszene betrachten.

Hier ein Beispiel: Mary Ellen hat auf einer Schnellstraße eine Autopanne, weit von jeder Ausfahrt und jeder Tankstelle entfernt. Ihr erster Gedanke ist: »Ich werde hier stundenlang festsitzen.« Und am Ende denkt sie: »Ich werde keine Luft mehr bekommen und ersticken.«

Mary Ellen ist zu dem voreiligen Schluß gekommen, daß sie in ihrem

Auto eingesperrt ist und *nichts dagegen tun kann.* Sie sieht vor sich, wie sie in ihrem Auto erstickt.

Stimmt etwas nicht in diesem Bild? Stellen Sie sich das Auto vor. Hat es irgendwelche Eigenschaften, die Mary Ellen in ihrer Situation helfen könnten?

Hat das Auto Fenster? Könnte sie die Tür öffnen, bevor die Luft knapp wird? Ist es möglich, auszusteigen?

Mary Ellen weiß wahrscheinlich sehr wohl, daß sie die Wagenfenster oder -türen öffnen kann, aber sie hat Angst, dadurch ein leichtes Opfer für mögliche Räuber oder Vergewaltiger zu sein, die an ihr vorbeifahren. Sie kann die Vor- und Nachteile der verschiedenen Handlungsmöglichkeiten abwägen: Ist die Gefahr, ein Fenster zu öffnen, größer, als die Gefahr zu ersticken? Gibt es einen Mittelweg? Wäre es möglich, das Fenster drei Zentimeter breit zu öffnen, ohne größere Nachteile zu riskieren?

Ziel ist es immer, diese erste, katastrophenträchtige Schlußfolgerung in Zweifel zu ziehen, die Prämisse der Ausweglosigkeit und die panikerfüllte oder resignierte Kapitulation noch einmal zu überdenken. Ziel ist es, der Versuchung dieser mentalen Abkürzung zu widerstehen, die Sie von einem einzigen negativen Gedanken in Sekundenschnelle zu der Schlußfolgerung führt, daß eine unvermeidbare Katastrophe bevorsteht – *obwohl es keinerlei Beweise dafür gibt, daß dies tatsächlich der Fall ist.*

Die vielen Pfade nach Katastrophenheim

Falls Sie sich gestatten, die Abkürzung zur gedanklichen Katastrophe zu nehmen, gibt es da eine Vielzahl von möglichen Wegen. Wenn Sie Ihre Gedanken analysieren, achten Sie darauf, ob Sie einen dieser unglückseligen Pfade entlangeilen.

Der Pfad des Globalisierens

Sie sagen sich: »Ich habe das nicht gut gemacht, was bedeutet, daß ich *nichts* richtig machen kann.« Ein einziges Versagen in einem Teilabschnitt Ihres Lebens läßt Sie über Ihr ganzes Leben urteilen.

Kate wollte gerne Krankenschwester werden, aber sie hatte Schwierigkeiten mit den naturwissenschaftlichen Fächern und mußte die Ausbildung schließlich abbrechen. Eine Freundin weist sie darauf hin, daß es andere Pflegeberufe gibt, für die man kein naturwissenschaftliches Wissen erwerben muß. Kate höhnt: »Da würde ich doch auch durchrasseln. Ich bin einfach zu blöd.« Doch wenn sie nicht weiter nachforscht, wird Kate niemals erfahren, ob es nicht einen anderen Bereich gibt, der besser zu ihren Talenten und Interessen paßt.

Der Pfad des Generalisierens

Sie sagen sich: »Das hat diesmal nicht funktioniert, also wird es nie funktionieren.«

Sie denken vielleicht: »Ich habe zwei Frauen um eine Verabredung gebeten, und beide haben abgelehnt. Das bedeutet, daß ich bei Frauen nicht ankomme. Ich werde nie eine Verabredung haben, egal, wie ich es anstelle.« Wie können Sie da so sicher sein? Der Psychologe Albert Ellis erzählt gern die Geschichte, wie er als junger Mann seinem Liebesleben Auftrieb gab. Bis zum Alter von neunzehn war er außergewöhnlich schüchtern, weil die Möglichkeit, abgewiesen zu werden, für ihn eine Katastrophe darstellte. Deshalb sprach er nie eine der vielen jungen Frauen an, mit denen er durch Blicke im Botanischen Garten der Bronx flirtete, obwohl einige von ihnen deutlich zurückflirteten. Als er über seine Schüchternheit nachdachte, kam er zu dem Ergebnis, daß es nicht wirklich »entsetzlich« wäre, wenn sie ihn tatsächlich abweisen würden, und er stellte sich selbst die kognitiv-verhaltenstherapeutische Aufgabe, neben hundert verschiedenen Frauen auf einer Bank zu sitzen und sie innerhalb einer Minute – ja, einer einzigen Minute – anzusprechen, egal wie unangenehm ihm das war. Im Rahmen dieser »Schüchternheitsbekämpfungs«-Übung (die er später in seine rational-emotive Therapie eingliederte) sprach er innerhalb eines Monats hundert Frauen an. Von den hundert Frauen verabredete sich nur eine mit ihm – die ihn obendrein versetzte! Aber indem er sich selbst bewiesen hatte, daß nichts Katastrophales passierte, konnte er nun ganz unbefangen und ungehemmt fremde Frauen ansprechen. Und als er bei zweihundert und dreihundert Versuchen angelangt war, hatte er bald mehr Erfolg – und mehr sexuelle Erlebnisse – zu verzeichnen als beinahe jeder andere junge Mann in New York.

Es gibt eine Zeile in Shakespeares »Julius Caesar« über Leute, die eine negative Erfahrung auf alle zukünftigen Erfahrungen übertragen: »Der Feige stirbt schon vielmal, eh' er stirbt! Die Tapfern kosten *einmal* nur den Tod.« Leute, die generalisieren, müssen nur einmal scheitern, um von da an überall Mißerfolg zu sehen. Und diese eingebildeten Mißerfolge sind genauso schmerzlich wie wirkliche.

Der Pfad der Nachahmung

Diese Form der Nachahmung könnte man auch als Übertragen bezeichnen, denn dabei übernimmt jemand ohne eigenes Überlegen und kritisches Nachfragen die Katastrophenprophezeiungen anderer. Als Klein-Hühnchen herumrannte und schrie, daß der Himmel einstürze, glaubten ihm seine Freunde auf dem Bauernhof das unbesehen. Panik breitete sich aus.

Katastrophendenker scheinen die Fähigkeit zu besitzen, ihre Angst und Panik auf andere zu übertragen. Wir kennen zum Beispiel die Redewendung, daß man die »Angst mit Händen greifen kann«. Die Luft scheint geradezu von ängstlicher Nervosität erfüllt zu sein. Diese Angst wird meistens von jemandem ausgelöst, der der Überzeugung ist, daß die Katastrophe hinter der nächsten Ecke lauert. Wenn Sie einen Anstecker mit der Aufschrift »Morgen geht die Welt unter« tragen, werden Sie unweigerlich einige Leute davon überzeugen. Doch selbst wenn ein Teil der Welt kurz vor dem Kollaps stünde, wäre das vielleicht nicht die Katastrophe, die *Sie* am meisten fürchten. Was wir als das schlimmstmögliche Ereignis ansehen, ist eine ganz individuelle Sicht. Für manche lauert die Katastrophe allein in der Liebe. Für andere in beruflichen Dingen. Für wieder andere ist sie ausschließlich über Geld bzw. den Mangel an Geld definiert.

Man sollte glauben, daß alle zum Katastrophendenken neigenden Einwohner von San Francisco nach dem letzten großen Erdbeben das Gebiet verlassen hätten, da die Experten weitere Beben für wahrscheinlich halten. Aber nein. Nicht alle Katastrophendenker – nicht mal in San Francisco – denken dabei an die seismischen Bewegungen der Erde. Sie sind vermutlich viel zu sehr damit beschäftigt, auf die entsetzlichen Konsequenzen im Bereich von Liebe, Beruf, Finanzen, sozialem Status oder anderen spezifischen persönlichen Angelegenheiten zu schließen.

Der Pfad des Aufbauschens

Sie machen aus einer Mücke einen Elefanten. Sie begehen einen kleinen Fehler oder machen eine geringfügig negative Erfahrung und nehmen sofort an, daß dies schwerwiegende Konsequenzen haben wird. Das ist ein beliebter Pfad von Hypochondern. Das leiseste Schniefen bedeutet nahen Tod. Es gibt diesen Witz über den Hypochonder, der im Alter von achtundneunzig Jahren stirbt und auf seinen Grabstein schreiben läßt: »Ich habe euch doch gesagt, daß ich krank bin.«

Kindern wird gern eine alte Geschichte erzählt, deren Moral besagt, daß wir auf Kleinigkeiten achtgeben sollen. Sie beginnt mit den Worten:

Weil ein Nagel fehlte, ging ein Hufeisen verloren. Weil das Hufeisen verlorenging, ging das Pferd verloren. Weil er sein Pferd verloren hatte, konnte der Reiter die wichtige Botschaft nicht überbringen. Wegen der verlorenen Botschaft wurde die Schlacht verloren. Und weil die Schlacht verloren wurde, ging auch das Königreich verloren. Alles wegen eines fehlenden Nagels.

In Zwischenschritten denken

Stellen Sie sich vor, es wäre Ihre Aufgabe, Truppen in die Schlacht zu führen. Einer der Soldaten sagt zu Ihnen: »Wir können uns genausogut gleich jetzt geschlagen geben, denn das Pferd des reitenden Boten hat einen Nagel aus seinem Hufeisen verloren.« Fällt Ihnen eine Entgegnung ein, die ihn davon überzeugen könnte, daß Ihre Seite immer noch eine Chance hat? Betrachten Sie es einmal so: Liegen irgendwelche erforderlichen Zwischenschritte zwischen dem Herausfallen des Nagels und dem Verlust des Königreichs? Wenn ja, könnte der Situation bei jedem dieser Schritte eine neue Richtung gegeben werden?

Wir wissen eines sicher: Der Nagel ist herausgefallen. Nun gut, aber das Hufeisen muß deswegen nicht abfallen. Es gibt mehr als einen Nagel in einem Hufeisen.

Aber nehmen wir an, das Hufeisen fällt ab. Dann könnte das Pferd auch ohne es weiterlaufen. Nicht jedes Pferd trägt Hufeisen.

Aber nehmen wir an, das Pferd fängt an zu lahmen und wirft den Reiter ab. Vielleicht kann der Reiter die Botschaft jemand anderem geben oder ein anderes Pferd finden, oder die Strecke noch rechtzeitig zu Fuß bewältigen.

Doch selbst wenn die Botschaft nicht durchkommt, könnten die Soldaten einen Weg finden, die Schlacht trotzdem zu gewinnen.

Aber nehmen wir an, die Schlacht wird verloren. Dann könnte immer noch die Möglichkeit eines Gegenangriffs bestehen, der das Königreich rettet.

Damit wollen wir nicht sagen, daß es nicht auf Einzelheiten ankommt. In der Tat kann eine einzelne Komponente für das Gelingen eines Plans entscheidend sein. Aber das Wort, worauf es ankommt, ist *kann*. Eine einzelne Komponente kann entscheidend sein. Sie muß aber nicht. Realistisches Denken heißt, die Auswirkungen eines einzelnen negativen Vorkommnisses nicht ohne Nachfragen unüberlegt und unkritisch aufzubauschen.

Stellen Sie sich vor, Sie bemerken einen Tag, nachdem Sie ein wichtiges Schriftstück zur Post gebracht haben, daß Sie eine entscheidende Seite nicht mitgeschickt haben. Sie könnten jetzt den Schluß ziehen: »Es ist zu spät, um noch etwas zu unternehmen. Ich bin erledigt.« Oder Sie könnten denken: »Oh, nein. Jetzt muß ich selbst mit der fehlenden Seite an den Zielort fahren, damit das Dokument zum Abgabetermin vollständig vorliegt. Und dazu habe ich keine Zeit.« Jemand schlägt Ihnen vor, einen Kurierdienst anzurufen. Wenn Sie immer noch in Katastrophenstimmung sind, antworten Sie wahrscheinlich: »Das ist bestimmt viel zu teuer.« Und das könnte stimmen. Aber es würde nur einen kurzen Anruf erfordern, um die Preise zu erfragen. Indem Sie darauf achten, die Zwischenschritte auf ihre Möglichkeiten hin zu untersuchen, können Sie verhindern, daß Sie durch Katastrophendenken die *Katastrophe herbeiführen*.

Selbsterhaltung statt Selbstzerstörung

Es ist vernünftig, sich selbst zu schützen. Wenn Sie einfach davon ausgehen, daß Ihnen, egal, was Sie tun, nichts passieren kann, laufen Sie vielleicht irgendwann vor einen fahrenden Laster. Wenn Sie nie zu einer ärztlichen Untersuchung gehen, riskieren Sie gesundheitliche Probleme, die durch rechtzeitige Behandlung hätten vermieden werden können. Der springende Punkt ist – wie bei allen Denkfehlern –, daß Ihre Gedanken im rechten Verhältnis zum Geschehen stehen.

Die Überzeugung, daß man sich selbst nicht helfen kann, mag in manchen Situationen tatsächlich realistisch sein, aber als Lebenshaltung führt sie nur ins Leere. Sie hindert Sie daran, persönliche Beziehungen aufzubauen (»Es hat keinen Zweck, meine Zuneigung zu zeigen, ich werde doch nur abgewiesen werden«). Sie hindert Sie daran, intelligente Lösungen zu entwickeln (»Ich brauche all meine Energie zum Weinen«). Sie hindert Sie daran, Schritte zu erkennen, die zu einem effektiveren Handeln führen und Sie dadurch das nächste Mal von der Katastrophe fernhalten können.

Wenn Sie glauben, daß der schlimmste Fall eingetreten ist oder kurz bevorsteht, handeln Sie weniger effektiv, sind weniger motiviert, etwas zu unternehmen, und schlechter in der Lage, sich selbst und Ihre Lieben zu schützen. Wenn Sie dieses vorschnelle Urteil dagegen anzweifeln, werden Sie mögliche Lösungen und Gelegenheiten wahrnehmen können, die Sie andernfalls übersehen hätten. Ein geringes Risiko einzugehen kann als eine Art Eintrittskarte betrachtet werden, die man kaufen muß, um Erfolg, Freude und Zufriedenheit zu erlangen.

Wahrer Selbstschutz liegt darin, Ihre Situation realistisch einschätzen zu können. Wahre Selbsterhaltung liegt darin, alternative Schlußfolgerungen zuzulassen und zu prüfen. Ein Moment des Nachdenkens, eine kurze Unterbrechung, um sich selbst ein paar Fragen zu stellen, ein kurzes Umsehen, bevor man eine negative Schlußfolgerung zieht, können auf Dauer eine positive Veränderung bewirken, die ein Leben lang anhält.

3. Gedankenlesen

Seit vielen Jahrhunderten zahlen Leute Eintritt für Vorstellungen, in denen irgendein »Gonzo der Große« oder »Merlin der Magier« seine erstaunliche Fähigkeit, Gedanken zu lesen, unter Beweis stellt.

»Konzentrieren Sie sich auf die Karte in Ihrer Hand, mein Herr. Es ist die Kreuz Vier, stimmt's?«

»Denken Sie an einen der Gegenstände in Ihrer Handtasche. Es ist Ihr Lippenstift, nicht wahr, meine Dame?«

»Unglaublich«, sagen wir. »Wirklich erstaunlich.« Wenn jemand Sie auffordern würde, auf die Bühne zu treten und zu beschreiben, woran ein Mitglied des Publikums gerade denkt, würden Sie wahrscheinlich sagen: »Ich bin doch kein Gedankenleser. Das kann ich nicht.«

Im Grunde wissen wir alle, daß Gedankenlesen so gut wie unmöglich ist, oder, wenn wir einmal die verschiedenen Gonzos und Merlins dahingestellt sein lassen, zumindest äußerst selten vorkommt. Doch obwohl sie dies ebenfalls einräumen, benehmen sich viele Menschen, als sei Gedankenlesen eine ganz normale körperliche Funktion wie Atmen oder Schlucken. Wirklich nichts Besonderes!

Das ist eine Illusion, die sich nach zwei Seiten auswirkt: 1. Wir *setzen voraus*, daß wir wissen, was andere denken. (»Es hat keinen Sinn, mich um die Stelle zu bewerben, ich *weiß*, daß er keine Frau oder jemanden meines Alters oder jemanden wie mich einstellen würde.«). 2. Wir *setzen voraus*, daß andere Menschen wissen können und sollten, was wir denken, ohne daß wir es ihnen mitteilen müssen. (»Wenn sie mich wirklich lieben würde, hätte sie mir an meinem Geburtstag mein Lieblingsessen gekocht. Sie *weiß* doch, daß ich das gerne möchte.«)

Jemand hat einmal gesagt, daß *voraussetzen* heißt, daß der Verstand *vor*her *aussetzt*. Sprachwissenschaftler würden dem wahrscheinlich nicht zustimmen. Aber wer diese Erklärung erfunden hat, weiß offenbar, wie häufig Probleme dadurch entstehen, daß eine Person voraussetzt zu wissen, was eine andere denkt, oder voraussetzt, daß eine andere Person entsprechend ihrer unausgesprochenen Gedanken handelt.

Je enger die Beziehung, desto größer die Illusion

Sie werden vielleicht einwenden: »Ich behaupte ja nicht zu wissen, was alle Leute denken, aber ich *weiß*, daß ich weiß, was Joe denkt, weil ich ihn so gut kenne. Ich kenne ihn gut genug, um zu wissen, wie er reagiert.«

Oder: »Ich behaupte nicht, daß alle wissen müssen, was ich will, aber Josephine und ich arbeiten seit Jahren zusammen. Also sie weiß es bestimmt.«

Genau in diesen Fällen richtet die Illusion des Gedankenlesenkönnens die meisten Verheerungen an, denn es ist wahr, daß Sie die Wünsche und Handlungen von Personen, die Sie gut kennen, oft vorausahnen können – und umgekehrt. Aber die Probleme entstehen, wenn Sie glauben, *immer* zu wissen, wie jemand reagiert.

Ellen weiß, daß Jody Pommes frites schon immer gehaßt hat. Daher würde Ellen niemals Pommes frites auftischen, wenn Jody zum Essen kommt. Aber eines Mittags gehen Ellen und Jody zusammen essen, und Jody bestellt sich Pommes frites. »Aber du haßt doch Pommes frites«, ruft die erstaunte Ellen aus. »Das stimmt«, antwortet Jody, »aber die Pommes, die sie hier machen, sind wirklich etwas Besonderes. Ein Freund hat mich einmal überredet, sie zu probieren, und seitdem bestelle ich sie hier immer.«

So etwas kommt recht häufig vor. Wenn Sie jemanden gut kennen, können Sie begründete Vermutungen anstellen und damit oft richtig liegen, vielleicht sogar meistens. Aber selbst bei jemandem, den Sie gut kennen, können Sie nicht davon ausgehen, immer recht zu haben. Menschen neigen zur Unberechenbarkeit. Es ist stets möglich, daß Menschen, die Sie sehr gut zu kennen glauben, plötzlich ihre Meinung ändern, und sei es auch nur bei einer einzigen Gelegenheit und aus einem ganz bestimmten Grund. Es ist außerdem möglich, daß Sie diese Menschen nicht so gut kennen, wie Sie glauben. Menschen neigen nämlich auch dazu, ihre kleinen Geheimnisse zu haben – sogar vor ihren liebsten und engsten Vertrauten.

Hier ist ein Beispiel dafür, wie die beiden Formen des Gedankenlesens zusammenwirken und zu Ärger zwischen zwei Menschen führen können, die sich wirklich sehr gut kennen.

Rachel kommt vor ihrem Mann Tom von der Arbeit nach Hause. Sie hinterläßt Tom die Nachricht, daß sie zum Supermarkt fährt und in etwa einer Stunde zurück sein wird. Als sie beladen mit Einkäufen zurückkommt, sieht sie Toms Auto in der Einfahrt und geht davon aus, daß er zu Hause ist. Während Rachel die Lebensmittel in die Küche schleppt, schrauben sich ihre Gefühle auf einer Spirale des Ärgers hinauf, und sie wird immer ungehaltener.

»Warum kommt er nicht, um mir zu helfen?« fragt sie sich. »Er weiß doch, daß ich im Supermarkt war. Er weiß, daß ich genau wie er den ganzen Tag gearbeitet habe. Aber ihm ist das ja egal. Er sitzt wahrscheinlich im Wohnzimmer und liest die Zeitung, während ich mich hier abmühe. Er denkt immer nur an sich selbst.«

Rachel sagt das alles *zu sich selbst*, nicht zu Tom. Sie ruft ihm zum Beispiel nicht zu: »Schatz, könntest du mir mal mit den Einkäufen helfen?« Sie erwartet, daß Tom ihre Gedanken liest. Sie erwartet, daß er intuitiv und ohne erst gebeten zu werden weiß, daß sie seine Hilfe wünscht. Und sie ist wütend, weil Tom ihren unausgesprochenen Wünschen und Erwartungen nicht entspricht. Sie möchte, daß Tom hellsichtig ist.

Darüber hinaus glaubt sie, *seine* Gedanken genau zu kennen. Sie unterstellt, daß Tom sich sagt: »Sie will bestimmt, daß ich ihr helfe, aber ich habe keine Lust, deshalb tue ich so, als ob ich sie nicht höre.«

Rachel würde einwenden, daß das gar nichts mit Gedankenlesen zu tun hat. Sie würde sagen: »Ich habe ihm eine Notiz geschrieben, daß ich zum Supermarkt fahre, und das bedeutet immer, daß es Tüten und Kartons zum Ausladen gibt. Er muß kein Gedankenleser sein, um zu wissen, daß ich seine Hilfe möchte und brauche. Natürlich tut er nur so, als ob er mich nicht bemerkt.«

Es könnte jedoch sein, daß Tom so in die Zeitung vertieft ist, daß er Rachel wirklich nicht gehört hat und daher nicht weiß, daß seine Hilfe jetzt gerade gebraucht wird. Oder es könnte sein, daß Rachel das letzte Mal, als Tom seine Hilfe anbot, gesagt hat: »Laß doch, ich schaff das schon. Mach's dir gemütlich und lies die Zeitung.« Er liest also bei dieser Gelegenheit *ihre* Gedanken und nimmt einfach an, daß sie wieder dasselbe sagen wird.

Es könnte aber auch sein, daß Tom, obwohl sein Wagen in der Einfahrt steht, nicht zu Hause ist, auf dem Sofa liegt und die Zeitung liest. Vielleicht hat der Nachbar ihn bei einer Sache um Hilfe gebeten, und Tom ist nun nebenan.

Wenn Rachel gerufen hätte: »Tom, ich bin zurück. Kannst du mir mal mit den Kartons helfen?« und er hätte daraufhin geantwortet: »Nein, ich will lieber hier sitzen und die Zeitung lesen, während du die ganze Arbeit machst«, dann wäre Rachels Ärger angebracht gewesen.

Die Quintessenz ist, daß Rachel nicht *wissen* kann, was Tom denkt, wenn sie ihn nicht fragt. Er kann nicht *wissen*, was sie denkt, wenn sie es ihm nicht sagt.

Wenn Sie einfach etwas vermuten, riskieren Sie, daß Ihre Vermutung sich als falsch erweist.

Warum wir Vermutungen anstellen

Wir alle stellen bis zu einem gewissen Grad Vermutungen über die Gedanken, Wünsche und Bedürfnisse anderer an. Und das ist auch gut so. Vermutungen anstellen ist eine Form der geistigen Stenographie – und es ist ein Hilfsmittel, um Energie zu sparen und das Leben leichter bewältigen zu können. Wenn Sie die Implikationen jedes an Sie gerichteten Lächelns, Zwinkerns oder Winkens erforschen oder den Verfasser jeder Notiz, jedes Vermerks und jedes Formbriefs ins Kreuzverhör nehmen oder die Bedeutung jeder beiläufigen Bemerkung hinterfragen würden, wären Sie am Ende des Tages sicher völlig erschöpft und des Lebens überdrüssig – und die Leute, mit denen Sie zu tun hatten, wären Ihrer überdrüssig.

Vielleicht haben Sie den Witz über den Psychiater gehört, der einem Freund auf der Straße begegnet. Der Freund sagt hallo, und der Psychiater überlegt sofort: »Was hat er jetzt *eigentlich* damit gemeint?« Psychologinnen und Psychiater lernen aus Selbsterhaltungsgründen, ihr berufliches Denken in privaten Situationen abzuschalten, damit sie nicht ständig überlegen: »Was wollte er in Wirklichkeit damit sagen?« Wenn sie das nicht täten, würden sie von den Problemen der menschlichen Spezies völlig überwältigt. Deshalb würde ein Psychiater, der einen anderen auf der Straße trifft, eher vermuten, daß hallo einfach hallo heißt, und mit dieser Vermutung meistens recht haben. Genauso wie Ihre Vermutungen darüber, was andere von Ihnen erwarten, und die Vermutungen anderer über Ihre Erwartungen in den meisten Fällen korrekt sind.

Oder wenn nicht korrekt, so sind sie doch harmlos – kein Grund, ihretwegen viel Aufhebens zu machen. Eine entzückte Tante betrachtet das Neugeborene in seiner Wiege und ruft: »Oh, seht nur, es lächelt mich an.« Falsch. Lächeln ist eine erlernte soziale Verhaltensweise. Babys werden nicht mit ihr geboren. Das Baby zieht nur eine Grimasse, weil es Blähungen hat und sich nicht durch ein »Bäuerchen« erleichtern konnte – das kommt vor bei Babys. Aber die Tante zieht es vor, Vergnügen statt Unwohlsein anzunehmen.

Auch liebevolle Haustierhalter versehen ihre Vögel und Hunde gern mit menschlichen Attributen und schreiben ihnen dann die entsprechenden Gefühle und Gedanken zu. »Der arme Fido ist traurig, weil er heute seinen Auslauf im Park nicht hatte.« Manche Leute versehen sogar Möbel mit menschlicher Intelligenz. Sie kennen das. Sie stoßen an einen Stuhl und sagen scherzhaft: »Entschuldigung«, oder wenn Sie noch einmal dagegenstoßen: »Dieser Stuhl hat es auf mich abgesehen.« Dann lesen Sie die »Gedanken« des Stuhls.

All das gehört zum Alltag und ist ganz normal. Aber es hat *nichts* mit Gedankenlesen zu tun – auch dann nicht, wenn Ihre Vermutungen über die Gedanken eines anderen Menschen richtig sind. Es hat mit guter Detektivarbeit zu tun, mit dem Registrieren von Zeichen und Spuren und dem Ableiten von Folgerungen aus ihnen. Die meisten von uns können Zeichen und Spuren recht gut lesen, und meistens ist auch genug Lesematerial vorhanden.

Zeichen und Spuren

Bei unseren detektivischen Bemühungen ziehen wir aus allen möglichen Zeichen und Spuren Schlußfolgerungen. Wir belegen, was wir sehen und hören, mit Bedeutung – auch das, was wir *nicht* sehen und hören –, und das, was um uns herum geschieht oder auch nicht geschieht. Wir ziehen Rückschlüsse aus der Körpersprache (Gesichtsausdruck, Gestik, Haltung) und ebenso aus verbalen Äußerungen.

Als Sie ein Kind waren und Ihre Mutter Sie an der Tür mit verschränkten Armen, auf den Boden trommelndem Fuß, zusammengezogenen Brauen und verkniffenen Lippen empfing, wußten Sie: »Mama ist wütend.« Sie brauchte kein Wort zu sagen.

Wenn Sie einer Freundin begegnen, die mit hängendem Kopf, zusammengesackten Schultern, verschwollenen Augen und tränenverschmierten Wangen durch die Gegend läuft, würden Sie sicher ohne Schwierigkeit erkennen, daß sie unglücklich ist. Es sei denn natürlich, sie ist eine Schauspielerin, die ihre Rolle übt. Wir merken, wenn jemand bedrückt, nervös, glücklich etc. ist – denn wir sehen es ihr oder ihm an.

Doch das Äußere kann täuschen. Wie die Grimasse des Babys fälschlicherweise für ein Lächeln gehalten werden kann, so können wir uns auch bei Erwachsenen irren. Ein nervöses Lachen ist kein Zeichen des Vergnügtseins. Tränen können aus Enttäuschung oder vor Glück fließen. Manche Leute zeigen ihre Gefühle und Gedanken offener als andere. Man kann in ihnen lesen wie in einem aufgeschlagenen Buch. Bei anderen hingegen ist das nicht so leicht – oder zumindest nicht die ganze Zeit über.

Wenn wir Rückschlüsse aus sprachlichen Äußerungen ziehen, gehen wir nicht nur von den Wortbedeutungen aus, sondern auch vom Tonfall, den Betonungen, der Lautstärke und dem Situationskontext. Die kleine Äußerung »oh« kann Furcht, Überraschung oder Enttäuschung ausdrücken oder einfach auch einen vorübergehenden Mangel an Worten.

Ein Vortragender bricht das Eis in einem Seminar, indem er vorgibt, die Gedanken eines Teilnehmers lesen zu wollen. Er tut so, als ob er sich konzentriert und sagt dann: »Gleichfalls, Blödmann« oder »Tut mir leid, ich bin ein verheirateter Mann«. Das bringt seine Zuhörer zum Lachen, denn sie können ergänzen, was er nicht ausgesprochen hat: Jemand im Publikum hat etwas Negatives über ihn gedacht oder etwas Positives mit sexuellem Gehalt.

Wir ziehen Schlüsse aus vertrauten Situationen. Sie sehen zum Beispiel eine Frau auf dem Gehweg, die sich mit Päckchen und Tüten abschleppt. Ihr entgleitet gerade ein Päckchen, denn sie brauchte eigentlich drei Arme, um alles halten zu können. Also gehen Sie hin und helfen ihr. Sie hat Sie nicht um Hilfe gebeten. Aber Sie wissen – oder sind sich ziemlich sicher –, daß sie Hilfe begrüßen würde. Als sie Ihnen dankt – die erwartete Reaktion –, bestätigt das die Richtigkeit Ihrer Schlußfolgerung. Das heißt jedoch nicht, daß Sie Gedanken gelesen haben.

Wir ziehen auch Schlüsse aus dem Hintergrund der Personen, deren Gedanken wir zu lesen versuchen. Das ist kein Gebiet, das nur von bigotten Zeitgenossen betreten wird, die negative Urteile über andere aufgrund von Rasse, Religion, Geschlecht oder Nationalität fällen. Der Hintergrund ist oft nur ein weiteres Indiz. Sie interpretieren eine Situation eventuell anders, wenn Ihr Gegenüber eine Großmutter statt ein Teenager ist oder eher reich als arm aussieht.

Das beste Beispiel für »Gedankenlesen« vor dem Hintergrund der sozialen Gruppe kommt vielleicht von der Madison Avenue in New York. Dort, in der Welt der Werbung, gibt es eine bekannte Theorie, die alle Amerikaner ausgehend von ihrem vermuteten Lebensstil in verschiedene Gruppen einteilt. Zwei dieser Gruppen sind zum Beispiel die Gemeinschaftsmenschen und die Anführer. Gemeinschaftsmenschen sind als Mittelklasseamerikaner definiert, denen es am wichtigsten ist, dem Trend zu entsprechen. Deshalb empfiehlt es sich für eine an diese Zielgruppe gerichtete Werbung zu betonen, daß das fragliche Produkt das allgemein beliebteste ist. Dieselbe Strategie würde bei den Anführern, definiert als finanzkräftige und erfolgreiche Leute, die nur das Beste kaufen wollen, nicht funktionieren. Die Anführer wollen der Theorie zufolge nicht das beliebteste Produkt kaufen, weil sie wissen, daß die meisten Leute sich nicht die beste Qualität leisten können. Für sie ist »beliebt« nicht gut genug.

Ein Beispiel, wie diese spezielle Theorie in die Praxis umgesetzt wurde, ist die Werbekampagne für die Brokerfirma Merrill Lynch, deren Slogan »We are bullish on America« lautet. (»Wir sehen Amerika optimistisch.« Im Wall-Street-Jargon bedeutet »bullish« sein optimistisch in bezug auf den Aktienmarkt sein, eine Haussetendenz erwarten. Gleichzeitig trägt das Wort aber auch die Bedeutung »bullig«, »wie ein Bulle«.)

Merrill Lynch warb einmal mit einem Fernsehspot, der eine Herde dahinstürmender Bullen zeigte. Arnold Mitchell, einer der Forscher, die die zwischen Gemeinschaftsmenschen und Anführern unterscheidende Theorie entwickelt haben, wandte ein, daß das Herdenimage völlig ungeeignet für einen Werbespot sei, der reiche Investoren ansprechen soll. »Die Herde ist ein Symbol der Gemeinschaftsmenschen«, sagte er. »Reiche Leute, die Geld anlegen wollen, wollen sich nicht als Mitglieder einer Herde sehen. Sie wollen sich als Anführer sehen.« Die Firma beherzigte Mitchells Rat. Der nächste Spot zeigte einen einzelnen Bullen (einen Anführer), der sich seinen Weg durch eine Herde Schafe (das Bild, das der Anführer von den Gemeinschaftsmenschen hat) bahnt.

Mitchell behauptete nicht, daß er die Gedanken aller reichen Leute lesen könne oder daß alle Personen, die in die Kategorie der Anführer passen, in genau der gleichen Weise dächten. Er sagte lediglich, daß er die Gewohnheiten verschiedener Bevölkerungsgruppen aufgrund seiner Untersuchungen besser einschätzen könne.

Das Phänomen der Komplettierung

Und vielleicht können Sie dies ja auch. Doch egal wie wir die Indizien zusammentragen, von denen wir unsere Folgerungen ableiten, eines müssen wir bedenken – sie liefern so gut wie immer nur einen Ausschnitt. Anschließend spielt unser Gehirn Sherlock Holmes und ergänzt die fehlenden Teile. Dabei handelt es sich um ein Wahrnehmungsphänomen, das Komplettierung genannt wird.

Sehen Sie sich die folgende Zeichnung an. Sie stellt einen Ausschnitt aus einer einfachen Abbildung dar. Was ist das für eine Abbildung?

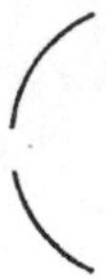

Würden Sie sagen, es ist ein Kreis? Das ist sicher eine Möglichkeit. Ein Kreis würde diese Linien als Teile enthalten. Andererseits könnte es auch ein Halbmond sein oder ein Eis, das auf der Seite liegt:

Je mehr Hinweise Sie bekommen, desto klarer wird natürlich die Lösung.

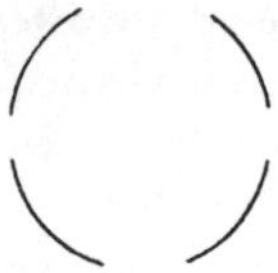

Die beliebte Fernsehshow *Wheel of Fortune* basiert auf dem alten Galgenmännchenspiel und testet die Komplettierungsfähigkeiten der Kandidaten. Sie müssen einen Satz erraten, der zuerst nur aus einer Reihe von markierten Lücken besteht, um anzuzeigen, aus wie vielen Wörtern der Satz besteht und aus wie vielen Buchstaben die Wörter. Die Kandidaten raten zu Anfang die einzelnen Buchstaben, und wer zuerst den ganzen Satz errät, hat gewonnen.
Zum Beispiel:

Welches Wort ist das? _ A B E N

Ist es Gaben? Waben? Raben? Laben?

Hilft Ihnen das weiter?

D _ _   S _ _ B _ _   _ A B E N

Oder das?

D _ _   S _ _ B _ N   _ A B E N

Oder das?

D _ _   S I _ B E N   _ A B E N

Haben Sie es?

D I E   S I _ B E N   _ A B E N

Je mehr Hinweise Sie haben, desto leichter wird das Raten – vorausgesetzt, »Die sieben Raben« ist ein Märchen, das Sie aus Ihrer Kinderzeit kennen.

Anzeichen mißdeuten

Je besser Sie jemanden kennen, desto bewußter sind Sie sich wahrscheinlich der speziellen nonverbalen Botschaften, die diese Person aussendet. Knallt er die Tür zu, wenn er einen harten Tag gehabt hat? Leckt sie sich die Lippen, wenn ihr der Sinn nach chinesischem Essen steht? Wenn Ihr Lieblingsonkel auf eine gewisse Weise das Gesicht verzieht, wissen Sie, daß er an Verdauungsstörungen leidet, weil er dabei jedesmal dieses Gesicht macht. Sie entdecken ein Anzeichen und denken »aha«.

Wenn man bedenkt, welch einer vielfältigen Menge von Anzeichen wir begegnen – und wie oft es möglich ist, die Lücken zu ergänzen und richtig zu raten, begründete Vermutungen anzustellen und damit bei vielen Leuten richtig zu liegen –, ist es nicht verwunderlich, daß zahlreiche Menschen selbstverständlich zu glauben wissen, was andere denken, und genauso sicher sind, daß andere ihre Gedanken kennen.

Und das kann Probleme bedeuten.

Denken Sie daran: Gedankenlesen verursacht Probleme, wenn wir glauben, daß wir

- es bei allen
- perfekt
- immer

tun können. Was wir tatsächlich können, ist, die Gedanken

- manchher Menschen
- mit unterschiedlicher Genauigkeit
- manchmal

erraten.

Wenn Sie die Botschaft falsch deuten

Wir wollen einmal die geläufigsten Irrtümer auflisten, denen Leute, die die Gedanken anderer zu kennen glauben, erliegen.

Sie schließen auf die Gedanken einer anderen Person ausgehend davon, was Sie an ihrer Stelle denken würden.

Im Washingtoner Büro einer großen Zeitung wird ein begehrter Posten frei, und in der Redaktion herrscht ein aufgeregtes Rätselraten darüber, wer von ihnen das große Los ziehen wird. Die vorherrschende Meinung ist, daß es einer der drei Stars der Zeitung sein wird: entweder der Hauptstadtkorrespondent, der Chef des Ressorts Lokalpolitik oder die Topreporterin. Die Überraschung ist groß, als der Herausgeber in Rick ein relativ neues Mitglied des Redaktionsstabs benennt. Als der Herausgeber gefragt wird, wie er zu dieser Entscheidung gekommen ist, antwortet er: »Rick ist der einzige, der sich um diese Stelle beworben hat.« Die Journalisten, die voraussetzten, daß ihr Chef denkt: »Ich werde einen von meinen Top-Leuten nehmen«, waren zu diesem Schluß gekommen, weil *sie* die Wahl nach diesem Kriterium getroffen hätten. Der Chef aber dachte: »Ich werde meine Wahl unter denen treffen, die signalisieren, daß sie die Stelle wollen.«

Sie interpretieren eine Verhaltensweise aufgrund von früheren Erfahrungen.

Eine Mutter öffnet ihrem Kind die Tür mit verschränkten Armen, zusammengezogenen Brauen, schmalen Lippen und einem auf den Boden trommelnden Fuß. Das Kind kommt zu dem Schluß, daß Mama wütend auf es ist, denn jedesmal, wenn es in der Vergangenheit so empfangen wurde, *war* Mama wütend. Aber es ist wichtig, sich daran zu erinnern, daß keine Informationsquelle unfehlbar ist. Vielleicht ist die Mutter wütend – aber nicht auf das Kind. Oder sie ist wegen etwas beunruhigt, das ebenfalls nichts mit dem Kind zu tun hat.

Sie passen Ihre Schlußfolgerung Ihrer Erwartung an – und haben damit das Ende der Geschichte zuerst geschrieben.

Hal zögert, Steve bei einem beruflichen Projekt um Hilfe zu bitten. Steve besitzt die Erfahrung, die Hal noch fehlt, aber Hal kennt ihn nicht gut. Er ist unsicher wegen seiner Position, denn er weiß, daß er Steve außer Dankbarkeit nichts als Gegenleistung anbieten kann. Er sagt sich: »Er wird es nicht tun. Ich weiß, daß er mir nicht helfen will.« Aber er faßt sich ein Herz und äußert seine Bitte. Steve antwortet: »Ich würde dir gerne helfen, aber ich kann im Moment nicht. Ich muß zuerst ein eigenes Projekt fertigstellen.«

»Na ja«, denkt Hal, »ich weiß schon, was das bedeutet. Ich wußte, daß er mir nicht helfen würde. Ich bereue, daß ich ihn gefragt habe und werde ihn nie wieder um etwas bitten.«

Hal folgert vielleicht zu Recht, daß Steve ihm nur mit einer höflichen Version eines klaren Nein geantwortet hat. Andererseits kann es sein, daß Hal nur gehört hat, was er zu hören *erwartete*. Möglicherweise sagt Steve einfach die Wahrheit: Er hat *im Moment* keine Zeit, kann ihm aber später helfen. Oder er möchte aus irgendeinem Grund mit diesem speziellen Projekt nichts zu tun haben – wäre aber, wenn Hal ihn fragen würde, sofort bereit, bei einem anderen zu helfen.

Hier ein weiteres Beispiel:

Lisa ist von einer guten Freundin überredet worden, mit auf eine Party zu kommen. »Warum gehe ich da überhaupt hin«, denkt Lisa. »Ich lerne dort niemand kennen. Ich werde allein herumsitzen und mir blöd vorkommen, während alle anderen sich amüsieren. Ich hasse diese Partys. Ich komme hinterher immer völlig deprimiert nach Hause.«

Da sie also schon im voraus beschlossen hat, daß der Abend eine Katastrophe wird, legt Lisa alle Zeichen dementsprechend aus. Ein junger Mann schickt ein Lächeln in ihre Richtung. »Er meint wahrscheinlich jemanden, der hinter mir steht«, denkt Lisa und vermeidet sorgfältig seinen Blick. Natürlich kann es sein, daß Brooke Shields hinter Lisa steht und sein Lächeln hervorgerufen hat. Aber es könnte auch sein, daß das Lächeln trotz Lisas negativer Erwartungen *diesmal* ihr gilt.

Sie passen Ihre Schlußfolgerung Ihren Wünschen an.

Tom erhält einen Anruf von seiner Ex-Freundin Annette. Eine gemeinsame Freundin hat ihr erzählt, daß sein Vater gestorben ist, und sie ruft an, um ihm ihr Beileid auszudrücken. »Sie liebt mich immer noch«, denkt Tom. »Der Anruf beweist das. Sie heiratet diesen anderen Kerl nur, um mich zu verletzen.«

Vielleicht, vielleicht auch nicht. Aber bevor Tom losrennt, um einen Verlobungsring zu kaufen, wäre er gut beraten, mit Annette zuerst über ihre Gefühle zu sprechen.

Ihre Schlußfolgerung baut auf unzureichenden Informationen auf.

Genau wie zwei gekrümmte Linien nicht notwendigerweise einen Kreis ergeben, repräsentiert die negative Reaktion von ein oder zwei Personen nicht unbedingt die Meinung einer ganzen Gruppe.

»Frauen mögen mich nicht«, jammert Max. Woher er das weiß? Er hatte zwei erfolglose Verabredungen. Die beiden Frauen hatten ja keine Ahnung, daß sie alle Frauen der Welt vertraten.

Betty ist sehr nervös, weil sie eine Rede vor einem Fachpublikum halten soll – noch nie hat sie etwas derart Ehrgeiziges unternommen. Kaum hat sie zu sprechen begonnen, als sie sieht, wie zwei Leute aus dem Publikum einnicken. Einem sinkt buchstäblich der Kopf auf die Brust. Hinterher denkt sie: »Ich habe sie zu Tode gelangweilt. Sie denken bestimmt, ich bin eine Null.«

Aber es sind ja bei weitem nicht alle eingeschlafen. Vielleicht sind die beiden am Abend zuvor zu spät ins Bett gekommen. Vielleicht interessiert sie das Thema einfach nicht, egal, wer darüber spricht. Und selbst wenn Bettys Rede kein mitreißender Erfolg war – beweist das, daß das Publikum sie für eine Null hält? Vielleicht haben die Zuhörer ja auch Verständnis, weil sie sich an eigene wenig erfolgreiche Redeversuche erinnern können.

Ihre Schlußfolgerung läßt Unterschiede in Herkunft oder Persönlichkeit außer acht.

Woody Allen hat diese Unterschiede in seinem Film *Der Stadtneurotiker* thematisiert. In einer Doppelszene sieht man Annie und ihren Freund Alvy mit ihren jeweiligen Familien zu Abend essen. In Annies Familie geht es wohlerzogen und ruhig zu. Alvys Familie (die unter einer Achterbahn auf Coney Island wohnt) besteht aus temperamentvollen Persönlichkeiten, die schreien müssen, um sich zu verständigen. Es ist nicht schwer, sich vorzustellen, daß Annies Familie Alvys Familie als asozial bezeichnen würde, während Alvys Familie Annies Familie für hochnäsig und langweilig halten würde. Kein Wunder, daß dieses Paar Kommunikationsprobleme hat.

Sie haben noch andere Probleme. In einer weiteren Doppelszene sprechen Annie und Alvy mit ihren jeweiligen Psychiatern. Sein Therapeut fragt ihn: »Schlafen Sie oft miteinander?« Alvy antwortet: »Sehr selten.

Vielleicht dreimal die Woche.« Annies Therapeutin fragt sie: »Haben Sie oft Sex miteinander?« Und sie antwortet: »Dauernd. Dreimal die Woche.«

Sie mißdeuten visuelle oder verbale Signale.

Wie schon erwähnt, äußern sich viele emotionale Reaktionen in ähnlicher Weise. Tom denkt, daß Rachel wütend auf ihn ist. Ihre Lippen sind zu einem Strich zusammengezogen. Ihr ganzer Körper ist angespannt. Sie begrüßt ihn nicht wie sonst mit einem fröhlichen Hallo.

Toms erste Reaktion ist ein schlechtes Gewissen. »Sie ist immer noch sauer, weil ich ihr gestern nicht mit den Einkäufen geholfen habe.« Seine zweite Reaktion ist Ärger. »Woher sollte ich denn wissen, daß sie meine Hilfe braucht? Sie macht zuviel Theater deswegen.«

Wenn Tom diesmal Rachel einfach fragt: »Stimmt etwas nicht?« statt es mit Gedankenlesen zu probieren, sagt sie eventuell: »Ja, ich hatte einen furchtbaren Tag. Ich bin total erschöpft und habe Kopfweh.«

Mit anderen Worten: Nur weil Sie eine Stimmung richtig gedeutet haben, heißt das noch lange nicht, daß Sie auch die Ursache kennen. Selbst wenn Sie den Grund früher schon einmal richtig geraten haben, muß das nicht bedeuten, daß Sie *diesmal* recht haben.

Das Objekt Ihres Gedankenlesens sendet falsche Botschaften aus.

So wie Detektive in Krimis oft auf falsche Fährten gelenkt werden, können Möchtegerngedankenleser auch in die Irre geführt werden. Haben wir nicht alle schon erlebt, wie Politiker oder Verkäufer Besorgnis um unser Wohlergehen verströmen, wenn Sie in Wirklichkeit egoistischere Ziele im Sinn haben?

Aber Menschen lügen manchmal auch mit den besten Absichten. Richard wirft sich in Schale, um seine neue Freundin Jill zu beeindrucken – die erst später herausfinden wird, daß er am liebsten Jeans und Flanellhemden trägt. Jill gibt vor, ein Baseballfan zu sein, weil sie Richard beeindrucken will – der erst später herausfinden wird, daß sie sich viel lieber ein Ballett ansieht.

Wenn andere die Botschaft falsch deuten

Da Gedankenlesen eine Illusion ist, die in zwei Richtungen wirkt, gibt es auch eine Vielzahl von Möglichkeiten, wie andere Ihre Gedanken falsch oder gar nicht erfassen können.

Sie haben sich auf verbale oder andere Weise nicht klar ausgedrückt.

All die Gründe, aus denen Ihre Versuche, die Gedanken anderer zu lesen, fehlschlagen können, gelten auch für Ihre Erwartungen an andere, Ihre Gedanken zu erraten:

- Die anderen gehen von dem aus, was sie an Ihrer Stelle tun würden, und schätzen daher Ihre Absichten falsch ein.
- Die anderen haben nicht gemerkt, daß Sie Ihre Meinung geändert haben, daß Sie jetzt etwas wollen, was Sie noch nie zuvor gewollt haben.
- Die anderen haben das Ende der Geschichte zuerst geschrieben und brauchen jetzt Ihre Unterstützung, um es neu zu schreiben.
- Die anderen setzen die Antwort voraus, die sie von Ihnen hören wollen.
- Die anderen ergänzen Signale, die Sie ihnen nicht gegeben haben, oder mißdeuten gegebene Signale. Oder sie sind einfach keine sehr guten Detektive.
- Sie haben die anderen, vielleicht aus den edelsten Motiven, in die Irre geführt.

Sie haben Ihre Botschaft in einem Code verschlüsselt, den die andere Person nicht verstehen kann.

Ein Artikel im *Wall Street Journal* über einen Telefonservice, der Kochtips gab, berichtete von einer Frau, die die Kochexperten für eine spezielle Mahlzeit um Hilfe bat. Freunde ihres Mannes waren in der Stadt, und sie wollte ihnen ein sorgfältig zubereitetes Essen servieren, das ihnen nicht schmecken würde. Sie mochte diese Freunde nicht und wollte ihnen eine verschlüsselte Botschaft senden, die zukünftige Besuche unterbinden würde – ohne diese Leute direkt zu beleidigen.

Therapeuten nennen dieses Verhalten passiv-aggressiv. Der Sender einer Botschaft hat Angst vor einer direkten Konfrontation und äußert seine Gefühle daher in codierter Form.

Das Problem dabei ist, daß der Empfänger einer solchen Botschaft sie eventuell nicht versteht. Das erläutert der Fall eines Ehepaares, das zehn Jahre lang jeden Abend Hähnchen mit Würzfix aß. Die Frau erzählte einem Eheberater, daß sie nur einmal die Woche koche – immer dasselbe Gericht – und dann einfach jeden Abend eine Portion aufwärme. Aber warum? fragte der Berater. Sie antwortete, daß sie wütend auf ihren Mann sei, weil er darauf bestand, daß es ihre Pflicht sei, jeden Abend zu kochen. »Er will, daß ich koche – dann soll er eben immer dasselbe essen.« Sie wollte ihn damit bestrafen (auch wenn sie sich selbst gleich mitbestrafte, da sie einen abwechslungsreicheren Speiseplan vorgezogen hätte). Sie wollte, daß er sie fragte, warum sie das tat. Aber er sagte nie etwas. Schließlich fragte der Eheberater den Mann: »Warum haben Sie sich nie beklagt?« Und der Mann antwortete nur: »Ich mag Hähnchen mit Würzfix. Ich finde, das gibt es in so vielen wunderbaren Geschmacksrichtungen.«

Gemeinheiten sind zwar eine verbreitete Art codierter Botschaften, aber bei weitem nicht die einzige. Hier ein Beispiel für eine andere beliebte Variante: Jill fühlt sich niedergeschlagen und sucht nach einer Zerstreuung, um sich von ihren Problemen abzulenken. Sie würde gerne ins Kino gehen. Sie fragt Rich: »Hast du Lust, ins Kino zu gehen?« Rich versteht die Frage wörtlich und antwortet wahrheitsgetreu: »Nein, ich würde lieber zu Hause bleiben.« Jill, die davon ausgeht, daß Rich die *wahre* Bedeutung ihrer Frage: »*Bitte*, geh mit mir ins Kino« verstanden hat, folgert, daß es Rich egal ist, wie es ihr geht. Als sie ihren Ärger darüber zeigt, geht Rich ebenfalls in die Luft: »Woher soll ich das denn wissen?« fragt er. Und das ist keine dumme Frage.

Wenn Sie eine codierte Botschaft senden, können Sie nicht davon ausgehen, daß die andere Person sie auch entschlüsseln kann. Wenn Sie gefragt werden, was Sie sich zum Geburtstag wünschen, und kokett antworten: »Etwas Warmes und Kuscheliges« – und dabei an einen Nerzmantel denken –, werden Sie vielleicht feststellen, daß dieselbe Beschreibung auch auf ein Kätzchen zutrifft.

Unsere Erwartung, daß andere wissen, was wir denken, ist zum größten Teil auf Bücher und Filme zurückzuführen. Viele von ihnen nähren diese Erwartung – besonders hinsichtlich der Personen, die uns am nächsten stehen:

- »Eine kleine Berührung, und ich wußte Bescheid.«
- »Ich konnte es in ihren Augen lesen.«
- »Ned, du Schatz. Ich liebe Überraschungen, und genau das habe ich mir schon immer gewünscht.«
- »Er ging nicht ans Telefon, obwohl er wußte, daß ich anrufen würde. Es gibt keine andere Erklärung, Sergeant... er ist tot.«
- »Eine Mutter weiß so etwas immer.«

Im wirklichen Leben muß die Berührung meistens noch durch ein paar Worte ergänzt werden und der Blick durch eine Handlung. Die Überraschung besteht eher darin, daß er *nicht* wußte, was Sie sich wünschten, und die Erklärung dafür, daß er nicht ans Telefon geht, ist, daß er ausgegangen ist, um eine Zeitung zu kaufen. Auch im wirklichen Leben weiß eine Mutter viel – aber nicht alles.

Warum es so schwer ist, die Gewohnheit des Gedankenlesens aufzugeben

Der erste notwendige Schritt, um Ihre Kommunikationsfähigkeit zu verbessern und zu lernen, sich nicht auf das Gedankenlesen zu verlassen, ist der schwerste: Sie müssen Ihren Glauben an die Fähigkeit des Gedankenlesens aufgeben.

Das ist schwer, denn wie wir bereits gesehen haben, ist es durchaus möglich, andere mit einer gewissen Treffsicherheit richtig einzuschätzen – und von anderen richtig eingeschätzt zu werden. Außerdem bedeutet es, mehr Risiken einzugehen und verletzbarer zu werden. *Durch Gedankenlesen vermeiden wir es, offen sprechen zu müssen, unsere Meinung zu sagen, uns der Kritik anderer auszusetzen und möglicherweise zu erfahren, daß unsere Befürchtungen tatsächlich der Wahrheit entsprechen.*

Es ist bequemer zu denken: »Er ist nicht sensibel genug für meine Bedürfnisse«, als unsere Bedürfnisse offen darzulegen und vielleicht zurückgewiesen zu werden.

Es ist bequemer zu denken, daß der Chef ein Blödmann ist, weil er Ihnen die ausgeschriebene Stelle nicht anbietet, als ihn nach der Stelle zu fragen und eine Abfuhr zu erhalten.

Es ist bequemer zu denken: »Er wußte, daß ich diese Aufgabe nicht will und Schwierigkeiten damit haben werde«, als das Thema direkt anzusprechen und eine Diskussion auch über andere Belange Ihrer Stelle zu riskieren.

Es ist romantischer zu erwarten, daß der oder die andere weiß, was Sie wollen. Vielleicht mögen Sie die Vorstellung, daß Liebe bedeutet, nie etwas aussprechen zu müssen. Sie glauben, daß die geliebte Person Sie nur *genug* wiederlieben muß, um Ihre Wünsche zu kennen.

Sie möchten vielleicht der Tatsache nicht ins Auge sehen, daß manche Menschen *wirklich* dumm, selbstsüchtig oder gleichgültig sind.

Sie finden es vielleicht weniger peinlich, Kritik in den Gedanken anderer zu vermuten, als sie sich eventuell laut anhören zu müssen.

Kurzum, Sie mögen denken, daß Gedankenlesen Ihrem Selbstschutz dient – Sie nehmen ein gewisses Maß an Schmerz in Kauf, um größeres Leid zu vermeiden.

Die Gefahr ist nur, daß Sie sich auf diese Weise mehr schützen können, als Ihnen lieb ist. Das heißt, wenn Sie nicht nachfragen, nicht analysieren, nicht offen sprechen, kann das dazu führen, daß Sie sich selbst ablehnen, bevor ein anderer die Chance dazu erhält. Sie finden es vielleicht romantischer, erotische Signale – wie ein Essen bei Kerzenschein – auszusenden, als Ihre Gefühle in Worte zu fassen. Aber wenn Ihre Partnerin diese Signale nicht korrekt deutet, besteht die Gefahr, daß Sie ihre Reaktion in eine sehr unromantische Botschaft übersetzen: Sie interessiert sich nicht mehr für mich. Wenn Sie die Gedanken Ihres Gegenübers falsch gelesen haben oder wenn Ihre »Vibrationen« nicht so starke Signale aussenden, wie Sie glauben, versagen Sie sich damit wiederum alle möglichen anderen positiven Reaktionen.

Wenn Sie nicht bereit sind, einzuräumen, daß Sie eine gegebene Situation vielleicht falsch interpretieren, versagen Sie sich erstens die Chance einer positiven Antwort und zweitens die Möglichkeit, die Situation wenigstens richtig einzuschätzen und, falls nötig, etwas an ihr zu ändern.

Wenn Sie einmal die Tatsache akzeptiert haben, daß das Gedankenlesen nicht immer funktioniert, sind Sie schon auf dem besten Weg, dieses Wissen einsetzen zu können, *wenn es darauf ankommt* – und nicht erst zu spät festzustellen, daß Sie ein eindeutiges Zeichen mißdeutet oder eine Lücke zu schnell durch Vermutungen ergänzt oder es versäumt haben, ein für eine andere Person notwendiges Zeichen zu geben.

Das Problem benennen

Eine erste Strategie, um dem Fehler des Gedankenlesens wie auch den anderen in diesem Buch aufgeführten Fehlern zu begegnen, ist es, den Fehler zu identifizieren. Das ist eine Technik, die auch »Etikettieren« genannt wird. Das Ziel dieses Buches besteht nicht nur darin, die zehn dümmsten Denkfehler zu beschreiben, damit Sie herausfinden können, ob und wann Sie sie begehen, sondern Sie auch in die Lage zu versetzen, jedem einzelnen Fehler einen Namen zu geben. Oft ist es möglich zu verhindern, daß Ihre automatischen Gedanken mit Ihnen davonlaufen, indem Sie einfach Ihr Denkmuster benennen.

Wenn Sie merken, daß Sie auf jemanden wütend werden, weil Sie seine Gedanken zu kennen glauben, ohne ihn zur Rede gestellt zu haben, könnten Sie sich fragen: »Bin ich dabei, Gedanken zu lesen? Weiß ich wirklich, was er gerade denkt?«

Ihre Vermutungen in Frage stellen

Das Etikettieren hilft Ihnen, Ihre Vermutungen in Frage zu stellen. Wenn Sie sich beim Gedankenlesen ertappen, kann Ihr nächster Schritt darin bestehen, herauszufinden, ob Ihre Vermutungen über die Gedanken eines anderen richtig sind.

Auch hier ist es wie bei jedem Denkfehler nützlich, Ihre Vermutungen aufzuschreiben. Das Aufschreiben der Gedanken erleichtert es, sie zu analysieren. Manchmal genügt es auch schon, daß Sie sie schwarz auf weiß vor sich sehen, um Ihre Schlußfolgerung zu ändern.

Hier ein Beispiel:

Bonnie ist beunruhigt, weil sie glaubt, daß ihr Chef sie für inkompetent hält. Sie kann sich nicht mehr auf ihre Arbeit konzentrieren, weil ihr dieser Gedanke ständig durch den Kopf geht. Sie wird immer ärgerlicher, weil sie findet, daß der Chef ungerecht ist.

Aber Bonnie hat Glück, weil sie gerade dieses Kapitel gelesen hat und sich nun fragt: »Bin ich dabei, Gedanken zu lesen?« Sie hält inne, nimmt Stift und Papier und schreibt genau auf, was ihr Chef ihrer Vermutung nach denkt: »Er denkt, daß ich inkompetent bin.«

Als nächstes schreibt sie auf, was sie damit verbindet und warum dieser Gedanke sie so beunruhigt: »Wenn er denkt, daß ich inkompetent bin, heißt das, daß ich meinen Job nicht richtig mache. Es hat keinen Zweck, mich anzustrengen, weil mich das offenbar nicht weiterbringt.«

Schließlich fragt sie sich: »Woher weiß ich, was er denkt?« Und schreibt ihre Antwort auf: »Ich habe soviel Arbeit in diesen Bericht gesteckt, und er hat nie ein Wort darüber verloren. Er ist einfach an meinem Schreibtisch vorbeigegangen, als ob ich gar nicht da wäre.«

Jetzt kann Bonnie zur Analyse übergehen. Besonders nützlich ist hierbei ein Trio von Techniken: *alternative Gedanken entwickeln, alternative Gefühle entwickeln, alternative Handlungen entwickeln.*

Alternative Gedanken entwickeln heißt, sich die Frage zu stellen: »Kann ich mir alternative Erklärungen für dieses Verhalten vorstellen?«

Eine mögliche Erklärung für das Verhalten von Bonnies Chef wäre tatsächlich, daß er ihre Arbeit nicht hoch einschätzt. Aber ihr wird klar, daß sie nicht sicher weiß, ob dies die richtige Erklärung ist. Er hat sie nicht gelobt, er hat aber auch keinen negativen Kommentar abgegeben. Gibt es irgendeine alternative Erklärung für seine Handlung beziehungsweise Nicht-Handlung? Bonnie könnte sich fragen: »Bin ich die einzige im Büro, der er kein Feedback über einen Bericht gibt? Grüßt er denn alle anderen, wenn er an ihren Schreibtischen vorbeigeht?«

Wenn die Antworten nein lauten, könnte es eine alternative Erklärung sein, daß der Führungsstil des Chefs auf Gedankenlesen beruht. Er erwartet, daß seine Untergebenen wissen, daß er ihre Arbeit schätzt, ohne daß er es ihnen sagen muß. Eine andere Möglichkeit wäre, daß er gerade wegen eines anderen Projektes unter Druck steht und im Moment einfach nicht an Bonnies Bericht denkt.

Alternative Gefühle entwickeln bedeutet für Bonnie, sich die Frage zu stellen: »Könnte ich auf seinen mangelnden Kommentar auch anders reagieren?«

Bonnie könnte sich folgendes sagen: »Solange ich davon ausgehe, daß er meinen Bericht absichtlich nicht erwähnt, werde ich verärgert und beunruhigt sein. Aber da ich es nicht sicher weiß, kann ich ebensogut annehmen, daß er eigene Probleme hat, die ihn belasten. Das wird eher meine Neugier und mein Mitgefühl erwecken, statt mich zu verletzen.« Oder sie könnte sich auch sagen: »Dieser Mann ist ein Idiot. Es lohnt sich nicht, sich wegen seiner Meinung Gedanken zu machen.«

Während Bonnie diese alternativen Gedanken und Gefühle durchgeht, ändert sie gleichzeitig ihre ursprüngliche Schlußfolgerung. Wenn der Chef eigene Probleme hat oder wenn er ein Idiot ist, dann bedeutet seine mangelnde Reaktion nicht, daß sie in ihrem Job versagt.

Alternative Handlungen entwickeln heißt, sich die Frage zu stellen: »Kann ich etwas tun (etwas anderes, als hier zu sitzen und vor mich hinzukochen), um die Situation besser zu handhaben?«

Bonnie könnte sich entschließen, den Chef um ein Gespräch zu bitten. Vorher prüft sie vielleicht, ob er den Bericht auch erhalten hat. Oder sie sieht ein, daß sie nicht wissen kann, was ihr Chef denkt, und daß sie die Sache genausogut aus ihrem Kopf streichen kann, bis sie genauere Informationen erhält.

Zugegeben, viele Leute finden die letzte Handlungsmöglichkeit unpraktikabel. Sie fragen: »Woher *weiß* ich, daß er mich *nicht* für inkompetent hält? Wie kann ich *sicher* sein, daß sein mangelnder Kommentar nicht genau das bedeutet, was ich *denke*?«

Es stimmt, daß niemand außer dem Chef selbst wissen kann, was er denkt, da er in keiner Richtung etwas verlauten lassen hat. Bonnies ursprüngliche negative Schlußfolgerung über seine Meinung kann korrekt sein. Der springende Punkt aber ist, daß alternative Schlußfolgerungen *genauso gültig* sind, solange der Chef seine Gedanken nicht äußert. Bonnie gewinnt nichts, wenn sie sich selbst unglücklich macht, *bevor* sie überhaupt einen Beweis dafür hat, daß es etwas gibt, worüber sie unglücklich sein müßte.

Eine Vermutung testen

Es wäre natürlich am hilfreichsten, wenn wir die Ergebnisse unseres Gedankenlesens immer überprüfen könnten, indem wir die betreffende Person einfach fragen. Aber manchmal bietet sich diese Alternative schlichtweg nicht. Es besteht jedoch eventuell die Möglichkeit, Ihre Vermutung indirekt zu testen.

Robert findet eine ihm unbekannte junge Frau auf einer Party sehr attraktiv, aber er glaubt, daß er nicht interessant genug für sie ist. Aus Angst vor Zurückweisung kann er sich nicht überwinden, zu ihr hinüberzugehen und sie zum Tanzen aufzufordern. Andererseits weiß er ja nicht sicher, daß sie ihn abweisen würde. Was kann er also tun?

- Er könnte versuchen ihr zuzulächeln, um zu sehen, ob sie zurücklächelt.
- Er könnte einen Freund bitten, ihn vorzustellen.
- Er könnte ein lockeres Gespräch beginnen und eine Eröffnungsbemerkung verwenden, die er für solche Gelegenheiten geübt hat. (Zum Beispiel: »Ich weiß immer nicht, was ich auf diesen Partys sagen soll.« Es besteht eine große Chance, daß sie antwortet: »Ich auch nicht«, denn Verlegenheit ist ein weit verbreitetes Phänomen auf Partys.)

Eine negative Vorstellung durch eine positive ersetzen

Robert könnte auch eine Technik ausprobieren, die darin besteht, eine negative Vorstellung durch eine positive zu ersetzen. Weil Robert sich auf Partys gehemmt fühlt, erwartet er, von den Frauen, die er dort trifft, abgewiesen zu werden. Das ist sein Bild von sich selbst und von ihnen. Daher neigt er auch dazu, den Ausdruck auf den Gesichtern der Frauen als Ablehnung zu interpretieren. Er glaubt zu wissen, was sie denken – also muß er gar nicht erst fragen. Und bewußt oder unbewußt sendet er wahrscheinlich Signale aus, die anderen mitteilen, daß er erwartet, abgewiesen zu werden, und sich damit abgefunden hat. So kann sich seine Haltung in eine sich selbsterfüllende Prophezeiung verwandeln.

In solchen Situationen hilft es oft, sich ein positiveres Szenario vorzustellen. Stellen Sie sich vor, wie Sie sich gut amüsieren. Stellen Sie sich vor, wie Sie andere kennenlernen und wie andere Sie kennenlernen und sich darüber freuen. Üben Sie, dieses Image zu vermitteln. Vielleicht kann Ihnen ein Freund sagen, wie Sie ankommen. Oder Sie können sich in einem Spiegel beobachten. Durch Übung wird Ihr Auftreten immer sicherer. Je mehr Sie also üben, so auszusehen, als ob Sie sich amüsieren, desto größer wird die Wahrscheinlichkeit, daß Sie sich tatsächlich amüsieren, wenn die Gelegenheit da ist. Darüber hinaus geben Sie anderen etwas Positives zu lesen, wenn sie schon Ihre Gedanken lesen wollen. Sich selbsterfüllende Prophezeiungen können nämlich auch in zwei Richtungen wirken.

Sagen, was Sie denken

Sich den Fehler des Gedankenlesens abzugewöhnen erfordert jedoch manchmal auch, deutlich zu werden. Wenn Sie Informationen möchten, müssen Sie danach fragen. Wenn Sie etwas wollen, müssen Sie es sagen. Keine Andeutungen, keine Codes, keine Körpersignale, sondern klare, gesprochene Sprache.

Marie sagt: »Ich finde Zigarettenrauch unerträglich. Merkt dieser Mann am Nachbartisch nicht, wie sehr er andere Leute damit stört?« Was sie meint, ist: »Merkt er nicht, wie sehr er *mich* damit stört?« Die Antwort ist vielleicht: Nein, er merkt es nicht.

Marie könnte sagen: »Entschuldigen Sie bitte, aber mich stört Zigarettenrauch sehr. Könnten Sie bitte mit dem Rauchen warten, bis Sie hinausgehen?« Woraufhin der Mann entweder höflich seine Zigarette ausdrückt oder weniger höflich antwortet, daß er verdammt noch mal raucht, wann er will, und daß sie woandershin gehen kann, wenn es ihr nicht paßt. Wir können also nicht sagen, daß Marie *garantiert* das gewünschte Resultat erzielt, wenn sie offen spricht. Aber nur indem sie etwas sagt, rückt sie dieses Resultat überhaupt in den Bereich des Möglichen. Dies ist eine Situation, in der Schweigen garantiert, daß sie weiterhin Rauch einatmen wird.

Manchmal haben Sie auch mit Personen zu tun, die es nicht mögen, direkt auf etwas angesprochen zu werden, weil sie sich dann unter Druck gesetzt fühlen. Sie sagen sich vielleicht: »Wenn ich in meiner Firma nach einem bestimmten Posten fragen würde, wäre das die Garantie dafür, daß ich ihn nicht bekomme.« Aber sind Sie dessen *sicher*? Oder lesen Sie Gedanken? Sie könnten Ihre Vermutung mit folgenden Schritten überprüfen:

- Fragen Sie die zuständige Person, ob sie möchte, daß die Angestellten ihr ein Interesse an frei werdenden Stellen mitteilen.

- Fragen Sie Kolleginnen und Kollegen nach ihren Erfahrungen in dieser Hinsicht.
- Fragen Sie nach dem Job, gehen Sie das Risiko ein, abgewiesen zu werden. (Schließlich gibt es keine Garantie dafür, daß Sie den Job bekommen, wenn Sie *nicht* danach fragen, oder?)

Die meisten Menschen würden es vorziehen, einen Wettbewerb zu gewinnen, ohne etwas dafür tun zu müssen, aber so läuft das normalerweise nicht. Es kommt zwar vor, daß wir anerkannt oder belohnt werden, ohne daß wir zuvor auf uns aufmerksam machen mußten – aber darauf können wir uns nicht verlassen. Sagen, was Sie denken, heißt nicht, daß Sie grob, unfreundlich, unverschämt, unromantisch oder stur sein müssen. Es heißt nicht, daß Sie einer anderen Person Vorwürfe machen müssen. Es heißt einfach, Dinge zu sagen wie:

- »Ich würde mich über Blumen von dir freuen.«
- »Schatz, kannst du mir mal mit diesen Tüten helfen?«
- »Mr. Smith, ich möchte Ihnen sagen, daß ich gerne an diesem Projekt mitarbeiten würde, wenn es möglich ist.«
- »Mrs. Jones, ich habe gehört, daß in Ihrer Firma eine Stelle frei wird. Ich würde gern mit Ihnen darüber sprechen.«
- »Liebling, könnten wir die Abendmahlzeiten vorher besprechen, damit ich nicht mittags schon esse, was es dann abends gibt?«
- »Ich hatte einen schrecklichen Tag. Ich brauche ein wenig Zuwendung.«

Ihre eigenen Gedanken lesen

Wie bei fast jeder Entscheidung im Leben müssen Sie auch hier die Vor- und Nachteile der alternativen Reaktionsmöglichkeiten abwägen. Wenn Sie lieber Ihrer Intuition vertrauen, statt die Dinge auszusprechen oder herauszufinden, was andere wirklich denken, müssen Sie mit gelegentlichen Irrtümern rechnen und die Konsequenzen akzeptieren. Wenn Sie sich lieber überraschen lassen, statt genau zu sagen, was für ein Geschenk Sie möchten, ist das völlig in Ordnung. Doch wenn Sie sich ärgern oder gar verletzt sind, wenn das Geschenk nicht Ihrer gedanklichen Vorstellung entspricht, ist die Überraschung Ihnen vielleicht nicht so wichtig, wie Sie dachten. Die wichtigsten Gedanken, die es zu lesen gilt, sind Ihre eigenen.

4. Personalisieren

Es heißt, wenn man einem Mann die Frage stellt: »Woher hast du dieses Steak?«, wird er antworten: »Vom Supermarkt.« Wenn man einer Frau dieselbe Frage stellt, wird sie erwidern: »Warum? Ist etwas nicht in Ordnung damit?« Die Anekdote soll besagen, daß eine Frau diese ganz neutrale Frage gleich persönlich nimmt und als Kritik an ihrer Einkaufsentscheidung oder ihrer Kochkunst auffaßt, weil Essensbeschaffung und -zubereitung einmal als rein weibliche Aufgaben galten.

Eine weitere Implikation ist, daß nur Frauen den Fehler begehen, allgemeine Äußerungen auf sich zu beziehen. Weit gefehlt. Wie alle anderen in diesem Buch angeführten Fehler ist auch dieser ein völlig gleichberechtigter Irrtum. Ein Mann, der ganz objektiv sein kann, wenn es um ein Steak geht, ist vielleicht nicht mehr ganz so objektiv, wenn sein Fußballverein zur Debatte steht. Schließlich verlangt das männliche Stereotyp, daß sie alle verrückt nach Sport sind. (»Wenn du den HSV beleidigst, beleidigst du mich. Willst du die Bemerkung draußen nochmal wiederholen?«)

Personalisieren bedeutet in unserem Zusammenhang, die Kommentare, Fragen und Verhaltensweisen anderer als Angriff auf Ihre Person, das heißt auf Ihr Selbst, Ihr Aussehen, Ihre Fähigkeiten oder Vorlieben zu interpretieren. Etwas persönlich zu nehmen kann wie die anderen Denkfehler ganz normal oder sogar nützlich sein, wenn es in ausgewogener Form mit realistischem Hintergrund vorkommt, aber wenn es diesen Rahmen verläßt, verursacht es Schwierigkeiten und psychisches Leid.

Wenn Sie auf der Straße an zwei unbekannten Personen vorbeigehen und eine von ihnen lacht, gibt es zwei Interpretationsmöglichkeiten: 1. Sie können dieses Lachen persönlich nehmen. Das heißt, Sie können annehmen, daß die eine Person aus irgendeinem Grund eine Bemerkung über Sie gemacht hat, die die andere zum Lachen brachte. 2. Sie können dieses Lachen neutral auffassen. Eine der beiden hat wahrscheinlich etwas Amüsantes gesagt, das gar nichts mit Ihnen zu tun hat.

Eine Bemerkung – vielfältige Reaktionen

Hier ein Beispiel dafür, wie es sich auswirken kann, etwas persönlich zu nehmen:

Die Lehrerin steht vor den Teilnehmern ihres Kurses und sagt: »Einige von Ihnen haben nicht sehr viel getan, um sich diesen Stoff anzueignen.«

»Damit meint sie mich«, denkt Ellen.

Die Lehrerin hat Ellens Namen nicht genannt. Sie spricht ganz allgemein zu allen in der Klasse, die nicht genug gearbeitet haben. Wenn dieser Schuh Ellen paßt, dann hat sie guten Grund zu glauben, daß die Botschaft sich auch an sie richtet. Und wenn die Botschaft sie dazu veranlaßt, dem Lernen mehr Zeit zu widmen, wird sie vielleicht auch von ihr profitieren.

Aber betrachten Sie ein anderes Szenario: Ellen hat hart für diesen Kurs gearbeitet. Aber weil sie davon ausgeht, daß die Lehrerin von ihr spricht, löst die Bemerkung Unmut bei ihr aus.

»Sie meint mich. Das ist nicht fair! Ich habe mehr getan als alle anderen. Wozu soll ich mich halbtot schuften, wenn ich obendrein kritisiert statt gelobt werde. Dann kann ich es genausogut sein lassen.«

Hier ist die negative Auswirkung des Personalisierens offenbar. Indem sie sich vor nicht an sie gerichteter Kritik nicht abschirmen konnte, wurde Ellen von einem Geschoß getroffen, das anderen galt. Jetzt ist sie verletzt. Sie ist wütend. Sie ist bitter enttäuscht. Und sie denkt falsch.

Vielleicht auch nicht, mögen Sie einwenden. Was ist, wenn die Lehrerin Ellen wirklich in ihre Kritik mit einschließt? Was ist, wenn sie nicht gemerkt hat, wie hart Ellen gearbeitet hat? Was ist, wenn sie sich wirklich unfair verhält?

Dann ist es für Ellen immer noch ratsamer, die Kritik nicht persönlich zu nehmen. Sie weiß, daß die Lehrerin etwas Unrichtiges sagt, auch wenn dies der Lehrerin nicht bewußt ist. Nur wenn Ellen die Situation richtig beurteilt, kann sie eine passende Handlungsstrategie entwickeln. Und die kann darin bestehen, den Kommentar einfach zu ignorieren, da er nicht auf sie zutrifft, oder auch einen Weg zu finden, die Lehrerin von ihren Anstrengungen zu überzeugen.

Schließlich bietet die Situation noch eine weitere Reaktionsmöglichkeit.

Die Bemerkung der Lehrerin ist nicht die einzige, die Ellen je persönlich genommen hat, und das Ergebnis ist, daß sie sich oft zu Unrecht getadelt und kritisiert fühlt. Das hat dazu geführt, sie aus einem Selbstschutzbedürfnis heraus reizbar, mißtrauisch und empfindlich zu machen. Dieses Selbstschutzbedürfnis läßt sie nicht nur unberechtigte Kritik zurückweisen, sondern auch *berechtigte*.

Nehmen wir an, Ellen hat *nicht* genug gearbeitet und müßte sich mehr anstrengen, um das Kursziel zu erreichen. Jedoch statt zu denken: »Sie hat recht, ich muß aufhören herumzubummeln und die Nase in die Bücher stecken«, denkt Ellen: »Da haben wir's wieder. Die Lehrer wollen mich immer niedermachen. Ich habe diese Behandlung satt. Es ist mir egal, was sie sagt.«

Je nachdem, wie Ellen die Bemerkung der Lehrerin *interpretiert*, kann sie also

- beschließen, mehr zu arbeiten – und sich möglicherweise dadurch noch selbst zu übertreffen.
- die Bemerkung ignorieren, weil sie nicht auf sie zutrifft.
- so unwillig und entmutigt werden, daß sie ganz aufgibt.
- die rechtzeitige Warnung abweisen und durch die Prüfung rasseln.

Der Ich-Scanner

Bei öffentlichen Auftritten pflegte der ehemalige Bürgermeister von New York, Edward Koch, seinen Wählern zuzurufen: »Wie findet ihr mich?« Seine begeisterten Unterstützer brüllten dann »super« zurück, während seine Gegner natürlich etwas anderes schrien.

Nicht alle stellen diese Frage laut, wie Bürgermeister Koch, aber wir alle stellen sie. Wir überwachen unsere Beliebtheit, den Grad unserer Anerkanntheit, unsere Wirkung auf andere genauso sorgfältig wie jeder Politiker. Wir sind Rivalinnen und Feinden gegenüber wachsam, um uns besser gegen sie verteidigen zu können. Wir achten auf die Resonanz, die wir von unseren Lieben erhalten, um uns besser auf sie einstellen zu können. Auf Millionen Arten fragen wir ständig: »Wie findet ihr mich?«

Wenn diese Eigenart eine Maschine wäre, könnten wir sie den Ich-Scanner nennen – seine Funktion ist es, unsere Umgebung dauernd nach negativen Meinungen über unser Ich abzutasten. Der Ich-Scanner ist ein sehr sensibler Mechanismus. Er muß genau richtig eingestellt sein.

Ist er zu niedrig eingestellt, entgehen ihm wichtige Informationen. Jemand, der nicht die geringste Fähigkeit hat, Kritik zu bemerken oder anzunehmen, ist kein angenehmer Umgang. Solche Menschen nennen wir Psychopathen. Kein Schuldbewußtsein. Kein Gefühl. Kein Verantwortungssinn. Die Welt wäre ein unerträglicher Ort, wenn wir nichts persönlich nehmen würden.

Ist der Ich-Scanner aber zu hoch eingestellt, empfangen seine Abtastvorrichtungen ständig Signale. Sie registieren überall Beleidigung und Ablehnung. Sie haben vielleicht von Spionagesatelliten gehört, die aus einhundertfünfzig Kilometern Höhe die Marke des Wodkas übermitteln können, den ein russischer Staatsführer gerade trinkt. Aber das ist noch gar nichts. Einige zum Personalisieren neigende Menschen haben Ich-Scanner, die aus fünfzehnhundert Kilometern Entfernung eine angebliche Beleidigung wahrnehmen können.

Es ist also wichtig, daran zu denken, daß dieser innere Sensor so empfindlich ist, daß schon ein leicht gesteigertes Personalisieren ihn verstellen und zu den vielfältigsten Problemen führen kann.

Was dabei herauskommt, wenn Sie Dinge persönlich nehmen

Was für Probleme können entstehen?

Personalisieren führt zu unnötig verletzten Gefühlen.

Wenn Sie eine Beleidigung empfinden, obwohl keine beabsichtigt war, handelt es sich um selbst zugefügtes Leid.

Eine Freundin fragt Sie zum Beispiel, ob Sie mit ihr in einem neuen vegetarischen Restaurant zu Mittag essen wollen, und Sie denken: »Das ist ihre Art, mir zu verstehen zu geben, daß ich zu dick bin und eine Diät machen sollte.«

Besteht die Möglichkeit, daß Ihre Freundin Ihnen tatsächlich eine verschlüsselte Botschaft übermitteln will? Ja. Aber es ist ebenso möglich, daß sie nur ein neues Restaurant ausprobieren will und sich über Ihre Gesellschaft freuen würde. Solange Sie nicht wissen, um welche der beiden Möglichkeiten es sich handelt, verursacht das Voraussetzen der ersten nur unnötiges Unbehagen, belastet eine Freundschaft und mindert das Vergnügen eines gemeinsamen Essens. Es ist überdies ein Fall, bei dem zwei Denkfehler kombiniert werden: Gedankenlesen und Personalisieren. Sie lesen die Gedanken Ihrer Freundin auf eine Weise, die ihr Angebot zu einer persönlichen Beleidigung macht.

Marians Schwiegermutter erzählt eine Geschichte über ihre Nachbarin Mary. Marian hört zu und denkt dabei: »Sie meint in Wirklichkeit mich.

Sie sagt Mary, aber sie meint Marian.« Warum glaubt Marian das? Weil sie nicht weiß, wie ihre Schwiegermutter über sie denkt, und deshalb nach negativen Signalen sucht. Früher oder später wird sie eines finden. Es wird einen Riß in ihrem Verhältnis zueinander verursachen, den die Schwiegermutter nicht begreifen kann.

Personalisieren hält Wut lebendig.

Verletztsein führt zu Wut. Und wenn Sie sich Ihre Verletzungen immer wieder vor Augen führen und noch andere, durch Personalisieren entstandene »Beweise« hinzufügen, nähren Sie Ihre Wut und halten sie lebendig und aktiv. Dieses Verhalten wird oft durch eine Tendenz offenbar, bei Auseinandersetzungen vergangene Zwischenfälle wieder anzuführen.

Bei Marians Hochzeit bat ihre Schwiegermutter Marians frischgebackenen Ehemann, die Familienmitglieder für ein Foto zu versammeln. »Hole deinen Bruder und Onkel Dan, suche Tante Theresa...« Marian fühlte sich übergangen, weil ihre Schwiegermutter sie nicht speziell bei der Aufzählung der Familienmitglieder erwähnte.

Ihre Schwiegermutter erklärte ihr später, daß es für sie selbstverständlich war, daß Braut und Bräutigam auf jedem Bild dabei sein sollten. Aber für Marian war dieser Zwischenfall der Beweis, daß die Mutter ihres Mannes sie nicht akzeptierte. »Ich weiß, was deine Mutter von mir hält«, sagt sie zu ihrem ihr widersprechenden Gatten. »Sie wollte mich bei meiner eigenen Hochzeit nicht auf dem Familienfoto dabei haben.«

Personalisieren verschwendet Energien.

Wenn Sie dazu neigen, Dinge persönlich zu nehmen, verbrauchen Sie vermutlich sehr viel Energie dabei, nach potentiellen Problemen zu suchen und Wunden zu lecken, die entweder nicht vorhanden oder nicht sehr gravierend sind.

Wenn Sie das Gefühl haben, beleidigt worden zu sein, tun Sie wahrscheinlich noch mehr, als vor Wut zu kochen und der betreffenden Person zu grollen. Sie investieren Zeit und Energie, indem Sie überlegen, was Sie tun können. Können Sie zurückschlagen? Einen Gegenangriff starten?

Wenn gar keine Beleidigung beabsichtigt war, sind diese inneren Dialoge natürlich alle witzlos. Und sie machen unglücklich. Menschen, die personalisieren, neigen dazu, ein bestimmtes Gespräch immer wieder in ihrem Kopf abzuspulen und dabei besonders auf die vorgeblich negative Botschaft zu achten. »Er sagte, er sei müde. Aber er war gar nicht müde. Er wollte nur nicht mit mir zusammensein.«

Wenn Sie Ihre Kräfte nicht nur auf wirkliche Angriffe konzentrieren, sondern auch auf nicht beabsichtigte oder harmlose, kann es sein, daß Sie sich ständig auf den Barrikaden befinden. Und das erschöpft. Es läßt Ihnen wenig Zeit und Energie für lohnendere Ziele. Und es entfremdet Sie anderen, die ihre Zeit nicht mit Streiten verbringen wollen.

Personalisieren kann Ihre Möglichkeiten einengen.

Niemand wird gern verletzt. Niemand wird gern abgelehnt. Sie sind sicher keine Ausnahme, wenn Sie sich nicht gern in Situationen begeben, die Sie verletzbar und angreifbar machen. Aber wenn Sie eine Situation als einen persönlichen Affront interpretieren, obwohl Sie sich nicht sicher sind, ob es sich überhaupt um einen solchen handelt, kann es dazu führen, daß Sie derartige Situationen generell zu vermeiden suchen. Das Ergebnis ist, daß Sie sich selbst ablehnen, bevor jemand anders die Gelegenheit dazu erhält.

Zum Beispiel: Joe möchte sich als Computerberater selbständig machen. Aber dazu muß er potentielle Kunden erst einmal darüber informieren, welche Dienstleistungen er anbietet. Er trifft sich zu einem Gespräch mit einem möglichen Kunden, preist seinen Service an und wird eiskalt abgewiesen. »Wir haben daran überhaupt kein Interesse«, sagt der Geschäftsinhaber. »Ich schätze, ich bringe es einfach nicht«, folgert Joe. Er geht davon aus, daß das Urteil des Geschäftsinhabers über Joes angebotene *Dienstleistungen* ein Urteil über Joes *Fähigkeiten* oder über seine *Person* ist.

Wenn er so denkt, wird Joe wohl kaum noch andere potentielle Kunden anrufen oder sein Angebot modifizieren, um es attraktiver zu machen.

Es ist absolut möglich, daß der Mann Joe aus persönlichen Gründen abgelehnt hat. Vielleicht hat ihm Joes Gesicht nicht gefallen. Doch indem er davon ausgeht, daß dies der Grund für die Reaktion ist – und daß darüber hinaus alle so reagieren werden –, stellt Joe sich als Versager dar. Joe geht den in Kapitel zwei beschriebenen Pfad der Generalisierung. Er setzt voraus, daß alle zukünftigen Erfahrungen eine Wiederholung dieser einen sein werden.

Hier ein weiteres Beispiel:

»Dieser Laden ist ein einziges Chaos«, meckert die Chefin. Betty hört diese Bemerkung und schließt daraus: »Sie meint, sie ist mit *meiner* Arbeit nicht zufrieden.« Das Resultat: Betty grübelt über ihre persönliche berufliche Situation nach. Sie ärgert sich über die Chefin. Sie beschwert sich bei Kolleginnen. Sie kommt deshalb nicht dazu, über die

Probleme der Abteilung nachzudenken und Lösungsvorschläge zu machen. Betty könnte auf dem besten Weg sein, ihre eigene Prophezeiung wahrzumachen. Am Ende wird die Chefin ihre Arbeit kritisieren, und Betty wird denken: »Ich habe es ja gewußt.«

Personalisieren führt zu Schuldgefühlen.

Es gibt dem Ego einen gewissen Auftrieb, wenn Sie sich für alles auf der Welt verantwortlich fühlen – für das Glück des Partners oder Ihrer Partnerin, für das Ihrer Kinder und Ihrer Nachbarn, für einen reibungslosen Ablauf an Ihrem Arbeitsplatz, für die Sauberkeit der Umwelt, für die Zartheit jedes Fleischstückes und für den Erfolg Ihres Fußballvereins. Es ist befriedigend zu glauben, daß ohne Sie alles zusammenbrechen würde.

Andererseits ist es weniger befriedigend zu denken, daß andere Sie für jedes Unglück, jede Schwierigkeit und jeden Fehler verantwortlich machen. Diese Bürde ist zu schwer. Wenn Sie feststellen, daß Sie zuviel auf Ihre persönliche Verantwortung genommen haben und die Erwartungen nicht erfüllen können, fühlen Sie sich wahrscheinlich schuldig.

Doch es ist unfair, Ihnen die Bürde einer derart umfassenden Verantwortung allein aufzuladen, und es ist genauso unfair, wenn Sie dies selbst tun.

Personalisieren kann Sie daran hindern, andere Standpunkte wahrzunehmen.

Pete beschwert sich, daß seine Freundin Tess ihn bloßgestellt hat, indem sie ihn beim Tennis schlug. Aber das liegt in der Natur eines Spiels – jemand gewinnt und jemand verliert. »Ja«, denkt er, »aber sie hätte dafür sorgen sollen, daß ich gewinne.« In Petes Vorstellung ist Tess' Sieg eine Attacke auf seine Männlichkeit. Er ist unfähig zu verstehen, daß Tess genauso gern gewinnt wie er.

Die häufigsten Auslöser des Personalisierens

Obwohl es bestimmt möglich ist, so gut wie jede Bemerkung, Handlung oder Situation persönlich zu nehmen, gibt es doch ein paar Felder, auf denen dieser Fehler besonders gut zu gedeihen scheint. Das eine oder andere wird Ihnen gewiß bekannt vorkommen.

Kinder

Kinder gehören zu den beliebtesten Auslösern des Personalisierens. Eine Redewendung lautet: »Kinder haben es sich nicht ausgesucht, geboren zu werden.« Das bedeutet, daß ein Paar Erwachsener verantwortlich für die gesamte Existenz des Kindes ist. Eventuell haben Sie auch ein Kind adoptiert. Sie können Stiefvater oder Stiefmutter werden, wenn Sie jemanden heiraten, der schon Kinder hat. In jedem Fall haben Sie irgendwie zu der Existenz eines Kindes unter Ihrem Dach beigetragen. Sie können nun daraus ableiten, daß Sie für alles und jedes, was das Kind tut, verantwortlich sind. Aber das stimmt nicht, auch wenn es manchmal so aussieht, als ob das Kind Sie verantwortlich macht.

Ein Baby schreit Nacht für Nacht. Seine erschöpfte Mutter ist bestimmt versucht zu stöhnen: »Warum muß dieses Kind mich so quälen«, statt sich vernunftgemäß zu sagen (oder es nach Rücksprache mit der Ärztin herauszufinden), daß viele zahnende Babys Nacht für Nacht schreien. Das liegt in der Natur der Sache.

Die dreijährige Rebecca sagt: »Papa, geh vom Sofa runter, ich will neben Mama sitzen.« »O Gott«, denkt der Papa, »meine Tochter mag mich nicht. Sie will nicht neben mir sitzen. Was habe ich getan, daß sie mich ablehnt?« Er weiß offenbar nicht, daß ihr Verhalten ganz typisch für Dreijährige ist.

Ein vierzehnjähriger Junge ist unverschämt und schlampig und zeigt nicht die geringste Dankbarkeit für all das, was seine Eltern für ihn tun. »Warum kann ich nicht einen höflichen, sauberen, gehorsamen und dankbaren Sohn haben?« stöhnt sein Vater. »Was habe ich bloß falsch gemacht? Warum tut er mir das an?« (Weil er vierzehn ist, deshalb.)

In beiden Beispielen verhalten sich die Kinder typisch für ihr Alter. Das gefällt uns vielleicht nicht. Aber es bedeutet trotzdem nicht, daß Kinder uns etwas »antun« wollen. Zweifellos haben über viele Jahre Millionen von Elternpaaren Benjamin Spocks Bücher schätzen gelernt, denn Spock beschreibt kindliches Verhalten so, wie es ist. Babys schreien viel und halten sich dabei an keine Tageszeit. Widerspruchsgeist erreicht im Alter von zwei Jahren einen vorläufigen Höhepunkt. (»Das Einjährige widerspricht seiner Mutter. Das Zweieinhalbjährige widerspricht sogar sich selbst«, schreibt Spock.) Dreijährige sind gern mit einem Elternteil alleine und protestieren manchmal, wenn die Eltern zusammen sind.

Spock zum Thema Heranwachsende: »Ein Teil der Spannungen, die in dieser Altersstufe zwischen Vater und Sohn und Mutter und Tochter auftreten, ist auf eine natürliche Rivalität zurückzuführen.« Die Teenager wollen ihre Unabhängigkeit zeigen und können das noch nicht auf eine freundlich-zivilisierte Weise tun.

Natürlich tragen Eltern Verantwortung für die Entwicklung ihrer Kinder, aber wenn sie jede Handlung des Kindes persönlich nehmen, kann das Ergebnis von einem gespannten Verhältnis bis – in extremen Fällen – zum Kindesmißbrauch reichen. Eltern, die ihren Kindern weh tun, rechtfertigen dies hinterher oft damit, daß ihnen das Kind zuerst »weh getan« hätte. »Sie hat mich nicht geliebt.« »Er wollte nicht aufhören zu weinen.« Das Kind wird in den Augen der Eltern zum Feind, obwohl es einfach nur Kind ist.

Partnerbeziehungen

Die Fehler des Gedankenlesens und des Personalisierens treten gern in Kombination auf, wenn wir die Handlungen eines uns sehr vertrauten Menschen interpretieren.

Im folgenden Fall vermutet eine Person, daß jemand, den sie sehr gut kennt, sie in verschlüsselter Form beleidigt bzw. attackiert. Steve hat schlechte Laune. Aber der Hund will mit ihm spielen. »Dieser Hund sollte im Garten sein«, sagt Steve ärgerlich. Er nimmt den Hund am Halsband und führt ihn zur Hintertür. Laura, Steves Frau, fährt ihn an: »Woher soll ich denn wissen, daß du heute abend nicht mit dem Hund spielen willst?« Ihr ärgerlicher Tonfall ist eine Reaktion auf seinen eigenen. Sie hat aus seinen Worten und Handlungen geschlossen, daß er ihr die Verantwortung für den Hund übertragen will – und daß seine Bemerkung über den Hund ein persönlicher Vorwurf an sie ist, weil sie den Hund nicht hinausgeworfen hat. Das könnte tatsächlich der Fall sein. Steves schlechte Laune könnte aber auch das Ergebnis eines Zwischenfalls im Büro sein. In dieser Stimmung stört ihn der Hund. Und weil ihn der Hund stört, will er ihn hinausschaffen. All das hat absolut nichts mit Laura zu tun.

Das Mißverständnis könnte noch weiter gedeihen: Steve, immer noch schlecht gelaunt, hört zufällig das Satzfragment »... hat sich wie ein Mistkerl benommen«, als Laura mit einer Freundin telefoniert. Er glaubt sofort, daß sie ihn und seine Art, sich über den Hund zu beklagen, damit meint. Er denkt: »Jetzt beschwert sie sich schon bei ihren Freundinnen über mich.« Später sagt Steve zu Laura, wie wütend er über die Bemerkung zu ihrer Freundin ist. »Ich habe nicht dich damit gemeint«, antwortet Laura. »Ich habe über den Angestellten im Supermarkt gesprochen, der meinen Scheck nicht einlösen wollte, obwohl ich dort immer Schecks einlöse.« Doch Steve ist in seiner Wutspirale gefangen und weigert sich, ihr zu glauben. »Gute Ausrede«, entgegnet er, »aber nicht gut genug.«

Mit beiderseitigem Gedankenlesen und Personalisieren kann dieses Paar den Streit jetzt bis zum Zusammenbruch eskalieren lassen. Tatsache bleibt, daß Steve nicht wirklich weiß, über wen Laura gesprochen hat. Indem er unterstellt, daß sie über ihn gesprochen hat (und ihre Erklärung zurückweist), erreicht er lediglich, daß eine Kluft zwischen ihnen entsteht oder daß sich eine bereits existierende Kluft vergrößert.

Autofahrer

Sie stehen im Stau und denken: »Warum müssen all diese Vollidioten *mir* den Weg versperren?« Ein anderer Wagen schneidet Ihnen den Weg ab, und Sie schäumen vor Wut: »Wie kann er es wagen, so etwas bei *mir* zu machen?« Autofahren ist wie über ein kleines Königreich zu herrschen, und wenn andere Fahrer dem König oder der Königin nicht genug Respekt zollen, neigen die meisten von uns dazu, »Kopf ab!« zu schreien. Auch hier haben wir den Fall zweier kombinierter Fehler: Gedankenlesen und Personalisieren.

Sie legen das Fahrverhalten anderer als eine an Sie persönlich gerichtete Botschaft aus. Sie lesen in den Gedanken des anderen Autofahrers: »Dem Kerl werde ich den Weg versperren und ihm gründlich die Laune verderben.« Manche Leute nehmen ein unverschämtes Verhalten auf der Autobahn so persönlich, daß sie zu einer Gefahr für sich und andere werden, weil sie versuchen, sich für die angebliche Beleidigung zu rächen. Manch wütender Autofahrer ist schon aus Vergeltungswahn in einen anderen Wagen hineingefahren. Wir haben in den Nachrichten schon gehört, daß ein Autofahrer eine Waffe hervorgeholt und einen anderen damit erschossen hat. Es gibt genügend Geschichten über Autofahrer, die sich immer lauter anschreien und dann zu einer Schlägerei übergehen.

Begegnen wir schlechten Autofahrern auf der Autobahn? Ja. Gibt es Vollidioten hinter dem Steuer? Ja. Ist das ärgerlich? Unbedingt. Aber wir müssen nicht jedes Fahrverhalten gutheißen, um den Fehler des Personalisierens zu vermeiden. Wenn Sie einen schlechten Fahrstil einfach mit Unfähigkeit oder Unaufmerksamkeit erklären oder ihn als Zufälligkeit statt als persönliche Beleidigung betrachten (selbst wenn dieser Autofahrer tatsächlich ein Spielchen mit Ihnen treibt), *schützen* Sie sich vor einer Konfrontation mit diesem Idioten und fordern sie nicht noch heraus.

Der Akkumulationseffekt

Der Fehler des Personalisierens wird häufig begangen, wenn ein Unglück zum anderen kommt – oder wenn es so aussieht. Sie fragen sich dann: »Warum ich?« Es scheint, als ob Gott – oder das Universum oder die Schicksalsgöttin – Sie ausgewählt hat, um Sie zu prüfen oder zu strafen. Selbst Menschen, die selten etwas persönlich nehmen, verfallen in diesen Fehler, wenn eines zum anderen zu kommen scheint.

»Scheint« ist hier das Schlüsselwort. Unser Verstand neigt dazu, Dinge zusammenzufassen, die nicht notwendigerweise zusammengehören. Lens Mutter starb im Alter von zweiundachtzig Jahren, und nur zwei Monate später starb sein vierundachtzigjähriger Vater ebenfalls. Das war eine schwere Zeit für Len und seine Familie. Und dann fiel auf dem Weg zur Beerdigung seines Vaters auch noch der Auspufftopf von Lens Wagen mitten auf der Autobahn ab. »Womit habe ich das verdient?« dachte Len. Seinem Kummer fügte er auch noch Ärger und Schuldgefühle hinzu. Wenn Len sich nur einen Moment Zeit genommen hätte, hätte er über die Geschehnisse nachdenken und überlegen können, ob sie ein Urteil über seinen Wert als Mensch darstellen.

Mom ist gestorben.

»Alte Leute sterben nun einmal. Ich hätte es kaum verhindern können.«

Dad ist gestorben.

»Auch das hätte ich nicht verhindern können. Und er schien sich ohne Mom verloren zu fühlen.«

Der Auspufftopf ist abgefallen.

»Das hatte nichts mit ihrem Tod zu tun. Auspufftöpfe können abfallen.«

Warum ist es wichtig, sich diesen Effekt klarzumachen? Weil es einen Unterschied macht, ob Sie unglücklich sind, weil etwas Trauriges oder auch nur Unangenehmes geschehen ist, oder ob Sie ausweglos unglücklich sind, weil Sie glauben, daß diese Geschehnisse Sie als Versager oder als schlechten Menschen brandmarken.

Analysieren und Depersonalisieren

Der beste Weg, um die durch Personalisieren entstehenden Probleme möglichst gering zu halten, ist, innezuhalten, Ihre Gedanken Revue passieren zu lassen und sie zu analysieren.

Personalisieren ist eine automatische Reaktion. Sie kann wie jede automatische Reaktion manchmal richtig und manchmal falsch sein. Und sehr häufig können Sie richtig und falsch besser auseinanderhalten, wenn Sie das Tempo v-e-r-l-a-n-g-s-a-m-e-n und nachdenken.

Wenn Sie dieses innere Brennen fühlen, daß besagt: »Das hat mich getroffen«, halten Sie inne und fragen sich: »Was denke ich da gerade? Welche spezielle Bedeutung messe ich diesen Worten oder dieser Handlung bei? Woher weiß ich, daß dies die korrekte Bedeutung ist?« Sie antworten vielleicht: »Ich weiß es einfach. So etwas merke ich. Ich kann es spüren.« Wenn Ihre Antwort so ausfällt, verlangen Sie sich etwas mehr Analyse ab.

Zum Analysieren rufen Sie sich ins Gedächtnis, was gesagt beziehungsweise getan wurde, und zwar genau und möglichst sachlich. Die genauen Worte. Die genaue Handlung. Sie hat gesagt: »Dieses Büro ist ein einziges Chaos.« Oder: »Das Auto ist kaputtgegangen.«

Überlegen Sie, ob es *irgendeine andere Erklärung* als eine beabsichtigte Beleidigung für diese Worte oder dieses Verhalten geben kann:

- »Hackt sie auf mir herum, oder gibt es eine andere Erklärung für ihren Eindruck, daß das Büro ein Chaos ist? Läßt sie einfach nur Dampf ab? Ist das Büro wirklich ein Chaos?«
- »Ist das eine allgemeine Aussage, oder kann sie nur auf mich zutreffen?«
- »Ist diese Person mein persönlicher Feind oder einfach nur ein Idiot?«

Sie müssen jedoch nicht in jedem Fall und ohne jeden Zweifel nachweisen, daß der oder die Betreffende nicht doch vielleicht eine gewisse Kritik andeuten wollte. Der Sinn der Übung besteht darin, daß Sie *erkennen*, wenn eine andere plausible Erklärung existiert.

Rhonda ist enttäuscht, weil sie nicht für den Organisationsausschuß für das Jahrestreffen ihrer Partei benannt wurde. Ihre erste Reaktion ist vielleicht: »Sie haben mich übergangen. Sie denken, daß ich nicht gut genug bin.« Oder: »Sie wollten mir eins auswischen.« Aber wenn niemand etwas in dieser Richtung gesagt hat, stimmt es möglicherweise gar nicht. Wenn der Ausschuß vier statt drei Mitglieder hätte, wäre Rhonda vielleicht gewählt worden. Die anderen drei können aus politischen Gründen ernannt worden sein, die nichts mit Rhonda zu tun haben.

»Das läuft doch darauf hinaus, nach Entschuldigungen für andere zu suchen«, wenden Sie ein. Und das könnte durchaus der Fall sein. Aber da wir die Wahrheit nicht kennen, ist es mindestens genauso sinnvoll, alternative Erklärungen in Erwägung zu ziehen, die keine persönliche Beleidigung einschließen, wie Erklärungen, die Wut, verletzte Gefühle und Verlegenheit hervorrufen. Wenn Sie erkannt haben, daß eine andere Erklärung ebenso wahrscheinlich ist wie die von Ihnen vermutete Beleidigung, werden Sie anders reagieren. Sie werden sich weniger leicht verletzt fühlen und im Zweifel eher für den Angeklagten entscheiden. Sie werden weniger leicht wütend werden und motivierter sein, nachzufragen, nachzuforschen und etwas zu unternehmen.

Wenn Sie sich zu Recht angegriffen fühlen

Selbstverständlich fühlen Sie sich hin und wieder auch beleidigt, weil Sie beleidigt worden *sind*. Geben Ihre Mitmenschen Ihnen an allen möglichen Dingen die Schuld? Klar, das kommt vor. Manchmal ist es verdient und manchmal nicht.

Es gibt auch Anlässe, bei denen es absolut angebracht ist, ein Pauschalurteil persönlich zu nehmen. Intoleranz und Vorurteil existieren nun einmal auf dieser Welt. Ein Mensch, der die soziale Gruppe haßt, der Sie angehören (aus rassistischen, nationalistischen oder irgendwelchen anderen Gründen), wird Sie wahrscheinlich persönlich angreifen, weil Sie ein Mitglied dieser Gruppe sind. Es wird vermutlich sogar Orte geben, die für Sie gefährlich sind, weil Leute, die Ihre Gruppe hassen, dort die Oberhand haben.

Manchmal ist es auch ratsam, persönlich die Verantwortung für etwas zu übernehmen, für das Sie strenggenommen nicht *allein* verantwortlich sind. Nach dem Absturz einer Maschine der Japan Airlines in der Bucht von Tokio im Jahre 1982 besuchte der Präsident der Fluglinie persönlich die Familien der Opfer, um sich zu entschuldigen und Entschädigungszahlungen anzubieten. Es wurde keine einzige Anzeige gegen die Fluglinie erstattet. Es stimmt zwar, daß die Japaner nicht so schnell vor Gericht ziehen wie beispielsweise die Amerikaner, aber erfahrene Verhandlungsführer bestätigen, daß die Geschädigten bei Vergleichen oder Prozessen oft nur eine Entschuldigung von der anderen Seite hören wollen.

Aber nehmen wir an, ein beleidigender Vorwurf ist ganz gezielt an Sie gerichtet – und er ist ungerechtfertigt. Sie sind mit Recht wütend. Und dann?

Das ist oft eine nützliche Frage, die Sie beim Analysieren Ihrer Gedanken stellen sollten. Sie hilft Ihnen dabei, alternative Reaktionsmöglichkeiten zu entwickeln. Stellen Sie sich vor, ein anderer Autofahrer überholt Sie auf der dicht befahrenen Landstraße so knapp, daß er fast Ihren Kotflügel streift, und brüllt Ihnen dabei auch noch eine Beleidigung zu. Zuerst fluchen Sie bestimmt vor sich hin: »Wie kann der es wagen, mir so etwas an den Kopf zu werfen? Was glaubt er denn, wer er ist? Ich sollte diesem Idioten eine Lektion erteilen.«

Dann läuft der innere Dialog ab:

»Wenn ich ihn jetzt einhole, neben ihm fahre und ihm sage, was er für ein Idiot ist, was dann?

Dann wird er vermutlich zurückbrüllen. Und dann?

Wir würden uns gegenseitig überschreien wollen und schlimmstenfalls einen Unfall verursachen. Und dann?

Dann komme ich heute vielleicht nicht zur Arbeit. Ich könnte auch ernsthaft verletzt werden. Heutzutage sind eine Menge gefährlicher Leute auf den Straßen unterwegs.«

Wenn Sie im Geiste die möglichen Folgen Ihrer Lektion durchgegangen sind, kommen Sie eventuell zu dem Schluß, daß es sich trotz Ihres berechtigten Ärgers nicht lohnt, eine Konfrontation mit diesem Fahrer zu suchen.

Ellen könnte sich auch fragen: »Angenommen, ich glaube zu Recht, daß die Lehrerin mich beschuldigt, nicht genug zu arbeiten. Und dann?« Sie muß sich jetzt überlegen, was sie tun kann. Ellens persönliches Schema sagt ihr vielleicht, daß man sich bei einer ungerechten Beschuldigung wehren muß. Das könnte sie dazu veranlassen, die Lehrerin in ärgerlichem Ton zur Rede zu stellen oder sich über sie zu beschweren. Aber es ist wichtig, daran zu denken, daß es auf die Frage »Und dann?« mehr als eine mögliche Antwort geben kann. Es ist hilfreich, sich so viele wie möglich zu überlegen.

Ellen mag das Gefühl haben, daß sie eine Auseinandersetzung mit der Lehrerin suchen »sollte«, sich aber gleichzeitig dagegen entscheiden. Schließlich ist dies nur einer von vielen Kursen, und sie möchte ihre Energien lieber auf andere Dinge konzentrieren. Was dann also? Sie könnte sich sagen:

- »Ich kann sie um ein Gespräch bitten.«
- »Ich kann härter arbeiten.«
- »Ich muß nur dieses eine Semester überleben, und dann wechsele ich zu jemand anderem, denn mit dieser Lehrerin verstehe ich mich einfach nicht.«
- »Ich kann andere Gefühle entwickeln. Statt entmutigt zu sein, weil ich es ihr nicht recht machen kann, kann ich auch verärgert sein, weil sie nicht besser unterrichtet.«

Es ist stets möglich, sich für oder gegen Auseinandersetzungen zu entscheiden – emotionale und intellektuelle genauso wie körperliche. Und das ist auch ratsam. Wenn Sie sich andauernd auf den Barrikaden befinden, werden Sie ständig erschöpft sein. Und erschöpfte Menschen können nicht gut kämpfen. Sie haben mehr Erfolg, wenn Sie Ihre Waffen gezielt einsetzen.

Fragen Sie sich immer: »Wer sagt das? Ist dieser Mensch wichtig für mich?« Wenn der Angreifer ein Unbekannter, ein Idiot oder ein hoffnungsloser Fall ist, kann es das beste sein, die Sache einfach zu vergessen.

Bei einem großen Familienessen macht Oma eine abfällige Bemerkung über Afro-Amerikaner (oder Juden oder Polen oder Südstaatler oder eine andere Gruppe, zu der Oma nicht gehört, zu der Sie aber gehören). Sie beleidigt Ihre Leute und will Sie vermutlich auch persönlich damit treffen. Gehen Sie auf die Provokation ein? Oder wechseln Sie das Thema?

Wenn Oma ein Mitglied des Kongresses ist, eine Parteivorsitzende oder eine prominente und einflußreiche Persönlichkeit, werden Sie ihr die Bemerkung nicht durchgehen lassen. Wenn Oma jedoch nur für sich spricht und ein althergebrachtes, festsitzendes Vorurteil wiedergibt, das wahrscheinlich keinen Schaden anrichten wird und auch von sonst niemandem am Tisch geteilt wird, könnten Sie zu dem Schluß kommen, daß es sich nicht lohnt, die Essensgesellschaft zu stören, um ihr den Kopf zurechtzurücken.

Sie werden vielleicht feststellen, daß Sie sehr leicht eine kleinere oder größere Beleidigung von jemandem ignorieren können, der Ihnen nicht viel bedeutet – beim erstenmal, aber nicht beim drittenmal. Jemand sagt etwas Beleidigendes. Sie ignorieren es. Er sagt es ein zweites Mal. Sie ignorieren es. Ein drittes Mal. Sie explodieren.

Wiederum ist die beste Art, mit einer solchen Situation umzugehen, sich bewußt zu machen, ob und wie Sie darauf reagieren wollen. Sie können sich dann entschließen, es sich nicht zu Herzen zu nehmen. Wenn eine Bemerkung platt ist, wird sie durch Wiederholungen nicht bedeutender. Und wenn jemand eine Beleidigung wiederholt, um Sie zu treffen, warum sollten sie ihm den Triumph gönnen? Die zentrale Frage bei der Entscheidung, ob Sie Streit wollen oder nicht, ist: »Habe ich einen Vorteil davon, wenn ich diese Beleidigung anerkenne und mich dagegen wehre?«

Überlegt reagieren

Während Sie innehalten und sorgfältig abwägen, statt automatisch zu reagieren, können Sie nicht nur entscheiden ob, sondern auch wie sie reagieren wollen.

Sie haben die höhnischen Bemerkungen über kleine Menschen gründlich satt. Sie glauben, daß Sie wegen der Vorurteile über kleine Menschen persönliche Nachteile erleiden mußten. Verwickeln Sie sich in eine Schlägerei nach der anderen, um Ihre Ehre zu verteidigen? Oder gründen Sie eine Initiative kleiner Leute, die gegen Mindestgrößen bei der Polizei und der Feuerwehr protestiert?

Manchmal treffen Sie auch auf jemanden, der noch mehr personalisiert als Sie und nach einem Streit geradezu lechzt. Stellen Sie sich beispielsweise einen Polizisten vor, der darauf beharrt, daß Sie bei Rot über die Ampel gefahren sind. »Das stimmt nicht«, sagen Sie, »es war Grün.« »Wollen Sie behaupten, daß ich lüge?« fragt der Beamte mit lauter werdender Stimme. O la la. Sie haben Ihrer Meinung nach nur die Wahrheit gesagt. Aber der Polizist faßt Ihre Antwort als Beleidigung auf – und er hat die Macht, Ihnen ein saftiges Bußgeld aufzubrummen. Obwohl Sie also wissen, daß er Ihre Aussage zu Unrecht persönlich nimmt, ist dies vielleicht nicht der richtige Zeitpunkt, um sich auf eine längere Diskussion einzulassen.

Ihr Sohn sagt Ihnen, daß er die Salatsoße nicht mag, die Sie mit so viel Liebe kreiert haben. Sie weigern sich, das persönlich zu nehmen, Sie werfen ihm nicht vor, undankbar zu sein. Er hat schließlich ein Recht auf seinen eigenen Geschmack, und wenn er Ihr Salatdressing nicht mag, heißt das nicht, daß er Sie nicht mag oder Ihre Mühe nicht zu schätzen weiß. Sie müssen keine persönliche Verantwortung für seine Unfähigkeit, Kochkünste anzuerkennen, übernehmen. Und Sie wissen, daß er nicht der größte Gourmet-Experte der Welt für Salatsoßen ist. Aber Sie werden sich das nächste Mal wohl nicht so viel Mühe machen. Sie stellen ihm vielleicht sogar eine Flasche Fertigdressing hin. Und wenn *er* das persönlich nimmt, können Sie ihm erklären, warum er da eine ganz falsche Auffassung hat.

5. Ihrem PR-Agenten glauben

Es gibt viele Geschichten über berühmte und erfolgreiche Leute, die sich nach einer jahrelangen Erfolgswelle und einem Übermaß an guter Publicity plötzlich finanziellen oder persönlichen Schwierigkeiten gegenübersehen. Donald Trump fällt uns da beispielsweise ein. Zeitungsleute haben eine Redewendung, die eine mögliche Erklärung für einen solchen Abbruch der Glückssträhne bietet. Sie sagen: »Sein Problem ist, daß er glaubt, was die Zeitungen über ihn schreiben.« Oder: »Ihr Problem war, daß sie den Übertreibungen ihres PR-Agenten glaubte.«

Damit machen sich die Journalisten sowohl über sich selbst lustig als auch über die Leute, über die sie schreiben. Sie wissen, daß die Medien sich selten kritisch verhalten, wenn es jemandem gut zu gehen scheint. Die meisten Berichte über erfolgreiche Leute sind wohlwollend, bewundernd oder sogar schmeichlerisch. Die Verlautbarungen von PR-Agenten – die dafür bezahlt werden, nur positive Informationen zu verbreiten – werden oft fraglos und unkritisch übernommen.

Aber die Presseleute wissen, daß es eine Sache ist, wenn Zeitungsartikel den Eindruck erwecken, daß Sie unfehlbar sind, und eine andere, wenn Sie es selbst glauben! Es ist der Job einer PR-Agentin, in ihren Mitteilungen den Eindruck zu erwecken, daß ihr Arbeitgeber unbesiegbar ist. Aber der Arbeitgeber begeht einen Fehler, wenn er glaubt, daß die PR-Agentin die ganze Wahrheit erzählt. Leuten, die glauben, auf dem Wasser wandeln zu können, steht dieses Wasser dann leider oft bis zum Hals.

Wollen wir damit gegen Selbstvertrauen, Selbstbewußtsein und Erfolgsmentalität argumentieren? fragen Sie. Ganz im Gegenteil. Es gibt genug Untersuchungen, die belegen, daß eine optimistische Wir-werden-das-schon-schaffen-Haltung eher zu Zufriedenheit und Erfolg führt als eine pessimistische Das-wird-nie-etwas-Einstellung. Wenn Sie die positive Seite der Dinge betrachten, fühlen Sie sich sicher sehr viel besser, als wenn Sie über die düsteren Aspekte des Lebens nachgrübeln. Ja, Optimismus ist gut. Aber so wie eine bestimmte Dosis Vitamine gesund ist, während sich eine Überdosis negativ auswirken kann, kann auch zu viel Optimismus schaden.

Erinnern Sie sich, daß die erste Voraussetzung zur Vermeidung der zehn dümmsten Fehler von klugen Leuten das *realistische Denken* ist.

Das bedeutet, nicht in das Extrem des übertrieben negativen Denkens zu fallen – aber *auch* nicht in das Extrem des *übertrieben positiven*.

Wie eine Überdosis positiven Denkens negative Resultate erzielen kann

Wenn bei Ihnen alles gut zu laufen scheint, ist es verlockend zu glauben, daß es immer so bleiben wird. Es ist leicht zu glauben, daß das Leben es gut mit Ihnen meint, weil Sie es verdienen – und daß Glück und andere Menschen bei Ihrem Erfolg nur untergeordnete Rollen spielen. Es ist leicht, sich wie ein PR-Agent zu verhalten und sich nur auf Ihre positiven Eigenschaften zu konzentrieren und alles andere beiseite zu lassen. Es ist sicher schwerer, sich vorzustellen, daß zu viel positives Denken Ihnen schaden kann. Wie ist das möglich? Hier sind einige Varianten.

Ein Talent für alle Fälle

Wenn Sie bei allem, was Sie anfangen, erfolgreich sind, sind Sie wahrlich ein Glückskind. Aber die meisten von uns sind nicht auf jedem Gebiet gleichermaßen begabt. Wenn Sie nach Erfolgen in einem Bereich einfach davon ausgehen, daß Sie *ohne zusätzliche Anstrengungen* bei allem, was Sie tun, Erfolg haben werden, werden Sie wahrscheinlich die schmerzliche Erfahrung machen, daß Sie einem Irrtum unterliegen.

Die Argumentation kann in etwa so lauten: »Ich habe ein Vermögen mit Käse gemacht, und jetzt werde ich ein Stahlwerk kaufen. Ich muß nichts über das Stahlgeschäft wissen, denn meine nachweislich guten Instinkte werden mich schon die richtigen Entscheidungen treffen lassen.«

Die achtziger Jahre haben ein Beispiel nach dem anderen von Geschäftsleuten hervorgebracht, die mit hochfliegenden Plänen antraten, um noch vor Beginn der neunziger eine Bruchlandung zu machen. Einer der bekanntesten von ihnen war Albert Campeau, ein Kanadier, der sich als Bauunternehmer für Eigenheime Respekt und ein beträchtliches Vermögen erworben hatte. Dann entschloß er sich, sich zusätzlich auf Einzelhandelsketten zu verlegen, ein Bereich, in dem er keine Erfahrung hatte. Wahrscheinlich dachte er: »Ich habe schon einmal großen Erfolg gehabt, warum sollte mir das nicht wieder gelingen?«

Er nahm einen Kredit von fast zehn Milliarden Dollar auf, um die Übernahme zweier riesiger Einzelhandelsketten zu finanzieren. Das jährliche Zinsaufkommen überstieg den größten Bruttogewinn, den die beiden Unternehmen in der Vergangenheit je erwirtschaftet hatten. Erfahrene Einzelhändler prophezeiten, daß Campeau diesen Schuldenberg niemals abtragen könne – und sie behielten recht. Kurz nachdem dieses Geschäft, das die Zeitschrift *Fortune* als das »verrückteste aller Zeiten« bezeichnet hatte, abgeschlossen war, gingen beide Ketten bankrott, und Campeau verlor auch noch den größten Teil seiner ersten Firma.

Eine andere Variante dieser Art zu denken ist: »Ich habe zur Zeit eine derartige Erfolgssträhne, daß alles weitere auch wie geschmiert laufen wird.«

In seinem ersten autobiographischen Buch prahlte Donald Trump mit seinem Geschick beim Erwerb von Hotels, Casinos und anderen Kapitalanlagen. In seinem zweiten Buch gab Trump zu, daß er zwar gut darin war, Geschäfte abzuschließen, aber dem Management seiner Besitztümer nach Erwerb nicht mehr genug Aufmerksamkeit gewidmet hatte. Wäre er sich dessen früher bewußt geworden, hätte er sich viel Kummer ersparen können.

Doch die Geschäftswelt ist nicht der einzige Bereich, in dem diese Einstellung des »Ein Talent für alle Fälle« Sie in Schwierigkeiten bringen kann. Zum Beispiel ist der beim Hochleistungssport unerläßliche Ehrgeiz, über seine Grenzen hinauszugehen, auf der Autobahn weniger angebracht. Das hat sich immer wieder auf tragische Weise gezeigt. Pelle Lindbergh, der Startorwart des Eishockeyteams der Philadelphia Flyers, starb 1985, als er mit seinem Porsche nach einem Trinkgelage in eine Betonwand krachte. Zwei Freunde wurden bei dem Unfall schwer verletzt. Einige seiner Mannschaftskameraden sagten, sie hätten ihn oft gewarnt, weil er zu schnell fuhr, aber er sei der Überzeugung gewesen, daß sein Glücksstern ihm wie auf dem Eis, so auch auf der Straße leuchtete.

Erfolg in einem Bereich Ihres Lebens bedeutet nicht automatisch, daß auch in allen anderen Bereichen alles wie von alleine läuft. Dan war äußerst beliebt und geachtet in seiner Nachbarschaft. Er hatte einen verantwortungsvollen Beruf, der ihn mehr als acht Stunden täglich in Anspruch nahm, aber er beklagte sich nie. Er verdiente ein gutes Gehalt. Er spielte die Orgel in seiner Kirche. Und er engagierte sich für kommunale Belange. Er glaubte, daß er ein Bilderbuchleben führte, bis seine Frau ihn verließ und die Kinder mitnahm. Dan war am Boden zerstört. Was hatte er falsch gemacht? Er hatte nichts *falsch* gemacht, sagte seine Frau, aber er hatte etwas versäumt. Er hatte nicht genug Zeit mit ihr verbracht. Sie fühlte sich vernachlässigt, sie kam erst an letzter Stelle bei ihm.

Wer, ich?

Zu viel positives Denken kann sich auch in eine Tendenz verwandeln, die Verantwortung für das eigene Handeln abzulehnen. Dies führt häufig zur Eskalation von Problemen.

Nelson weiß, daß seine zweite Frau Shirley sich sehr darüber ärgert, daß er große Summen für seine Tochter aus erster Ehe ausgibt. Shirley findet es nicht richtig, daß sie Opfer bringen soll, um die Tochter mit Luxusgütern zu versorgen. Sie beklagt sich bei Nelson, weil er seiner Tochter ein neues Auto gekauft hat. »Nein, das stimmt nicht«, sagt Nelson. »Ich habe es doch gesehen«, entgegnet Shirley wütend. Nelson versucht, vom Thema abzulenken. »Du hast gesagt, es sei ein neues Auto, es ist aber gebraucht. Und ich habe es ihr nicht gekauft; es ist noch nicht ganz bezahlt.«

Was geht hier vor? Warum lügt Nelson Shirley an? Schließlich ist ein Auto ein etwas zu großer Gegenstand, um ihn zu verbergen. Er lügt, weil er glaubt, daß er ihr *gar keine* Erklärung schuldet. Er steht auf dem Standpunkt, daß er mit seinem Geld machen kann, was er will. Als Shirley sich beschwert, versucht er zuerst, sie mit einer Lüge abzuspeisen. Als das nicht funktioniert, attackiert er die Formulierung ihrer Beschwerde. Nelson glaubt, daß er unfehlbar ist und keine Erklärungen abgeben muß, weil er eben Nelson ist. Aber Shirley kann diese Haltung nicht akzeptieren. Sie fühlt sich herabgesetzt. Es stellt sich die Frage, ob diese Ehe noch viel Zukunft hat.

Sie glauben vielleicht auch, daß Sie weder Erklärungen geben noch sich entschuldigen müssen. Sie denken vielleicht, daß Sie niemandem Rechenschaft schuldig sind. Und wenn Sie Fehler machen, müssen Sie diese Tatsache noch nicht einmal eingestehen. Wie gut Sie damit durchkommen, hängt davon ab, ob Sie die Sympathien anderer wollen oder brauchen.

Historiker glauben, daß John F. Kennedy sich die Unterstützung der Öffentlichkeit nach dem Fiasko in der Schweinebucht bewahren konnte, *weil* er ohne Zögern die Verantwortung dafür übernahm. Grover Cleveland wurde 1884 zum Präsidenten gewählt, obwohl er nach einer Beschuldigung der Opposition zugegeben hatte, ein uneheliches Kind gezeugt zu haben. (Was damals einen größeren Skandal als heute bedeutete.) Präsident Nixons Versuche, sich bedeckt zu halten, als er nach Gesetzesverstößen im Zusammenhang mit seiner Wahlkampagne von 1972 gefragt wurde, nahmen die Öffentlichkeit – und den Kongreß – jedoch gegen ihn ein und beschleunigten seinen Rücktritt.

Der Glaube an Ihre eigene Überlegenheit kann dazu führen, daß Sie andere für auftretende Schwierigkeiten verantwortlich machen. (»Ich kann unmöglich daran schuld sein, also muß es ein anderer sein.«) Und die, denen Sie die Schuld geben, werden davon nicht begeistert sein. Sie werden Sie für aufgeblasen, arrogant und unerträglich halten, und nicht für fleißiger und cleverer. Manche sind vielleicht genug verärgert, um Ihren Erfolg zu unterminieren – und das liegt bestimmt nicht in Ihrer Absicht. Wenn Sie immer anderen die Schuld für die in Ihrem Leben erlittenen Rückschläge geben, wird man Sie bald für einen chronischen Nörgler halten, was sich ebenfalls kontraproduktiv auswirken kann. Und zwar auch dann, wenn Sie zu Recht den Eindruck haben, daß man Ihre Leistungen nicht genug zu schätzen weiß.

Auf den Lorbeeren ausruhen

Mit den Freuden des Erfolgs geht leider oft die Verlockung einher, sich auf seinen Lorbeeren auszuruhen. Wenn Sie etwas erreicht und damit die Anerkennung anderer gewonnen haben, besteht die Gefahr, daß Sie glauben, sich und Ihr Können nicht mehr länger unter Beweis stellen zu müssen.

Manchmal tritt der glückliche Fall ein, daß ein Erfolg wie von selbst zu weiteren Erfolgen führt. Sie erhalten viele Anrufe. Begehrte Aufträge werden Ihnen angeboten, ohne daß Sie sich darum bewerben müssen. Doch genauso häufig kommt es vor, daß Ihre Umgebung auf einmal wieder eine härtere Haltung einnimmt nach dem Motto: »Was haben Sie in letzter Zeit für uns getan?« Die Baseballmannschaft der Yankees verkauften Babe Ruth am Ende seiner Karriere an eine andere Mannschaft. Er war einer der größten Yankee-Spieler aller Zeiten, aber zum Schluß traf er den Ball einfach nicht mehr so gut.

Das soll nicht heißen, daß Ihre vorhergehenden Erfolge vergessen werden, als hätte es sie nie gegeben. Gouverneure eines Staates der USA behalten den Ehrentitel des Gouverneurs auch, nachdem sie aus dem Amt geschieden sind. Doch ein Ehrentitel verleiht nicht mehr dieselbe Macht wie ein aktiver Amtstitel. In der Vergangenheit erhaltene Ehren müssen Sie nicht notwendigerweise auch in der Gegenwart und in der Zukunft weiterbringen.

Das ist eine Lektion, die sehr häufig junge Leute lernen müssen, die in der Schule oder auf der Universität immer zu den Besten gehörten. Wenn sie sich an einer anderen Universität oder um eine Stelle bewerben, können sie ein ganzes Bündel von Empfehlungen vorweisen. »Lucy ist eine der besten Studentinnen, die wir je hatten. Ihre Arbeit gehört zu den herausragendsten, die ich je gelesen habe.« Lucy ist es gewohnt, ein

Star zu sein, und erwartet, auch an der nächsten Universität oder in der Firma, die sie mit ihrer Gegenwart zu beehren geruht, als Star behandelt zu werden. Aber dann stellt sie fest, daß ihre neuen Kommilitonen oder die anderen neu angestellten Kollegen in der Firma ebenfalls die Stars von einem Dutzend anderer Schulen und Universitäten sind, die genauso überschwengliche Empfehlungen von ihren Professorinnen und Lehrern haben. In ihrer neuen Umgebung muß Lucy von neuem unter Beweis stellen, daß sie ein Star ist. Sie wird keine Belobigungen aufgrund ihrer stolzen Vergangenheit erhalten, sondern nur aufgrund von Leistungen, die sie unter diesen neuen und härteren Wettbewerbsbedingungen erzielt. Wenn ihr rechtzeitig klar wird, daß sie wieder bei Null anfangen muß, hat sie gute Erfolgschancen. Wenn sie aber darauf wartet, daß die Anerkennung von allein kommt, kann sie wahrscheinlich lange warten.

Diese Situation tritt oft ein, wenn Sie eine neue Stelle annehmen, in eine andere Stadt ziehen oder sich in ein sonstiges neues Umfeld begeben. Die Antwort auf die Frage: »Muß ich mich nach all meinen Anstrengungen wieder von neuem beweisen?« wird in den meisten Fällen »ja« lauten.

Die zum Ausruhen verlockenden Lorbeeren müssen nicht unbedingt von Leistungen herrühren. Sie können auch in äußerlichen Attributen wie gutem Aussehen, Jugend, Charme oder einfach Glück bestehen. Jemand mit all diesen Attributen wird es vielleicht nicht für notwendig erachten, sich um Freunde zu bemühen, weil die Einladungen nur so ins Haus flattern. Das war bei Wally der Fall. In seiner Jugend hatte er viele Freunde und Bekannte. Jetzt ist er ein Witwer mittleren Alters und wird langsam einsam und verbittert. »Meine Freunde kennen meine Situation doch«, denkt er. »Sie könnten mich öfter zu sich einladen. Sie könnten mich mit anderen Leuten bekannt machen.« Da Wally auf Einladungen wartet, die ihm seiner Meinung nach zustehen, unternimmt er selbst nichts, um neue Bekanntschaften zu machen.

Unflexible Erfolgsvorstellungen

Viele erfolgreiche Männer und Frauen des mittleren Managements haben in den vergangenen Jahren in den USA ihre Stelle verloren, und zwar nicht aufgrund persönlicher Fehlleistungen, sondern als Folge von Fusionierungen, Konkursen, Geschäftsübernahmen, Rationalisierungen und ähnlichem. (Nach Angaben der American Management Association haben 1219 Firmen im Jahre 1990 zusammen rund 81000 Stellen gestrichen, von denen 45 Prozent Stellen im Management oder in anderen gehobenen Positionen waren.) Wenn sich zwei Unternehmen zusammenschlossen, brauchte man keine zwei Marketingleiter mehr. Wenn ein Unternehmen schließen mußte, weil der Vorstand für eine zu hohe Kreditaufnahme votiert hatte, verloren gute Leute, die nie nach ihrer Meinung gefragt worden waren, ihre Arbeit. Lob und Beförderungen waren plötzlich nichts mehr wert.

Viele der Betroffenen hatten zynischerweise obendrein keine Chancen auf dem Arbeitsmarkt, weil sie »überqualifiziert« waren. Es mag schlimm genug sein, wenn andere einen mit diesem Urteil abspeisen, noch schlimmer ist es jedoch, wenn man sich selbst dadurch behindert:

- »Ich habe 100000 Dollar im Jahr verdient, und es ist unter meiner Würde, eine Stelle mit geringerem Gehalt anzunehmen, selbst wenn es sich um eine interessante Position handelt.«
- »Bei meiner vorherigen Stelle hatte ich vierhundert Leute unter mir. Ich kann unmöglich für eine Firma arbeiten, die nur hundert Angestellte hat, egal was sie mir zahlen.«

Die einstige Starstudentin Lucy stellt vielleicht fest, daß sie in ihrer neuen Umgebung kein Star sein kann, weil die Konkurrenz zu groß ist. Obwohl viele ihrer Kolleginnen und Kollegen vollauf zufrieden damit sind, zu einer Elitegruppe zu gehören, ist das für Lucy nicht genug. Sie fühlt sich als Versagerin. Die Beste zu sein ist nach ihrer Auffassung das einzige, was zählt.

Manche Leute geben auch zu früh auf, wenn sie ihr gewohntes Erfolgsniveau nicht innerhalb kürzester Zeit wieder erreicht haben. Wenn die Suche nach einem neuen Job länger als zwei Monate dauert, sind sie am Boden zerstört. Sie können nicht glauben, daß es ein Jahr intensiver Suche erfordern kann, um etwas ihren Vorstellungen Entsprechendes zu finden. (»Wenn jemand mit meinen Zeugnissen innerhalb von zwei Monaten nichts finden kann, dann gibt es nichts. Es ist hoffnungslos.«)

Andere Leute flüchten in die Vergangenheit. Sie erzählen von ihren früheren Triumphen, bis ihre Zuhörer glasige Augen bekommen. Sie existieren zwar in der Gegenwart, leben aber nicht in ihr. (»Früher war mein Leben so schön«, seufzt Lucy unglücklich.) Diese Leute weigern sich oft, Möglichkeiten zur Verbesserung ihrer Situation in Betracht zu ziehen, weil diese ihren vergangenen Ruhm nicht vollständig wiederherstellen würden.

Damit ist nicht gemeint, daß Sie sich bei einem Rückschlag mit weniger zufrieden geben sollen. Überhaupt nicht. Aber wenn Sie Ihre Anforderungen zu streng und unflexibel definieren, können Sie leicht sich auftuende Gelegenheiten übersehen oder in ständiger Trauer über vergangenes Glück versinken.

PR-Agenten im Alltag

Normale Sterbliche haben natürlich selten einen eigenen PR-Agenten, der ihnen ein strahlendes Image für die Öffentlichkeit verpaßt. Aber viele von uns haben so etwas wie Ersatz-PR-Agenten in ihrem Leben.

Ihre Mutter
Ihre Mutter hat Ihnen immer gesagt, wie wunderbar Sie sind – und würde sie etwa lügen? Nein, natürlich nicht. Mütter glauben, daß ihre Kinder wunderbar sind, und das ist der Grund, warum Mütter so wunderbar sind. Aber manche Mütter übertreiben es etwas. Toms Mutter sagte ihm zum Beispiel stets, wie außergewöhnlich er sei. Und wenn Tom etwas danebenging, versicherte sie ihm immer gleich, daß es nicht seine Schuld sei. Die *anderen* hatten sich nicht richtig verhalten. Die anderen legten ihm aus Eifersucht Steine in den Weg. Nie war Tom für etwas verantwortlich. Immer die anderen. Daher wuchs Tom in dem Glauben auf, daß er immer recht hatte. Aussprachen, Erklärungen und Kompromisse waren für andere Leute erfunden worden, aber nicht für ihn.

Ihre Freunde
Jugendliche glauben PR-Agenten besonders leicht – und lassen sich auch leicht selbst zu PR-Agenten machen. Wenn ein Teenager beispielsweise sagt: »Ich sollte nichts trinken, weil ich noch Auto fahren muß«, erwidert der PR-Agent: »Es wird schon nichts passieren. Sei kein Spielverderber.« Die unausgesprochene Botschaft des PR-Agenten ist: »Du bist unverwundbar. Du mußt nicht vorsichtig sein. Dir kann nichts passieren.« Eine Botschaft, die viele gerne glauben wollen.

Von Freunden erwarten wir Wohlwollen und Komplimente. Das macht Freundschaften unter anderem so angenehm. Aber wenn Loyalität in Schmeichelei ausartet, kann dies auch gefährlich sein.

Donna fragte ihre Freundin Wendy um Rat, als sie und Vince sich getrennt hatten. »Er will, daß wir wieder zusammenkommen, und ich bin im Zwiespalt«, sagte Donna. »Ich glaube, daß ich zum Teil an dem, was geschehen ist, mitschuldig bin.« »Das solltest du noch nicht einmal denken«, empörte sich Wendy. »Du hast mehr für diesen Mann getan, als irgendein Mensch verlangen kann. Du bist zu gut für ihn. Laß dich nicht auf sein Niveau herab.« Wendy denkt, daß sie ihrer Freundin loyal zur Seite steht, indem sie sie idealisiert. Aber wenn Donna eigentlich eine Versöhnung *will*, erschwert Wendys Lob ihr die Entscheidung dafür.

Geschäftspartner, die ihren eigenen Vorteil suchen
Mit Schmeichelei erreicht man alles, sagen manche. Und Leute, die etwas verkaufen wollen, haben diese Redewendung zu ihrem Motto erkoren. Wenn sie prozentual an einem Geschäft beteiligt werden, sagen sie Ihnen, wie gut Sie in diesem Kostüm aussehen (auch wenn Sie es nicht tun), was für ein kluger Investor Sie sind (auch wenn Sie es nicht sind) und wie clever es von Ihnen ist, sich (und Ihr Geld) ihrem Urteil anzuvertrauen.

Leute, die für Sie arbeiten
Es ist selten ein Vergnügen, Leuten etwas Unangenehmes zu sagen. Ja-Sager sind bei einigen Vorgesetzten beliebter als Untergebene, die auch mal widersprechen. Das ist die Moral von der Geschichte »Des Kaisers neue Kleider«. Der Kaiser stolziert nackt vor seinem Hofstaat auf und ab, der ihm sagt, wie wundervoll er in seinem neuen Outfit aussieht. Erst ein kleiner Junge, für den der Kaiser nur ein ganz normaler Erwachsener ist, platzt damit heraus, daß er ja gar nichts anhat.

Leute, für die Sie arbeiten
In der bestmöglichen aller Welten wäre es möglich, ohne zusätzliche Anstrengung eine angemessene – auch negative – Rückmeldung über Ihre Arbeit zu erhalten. In der realen Welt jedoch scheuen sich manche Menschen derart, schlechte Nachrichten zu überbringen, daß sie dieser Verantwortung völlig aus dem Weg gehen. Sie verfolgen lieber die Politik, Ihnen genug Leine zu geben, damit Sie sich selbst daran aufhängen können. Sie tun so, als ob alles in Ordnung wäre – bis sich die Situation dermaßen zugespitzt hat, daß sie Sie dem Galgen ausliefern müssen.

Die Stimme des Privilegs
In einem seiner berühmten Bücher beschreibt der Harvard-Psychiater Robert Coles ein gemeinsames Merkmal, das ihm bei Kindern reicher Eltern aufgefallen war. Er nennt es das Anspruchsdenken. Wenn Kinder gefragt werden, was sie später einmal werden wollen, schreibt er, ant-

worten die meisten so etwas wie: »Ich will Ärztin werden« oder »Ich möchte Feuerwehrmann werden.« Sie fügen nicht hinzu: »Vorausgesetzt, daß alles gut geht, daß genug Geld vorhanden ist, daß ich den Aufnahmetest bestehe« usw., aber diese Einschränkungen klingen implizit mit. Kinder reicher Eltern hingegen beantworten dieselbe Frage eher folgendermaßen: »Ich *werde* Ärztin« oder »Ich werde Kernphysiker.« Die Implikation hierbei lautet: »Ich kriege, was ich will.«

Dazu kommt später vielleicht die Tendenz, Dinge ihrem persönlichen Verdienst zuzuschreiben, an die sie nur durch ihr Geld und ihre Verbindungen gelangt sind. Der frühere Leiter des US-amerikanischen Landwirtschaftsamtes Jim Hightower sagte einmal von einem bekannten Politiker und Multimillionär: »Er ist oben auf der Leiter geboren worden und glaubt, er hat sie selbst erstiegen.«

Wer würde leugnen, daß es hilfreich ist, in eine an Geld und Einfluß reiche Familie geboren zu werden? Donald Trump hat sein Immobilienimperium mit Hilfe seiner Cleverneß und Geschicklichkeit aufgebaut, aber es hat ihm auch kaum geschadet, daß sein Vater schon Baulöwe und Multimillionär war (der Eigentümer von 25000 Apartments in Brooklyn und in der Bronx), der das nötige Kapital und die politischen Verbindungen besaß, um einen auf vierzig Jahre ausgedehnten Steuernachlaß für Donalds erstes Projekt in Manhattan zu erreichen. Glaubte Donald Trump, daß er alles erreichen konnte, was er wollte? Jedenfalls scheint er nach diesem Glauben gehandelt zu haben – in einem Grad, der sein gesamtes Imperium gefährdete.

Die Stimme der Religion

Sie haben vielleicht von Ihrem Pfarrer gehört, daß es Ihnen Belohnungen in dieser und vielleicht auch in der nächsten Welt garantiert, wenn Sie gottgefällig handeln und anderen ein rechtschaffenes Beispiel geben. Sie glauben, daß Sie eine Art göttlichen Schutz genießen. Das kann sich fatal auswirken, wenn etwas geschieht, das Ihren Glauben erschüttert.

Oder wohlmeinende Freunde versichern Ihnen in schweren Zeiten, daß Sie aus allem gestärkt hervorgehen werden. »Alles geschieht zu unserem Besten.« »Gott schickt uns keine Bürde, die wir nicht tragen können.« »Es ist eine Prüfung.« Vielleicht haben sie auf lange Sicht ja recht, aber auf kurze Sicht erreichen sie nur, daß Sie sich schuldig fühlen, wenn Sie »die Prüfung« nicht bestehen.

Leute, die Sie motivieren wollen

Manche Menschen denken, daß sie anderen einen Gefallen tun, wenn sie

sie wahllos und aufs Geratewohl anspornen. Zum Beispiel der Lehrer, der verkündet: »Ihr könnt alles sein, was ihr wollt.« (Können Sie Basketball-Profi werden, wenn Sie nur einen Meter sechzig groß sind? Sehr unwahrscheinlich.) Wohlmeinende Ratgeber mögen behaupten, daß Sie sich nur sagen müssen, daß Sie etwas tun können, um es zu können. Natürlich werden Sie etwas eher versuchen, wenn Sie glauben, daß Sie es schaffen können, als wenn Sie dies nicht glauben. Doch sich nur durch positives Denken vorzubereiten würde bedeuten, *Image mit Substanz zu verwechseln*. Ein Student, der sich sagt: »Ich kann es« und dann nicht lernt, wird die Prüfung vermutlich nicht bestehen.

Der innere PR-Agent

Der wichtigste PR-Agent von allen ist der in Ihrem Kopf. Wenn Ihr innerer PR-Agent zu laut redet, werden Sie möglicherweise nie die Meinung anderer in Betracht ziehen oder andere Leute überhaupt nach ihrer Meinung fragen. Sie könnten für die Wünsche und Bedürfnisse Ihrer Mitmenschen unempfänglich werden, weil Sie einfach davon ausgehen, daß diese dasselbe wollen wie Sie. (»Du sagst das nur so, daß du nicht mit mir ins Bett gehen willst. Ich weiß, daß du es in Wirklichkeit doch willst.«) Diese Denkweise führt zum Zusammenbruch von geschäftlichen und persönlichen Beziehungen und zum Bruch von Gesetzen.

Zwei Sorten von Menschen sind besonders anfällig für diese Art innerer Image-Artistik: Menschen, die einfach glauben wollen, daß sie wunderbar sind, weil ihnen jemand – meist ein Elternteil – dies versichert hat, und Menschen, die durch eigene Leistung einen Erfolg erzielt haben und diesen Erfolg als lebenslange Basis für all ihre Handlungen und Entscheidungen benutzen:

- »Papa sagt, daß ich wunderbar bin, also bin ich auch wunderbar.«
- »Warum sollte ich auf andere hören? Alle anderen sind Idioten.«
- »Ich kann alles tun, alles haben, alles stehlen, alle betrügen und damit ungestraft davonkommen.« (Wenn sie gefaßt und vor Gericht gebracht werden, sagen solche Leute oft – wie der Wertpapierspekulant Michael Milken, nachdem er sich des Betrugs schuldig bekannt hatte –, daß ihre Handlungen gegen ihre eigenen Prinzipien verstießen. Leider gehen Prinzipien oft unter, wenn die schrille Stimme des inneren PR-Agenten die Kontrolle übernimmt.)

- »Ich werde diese Stelle als Assistentin in der Einkaufsabteilung nicht annehmen. Ich werde niemandes Assistentin sein. Lieber warte ich, bis ich etwas mir Angemessenes angeboten bekomme – selbst wenn ich ewig warten und arm bleiben muß.«

Hier handelt es sich um amokgelaufenes positives Denken. Nicht, daß das »Ich-kann-es«-Denken nicht nützlich wäre. Psychologen sprechen von positiver Verstärkung, und diese kann ungeheure Kräfte mobilisieren. Die anfeuernde Rede des Trainers vor einem großen Spiel kann die Mannschaft dazu bewegen, über ihre Leistungsgrenzen hinauszugehen. Dennoch ist dies ein Aufputschmittel, das nur kurze Zeit wirkt. Ein Adrenalinschub zur rechten Zeit kann ein Tor erzielen, aber nicht den Aufstieg in die erste Liga.

Es soll natürlich Menschen geben, die ohne größere Anstrengung Erfolge einheimsen. Wenn Sie zu diesen Menschen gehören – Glückwunsch. Ihnen fallen vermutlich einige Gelegenheiten ein, bei denen Sie nur mit den Fingern zu schnippen brauchten, um als Sieger dazustehen. Aber der Normalfall wird durch den alten Witz illustriert, in dem ein junger Mann einen älteren Mann auf der Straße anhält und ihn fragt: »Wie komme ich zur Oper?« und der ältere Mann antwortet: »Üben, üben, üben.«

Wir alle haben auch schon von sogenannten Renaissancemenschen gehört, die alles können. Genauer gesagt, die mehrere Talente haben oder hatten – wie zum Beispiel Leonardo da Vinci, der wahre Sohn der Renaissance. Er war ein ausgezeichneter Maler, Bildhauer, Anatom, Astronom und Ingenieur. Er zeichnete seine eigenen Versionen von Flugmaschinen und Fallschirmen, bevor überhaupt jemand an diese Dinge dachte. War er ein Multitalent? Ganz sicher war er das. Aber selbst Leonardo war nicht in allem gut. Er hatte kein Interesse an Geschichte, Literatur oder Religion. Er lebte ein zurückgezogenes, manche sagen einsames Leben. Sein treuer Freund und Erbe, Francesco Melzi, wurde erst spät in Leonardos Leben zu seinem Gefährten.

Es gibt auch Leute, die ungestraft mit kriminellen Handlungen davonkommen. Sie werden nicht gefaßt, oder sie werden gefaßt und kommen trotzdem nicht ins Gefängnis. Aber der Knastjargon spiegelt realistisches Denken wider: »Wenn du das Ding nicht absitzen kannst, laß die Finger davon.« Vielleicht hat die Stadt gerade ein neues Gefängnis zur Entlastung des überfüllten alten eingeweiht, wenn Sie verurteilt werden. Und Sie sind der erste, der seine Strafe dort absitzen muß.

Wenn Menschen glauben, daß die Regeln, die für andere gelten, nicht für sie gelten, sagen wir oft, daß sie ein zu dickes Ego haben. Mit Ego meinen wir in diesem Fall Eitelkeit, Narzißmus oder Arroganz. Aber das ist nicht die Bedeutung, die Freud diesem Wort zuschrieb. Bei Freud ist das Es der Teil von uns, der auf Trieberfüllung zielt, das Über-Ich umfaßt das moralische Empfinden, und das Ich oder Ego vertritt unsere Fähigkeit, uns in der *Realität* zurechtzufinden. Daher schenken Leute mit einem gesunden Ego den Pressemeldungen über sich keinen Glauben. Sie glauben nicht, daß sie unbesiegbar sind, weil ihre Bewunderer das behaupten. Sie glauben nicht, daß ein Erfolg in der Vergangenheit für alle Zeiten Erfolge *garantiert*.

Die Kraft des praktischen Denkens

Peter Pan erzählt Wendy und ihren Brüdern, daß sie nur an etwas Schönes zu denken brauchen, um fliegen zu können. Auch Sie können an etwas Schönes denken und fliegen – vorausgesetzt, Sie haben sich die Mühe gemacht, ein Flugticket zu erwerben oder Flugstunden zu nehmen und den Pilotenschein zu machen.

Immer wenn Sie ein neues Wagnis eingehen wollen, eine neue Beziehung oder sonst etwas Neues anfangen wollen, sollten Sie sich fragen: »Was weiß ich darüber? Was sind die positiven Seiten? Was sind die negativen Seiten?«

Wenn clevere Investoren entscheiden, wie sie ihr Geld anlegen, beziehen sie nicht nur das Gewinnpotential in ihre Überlegungen mit ein, sondern auch das Risiko. Wieviel könnten sie verlieren, wenn die Aktien fallen? Die Risiken oder negativen Seiten zu betrachten macht nicht viel Spaß. Aber es gehört zum Umgang mit der Realität. Nur wenn Sie auch den negativen Seiten Beachtung schenken, können Sie eine Strategie entwickeln, mit ihnen umzugehen.

Sie müssen sich außerdem die Frage stellen: »Was habe ich sonst noch getan, um die Möglichkeit eines Erfolgs zu befördern, außer diesen schönen Gedanken zu denken?«

Die großartige Idee bleibt so lange nur eine Idee, bis Sie einen Weg finden, sie in die Tat umzusetzen. Praktisches Denken hat nichts mit pessimistischem Denken zu tun. Es bedeutet nicht, daß Sie sich ein neues Vorhaben aus dem Kopf schlagen sollen. Es bedeutet nicht zu denken: »Das ist unmöglich.« Es ist lediglich ein Anerkennen der Tatsachen, daß eine in der Vergangenheit erfolgreiche Methode in der Gegenwart wirkungslos sein kann, daß andere Hindernisse andere Strategien erfordern und daß Sie eventuell hart arbeiten müssen, um Ihre Träume zu verwirklichen.

Sie müssen sich eventuell gründlich informieren. Studieren. Lernen. Fragen stellen. Ihre Vermutungen überprüfen. Was meinen Sie mit dem, was Sie sagen? Welche Beweise stützen diese Schlußfolgerung? Praktisches Denken ist kein Argument gegen das Eingehen von Risiken. Es ist ein Argument für das gründliche Überdenken aller Faktoren, die bei einem Projekt eine Rolle spielen.

In eine andere Richtung vorrücken

Während des Koreakrieges entschloß sich der Marinegeneral Oliver Smith, seine Truppen aus einer unglücklich verlaufenden Schlacht zurückzuziehen. Ein Reporter stellte ihm eine Frage über diesen Rückzug, und Smith antwortete mit der berühmten Zeile: »Was für ein Rückzug? Wir ziehen uns nicht zurück. Wir rücken nur in eine andere Richtung vor.«

Auch im Zivilleben sind wir manchmal gezwungen, den Rückzug anzutreten. Und es ist durchaus sinnvoll, dies als Vorrücken in eine andere Richtung anzusehen.

Es kann vorkommen, daß jemand eine erreichte Position aus irgendeinem Grund verloren hat und alle Bemühungen, etwas Gleichwertiges zu finden, erfolglos bleiben. Ein Firmenmanager, der bei der Übernahme seiner Firma durch eine andere seine Stelle verliert, findet nicht genau die gleiche Position wieder. Eine geschiedene Frau merkt, daß sie auch in unserer aufgeklärten Zeit nicht mehr die soziale Stellung einer verheirateten Frau hat. Ein Starspieler verliert seinen Ruhm, wenn er nicht mehr zum Team gehört. Lucy, »die beste Studentin aller Zeiten« ihrer Hochschule, stellt fest, daß sie nur an vierter – oder gar zehnter – Stelle steht, wenn sie mit den Besten von anderen Schulen konkurrieren muß.

Wie sich diese Situation auf das Leben der jeweiligen Person auswirkt, hängt von ihrer Einstellung dazu ab. Den PR-Agenten zu glauben, die sagen: »Du kannst nichts unterhalb deines bisherigen Status akzeptieren«, ist ein Denkfehler. Warum? Weil Ihnen diese Einstellung keine Flexibilität gestattet. Weil sie Ihnen nur Enttäuschungen einbringen kann. Weil Sie sich dadurch einem Leben voller Bedauern, Klagen und Bitterkeit aussetzen.

In eine andere Richtung vorzurücken gestattet Ihnen hingegen sehr viel Flexibilität. Sie können einen Schritt zurücktreten, um danach wieder voranzugehen. Sie können Kompromisse eingehen.

Ihren PR-Agenten entgegentreten

Der Umgang mit PR-Agenten erfordert das Geschick, Komplimente genießen zu können, ohne sich von ihnen beherrschen zu lassen. Dazu müssen wir uns klar machen, daß PR-Agenten bezahlt werden, um sich auf das Positive zu konzentrieren und das Negative völlig außer acht zu lassen. Sie werden als Expertinnen und Experten für extravagante Übertreibungen bezahlt, die man auch als Werbetricks bezeichnet. Eine PR-Agentin wird ein neues Produkt als die größte Erfindung seit dem Schnittbrot preisen und behaupten, daß es für alle unentbehrlich ist, während es in Wirklichkeit eine bescheidene Verbesserung darstellt, die nur für einen Teil der Bevölkerung von Nutzen ist.

Sie wollen sich nichts vormachen lassen, und Sie sollten auch sich selbst nichts vormachen.

»Wer gibt mir diesen Rat? Wieviel weiß diese Person über das fragliche Thema?«

Ihre Freundin mag es ja ernst meinen, wenn Sie ihnen den enthusiastischen Rat gibt, Innendekorateur zu werden, weil Sie so ein gutes Auge für Farben haben. Oder ein Restaurant zu eröffnen, weil Sie wieder einmal Ihr Talent in der Küche unter Beweis gestellt haben. Aber wenn Ihre Freundin nicht selbst Dekorateurin ist oder ein Restaurant besitzt, kann sie Ihnen keine fachlichen Informationen über die Einzelheiten dieser Branchen geben. Sie müssen sich noch an anderer Stelle kundig machen.

»Hat dieser PR-Agent etwas zu gewinnen?«

»Herr Y, es liegt auf der Hand, daß Sie begabt, kompetent, clever, intelligent, sparsam, sauber, tapfer und gläubig sind und daher den Wert des Produktes X erkennen. Weniger ausgezeichnete Menschen würden es vielleicht nicht kaufen, aber Sie...«

Das beste Geschäft ist eines, von dem beide Seiten profitieren. Vielleicht ist das Produkt X ja so nützlich, wie diese Person behauptet. Doch wenn Sie tatsächlich clever und intelligent sind, werden Sie sich nach Ihrer eigenen Einschätzung des Produktes richten – und nicht nach den Komplimenten des Verkäufers.

»Bedeutet die Tatsache, daß ich von keinem negativen Aspekt weiß, daß keiner existiert?«

Jeder Kaiser könnte wenigstens ein Kind in seiner Umgebung gebrauchen, das ihn darauf aufmerksam macht, wenn er zu spärlich bekleidet ist. Auch der weiseste Mensch braucht manchmal wenigstens eine Person, die ihn auf den Boden der Tatsachen zurückholt, auf einen Nachteil hinweist, ein paar Fragen aufwirft.

- »Er scheint wirklich toll zu sein, aber was halten deine Kinder von ihm?«
- »Die Idee klingt wunderbar, aber kannst du auch das nötige Kapital aufbringen? Weißt du schon, wieviel Kapital du benötigen wirst?«

Schuld und Verantwortung zuschreiben

Wenn Leute Ihnen durch Schmeicheleien geschadet haben, sind diese Leute natürlich zu einem gewissen Teil an Ihren Problemen schuld, zum Teil aber auch Sie selbst. Sie selbst müssen daran denken, daß es nicht unbedingt wahr ist, wenn andere Ihnen sagen, daß Sie keine Fehler machen können.

Mitte der siebziger Jahre wollte der amerikanische Fernsehsender CBS sein eigenes Aschenputtel-Märchen wahrmachen. Er bot Sally Quinn, einer talentierten Journalistin der *Washington Post*, den hochbezahlten Job einer Co-Moderatorin für die morgendliche Nachrichtensendung »CBS Morning News« an. Über Nacht wurde Sally Quinn landesweit bekannt, wofür vor allem die PR-Leute von CBS sorgten. Sie wurde als Konkurrenz für Barbara Walters gehandelt, die damals der Star der Sendung »Today« von NBC war.

Quinn war jedoch der totale Flop im Fernsehen. Sie schrieb später ein Buch mit dem Titel *Wir machen Sie zum Star* über ihr kurzes, verunglücktes Abenteuer, in dem sie darlegte, daß sie ohne jede Fernseherfahrung und ohne Training auf Sendung gegangen war. Sie machte einen Schnitzer nach dem anderen – und jeder einzelne wurde von der Presse getreulich registriert. Der auf ihr lastende Druck war furchtbar. Sie entwickelte eine schlimme Akne. Sie mußte sich ständig übergeben. Und nach nur sechs Monaten kündigte sie und ging zur *Post* zurück.

Sie zog mit einiger Berechtigung das Fazit, daß CBS sie den Wölfen zum Fraß vorgeworfen hatte. Als Zeitungsjournalistin brauchte sie keine Hilfe, um eine gute Story zu schreiben. Doch sie hätte Hilfe bei der Umstellung auf das Medium Fernsehen gebraucht, und die hatte sie nicht bekommen.

Quinn gestand in ihrem Buch aber auch ein, daß sie sich nicht genug informiert hatte. Der Gedanke an das große Geld hatte sie gereizt. Sie genoß den Rummel, der ihrer ersten Sendung voranging. Sie genoß es, gesagt zu bekommen, wie toll sie sei. Sie genoß es, interviewt zu werden, statt selbst zu interviewen. Also ließ sie sich von der PR-Maschinerie mitreißen.

Sie gab später zu, daß schöne Vorstellungen im Grunde ihre einzige Vorbereitung auf diese neue Herausforderung gewesen waren. Als sie den Mann, der sie angeworben hatte, fragte, warum er sie nicht besser auf das Ganze vorbereitet hatte, antwortete dieser mit der Gegenfrage, ob sie bereit gewesen wäre, drei bis sechs Monate Training bei einem lokalen Fernsehsender in Kauf zu nehmen. Und Quinn antwortete: »Natürlich nicht.«

Kurzum, die Leute, die Quinn unvorbereitet mit einer zu großen Chance lockten, waren zum Teil an ihrem Mißerfolg schuld. Aber sie erkannte, daß ein Teil der Verantwortung auch bei ihr lag.

Die wahre Erfolgseinstellung

Die wahre Erfolgseinstellung ist eine realistische. Sie verbindet Zuversicht mit einer unabhängigen Einschätzung der Gegebenheiten. Sie verbindet die Bereitschaft, Risiken einzugehen, mit der Bereitschaft, selbstverantwortlich die für den Erfolg nötigen Anstrengungen zu unternehmen. Manchmal müssen Sie sich nur selbst darauf hinweisen, daß Sie dabei sind, auf die PR-Agenten zu hören. Diese Technik nennt man *Selbstinstruktion*.

Wenn Sie merken, daß Ihre superpositive Einstellung keine superpositiven Resultate erzielt, können Sie sich einfach sagen: »Ich glaube, ich werde es lieber etwas langsamer angehen lassen.« Oder: »Versuch, ein bißchen weniger aggressiv zu sein.« Oder: »Diese Sache kostet etwas Mühe. Aber sie ist es wert.« Oder: »Sollen die anderen doch dem Rummel um meine Person Beachtung schenken – ich werde auf dem Teppich bleiben und mich um die Wirklichkeit kümmern.«

6. Ihren Kritikern glauben

Zweifellos werden viele Leser sagen, daß sie gern ein Problem mit einem zu großen Selbstbewußtsein hätten. Von PR-Leuten umgeben zu sein, die einem ständig sagen, wie wunderbar man ist, klingt irgendwie nicht so schrecklich unangenehm – selbst wenn es wirklich häufig unangenehme Folgen hat. Sie denken vielleicht auch: »Ich wünschte nur, ich würde mich so großartig finden.«

Das ist verständlich, denn die meisten Menschen haben genau das gegenteilige Problem. Sie haben eher den Eindruck, von lauter Kritikern umgeben zu sein, die ihre Meinung in einem einzigen Wort kundtun: *Versager*. Auch Erfolgserlebnisse können diese Kritiker oft nicht verjagen. Sie lauern dann in etwas, das wir das »Hochstapler-Phänomen« nennen. Dieses Phänomen tritt auf, wenn die erfolgreiche Person bezweifelt, daß ihr Erfolg gerechtfertigt ist. »Ein Versager wie ich kann gar kein Gewinner sein«, lauten ihre Gedanken. Diese Haltung untergräbt natürlich Erfolge.

Dennoch bleibt die Tatsache bestehen, daß es sich bei beiden Denkmustern um Fehler handelt, die zu weiteren Fehlern führen. Sie können in Schwierigkeiten geraten, weil Sie *nie* etwas Negatives sehen, und Sie können in Schwierigkeiten geraten, weil Sie *immer* etwas Negatives sehen oder zu sehen glauben.

Der Stimmgabel-Faktor

Einige von uns sind empfänglicher für Kritik als andere. Wenn sie nur einmal gesagt bekommen: »Du irrst dich«, akzeptieren sie dieses Urteil, als würde es vom Himmel herab gesprochen. Wenn ein erster Versuch nicht sofort von Erfolg gekrönt wird, verkündet ihr innerer Kritiker: »Das war es – gib auf.« Wenn andere eine Leistung etwas weniger enthusiastisch als erhofft aufnehmen, lautet die Schlußfolgerung: »Ich kann es einfach nicht.«

Solche Reaktionen treten nicht immer und überall auf. Die meisten von uns lernen, sich vor einem Teil der Kritik abzuschirmen, indem sie ihn ignorieren.

Stellen Sie sich vor, Ihnen begegnet jemand auf der Straße, der ein

Schild mit der Aufschrift »Die Welt wird morgen untergehen, wenn nicht alle ihren Rosenkohl aufessen« trägt. Dieser Mensch kommt auf Sie zu und sagt: »Sie wissen nicht, wovon Sie reden.« Sie denken dann wahrscheinlich: »Der arme Kerl, ich möchte wissen, was er für ein Problem hat« – und schieben seine Kritik einfach beiseite.

Es sei denn, Sie haben gerade darüber nachgedacht, daß Sie etwas falsch gemacht, eine Sache verpatzt, eine falsche Entscheidung getroffen oder etwas Dummes gesagt haben. Jetzt hören Sie die Worte des Fremden und denken: »Woher weiß er das?« Natürlich weiß er gar nichts über Sie. Er hat nur zufällig eine empfindliche Stelle berührt. Oder, um es mit einem anderen Bild zu beschreiben, er hat bei Ihnen eine innere Stimmgabel angeschlagen.

Wenn Sie eine Stimmgabel anschlagen, beginnen die Zinken zu vibrieren und lassen einen Ton erklingen. Wenn Sie zwei Stimmgabeln derselben Frequenz haben, können Sie ein interessantes Phänomen beobachten. Sie schlagen die eine Gabel an, lassen sie vibrieren und halten sie dann in die Nähe der anderen Gabel, die ebenfalls zu vibrieren und zu klingen anfängt. Man nennt dies sympathische Schwingungen.

Die meisten Menschen verhalten sich ähnlich in bezug auf Kritik. Sie fangen nur dann an zu »schwingen«, wenn die Kritik einen besonders empfindlichen Bereich trifft.

Ungerechtfertigte Kritik, die auf einen Bereich zielt, in dem Sie sich sicher und kompetent fühlen, können Sie vermutlich einfach an sich abgleiten lassen. Doch wenn es Bereiche in Ihrem Leben gibt, in denen Sie sich unsicher fühlen – sei es Beruf, Liebe, Aussehen oder sonst etwas –, dann stellt dieser Bereich die Frequenz dar, auf die Ihre innere Stimmgabel anspricht. Ein Wort oder ein Blick auf dieser Frequenz reicht aus, um eine automatische Reaktion auszulösen. Sie hören etwas, Sie glauben es, Sie fügen noch selbst etwas hinzu, und schon fühlen Sie sich elend.

Es gibt Leute, die so sensible Stimmgabeln haben, daß jedes nach Kritik klingende Geräusch sie zum Vibrieren bringt. Sie interpretieren auch den harmlosesten Kommentar als eine massive Verurteilung. Eine Bemerkung wie »Du hast da einen Fussel auf dem Pullover« kommt einer Beschimpfung als Schlampe oder Schlimmerem gleich. Und anstatt einfach zu sagen: »Danke, ich werde ihn abbürsten«, fühlen sie sich gedemütigt. Wenn ihnen gesagt wird: »Du bist zu empfänglich für Kritik«, spürt ihre innere Stimmgabel nur, daß eine negative Äußerung gemacht wurde, und sofort reagieren sie mit negativen Gefühlen. Kleine Kinder geben diese Gefühle wieder, wenn sie sagen: »Niemand liebt mich. Alle hassen mich. Ich werde weglaufen.«

Woher die Kritikempfänglichkeit kommt

Den meisten Menschen wird früh beigebracht, Kritik einfach hinzunehmen. Das muß nicht gleich auf dem Niveau der Maxime »Kinder soll man sehen, aber nicht hören« geschehen, aber oft wird Kindern deutlich gemacht, daß sie Erwachsenen nicht widersprechen sollen. Kinder sollen glauben, daß die Kritik von Eltern, Lehrern und anderen Autoritätspersonen immer berechtigt ist. Hier zwei Beispiele:

»Deine Hände sind schmutzig. Geh und wasch sie, bevor du dein Brot ißt.«

»Aber ich finde, sie sind sauber genug.«

»Geh und wasch deine Hände, bevor ich die Geduld verliere.«

Oder:

»Deine Arbeit ist ungenügend. Du hast diese Frage nicht richtig beantwortet.«

»Doch, das habe ich. Das ist doch die richtige Antwort.«

»Wie kannst du es wagen, mir zu widersprechen. Geh an die Tafel und schreibe einhundertmal: ›Ich will meinem Lehrer nicht mehr widersprechen.‹«

Die eigentliche Absicht sollte es natürlich sein, Kindern die Regeln der Familie, der Gemeinschaft und der Gesellschaft, in der sie aufwachsen, beizubringen. Die Regeln sind nicht überall dieselben – andere Kulturen haben andere Sitten, andere Normen und andere Ansichten. Aber in allen Kulturen herrscht die Übereinkunft, daß es bestimmte Verhaltensregeln geben muß (wie bei einer roten Ampel anzuhalten und bei Grün weiterzufahren), da sonst das totale Chaos ausbrechen würde. Wenn sich niemand um die Regeln oder um die Meinung anderer Leute kümmern würde, wäre die jeweilige Kultur selbst bedroht. Und in jeder Kultur ist es die Aufgabe der Erwachsenen, diese Übereinkunft an die Kinder weiterzugeben und ihnen zu sagen, wenn sie etwas richtig oder falsch machen.

Doch bei ihrer Kritik vermitteln die Erwachsenen – meist mit den besten Absichten – den Kindern leider häufig falsche Informationen. Das können Informationen sein, die in der aktuellen Situation angebracht, in anderen aber völlig fehl am Platze sind, wie: »Du wirst es nie zu etwas bringen, wenn du nicht still sitzt und den Mund hältst.« Oder Informationen, die das Kind dazu bringen sollen, sich »zu benehmen«: »Aus dir wird nie etwas, Mäxchen Müller, weil du einfach nicht gehorchen kannst.«

Es gibt auch kritische Bemerkungen, die motivieren sollen, aber nur entmutigend wirken: »Ja, das hast du schon ganz gut gemacht, aber ich bin sicher, du kannst es noch besser.« (Gut und schön, wenn das Kind es wirklich besser kann, aber entmutigend, wenn es das nicht kann oder die jeweilige Tätigkeit nicht seinen Neigungen entspricht.)

Aber ob fördernd oder entmutigend, Kinder erhalten immer wieder die Botschaft, daß sie Kritik fraglos hinnehmen, annehmen und beherzigen müssen, um in der Welt zurecht zu kommen:

»Warum, Mami?«

»Weil ich es sage, deshalb.«

Lernen, Kritikern zu widersprechen

Wenn wir größer werden, stellen wir – teils durch die Aufklärung und das Beispiel anderer, teils durch eigene Beobachtungen – allmählich fest, daß die Kritiker nicht immer recht haben und schon gar nicht immer weise und gerecht sind. Selbst Kritiker, die wir lieben und die uns wohlwollen, haben gelegentlich unrecht. Wir lernen, daß manche Kritik berechtigt und hilfreich ist, während andere nur verletzen soll. Doch all das lernen wir nicht auf einmal und wie durch einen Erkenntnisblitz, sondern in einem längeren Prozeß, vergleichbar mit einer ausgedehnten Reise.

Wie lange und beschwerlich diese Reise sich gestaltet, hängt von Ihren Lebensumständen ab. Je strenger und häufiger Sie als Kind kritisiert wurden, desto schwerer wird es Ihnen fallen, Kritik richtig einzuschätzen. Zusätzlich können zahlreiche verschiedene Lebensumstände besonders empfindliche Bereiche hervorbringen, auf die Ihre individuelle Stimmgabel anspricht.

Mit dem Erreichen des Erwachsenenalters verschwinden nicht automatisch alle Widersprich-mir-nicht / es-ist-so-weil-ich-es-sage-Kritiker aus Ihrem Leben. Ihre Eltern sehen Sie vielleicht immer noch als Kind und glauben daher, daß sie das Recht und die Verantwortung haben, über ihr Leben zu bestimmen. Auch in der Arbeitswelt begegnen wir autoritären Vorgesetzten, die glauben, immer im Recht zu sein, weshalb alle, die ihnen widersprechen, natürlich unrecht haben. Auf gesellschaftlicher Ebene gibt es immer wieder Leute, deren Glaubensbekenntnis lautet: »Ich bin wer und du nicht, deshalb zählt, was ich sage.«

Es ist richtig, daß es heutzutage in unseren westlichen Gesellschaften mehr Bereiche gibt, in denen wir widersprechen, als je zuvor. Wenn früher zum Beispiel die Modedesigner bestimmten, daß die Röcke in der kommenden Saison zwei Zentimeter kürzer zu sein hatten, kürzten Millionen von Frauen ihre Rocksäume aus Angst, als altmodisch zu gelten. Obwohl auch heute noch viele Frauen – und Männer – sich gern nach den neuesten Trends richten, ist die Ära der Modediktate doch eindeutig vorbei.

Doch trotz der Regellockerungen in einigen Bereichen können wir nach wie vor davon ausgehen, daß die meisten von uns mit einer Vielzahl von Kritikern und den unterschiedlichsten Kritikformen aufwachsen, von deren Einfluß sie sich auch als Erwachsene nicht ganz befreien können. Daher ist der Prozeß des Trennens der konstruktiven und nützlichen Kritik von der destruktiven und wertlosen ein nie endender. Erfolgreich mit Kritik umgehen heißt, Kritik willkommen zu heißen, durch die Sie etwas lernen und sich verbessern oder korrigieren können, aber sich nicht von Kritik einschüchtern zu lassen, die nur darauf zielt zu verletzen.

Filtern und Bewerten

Kritik muß gefiltert und bewertet werden. Sie trennen Kritik, die Aufmerksamkeit verdient, von solcher, die keines weiteren Gedankens wert ist – und entscheiden anschließend, wieviel Aufmerksamkeit die ausgelesene Kritik genau verdient. Das tun Sie wahrscheinlich schon von selbst und ohne bewußte Überlegung in Bereichen, in denen Sie sich sicher fühlen, oder bei Kritikern, die Ihnen nichts bedeuten.

Aber um sich nicht mehr einschüchtern zu lassen, muß man *jegliche* Kritik und *alle* Kritiker filtern und bewerten. Und das erfordert *bewußtes* Nachdenken. Auch hier wieder müssen Sie innehalten, überlegen und sich eine Reihe von Fragen stellen, um Ihrem Verstand eine Chance zu geben, Ihnen zur Hilfe zu eilen.

In Kapitel vier über das Personalisieren haben wir unter anderem beschrieben, wie verallgemeinerte Aussagen und Meinungen oft als persönliche Kritik aufgefaßt werden. Das ist der erste Filter, durch den Sie eine Kritik passieren lassen müssen. Zuerst müssen Sie entscheiden, ob die Kritik tatsächlich an Sie gerichtet ist. Wenn das der Fall ist, benötigen Sie weitere Filter.

Wer sagt das?

Die nächste Frage ist: »Wer sagt das?«

In einem seiner Bücher entwickelt der Wiener Psychiater Victor Frankl eine Theorie darüber, warum manche Gefangene in den Konzentrationslagern der Nazis einen ungeheuren Überlebenswillen entwickelten, während andere ihren Lebensmut verloren. Die Überlebenden weigerten sich nach seiner Meinung, die Demütigung, die der Verlust ihrer Stellung, ihres Besitzes, ihrer Gesundheit und ihrer Freiheit bewirken sollte, zu verinnerlichen. Die Nazis behandelten sie wie Abfall, und ihre innere Antwort war: »Ach ja? Warum sollte ich solchen Schweinen wie euch glauben?«

Sie stellten die Frage: »Wer sagt das?«, und die Antwort lautete: »Niemand, der es wert ist, daß man ihm zuhört.«

Die Frage, ob Ihr Kritiker glaubwürdig ist, läßt sich auf eine Vielzahl von Situationen anwenden. Ein Artikel des *Wall Street Journal* beschrieb einmal die aggressiven Verkaufstechniken einer Gruppe von Börsenmaklern, die mit Aktien von zweifelhaftem Wert handelten. Ihre Verkaufsmasche bestand unter anderem darin, die Männlichkeit ihrer potentiellen Kunden zu verunglimpfen: »Gut, Sie wollen also zuerst mit Ihrer Frau darüber sprechen – aber begleitet sie Sie denn auch jeden Tag zur Arbeit? Trifft sie die Entscheidungen? Kommen Sie schon, lassen Sie die Pantoffeln stehen, und spielen Sie mit den Jungs.« Oder: »Kommen Sie schon, holen Sie Ihr Rückgrat aus dem Schrank.« Oder: »Rufen Sie Ihre Frau an, damit ich mit ihr sprechen kann. Sie scheint ja bei Ihnen die Hosen anzuhaben.«

Half ihnen diese Methode, Aktien zu verkaufen? Ja, allerdings ... bei Männern, die sich nicht fragten: »Wer sagt das?«

Wer unterstellt hier, daß die Ablehnung eines Geschäfts als Beweis dafür gilt, daß jemand unter dem Pantoffel steht oder kein Rückgrat hat? Jemand, der Profit machen will, indem er etwas verkauft – kein Experte für Männlichkeit oder eheliche Beziehungen.

Sicher hat jeder das Recht auf eine eigene Meinung, aber nicht alle Meinungen sind gleich fundiert. Und Sie können bewußt beurteilen, welche Meinungen Sie ernst nehmen wollen. Ist die betreffende Person ein Experte? Welche Meinung schätzen Sie höher ein, wenn es um den Motor Ihres Autos geht, die Ihres Steuerberaters oder die Ihres Automechanikers? Und umgekehrt, wenn es um eine Steuerrückzahlung geht?

Die Frage »Wer sagt das?« schließt auch die Überlegung mit ein: »Wie viele sagen das?« Menschen, die ihre Kritiker nicht in Frage stellen, neigen dazu, eine einzige negative Meinung als endgültiges Urteil anzusehen. Das gilt besonders für empfindliche Bereiche – Bereiche, bei denen die innere Stimmgabel nur darauf wartet, angeschlagen zu werden.

Mary schickt eine Kurzgeschichte an ein literarisches Magazin und erhält eine Absage. »Ich wußte es ja«, denkt sie, »ich habe halt kein

Talent.« Der Bestsellerautor Stephen King bekam zahlreiche Absagen, bevor sein Roman *Carrie* angenommen und zu einem sensationellen Erfolg wurde. Zum Glück sah King die erste Ablehnung nicht als endgültig an. War er enttäuscht? Vielleicht. Aber für ihn war deswegen noch nicht das letzte Wort zum Thema gesprochen.

Wenn wir uns nur auf ein einziges negatives Urteil verlassen, stellt sich außerdem das Problem, daß wir selten sicher wissen, ob dieses Urteil sachlich richtig und unvoreingenommen ist. Der beste Weg, eine Meinung zu überprüfen, ist mehrere Meinungen zum Vergleich einzuholen.

Mit der Frage »Wer sagt das?« filtern Sie zum einen unglaubwürdige Kritiker heraus und bewerten zum zweiten die fachliche Kompetenz derjenigen, deren Meinung Ihnen beachtenswert erscheint.

Ava hat einen fünfunddreißigjährigen Sohn, der drogenabhängig ist. Er besucht sie und bittet sie um Geld. Er sagt, daß er einen Entzug machen will, aber solange Geld für Essen und Miete braucht. Ava gibt ihm das Geld – und er benutzt es, um sich wieder mit Drogen zu versorgen. Als er wiederkommt, um sie um mehr Geld zu bitten, weigert sie sich, ihm welches zu geben. Er sagt, daß eine richtige Mutter ihren Sohn nicht im Stich lassen würde. Sie bietet ihm an, die Miete direkt an seinen Vermieter zu überweisen, woraufhin der Sohn ihr wütend vorwirft, ihn wie ein Baby zu behandeln. Er droht und sagt, daß er nicht weiß, was er tun wird, wenn sie ihm kein Geld gibt. Sie sei daran schuld, wenn er dann in der Gosse lande.

Ava glaubt ohnehin schon, daß sie etwas falsch gemacht haben muß, weil ihr Sohn sonst nicht süchtig wäre. Das ist ihre Stimmgabel. Und ihr Sohn weiß sie anzuschlagen, indem er ihr »Rabenmutter, Rabenmutter« zuflüstert.

Wer sagt das? Ein Junkie. Er ist ihr Sohn, also sorgt sie sich um ihn. Aber bis zu welchem Grad? Wieviel Sorge verdient ein fünfunddreißigjähriger Drogenabhängiger, der seine Mutter belügt?

Wenn sie die Kritik ihres Sohnes bewertet, wird Ava ein größerer Handlungsspielraum zur Verfügung stehen.

Wenn sie glaubt, daß er hundertprozentig recht hat, wird sie sich weiter schuldig fühlen und ihm weiterhin Geld geben, bis sie selbst keines mehr hat. Dadurch unterstützt sie aktiv seine Drogensucht.

Wenn sie dagegen glaubt, daß er ihre Hilfe verdient – aber nur bis zu einem gewissen Grad –, kann sie ihm zum Beispiel helfen, eine Beratungsstelle zu finden oder ihn zu einer Beratung begleiten oder selbst zu einer Beratungsstelle gehen, um über den besten Weg entscheiden zu können.

Was alle sagen

Der Kritiker, der die größte Macht über viele Menschen hat, ist unter dem Namen »alle« bekannt. Fast das Schlimmste, was uns passieren kann, ist von »allen« für einen Idioten gehalten zu werden oder vor »allen« blamiert zu werden. Es ist besonders schwer, ein Urteil nicht anzuerkennen, das von »allen« gefällt wurde. Doch »alle« existieren in Wirklichkeit gar nicht. Natürlich gibt es einen gesellschaftlichen Konsens über bestimmte Werte, nach denen sich die meisten Menschen richten. Natürlich lehnen wir Mord, Raub oder Folter ab. Aber selbst hierbei können wir nicht behaupten, daß »alle« einer Meinung sind, sonst bräuchten wir keine Gefängnisse.

Und doch akzeptieren wir allzuoft die Existenz – und die Macht – von »allen«, ohne diese auch nur im geringsten in Frage zu stellen.

In der dritten Klasse machte Norma einmal ein komisches Geräusch beim Niesen, und die anderen Kinder fingen an zu kichern. Das war Norma sehr peinlich, und noch Jahre später unterdrückte sie jedes Niesen, aus Angst, sich vor »allen« zu blamieren.

Wer waren »alle«? Eine bestimmte Gruppe von Drittkläßlern in einem Klassenzimmer. Norma verlieh diesen Kindern eine Macht, die weitaus größer war und anhaltender wirkte, als der Anlaß es verdiente.

Der Fall von Bob ist ein weiteres Beispiel. Als Teenager litt Bob an einer Neurose, der ihn dazu veranlaßte, sich Körperhaare auszureißen. Er zupfte so viele Haare an seinem Arm aus, daß später eine auffällige kahle Stelle an einem ansonsten stark behaarten Unterarm zurückblieb. Bob war das so peinlich, daß er nie ein kurzärmeliges Hemd trug. Wenn seine Freunde schwimmen gingen, erfand er immer irgendwelche Ausreden. Solange sein Arm bedeckt blieb, war Bob kontaktfreudig und voller Selbstvertrauen, aber schon der Gedanke daran, die Ärmel aufzukrempeln, konnte ihn völlig aus dem Gleichgewicht bringen. Er haßte es, dadurch manchen Spaß zu verpassen, aber glaubte, keine andere Wahl zu haben. Alle würden seine kahle Stelle sehen, alle würden sich ihre Gedanken darüber machen, alle würden lachen oder darauf starren oder irgendwelche Bemerkungen fallen lassen.

Ist das wahrscheinlich? In den meisten Fällen bemerken zumindest einige Leute gar nichts. Manche sind derart in ihre eigenen Gedanken und Handlungen vertieft, daß sie sowieso nicht viel bemerken. »Toll! Hast du das gesehen?« »Was?« fragen sie.

Andere Leute bemerken etwas und kümmern sich nicht weiter darum. Sie sehen und vergessen fast im selben Atemzug. Sie interessieren sich mehr für etwas anderes: »Hast du gesehen, daß der neue Abteilungsleiter eine Narbe über seiner Nase hat?« »Ja. Glaubst du, daß er das Buchführungssystem ändern wird? Ich habe so etwas gehört.«

Wieder andere bemerken etwas, geben einen direkten Kommentar ab und gehen dann zu etwas anderem über: »Hey Darry. Wieviel Pfund hast du eigentlich in letzter Zeit zugelegt? Vielleicht solltest du Mary bitten, ein paar Gerichte zu kochen, die du nicht magst. Jetzt zu diesen Berichten...«

Und manche Leute werden zugegebenermaßen ein paar bohrende Fragen stellen: »Sag mal Bob, woher hast du denn diese merkwürdige kahle Stelle an deinem Arm? Komisch, ich habe sie nie zuvor bemerkt, weil du immer lange Ärmel trägst. Aber sie ist mir aufgefallen, als du dich im Umkleideraum zum Joggen umgezogen hast, und da habe ich mich gefragt...«

Das sind nicht »alle«. Das ist einer.

Die nächste Frage ist also wieder: »Wer sagt das? Wer ist dieser eine? Auf wieviel Informationen hat diese Person ein Anrecht?«

Wenn es sich um einen Arzt handelt, der Ihnen Fragen stellt, um eine korrekte Diagnose stellen zu können, schaden Sie sich nur selbst, wenn Sie unvollständige oder falsche Antworten geben. Aber wenn der Frager nur ein neugieriger Bekannter ist, steht es Ihnen frei, zu entscheiden, ob Sie ihm antworten und wieviel Informationen Sie ihm zukommen lassen wollen.

Wenn Bob also nicht sagen will: »Ich habe mir die Haare ausgerissen, weil ich eine nervöse Störung hatte«, bricht er damit kein Gesetz und verstößt gegen kein moralisches Gebot. Er kann ausweichend antworten: »Ich weiß nicht. Ich hatte das schon als Kind.« Er kann die Antwort auch verweigern: »Das ist keine große Sache. Nicht der Rede wert.«

Wie er auch antwortet, Bob sieht sich nun jedenfalls einem bestimmten Kritiker gegenüber und nicht der Meinung von »allen«. Indem er sich dafür entscheidet, im Bedarfsfall auf einen spezifischen Kritiker einzugehen, gestattet sich Bob, mit den anderen schwimmen zu gehen, statt wegen eines ominösen Urteils von »allen« zu Hause zu bleiben.

Mit Vorurteilen umgehen

Vorurteile existieren, und viele Leute, wenn auch nicht alle, mögen Sie aufgrund von Rasse, Religion, Geschlecht, sexueller Orientierung, Behinderung, Aussehen oder sonst etwas kritisieren. Die Frage bleibt: »Wer sagt das?«

Müssen Sie etwas glauben, weil andere es sagen?

Wie kompetent sind diese anderen?

Haben sie vielleicht noch anderweitige Beweggründe für ihre Kritik?

Profitieren sie in irgendeiner Weise davon, wenn sie Sie herabsetzen oder Ihnen eine Chance verweigern?

Der innere Kritiker

Der innere Kritiker akzeptiert nicht nur jegliche von außen kommende Kritik, sondern verstärkt sie noch und fügt eigene Kritik hinzu. Der innere Kritiker ist der strengste überhaupt – noch unbarmherziger als »alle«. Der innere Kritiker sagt: »Ich bin eine Niete, und wenn du etwas anderes behauptest, stimmt etwas nicht mit dir.« Diese Einstellung ist in Groucho Marx' berühmtem Satz »Ich möchte keinem Verein angehören, der mich als Mitglied aufnehmen würde« auf unsterbliche Weise eingefangen.

Die in Kapitel drei beschriebene Gedankenleserin merkt, wie jemand in ihre Richtung schaut und denkt: »Dieser Mensch interessiert sich nicht wirklich für mich.« Eine Frau, die auf ihren inneren Kritiker hört, denkt dagegen: »Dieser Mensch interessiert sich für mich. Ich kann überhaupt nicht verstehen, warum. Irgend etwas kann mit ihm nicht stimmen.«

Zu behaupten, daß Leute, die auf ihre inneren Kritiker hören, sich nur aufgrund weniger Indizien verurteilen, wäre eine krasse Untertreibung. In der gnadenlosen Welt der inneren Kritiker bedarf es nur einer falschen Bewegung, und Sie sind des Todes.

Ernie glaubt, daß er nie Freunde finden wird, weil er ein paar auffällige Narben auf einer Wange hat. Sein innerer Kritiker sagt ihm, daß er zu häßlich ist, um von irgend jemandem gemocht zu werden. (Robert Redfords Gesicht weist mehrere Hautunebenheiten auf, aber sein innerer Kritiker scheint es glücklicherweise nie bemerkt zu haben.) Ernie übersieht gleichzeitig alle anderen Attribute, die ihn anderen Leuten sympathisch machen könnten – sein Sinn für Humor, seine Intelligenz, seine Interessen. Sein innerer Kritiker sagt ihm, daß *nur* eine perfekte Haut zählt.

Diesen inneren Kritiker unkritisch zu akzeptieren ist genauso falsch, wie die Meinung eines äußeren Kritikers unhinterfragt anzuerkennen. Vielleicht merken Sie sogar, daß sie sich selbst gegenüber voreingenommen sind, denn damit versagen Sie sich schon Chancen, bevor überhaupt jemand dazu kommt, es für Sie zu tun.

In den sechziger Jahren stellten Bürgerrechtler fest, daß nur ein Teil ihres Kampfes für die Gleichberechtigung von Afro-Amerikanern darin bestand, die weiße Mehrheit zu überzeugen. Der andere Teil lag darin, die Zugehörigen ihrer Minderheit selbst von ihrer Gleichwertigkeit zu überzeugen. Auch die Initiatorinnen der Frauenbewegung in den siebziger Jahren merkten bald, daß ein Teil ihrer Arbeit darin bestand, den Frauen selbst ein Bewußtsein davon zu vermitteln, daß sie vollwertige Menschen sind, die die gleichen Rechte wie die Männer verdienen. Die Botschaften der »Black is beautiful«-Bewegung und anderer selbstbewußtseinsfördernder Kampagnen zielten ebenfalls auf die inneren Kritiker, die zu dieser Zeit noch häufig die Meinung der Mehrheit wiedergaben.

Wie stellen Sie das Urteil des inneren Kritikers in Frage?

Fragen Sie sich: »Woher weiß ich das so sicher?« Die Antwort lautet meistens: »Ich spüre es. Ich weiß es einfach.« Manchmal verweist der innere Kritiker auf »alle«, von denen wir schon wissen, daß sie nicht existieren.

Sie brauchen also mehr Beweise. Halten Sie nach anderen Leuten in der gleichen Situation Ausschau. Was haben sie für Erfahrungen gemacht? Menschen mit harschen inneren Kritikern glauben oft, daß sie alleine sind. »Ich bin der einzige Mensch, dem so etwas je passiert ist; kein Wunder, daß alle mich für einen Volltrottel halten.« Doch es wäre höchst verwunderlich, wenn Sie tatsächlich allein wären.

Die Tatsache, daß in den letzten Jahren immer mehr Ratgeberbücher zu bestimmten Problemen und Selbsthilfegruppen für Leute mit ähnlichen Problemen zu finden sind, spricht für sich.

Wenn Sie ein Schild mit der Aufschrift »Ich glaube, daß ich ein Versager bin, weil ich eine Arbeit mache, die meine Fähigkeiten unterfordert« trügen, würden wahrscheinlich ein Dutzend Leute auf Sie zukommen und sagen: »Sie auch?« Zu entdecken, daß andere das gleiche Problem haben, ist oft sehr hilfreich. Es kann die innere Stimme zum Schweigen bringen, die flüstert: »Alle außer dir haben Erfolg.« Sich mit anderen zu treffen, die das gleiche Problem haben, kann sehr ermutigend sein – wenn ihre Treffen dazu dienen sollen, sich gegenseitig bei der Überwindung der Probleme zu helfen und nicht nur einen Jammerchor zu gründen.

Es gibt da einen Witz über drei alte Frauen, die sich täglich auf derselben Parkbank treffen. Die erste Frau seufzt und sagt: »O je.« Die zweite Frau seufzt und sagt: »Ach, du meine Güte.« Die dritte seufzt: »Ach, du lieber Himmel.« Woraufhin die erste Frau mit strenger Stimme sagt: »Ich dachte, wir wollten uns nicht mehr über unsere Kinder beklagen.«

Hilfreiche Kritik erkennen können

Die nächste Frage ist: »Was ist der Inhalt der Kritik?« Lob ist sicher immer willkommener als Kritik, aber *es gibt auch hilfreiche Kritik*. Und manche Kritik wird in helfender Absicht geäußert, auch wenn sie uns nicht weiterbringt. Daher ist es wichtig, sich genau auf das zu konzentrieren, was gesagt, getan oder impliziert wurde.

Um den Stimmgabeleffekt zu vermeiden, müssen wir eine kritische Bemerkung richtig einschätzen können. Wenn Sie erst einmal angefangen haben zu vibrieren, fügen Sie der eigentlichen Kritik noch weitere Bedeutungen hinzu, und jede zusätzliche Bedeutung entmutigt Sie noch mehr. Eine kritische Äußerung wie »Jones, der Bericht, den Sie mir gegeben haben, ist zu kurz« kann sich innerhalb von Sekunden zu Gedanken ausdehnen wie: »Er findet meinen Bericht schlecht, ich versage in meinem Beruf (hier kommt Klein-Hühnchen ins Spiel), mein Job ist in Gefahr.« Oder Sie denken vielleicht: »Das sagt er nur, weil ich eine Frau bin.« Oder: »Das sagt er nur, weil er Leute gern schikaniert.«

Wenn Sie sich *genau auf den Wortlaut* der Kritik konzentrieren – und nicht auf die Gefühle, die die Worte in Ihnen auslösen, oder auf ein unterstelltes Motiv des Kritikers –, können Sie angemessener darauf reagieren. Wenn die Aussage nur das Problem wiedergibt (»Der Bericht ist zu kurz«), können Sie einfach antworten: »Gut, ich werde ihn noch erweitern.« Oder Sie entscheiden sich zu sagen: »Das finde ich nicht. Meiner Meinung nach hat er genau die richtige Länge.«

Laurie ist Malerin. Sie hat eine Künstlerkollegin, die sie sehr schätzt, in ihr Atelier eingeladen. Diese Kollegin betrachtet ein noch nicht fertiggestelltes Bild und bemerkt: »Ich glaube, der Himmel würde weiträumiger aussehen, wenn du das Blau auf der linken Seite eine Schattierung tiefer machtest.« Es besteht kein Zweifel daran, daß es sich hier um eine direkte Kritik an Lauries Arbeit handelt.

Wenn Laurie hinter der Bemerkung eine verdeckte Bedeutung vermutet, sind den negativen Interpretationsmöglichkeiten keine Grenzen gesetzt:

- Wütend: »Sie will in Wirklichkeit sagen, daß ich keine gute Malerin bin, daß ich mein Handwerk nicht verstehe. Ich werde sie nie wieder in mein Atelier einladen.«
- Verletzt: »Das ist ihre höfliche Art, mir zu sagen, daß das ganze Bild nichts taugt. Wahrscheinlich hat sie sogar recht. Ich kann es genauso gut gleich vernichten.«

- Traurig: »All die Arbeit umsonst.«
- Frustriert: »Ich kann mich noch so sehr anstrengen, nie bin ich gut genug.«

Wenn sie den Kommentar jedoch allein nach seinem Inhalt beurteilt, gestattet sie sich zu prüfen, ob er eventuell eine *nützliche* Kritik enthält.

»Hat sie damit recht? Hmm. Nein, ich glaube nicht. Mir gefällt es besser so, wie es ist.« Laut könnte sie höflich antworten: »Danke für die Anregung, Helen, ich werd's mir überlegen.«

»Hat sie recht? Hmm. Ja, ich glaube sie hat wirklich recht. Der Himmel würde so besser wirken.« Laut sagt sie: »Danke für den Tip, Helen. Ich stimme dir zu.«

Um hilfreich zu sein, muß Kritik mit Ihren eigenen Werten korrespondieren. Und das ist noch etwas, worüber Sie entscheiden müssen. Wenn Sie sich zum Beispiel eine teure Armbanduhr kaufen, weil sie Ihnen gut gefällt, betrachten Sie das Geld wahrscheinlich als gut angelegt. Aber wenn Sie sie kaufen, weil Sie glauben, Sie *müssen* eine teure Uhr haben, um Kritik zu vermeiden, investieren Sie nur in Unzufriedenheit. Auf diese spezielle Form von Kritik einzugehen, kann für Sie also wertlos sein.

Ihre Reaktion aufschieben

Sie müssen nicht immer sofort auf Kritik reagieren. Ihr erster Impuls mag vielleicht Ärger sein: »Wie kann er es wagen, mich zu kritisieren?« Oder Resignation: »Sie haben recht und ich unrecht – wie immer.«

Doch Ihr erster Impuls kann falsch sein. Sie merken das vielleicht, wenn Sie sich die Chance geben, über das Gesagte nachzudenken und den Kritiker und die Kritik in Frage zu stellen. Indem Sie ihre Reaktion auf innere wie äußere Kritiker aufschieben, können Sie leichter herausfiltern, was hilfreich ist und was nicht. Nur weil jemand Sie auffordert zu springen, müssen Sie nicht gleich fragen: »Wie hoch?« Sie können sagen: »Danke für den Vorschlag. Vielleicht versuche ich es das nächste Mal.« Oder: »Ich weiß Ihren Beitrag zu schätzen. Vielleicht haben Sie recht. Lassen Sie mich darüber nachdenken, ja?«

Ein Aufschub kann Ihnen helfen, Ihre automatischen Reaktionen unter Kontrolle zu bekommen. Ein Aufschub gibt Ihnen Zeit zu überlegen, was gesagt wurde, wer es gesagt hat und welche Reaktion die angemessene ist.

Mit Kritik umgehen

Es gibt viele mögliche Reaktionen auf Kritik:

Sie können sie einfach zurückweisen.

Wenn der Kritiker es nicht wert ist, daß Sie ihm Gehör schenken, wenn der Gehalt der Kritik nicht hilfreich ist, wenn das Akzeptieren der Kritik Sie in keiner Weise weiter bringt – vergessen Sie sie.

Manche Menschen glauben, daß sie Kritiker ernst nehmen müssen, die scharf, bösartig und gemein sind. Solche Kritiker sind gnadenlos und unerbittlich aus Gründen, die unklar sind und sehr häufig nichts mit der kritisierten Person zu tun haben. Theas Mutter ist eine solche Kritikerin. Thea kann es ihr nie recht machen. Wenn Thea zwei Mark für eine Geburtstagskarte für Mama ausgibt, sagt Mama: »Zwei Mark, ist das alles, was ich dir wert bin?« Und wenn sie fünf Mark für die Karte ausgibt, bekommt sie zu hören: »Fünf Mark für eine Geburtstagskarte – das ist ja lächerlich... Du kannst überhaupt nicht mit Geld umgehen.«

Wie soll man mit so einer Kritikerin umgehen? Man muß sie so sehen, wie sie ist: nämlich unmöglich. Und sich weigern, auf sie einzugehen.

Lassen Sie sich nicht auf eine Diskussion ein. Seien Sie nicht betrübt, wenn Sie es ihr nicht recht gemacht haben, da man es ihr einfach nicht recht machen kann. Tun Sie einfach, was Sie für das Beste halten, und ignorieren Sie es, wenn sie sich beklagt. Sagen Sie sich: »So ist sie halt.«

Viele Leute haben damit Schwierigkeiten, weil sie als Kinder gelernt haben, daß man auf die Erwachsenen hören muß, und sich schuldig fühlen, wenn sie ihre Mutter – aber auch andere Kritiker – ignorieren. Oder sie haben Angst, von der Kritikerin oder dem Kritiker abgelehnt zu werden, wenn sie deren Kritik zurückweisen. Oder sie fürchten, daß der Kritiker schwerere Geschütze auffährt. Ava fragt sich, ob ihr Sohn seine Drohung wahr macht und wirklich in der Gosse endet.

Lils schon ältere Mutter lebt bei ihr und beklagt sich jedesmal bitter, wenn Lil länger arbeiten muß und ihr Abendessen nicht zur gewohnten Zeit zubereiten kann. Lil versucht, ihr die Situation zu erklären, aber ihre Mutter will ihr nicht zuhören. Eine Freundin rät: »Wenn ihr das Leben bei dir nicht paßt, dann schlag ihr doch vor, es mit einem Altersheim oder einem... Zelt zu probieren.« Lil ist schockiert. »Das kann ich meiner Mutter nicht antun. Sie würde nie wieder mit mir sprechen.« Es ist gut möglich, daß die Mutter sich Lils Wunsch, eine gute Tochter zu sein, zunutze macht, wenn Lil einen härteren Ton anschlägt: »Wie kannst du so mit deiner Mutter sprechen? Nach allem, was ich für dich getan habe.« Oder: »Du weißt, daß es mir nicht gutgeht. Du verschlimmerst meinen Zustand nur noch. Aber dir ist es ja egal, wenn ich sterbe.«

Was kann Lil also tun? Die Klagen ignorieren, was in solchen Fällen die beste Politik ist. Reagieren Sie nicht darauf. Lassen Sie die Kritik an sich ablaufen.

»Leichter gesagt als getan«, werden Sie jetzt vielleicht denken. Und da haben Sie recht. Es ist unbestritten recht schwer, eine solche Politik beizubehalten. Aber betrachten Sie es auf diese Weise: Manche Menschen scheinen, aus welchen Gründen auch immer, auf Mißstimmung aus zu sein. Sie wollen Sie am Haken sehen und Sie zappeln lassen wie ein Angler, der eine Forelle fängt. Je mehr die Forelle sich wehrt, desto mehr Spaß macht es dem Angler. Aber der Forelle macht es überhaupt keinen Spaß, und obendrein ist ihr Kampf sinnlos. Wenn der arme Fisch erst einmal fest am Haken hängt, ist es zu spät. Das gleiche gilt, wenn der arme Fisch ein Mensch ist, der sich von einem Kritiker fangen läßt, der dem Zappeln mit Wonne zusieht. Diese Sorte Kritiker weiß meistens sehr genau, welchen Köder sie an den Haken hängen muß. Sie wissen, auf was Sie anbeißen. Ein Häppchen Schuldgefühl. Ein kleiner Vorwurf. Eine schöne fette Drohung. Erwischt!

Lils Mutter sagt: »Ich bin dir ganz egal. Wenn dir etwas an mir läge, würdest du dafür sorgen, daß du immer pünktlich zu Hause sein kannst.« Lil liegt etwas an ihrer Mutter, aber wenn sie ihr das nur beweisen kann, indem sie immer zu der gewünschten Zeit nach Hause kommt, kann sie ihrem Job nicht richtig nachgehen. Außerdem *will* sie auch nicht ständig nach der Pfeife ihrer Mutter tanzen. Immer wieder auf die Kritik ihrer Mutter einzugehen ist daher keine Lösung, sondern bewirkt nur Gefühle von Wut, Frustration und Schuld.

Lils Mutter ist sicherlich eine Kritikerin, auf deren Meinung Lil Wert legt. Doch der *Gehalt* ihrer Kritik ist weder hilfreich noch gerechtfertigt. Ihr Beachtung zu schenken hat *keinen Wert*. Wenn Sie nicht zu einem armen, zappelnden Fisch werden wollen, müssen Sie lernen, den Mund zu halten, wenn Ihnen der verlockende Köder vorgehalten wird. Denn unter diesem Köder befindet sich ein großer, spitzer Haken.

Lil kann sich selbst helfen, indem sie nach Alternativen im Denken, Fühlen und Handeln sucht. Wenn sie denkt: »So ist Mama nun einmal«, befreit sie sich von einem Großteil des Drucks. Wenn sie eher resigniert oder gelassen statt mit Schuldgefühlen reagiert, kann sie die Situation besser ertragen. Wenn sie den Köder ignoriert, kann sie endlose und fruchtlose Debatten vermeiden.

Sie kann ihrer Mutter antworten: »Mama, du hast ja recht, aber es läßt sich nicht ändern, und *ich möchte nicht mehr darüber diskutieren.*« Ihre Mutter mag widersprechen, sie mag sie der Gleichgültigkeit beschuldigen, sie mag weinen oder drohen. Sie mag vielleicht andere in die Diskussion mit hineinziehen wollen: »Wenn deine Schwester hier wäre, würde sie sich nicht nach der Arbeit noch herumtreiben und mich allein hier sitzen lassen.«

Lil muß sich selbst zureden: »Beiß nicht auf diesen Köder an.«

Es wäre jetzt sehr leicht, einen neuen und genauso nutzlosen Streit darüber anzufangen, ob Lil sich »nach der Arbeit herumtreibt« oder ob ihre Schwester sich nach dem Zeitplan ihrer Mutter richten würde oder nicht. Aber wenn Lil sich für die Alternative entschieden hat, ihr nicht an den Haken zu gehen, muß sie auch der Versuchung widerstehen, auf diese Themen anzubeißen. (»Mama, wenn du über etwas anderes sprechen möchtest, okay. Wenn nicht, höre ich dir jetzt nicht mehr zu.«)

Sie können Kritik gleichzeitig akzeptieren und zurückweisen.

Es gibt Kritik, die Sie akzeptieren, weil Sie keine andere Wahl haben.

Peters Chef sagt: »Mir gefällt nicht, wie Sie die Dinge handhaben. Nur ein Idiot würde es so machen. Entweder Sie machen es auf meine Art, oder Sie gehen.«

Wenn Peter nicht gehen will – oder zumindest nicht sofort –, antwortet er vielleicht: »Gut, Ihre Art ist die einzig richtige.« Das heißt nicht, daß er damit gleichzeitig die Meinung des Chefs akzeptiert, ein Idiot zu sein. Er kann vielmehr denken, daß der Chef ein Idiot ist, und trotzdem aus pragmatischen Gründen die Notwendigkeit einsehen, seine Arbeit auf die geforderte Art zu machen.

Für manche Leute ist es eine Frage des Prinzips, sich zu wehren, wenn eine Kritik eindeutig ungerechtfertigt ist. Ein Polizist hält Sie an, weil Sie nach seiner Ansicht eine rote Ampel ignoriert haben, und sagt: »Ich gebe Ihnen diesmal nur eine Verwarnung, keinen Strafzettel. Tun Sie es nicht wieder.« Aber Sie haben das Gefühl, daß Sie die Sache richtigstellen müssen. Die Ampel war gelb, nicht rot. Statt also zu sagen »Vielen Dank« und weiter zu fahren, beginnen Sie eine Debatte, die eventuell doch noch mit einem Strafzettel endet.

Es gibt kein Gesetz, nach dem Sie auf jegliche Kritik eingehen oder jede ungerechte Kritik korrigieren müssen. Wie schon im vierten Kapitel dargelegt, haben Sie die Wahl, ob Sie sich auf eine Auseinandersetzung einlassen oder nicht. Lassen Sie sich auf einige ein, ignorieren Sie andere.

Linda kommt aus einem kleinen Arbeiterort, in dem es nicht üblich ist, daß die jungen Leute auf die Universität gehen – und schon gar nicht eine junge Frau. Linda weiß, daß ihre Familie, Freunde und Nachbarn es nicht gerne sehen werden, wenn sie mit dieser Tradition bricht und weggeht, um zu studieren. Sie werden es als Ablehnung von allem betrachten, für das sie stehen. Wenn sie weggeht, wird sie zur Außenseiterin. Sie entscheidet sich damit bewußt dafür, sich der Kritik der anderen auszusetzen – aber sie kann sich gleichzeitig entscheiden, diese Kritik zu außer acht zu lassen.

Sie können Kritik auf ein Minimum beschränken, wenn Sie sich mit ähnlich denkenden Menschen umgeben.

Zahlreiche Menschen mißtrauen Leuten, die anders denken als sie und von denen sie Kritik zu erwarten haben. Eine Art damit umzugehen ist, sich mit ähnlich denkenden Menschen zusammenzutun – in Selbsthilfegruppen für Menschen mit speziellen Problemen, in Wohnvierteln, in denen es viele Angehörige Ihrer ethnischen Gruppe und Geschäfte mit den von Ihnen bevorzugten Nahrungsmitteln gibt, in Vereinen für Leute mit denselben Interessen.

Sie können natürlich einwenden: »Warum sollte ich mich mit Menschen umgeben müssen, die mir ähnlich sind? Ich verlange, daß andere mich so akzeptieren, wie ich bin.« Sie müssen sich nicht mit Menschen umgeben, die Ihnen ähnlich sind, und Sie können beschließen, daß es sich lohnt, Ihre Kritiker von Ihrer Einstellung zu überzeugen. Aber wenn Sie Verbündete für Ihr Anliegen suchen oder eine Insel des Akzeptiertwerdens inmitten einer feindlichen Umgebung, dann ist es oft am besten, sich mit Gleichgesinnten zusammenzutun.

Sie können sich Kritik zunutze machen.

Die Möglichkeit, Kritik zu äußern, ist unerläßlich für eine Demokratie. Nur in einer Diktatur wird von allen Bürgern erwartet, daß sie jedesmal »Was für eine wunderbare Idee« ausrufen, wenn ein Vertreter der Autorität einen Befehl erteilt. Offen geäußerte Kritik an einer Politik, an Programmen oder Vorhaben, kann zu Kompromissen führen, die zu einem umfassenderen Erfolg beitragen.

Kritik kann Ihnen helfen, Ihre individuelle Leistung zu verbessern. Wenn Sie erfahren, daß es Ihnen an bestimmten Fähigkeiten mangelt, können Sie etwas unternehmen, um diese Fähigkeiten zu erwerben. Wenn Ihnen nie jemand sagt – oder wenn Sie sich weigern zu glauben –, daß Sie gewisse Lücken füllen müssen, werden Sie nichts tun, um Ihre Lage zu verbessern.

Sie profitieren auch oft davon, wenn Sie ausdrücklich um Kritik bitten. Dadurch können Sie erstens die Meinungen anderer Kritiker überprüfen und zweitens nützliche Anregungen und Vorschläge erhalten.

Es ist kein Fehler, sich Kritik anzuhören

Es ist nicht falsch, sich Kritik anzuhören. Der Fehler liegt darin, *jede* Kritik *anzunehmen* – oder *jede* Kritik *zurückzuweisen* –, ohne über Kompetenz und Motiv des Kritikers oder Inhalt und Wert der Kritik nachzudenken.

Es ist keine Schande, Vorteile aus den Erfahrungen und Ideen anderer zu ziehen. Aber es besteht auch kein Grund für Schuldgefühle, wenn Sie entscheiden, daß die Meinungen und Methoden anderer zwar für andere gelten mögen, aber nicht zu Ihnen passen.

Es gibt im Grunde keine Möglichkeit, dem Hagel der Kritik zu entkommen, der von Zeit zu Zeit auf uns alle niedergeht. Manchmal scheint er von allen Seiten zu kommen. In den letzten Jahren waren Firmenmanager verstärkt der Botschaft ausgesetzt, daß sie entweder auf den Schnellzug der Entwicklungen aufspringen müssen oder sich lieber gleich von dem Zug überrollen lassen sollten. Werbekampagnen verkündeten, daß man als Trottel abgestempelt war, wenn man nicht das richtige Auto fuhr oder die richtige Armbanduhr hatte. Und obendrein war man sowieso niemand, wenn man keine Liebesbeziehung hatte. Wenn Sie das Gefühl haben, nicht den Anforderungen zu entsprechen, ist es schwer, sich nicht niedergeschlagen zu fühlen. Doch Sie können es vermeiden, sich von Kritik niedertrampeln zu lassen, indem Sie etwas Zeit und Mühe aufwenden, um diese Kritik und Ihre Reaktion auf sie zu analysieren.

Wenn Sie eine Gedankenpause einlegen und eine kritische Äußerung *in Frage stellen*, erzielen Sie einen Effekt bei Ihrer inneren Stimmgabel, der dem gleichkommt, wenn Sie einen Finger auf eine richtige Stimmgabel legen. Sie unterbrechen abrupt die Schwingungen.

Die Schwingungen unterbrechen

Einige schon vorher erwähnte Techniken erweisen sich auch beim Umgang mit Kritikern als sehr nützlich. Sie können *entkatastrophisieren*. Wenn ein von außen kommender Kritiker oder Ihr eigener strenger innerer Kritiker das Schlimmste prophezeit, weil Sie den Anforderungen nicht entsprechen, glauben Sie das vielleicht zuerst. Dann ist es an der Zeit, die Frage zu stellen: »Was ist dieses Schlimmste? Was läßt mich glauben, daß es eintreten wird?« Wenn Sie zum Beispiel denken: »Alle werden mich für einen Dummkopf halten«, können Sie überlegen: »Wie wahrscheinlich ist es, daß *alle* dieser einen Meinung sein werden?« Sie können *Verteidiger* spielen. Das ist schließlich nur fair, da Ihre Kritiker die Rolle des Anklägers übernommen haben. Was können Sie zu Ihrer Verteidigung sagen, bevor der Richter ein Urteil spricht? Welche Gegenbeweise, welche mildernden Umstände, welche alternativen Erklärungen gibt es? Außerdem ist es hilfreich, die *Verantwortung nicht nur sich selbst, sondern auch anderen zuzuschreiben*: Sind die Kritiker zu streng? Akzeptieren Sie Kritik zu leicht? Müssen Sie es glauben, wenn ein Verkäufer Ihnen sagt, daß Sie dumm sind, wenn Sie etwas nicht kaufen? Die verkaufende Person trägt eine gewisse Verantwortung für ihre unbeweisbare Anschuldigung. Aber Sie tragen ebenfalls Verantwortung, wenn Sie diese Beschuldigung ohne Beweis akzeptieren. Sie können vielleicht das Anschlagen nicht verhindern, das Ihre Stimmgabel zum Schwingen bringt, aber Sie können etwas tun, um die Schwingungen unter Kontrolle zu bringen.

7. Perfektionismus

Von frühester Kindheit an wird uns beigebracht, nach Perfektion zu streben. Welche Arbeiten hängt die Lehrerin zur Ansicht im Klassenzimmer auf? Die, in denen alle Fragen richtig beantwortet wurden. Wer wird vor allen gelobt? Wer wird von allen bewundert? Die, die alles perfekt machen – oder es zumindest perfekt zu machen *scheinen*.

Doch wer immer den Satz »Nobody is perfect« geprägt hat, hat wirklich etwas Perfektes gesagt. Manches scheint dennoch perfekt zu sein. Manche Leistungen, wie das Ergebnis unseres Buchstabiertests in der fünften Klasse, werden perfekt genannt. Aber als allgemeine Lebensregel können wir festhalten, daß es gute, daß es großartige, ja fast perfekte Leistungen gibt – aber Perfektion selbst nicht existiert.

Statistiker drücken diesen Gedanken durch die Zeichnung einer glokkenförmigen Kurve aus, deren Enden sich ins Unendliche erstrecken. Diese Kurve repräsentiert das Gesetz von Wahrscheinlichkeit und Zufall. Wenn sie zum Beispiel eine große Menge Perlen durch ein Gitter fallen ließen, damit alle Perlen die gleiche Chance hätten, zur rechten oder linken Seite zu fallen, würden Sie einen glockenförmigen Haufen von Perlen erhalten. Die meisten Perlen häufen sich in der Mitte an, und kleinere Mengen fallen um dieses Zentrum herum. Die Glockenform ist nie perfekt, das heißt, Sie können den Umriß der Glocke nie präzise festlegen, weil Sie nicht wissen, wie jede einzelne Perle fallen wird. Im Leben können Sie sich wie in der Statistik einem Ergebnis sehr dicht annähern, es aber nie hundertprozentig erreichen.

Die Unperfektheiten der Perfektion

Manchmal hat es den Anschein, als ob diese ganze Idee der Perfektion nur erdacht wurde, um uns zu quälen.

Oft ist Perfektion eine Frage der persönlichen Meinung.

Wie wir schon besprochen haben, werden viele unserer Handlungen im Leben von anderen beurteilt. Und die anderen sind oft nicht einer Meinung mit uns – und auch nicht untereinander. Wie oft haben Sie schon zwei Filmkritiken gelesen und sich gefragt, ob die Kritiker wirklich denselben Film gesehen haben? Der eine schreibt: »Das ist der beste Film des Jahres.« Und die andere: »Sparen Sie Ihr Geld, der Film ist ein Flop.« Der eine nennt das Spiel der Schauspieler »wunderbar zurückhaltend«, während die andere es »farblos« findet.

Perfektion ist manchmal zeitabhängig.

In den vierziger Jahren gab es einen äußerst populären Radiowerbesong für Chiquita-Bananen, der mit der Zeile endete: »Bananen lieben es tropisch schwül, deshalb leg sie niemals kühl. Nein, nein, nein, nein.« Nach Aussage des ehemaligen Direktors der Firma, die die Chiquita-Bananen vertrieb, kam das Wort »kühl« in dem Jingle nur vor, weil es sich auf »schwül« reimte. Die Firma wollte die Konsumenten lediglich daran erinnern, daß die Bananen von weit her aus Zentralamerika kamen. Die Wahrheit war – und ist –, daß Bananen sehr wohl in den Kühlschrank gelegt werden können, ja, ja, ja, ja, und sich dadurch sogar länger halten.

Das spielte jedoch in den Vierzigern keine Rolle, als die Kühlschränke noch winzig waren und die Hausfrauen jeden Tag einkaufen gingen. Wichtig war damals nur, daß die Leute den Chiquita-Song liebten, ihn überall sangen und viele Bananen kauften. (Das Lied wurde so beliebt, daß es sogar in Jukeboxen aufgenommen wurde und die US-Regierung die Melodie für einen Song zur Wasserreinhaltung während des Zweiten Weltkriegs auslieh.) Aber was eine perfekte Werbekampagne zu sein schien, kostete die Firma in den fünfziger Jahren Verluste, als sich die Vorstädte ausbreiteten, die Kühlschränke doppelt so groß wurden und der Lebensmitteleinkauf nur noch einmal die Woche stattfand. Die Kunden kauften ein Dutzend Äpfel oder Orangen, aber nur drei Bananen, weil sie »wußten«, daß man Bananen nicht in den Kühlschrank legen sollte. Die Firma versuchte jahrelang vergeblich, die Botschaft des Liedes zu korrigieren, und gab es dann schließlich auf.

Perfektion kann Unperfektes erzielen.

Stellen Sie sich vor, Sie sehen bei den Baseballmeisterschaften zu. Die beiden besten Profiteams ihrer Liga kämpfen um den Titel. Es ist das letzte Inning, möglicherweise der letzte Wurf, der Stand ist drei zu zwei, und es geht um die Entscheidung. Es ist möglich, daß der Werfer den Ball »perfekt« wirft. Aber der Schläger ist genauso perfekt und trifft den Ball. Dann reagiert ein Außenfeldspieler perfekt und fängt den Ball. Das Ergebnis all dieser Perfektion? Die Mannschaft des Schlägers hat das Spiel verloren. Aus deren Sicht ist das gar nicht perfekt. Wenn der Schläger einen Homerun geschlagen hätte, wäre die Leistung des Werfers nicht als perfekt angesehen worden, egal wie gut sie auch war.

Wenn Sie natürlich Baseballfan sind, könnte diese unperfekte Situation für Sie Perfektion bedeuten, da die Spannung vor dem Ausgang des Spiels ja den Spaß beim Zusehen ausmacht.

Zu viel Perfektion kann schädlich sein.

Das ist ein sehr wichtiger Gesichtspunkt. So wie Sie Ihr Selbstvertrauen übertreiben können, können Sie auch die Perfektion übertreiben. Die britischen Gewerkschaften für Transport und Verkehr haben sich dieses Faktum zunutze gemacht, um die Gesetze zu unterlaufen, die ihnen das Streiken verbieten. Sie haben eine Lösung gefunden, die sich »Arbeit nach Vorschrift« nennt. Statt die Arbeit niederzulegen, wenn die Verhandlungen über einen neuen Tarifvertrag abgebrochen wurden, befolgten die Angestellten und Arbeiter des öffentlichen Verkehrs jede Vorschrift in ihrem Handbuch für Sicherheitsbestimmungen. Wenn eine Vorschrift zum Beispiel lautete, daß der Zugführer sich vor Abfahrt des Zuges überzeugen muß, daß alle Türen geschlossen sind, verließ der Zugführer seine Kabine und überprüfte persönlich jede einzelne Tür – statt wie sonst einfach den Kopf aus dem Führerhaus zu stecken und nach hinten zu sehen. Kein Zug, keine U-Bahn verließ einen Bahnhof mit offenen Türen. Und keine Bahn verließ einen Bahnhof pünktlich. Das kontinuierliche perfekte Befolgen der Regeln genügte, um den öffentlichen Verkehr in Großbritannien völlig lahmzulegen.

Hohe Maßstäbe sind in Ordnung

Moment, sagen Sie jetzt vielleicht. Empfiehlt dieses Buch jetzt, auf einen gewissen Standard zu verzichten? Möchten Sie sich von einem Gehirnchirurgen operieren lassen, der sagt: »Sie brauchen die Instrumente nicht zu kontrollieren. Sie werden schon alle vorhanden sein«? Würden Sie sich einen Anwalt nehmen, der zugibt: »Ich weiß überhaupt nicht, was in diesem Gerichtssaal zu beachten ist«?

Die Antwort ist nein. Aber es gibt einen Unterschied zwischen jemandem, dem es egal ist, wie er seine Arbeit macht, und der sich nicht um eine sorgfältige Vorbereitung kümmert, und jemandem, der unter dem Druck des Perfektionsanspruchs nicht fähig ist zu handeln, weil er Angst hat, etwas falsch zu machen. Sie möchten auch nicht von einem Gehirnchirurgen operiert werden, der ein nervöses Wrack ist.

Es stimmt, daß Perfektion in einigen Berufen mehr gefragt ist als in anderen. Der Diamantschleifer und die Zahnärztin arbeiten wie der Chirurg innerhalb ziemlich eng gesteckter Parameter. Ein guter Buchhalter bereitet eine Rechnungsprüfung sorgfältig vor. Eine gute Reporterin überprüft alle Fakten und achtet darauf, Namen richtig zu schreiben. Ein Trapezartist muß äußerst präzise arbeiten, um seinen fliegenden Partner zu fangen.

Aber selbst diese Leute können mit dem Perfektionismus Probleme bekommen. Nehmen wir den Trapezartisten. Zugegebenermaßen kann er sich nicht mit den Worten »Na ja, ich war nahe dran« zufrieden geben. Wenn er aber aus Perfektionismus zwanzig Stunden hintereinander trainiert und dann bei der Vorführung zu müde ist, um sich richtig konzentrieren zu können, wird der Perfektionismus zur Gefahrenquelle.

Darüber hinaus erfordern nicht alle Lebensbereiche dasselbe Maß an Perfektion. Der Trapezartist kann entspanntere, weniger rigide Standards haben, wenn er mit Freunden eine Runde Golf spielt. Ein von uns angestrebtes und bewundertes Maß an Perfektion wird kaum erreicht, wenn wir nicht zuvor eine weniger perfekte Phase des Lernens und Übens durchlaufen. Der Trapezkünstler schafft einen vierfachen Salto nicht beim ersten Versuch.

Kurzum, das Streben nach Erreichung hoher Maßstäbe wird nur dann zum Fehler des Perfektionismus, wenn es *in extremer Weise* betrieben wird.

Das perfekte Maß an Perfektion

Da wir von Kindheit an dazu angehalten werden, nach einem illusorischen Ideal zu trachten, befinden wir uns leider oft in einer seelischen Zwickmühle zwischen dem, was wir erreichen zu sollen glauben, und dem, was wir tatsächlich erreichen können. Wir bekommen Geschichten über Leute erzählt, die Erfolg hatten, weil sie sich nicht mit dem Zweitbesten zufrieden gaben. Wir hören von der wunderbaren Kraft der Motivation, die das Greifen nach den Sternen verleiht. Diese Geschichten sind wahr – bis zu einem gewissen Punkt. Denn das Streben nach Perfektion unterliegt ab einem gewissen Punkt einem Gesetz umgekehrter Proportionalität. Es kann Sie motivieren, Ihr Bestes zu geben. Aber in extremer Form betrieben, bewirkt es genau das Gegenteil. Es kann zu ständiger Unzufriedenheit, Versagen, Aufgeben, wiederholtem Aufschub und Mutlosigkeit führen. Wie Alfred de Musset, ein französischer

Dichter des neunzehnten Jahrhunderts, schrieb: »Verstehen, was Vollkommenheit ist, ist der Triumph der menschlichen Intelligenz. Versuchen, sie zu erlangen, ist die gefährlichste Form von Wahnsinn.«

Das Bestehen auf Perfektion birgt die Gefahr, am Ende gar nichts zu erreichen. Therapeuten nennen dies das Alles-oder-nichts-Syndrom. Wenn wir mit einer Alles-oder-nichts-Einstellung antreten, stehen wir meistens zum Schluß mit nichts da.

Wenn Sie glauben, daß Sie etwas nur tun sollten, wenn Sie ein perfektes Ergebnis erzielen können, tun Sie es vielleicht gar nicht.

Nehmen Sie Ted zum Beispiel. Ted ist intelligent und begabt – er hat in der Schule und auf der Universität immer die besten Noten bekommen. Seine Eltern langweilten die Nachbarn, indem sie ständig damit angaben, daß Ted »alles erreichen kann, was er sich in den Kopf setzt«. Als neuestes hat Ted es sich in den Kopf gesetzt, einen zweitägigen Kurs für neue Angestellte der Marketingabteilung seiner Firma zu entwickeln. Natürlich möchte Ted, daß das Ergebnis brillant ausfällt. Er will, daß die neuen Angestellten beeindruckt sind. Er möchte seinen Vorgesetzten angenehm auffallen. Er ist davon so besessen, daß es ihn lähmt. Keine Idee erscheint ihm gut genug. Jeder Versuch, seine Gedanken zu Papier zu bringen, scheitert daran, daß er sie für zweitrangig hält. Also beschäftigt Ted sich mit weniger dringenden Projekten. Er wiederholt sein Versprechen, daß er das Kursprojekt rechtzeitig fertigstellen wird, aber er will nicht irgend etwas einreichen. Es muß perfekt sein. Er muß es sich nur in den Kopf setzen (wie seine Eltern ihn erinnern würden). Unglücklicherweise weiß Teds Abteilungsleiter seine Entschlossenheit, etwas Perfektes vorzuweisen, nicht zu schätzen, da Ted aus seiner Sicht überhaupt nichts vorzuweisen hat. Alles, was Ted bisher produziert hat, sind Versprechungen.

Doch Perfektionismus ist nicht nur ein arbeitsbezogenes Problem, es taucht auch in privaten Situationen auf.

Wenn Sie glauben, daß Sie nur mit einem Partner zusammensein können, der genau Ihren Vorstellungen entspricht, sollten Sie sich besser an das Alleinsein gewöhnen.

Cheryl besitzt eine Liste der Eigenschaften, die ihr seelenverwandter Traumpartner aufweisen muß. Er muß derselben Rasse und Religion angehören. Er muß etwas älter sein als sie – aber nicht zu alt. Er muß gut aussehen und ein eigenes Unternehmen oder einen akademischen Beruf haben. Er muß Humor haben. »Ich werde nicht jünger«, sagt Cheryl,

»deshalb hat es keinen Sinn, meine Zeit mit jemandem zu verschwenden, der nicht für eine dauerhafte Beziehung in Frage kommt.« Aber der in Frage kommenden Kandidaten sind nur wenige, und auch die lehnt Cheryl nach einem Blick auf ihre Liste ab. Sam schien fast all ihren Anforderungen zu entsprechen – doch leider, sagt Cheryl, »bekommt er schon eine Glatze«.

Wenn Sie es immer wieder aufschieben, eine Arbeit fertigzustellen, eine Party zu geben, eine Reise zu machen oder eine Entscheidung zu treffen, weil Sie auf den perfekten Zeitpunkt und die perfekten Umstände warten, werden Sie wahrscheinlich bis in alle Ewigkeit warten.

Es mag schwer sein, einfach ein Datum festzulegen und sich zu sagen: »Dabei bleibt es. Mein Ergebnis wird das beste sein, was ich innerhalb dieses Zeitraums erzielen kann – wenn auch nicht das beste, was ich erzielen könnte, wenn ich unendlich viel Zeit zur Verfügung hätte.« Es gibt Zeiten, in denen die Fähigkeit, Kompromisse einzugehen, sich mit dem Zweitbesten zufrieden zu geben, eine Alternative zu finden oder einfach eine Münze über das weitere Vorgehen entscheiden zu lassen, von unschätzbarem Wert ist.

Mary und Steve halten an einer Eisdiele, um sich Eis zu kaufen. Es gibt keinen freien Parkplatz, deshalb steigt Mary aus, und Steve bleibt im Auto. »Welche Sorte willst du?« fragt Mary. »Ist mir egal«, antwortet Steve, »Vanille-Sahne, wenn sie haben.« Sie haben keines. Mary überlegt hin und her, welchen Geschmack Steve wohl statt dessen gerne hätte. Einfaches Vanilleeis? Schokolade? Minzschokolade? Sie will ihm nichts Falsches bringen. Es muß *genau das Richtige* sein. Inzwischen wird Steve im Auto ungeduldig. Was macht Mary bloß so lange? Andere, die den Eisladen nach ihr betreten hatten, sind schon wieder herausgekommen. Als er sich später darüber beschwert, ist Mary beleidigt, weil er ihre Bemühungen, es ihm recht zu machen, nicht zu schätzen weiß. Was als Vergnügen begann, wird plötzlich zur Quelle der Mißstimmung zwischen ihnen.

Wenn Sie denken, daß Sie bei jeder einzelnen Sache perfekt sein müssen, verschwenden Sie leicht Zeit und Energien auf Geringfügiges.

Stan fehlte noch eine Arbeit zur Erlangung seines M.A.-Abschlusses. Es war nur ein kurzer Aufsatz, aber er hatte Schwierigkeiten damit und war am Ende nicht zufrieden mit seiner Arbeit. Er bat den Professor um eine Fristverlängerung. Diese Verlängerung hatte zur Folge, daß Stan seinen Abschluß nicht innerhalb der festgesetzten Frist machen konnte, deshalb ging der Professor davon aus, daß Stan krank war. Aber Stan war lediglich entschlossen, sich bei dieser letzten Arbeit nicht mit einer Zwei zufrieden zu geben, da er für alle anderen Einsen bekommen hatte.

Die Note für diese eine Arbeit hätte höchstwahrscheinlich sowieso keine Auswirkung auf seine Abschlußnote gehabt. Eine Zwei unter seinen Noten hätte ihm außerdem weniger geschadet als die Tatsache, daß er nicht fristgerecht abgeschlossen hatte. Aber Stan hatte den größeren Zusammenhang aus den Augen verloren. Er wollte, daß sein kleiner Aufsatz perfekt war.

Warum es so schwer fällt, Kompromisse einzugehen

Warum sind Perfektionisten entschlossen, alles richtig zu machen? Teils ist Angst der Grund, teils ihre Phantasievorstellungen. Die Angst besteht darin, daß andere uns ertappen könnten – daß wir ihren Respekt verlieren, wenn wir nur einmal etwas tun, das nicht wunderbar, großartig oder außergewöhnlich ist. Unser innerer Kritiker wird sich beklagen. »Alle« werden mißbilligend reagieren.

Perfektionismus manifestiert sich auch in der Angst vor peinlichen Situationen. Sie denken zum Beispiel: »Wenn ich mich bei einem Wort in dieser Rede verspreche, wird das eine furchtbare Blamage.« Dann folgt der Gedanke: »Ich werde lieber gar nicht erst versuchen, eine Rede zu haltend, denn ich könnte einen Fehler machen und mich blamieren.«

Das kann zu der Einstellung führen, daß es besser ist, gar nichts zu tun, als sich dem Risiko einer Blamage auszusetzen. Wenn man nichts riskiert, kann man sich die tröstliche Phantasie bewahren, daß »es perfekt gewesen wäre – wenn ich es getan hätte«. Und manche Menschen geben sich auch vollauf mit der Phantasie zufrieden. Max ist zum Beispiel ein guter Kellner, aber er erzählt den Leuten gern, daß er auch Schriftsteller ist. In seiner Freizeit schreibt er den großen amerikanischen Roman. Ob er ihn schon einem Verleger gezeigt hat? »Noch nicht«, sagt Max. »Ich bin noch nicht soweit. Ich feile noch daran. Wenn er fertig ist, werde ich es wissen.« Max hat seinen Spaß an dem Spiel. Der Roman wird nie fertig werden, wenn er überhaupt jemals begonnen wurde. Er existiert nur, um Max' Image aufzuwerten. Max muß dem »Perfektheitsgrad« seines Romans keine Grenzen setzen, denn Phantasie kennt keine Grenzen.

Den Weg bereiten für Veränderungen

Sie wissen jedoch, ob eine phantasierte Perfektion Sie zufriedenstellt oder nicht. Sie wissen, ob Ihr Perfektionsstreben Ihnen hilft oder schadet. Es ist Ihnen möglicherweise egal, daß andere Sie für zu anspruchsvoll oder für einen Pedanten halten, wenn diese Eigenschaften Sie ans Ziel bringen. Aber wenn das Festhalten an Ihren Maßstäben zu Versagen, zu Verzögerungen, zum Verpassen von Abgabeterminen oder zu Einsamkeit führt, haben Sie vermutlich den Wunsch, Ihre Perfektionsansprüche zu korrigieren.

Vielleicht glauben Sie nicht, daß dies möglich ist. Sie denken: »So bin ich eben, ich kann mich nicht ändern.« Doch wenn Sie sich selbst eingestehen, daß Sie »so« sind, ist das schon der *erste Schritt* zur Veränderung. Sie können sich dann sagen: »Moment mal. Ich bin schon wieder perfektionistisch. Und es bringt mich nicht weiter.« Wenn Sie Ihr Problem benennen, bereiten Sie den Weg für seine Überwindung, so wie ein Arzt zuerst eine Diagnose stellen muß, um sich für die beste Behandlungsmethode entscheiden zu können. Es kann sein, daß Sie nicht nur perfektionistisch sind, sondern gleichzeitig auch noch einen anderen Denkfehler begehen. Das macht nichts. Wenn Sie einen Fehler benennen – und etwas gegen ihn unternehmen –, beginnen Sie schon, mehr Kontrolle über Ihr Leben zu gewinnen.

Der »perfekte« Standpunkt

Ein weiterer nützlicher Schritt ist es, bewußter darauf zu achten, auf welche Weise Perfektionismus sich auswirkt. Lassen Sie uns zuerst untersuchen, wie sich Perfektionismus in Ihrer Haltung gegenüber anderen Menschen äußert. Eventuell haben Sie schon folgendes über andere gesagt:

- »Sie kommen mit ihren niedrigen Maßstäben durch – aber das heißt nicht, daß diese Maßstäbe auch für mich akzeptabel sind.«
- »Sie können schon einmal etwas verpatzen, weil sie so erfolgreich (oder beliebt oder sagenhaft reich) sind, aber ich kann mir das nicht leisten.«
- »*Sie* machen alles perfekt, also sollte ich das auch können.«
- »Ich erwarte Perfektion von meinen Kindern (oder meinen Angestellten, meinem Ehepartner, meinen Freunden), weil ich ihr Bestes will.

Ich versuche, sie zu ihren persönlichen Höchstleistungen zu motivieren.«

Sehen wir uns diese Standpunkte einmal genauer an, weil sie es sind, über die Perfektionisten häufig stolpern.

»Sie haben niedrige Maßstäbe.«

Ja, manche Leute legen niedrige Maßstäbe an – einige scheinen sogar überhaupt keine zu haben – und kommen damit durch. Niemand verlangt, daß Sie auf ihr niedriges Niveau sinken sollen. Doch oft steht ein niedriges Niveau gar nicht zur Debatte. Die Fragen, die Sie sich stellen müssen, sind:

- »Bedeutet es, meine Ansprüche völlig aufzugeben, wenn ich auch nur *graduell* von meinen Maßstäben abweiche?«
- »*Beweist* die Tatsache, daß andere *graduell* von meinen Maßstäben abweichen, daß sie niedrige oder gar keine Maßstäbe haben?«

Die Antwort auf beide Fragen lautet nein. Akzeptieren, daß Ihre Arbeit manchmal nicht Ihrem höchsten Leistungsvermögen entspricht – weil Sie nicht die nötige Zeit oder die Mittel oder Hintergrundinformationen haben, um es *bei dieser Gelegenheit* besser zu machen –, ist nicht dasselbe wie niedrige Maßstäbe haben. Manchmal ist es nötig, Ihr Ziel dem Zweck anzupassen. Natürlich wäre es großartig, eine perfekte Leistung zu erbringen. Aber manchmal ist das Einhalten eines Termins das wichtigere Ziel – auch wenn das bedeutet, eine Arbeit abzuliefern, die nicht perfekt ist. Das entspricht nicht einem Absenken Ihrer Maßstäbe, sondern der Erkenntnis, daß unter den gegebenen Umständen ein anderes Ziel Priorität hat. Und natürlich kennen andere auch die Notwendigkeit, von einem Standard abzuweichen, um ein bestimmtes Ziel zu erreichen.

»Sie können sich das leisten.«

Zweifellos ist es wesentlich leichter, etwas ungestraft zu verpatzen, wenn man erfolgreich, beliebt und *obendrein* sagenhaft reich ist. Ein Fehler, der den Verlust von DM 10000 mit sich bringt, ist weniger schmerzlich für jemanden, der mit einer Million anfängt, als für jemanden, dessen Startkapital DM 10001 beträgt. Aber es ist kein Luxus der wenigen Privilegierten, mit einer nicht ganz perfekten Leistung erfolgreich sein zu können. Das ist etwas, das wir alle erleben können.

Mit anderen Worten, die Tatsache, daß andere mit Glück und Lockerheit durchkommen, beweist nicht, daß Sie das nicht können. Dies zu glauben ist ein weiteres Beispiel für Alles-oder-nichts-Denken. Die anderen haben alles, Sie haben nichts. Doch das stimmt nur in den seltensten Fällen.

»Sie machen alles perfekt.«

Sie glauben vielleicht, daß »sie« alles perfekt machen – wer immer sie sind – aber woher wissen Sie das so sicher? Um noch einmal die Feststellung am Anfang dieses Kapitels zu wiederholen: Nobody is perfect. Es ist sehr unwahrscheinlich, daß Personen, die Sie bewundern, alles perfekt machen – oder schon immer perfekt gemacht haben, was sie jetzt so perfekt zu können scheinen. Wir neigen dazu, diejenigen, die wir lieben und bewundern, durch eine rosarote Brille zu sehen. Andere Leute scheinen schwierige Dinge leicht und mühelos zu vollbringen. Aber das stimmt fast nie und gilt sicher nicht für alles, was diese Leute tun. Wenn Sie die Möglichkeit haben, mit einem solch leuchtenden Vorbild ins Gespräch zu kommen, fragen Sie diese Person, ob sie nie einen peinlichen Fehler begangen, sich nie blamiert oder sich nie mit zwei- oder drittbesten Ergebnissen zufriedengegeben hat, und Sie werden wahrscheinlich ein fröhliches Geständnis zu hören bekommen. Vielen Leuten macht es Spaß, Geschichten über ihre größten Niederlagen zu erzählen – nun, da diese der Vergangenheit angehören.

Was Leute, die ihre Ziele erreichen, am besten können, ist, sich durch Rückschläge *nicht entmutigen zu lassen*. Okay, die Rede ging also nicht so glatt über die Bühne. Sie war sogar eher eine Katastrophe. Heißt das, daß sie nie wieder eine Rede halten? Keineswegs. Sie machen vielleicht ein Rhetoriktraining oder üben mehr oder wählen das Thema sorgfältiger aus, aber sie betrachten den Mißerfolg nicht als Charakterfehler, sondern als eine Erfahrung, aus der sie lernen können.

»Ich erwarte Perfektion.«

Wollen Sie, daß andere ihr Bestes geben, wenn Sie von ihnen perfekte Leistungen erwarten, oder überfordern Sie sie damit? Sind Sie bereit, den Preis zu zahlen, den die Forderung nach Perfektion bei anderen kostet?

Gabriel sagt, daß er seinen Sohn Ben nur motivieren will, wenn er ihn tadelt, weil er einen Ball nicht gefangen hat oder im Mathematiktest keine 100 Punkte erzielt hat. Aber Ben fühlt sich überhaupt nicht motiviert. Er kann sich nicht freuen, wenn er 98 Punkte in einem Test erzielt hat, weil nur die volle Punktzahl Gabriel zufriedenstellen wird. Selbst wenn Ben einmal ein hundertprozentiges Ergebnis schafft, merkt sein Vater es möglicherweise noch nicht einmal, denn Gabriel ist selbst nicht perfekt. Ben hat also erfahren, daß er noch nicht einmal unbedingt ein Lob erhält, wenn er alles richtig macht. Das Ergebnis ist, daß er aufhört, sich zu bemühen.

Neben dem ganz natürlichen Wunsch, ihre Kinder erfolgreich sehen zu wollen, gibt es noch andere Gründe, weshalb Eltern den Nachwuchs unter Perfektionsdruck setzen. Viele Leute sehen sich selbst in ihren Kindern (»Wenn ein Kind, das ich gezeugt habe, erfolgreich ist, bin ich auch selbst erfolgreich«). Manche sehen in ihren Kindern ein Mittel, um alte Rechnungen zu begleichen (»Ihr habt gedacht, ich bin nicht gut genug für eure Tochter; jetzt seht, wie erfolgreich unser Kind ist«). Manche müssen sich in allen Bereichen mit anderen messen (»Mein Kind muß besser sein als alle anderen Kinder«). Wenn die Kinder merken, daß sie den Anforderungen ihrer Eltern nicht genügen können, geben sie wie Ben oft ganz auf. Oder sie verbringen ihr ganzes Leben mit dem Versuch, es den Eltern recht zu machen – und leiden noch lange nach deren Tod unter ihren unmöglichen Ansprüchen.

Es gibt eine Grenze zwischen Druck, der motivierend, und Druck, der niederschmetternd wirkt, und leider überschreiten Eltern und Pädagogen diese Grenze manchmal.

Hier ein weiteres Beispiel dafür, wie Perfektionismus zu unperfekten Ergebnissen führt. Don ist ein Workaholic. Er geht an sechs Tagen der Woche ins Büro – manchmal an sieben. Er arbeitet auch abends lange, er arbeitet hart, und er kann nicht verstehen, warum andere nicht gleichermaßen in ihrer Arbeit aufgehen. Er folgert, daß seine Mitarbeiter faul sind, und das bringt ihn gegen sie auf. Er hat auch keine Freunde im Büro – und das bringt ihn ebenfalls auf.

Es sind zwei verschiedene Dinge, ob Sie ein gutes Beispiel geben oder ob Sie überzogene Maßstäbe setzen. Manchmal ist es nicht leicht, zwischen ihnen zu unterscheiden. Eine Methode ist, eine Liste der Vor- und Nachteile aufzustellen, die Ihre Art, an die Dinge heranzugehen, mit sich bringt. Don merkt zum Beispiel, daß seine Mitarbeiter ihm seine unverholen niedrige Meinung von ihnen übelnehmen. Deshalb sind sie auch nicht freundlich zu ihm. Und das ist, wie er bemerkt hat, ein Nachteil. Es geht nämlich um mehr, als bloß keine Gesellschaft beim Mittagessen zu haben. Wenn Don bei einem bestimmten Projekt die Hilfe seiner Kollegen braucht, behaupten sie, zu beschäftigt zu sein. Sie sagen sich wahrscheinlich: »Er denkt doch sowieso, daß ich ein Nichtstuer bin. Warum sollte ich mir also für ihn ein Bein ausreißen?«

Und weil Don ein Alles-oder-nichts-Perfektionist ist, hat er vermutlich sämtliche Mitarbeiter in dieselbe Nichtstuer-Kategorie verbannt. Wenn er sich die Zeit nimmt, sie einzeln beispielsweise auf einer Skala von 1 bis 10 einzuordnen, wird er möglicherweise feststellen, daß er mit einigen – wenn auch nicht mit allen – ganz gut zurecht kommen könnte.

Natürlich mag Don auch zu dem Ergebnis kommen, daß er lieber das Wohlwollen seiner Kollegen – jedes einzelnen von ihnen – opfert, um seinen eigenen Vorstellungen von Arbeitsmoral nachgehen zu können. Er muß nur den Preis für seine Entscheidung kennen. Denn es ist eine Sache zu sagen: »Ich kenne die Konsequenzen und wähle trotzdem diesen Weg«, und eine ganze andere, später sagen zu müssen: »Ich habe nicht richtig nachgedacht – ich hätte es besser wissen müssen.«

Ihre Maßstäbe setzen

Wir alle müssen zu einer persönlichen Entscheidung darüber kommen, wie wichtig uns unser eigener Perfektionsanspruch ist. Doch diese Entscheidung sollten wir erst treffen, nachdem wir die Gründe für unsere Wahl ausreichend abgewogen haben. Damit sind nicht die Gründe gemeint, die Ihnen Ihre von außen oder innen kommenden Kritiker nennen.

»Was muß ich opfern, um meinen Anspruch zu erfüllen? Ist es die Sache wert?«

Die Schwestern Joanna und Margaret haben den Schmuck ihrer Mutter nach deren Tod gemeinsam geerbt. Die Mutter hat keine Anweisungen hinterlassen, wie der Schmuck aufgeteilt werden soll, aber jeder der beiden Schwestern glaubt zu wissen, was Mutter gewollt hätte. Leider stimmen ihre Ansichten nicht überein. Jede glaubt zum Beispiel, daß sie die Perlenkette bekommen sollte. Für Joanna verhält sich Margaret einfach gierig und dickköpfig, während sie selbst nur auf einer gerechten Aufteilung besteht.

Joanna findet, daß der Schmuck perfekt aufgeteilt werden muß, um das Andenken ihrer Mutter nicht zu beleidigen. Margaret glaubt dasselbe – nur mit umgekehrten Vorzeichen. Andere würden vielleicht eine Münze werfen, die Kette verkaufen und den Erlös aufteilen oder sie einer gemeinamen Lieblingsnichte schenken – aber das sind natürlich Kompromisse. Und Perfektionistinnen finden es schwer, Kompromisse einzugehen. Ein Kompromiß bedeutet das Eingeständnis, daß die eigene Ansicht nicht die einzige perfekte Lösung enthalten muß.

Doch der Streit über die Kette belastet Joanna und Margaret und ihre Familien sehr. Sie müssen sich schließlich fragen: »Ist der Besitz von Mutters Perlenkette die Zerstörung der Familienbeziehungen wert?«

Viele Prinzipien sind es wert, daß wir hartnäckig für sie kämpfen. Wenn Sie glauben, sich in einem solchen Kampf zu befinden, kann man Ihnen nur Kraft und Erfolg wünschen. Aber Sie sind es sich selbst und Ihrer Umgebung schuldig, die Pros und Contras abzuwägen, die Kosten eines Sieges genauso wie den Preis einer Niederlage zu bedenken. Treffen Sie eine begründete Entscheidung.

Es ist für Perfektionisten nicht ungewöhnlich, sich nur aus Lust am Gewinnen – was eine ganz normale Empfindung ist – auf einen Kampf oder Streit einzulassen, ohne zu überlegen, ob der Sieg die Kosten rechtfertigt.

»Interpretiere ich die Reaktionen anderer richtig?«

Vielleicht zögern Sie, ein Projekt zu beenden oder eine persönliche Beziehung zu beginnen, weil Sie glauben, daß eine andere Person Sie oder Ihre Leistung für nicht perfekt genug hält. Aber glauben ist nicht wissen. Was Sie selbst als unterhalb Ihrer Bestleistung liegend betrachten, kann anderen als phantastisch erscheinen.

Perfektion ist, wie bereits erwähnt, eine Frage des persönlichen Urteils. Daher können Sie von der Reaktion eines Menschen nicht notwendigerweise auf die von allen schließen. Was eine Person ablehnt, kann eine andere willkommen heißen. Sie müssen vielleicht ein Dutzend Frösche küssen, bevor Sie Ihren Prinzen finden, und ein Dutzend ansonsten edler Ritter hält Sie vielleicht für einen Frosch, bis Ihr Prinz Sie findet.

Wie können Sie herausfinden, wie andere Sie beurteilen? Nur indem Sie ihr Bestes tun und *etwas riskieren*. Ja, das löst Angst und einiges Unbehagen aus. Aber manchmal hilft nur der Slogan der Nike-Werbung: »Just do it«. Sie können keinen Wettbewerb gewinnen, an dem Sie gar nicht erst teilnehmen. Sie können sich nicht in jemanden verlieben, den oder die Sie noch nicht einmal kennengelernt haben. Sie können kein Lob für eine Arbeit bekommen, die Sie nicht abgegeben haben. Ab einem gewissen Punkt müssen Sie es einfach tun.

Aber, fragen Sie vielleicht, was ist, wenn andere Ihre Leistung ebenfalls als nicht perfekt genug ansehen? Sie würden gerne einhundert Prozent geben, können aber im Moment nicht mehr als fünfundsiebzig

Prozent aufbringen, und die anderen sagen: »Das ist nicht gut genug.«

Sie machen von da aus weiter. Sie haben etwas gelernt. Höchstwahrscheinlich wissen Sie jetzt, wo eine andere Person bei Ihnen Lücken vermutet, und das kann an einer anderen Stelle sein, als Sie gedacht haben. Es ist nicht leicht, durch Versuch und Irrtum zu lernen. Aber es ist besser, etwas zu lernen, als nur zu wünschen, etwas zu wissen – und unterdessen überhaupt nicht weiterzukommen.

Eine kürzlich in den USA veröffentlichte Studie hat gezeigt, daß Allgemeinmediziner der Gesundheitsfürsorgeorganisationen es bei achtundsiebzig Prozent der Fälle versäumen, die Diagnose einer Depression zu stellen, und Psychiater diese Diagnose zu fünfzig Prozent übersehen. Das ist sehr unerfreulich – wir würden uns hier doch etwas mehr Perfektion wünschen –, aber die Ärzte und Psychiater sehen in dieser Statistik nur ein Zeichen dafür, daß es besserer Diagnosemethoden bedarf, und nicht, daß sie ihre Praxen schließen und sich verstecken müssen.

Oft hört man Leute sagen: »Ich würde sterben vor Peinlichkeit.« Wirklich? Können Sie sich an Ihre letzte peinliche Situation erinnern? Hatte sie lang anhaltende Auswirkungen? Der Trick zur Überwindung dieser Angst liegt darin, über eine mögliche anfängliche Verlegenheit hinaus in die Zukunft zu denken – an längerfristige Ziele wie dazuzulernen, sich zu verbessern, seinen Job zu behalten, einen Lebenspartner zu finden. Der Trick ist zu sagen: »Ich werde es riskieren – auch wenn ich nicht weiß, ob es wirklich richtig ist –, denn ich kann nur durch Ausprobieren herausfinden, ob es mir gelingt.«

»Bin ich mir selbst gegenüber fair, wenn ich die positiven Bemerkungen anderer nicht ernst nehme?«

Vielleicht sagen Sie auch: »Ich bin mein strengster Kritiker.« Viele Leute können das von sich behaupten. Jemand lobt sie: »Mensch, das war großartig.« Und sie antworten: »Danke, aber es war eigentlich nicht gut genug.« Nach einem Vergleich mit der Meinung des unerbittlichen inneren Kritikers werden die Kommentare anderer als unqualifiziert oder »nur höflich« abgetan. Das mögen sie manchmal auch sein. Aber wenn Sie merken, daß Sie die positiven Urteile anderer mit großer Häufigkeit zurückweisen, messen Sie sich selbst vermutlich an unfairen und unrealistisch hohen Maßstäben, die Ihnen ein ständiges Gefühl der Unerfülltheit und Erfolglosigkeit vermitteln. Und das entmutigt eher, als zu motivieren, wie Sie wahrscheinlich selbst schon festgestellt haben.

»Bin ich zu hart zu mir selbst? Gibt es irgend etwas, für das ich mich loben würde?«

Perfektionisten neigen dazu, das Glas eher als halb leer denn als halb voll zu betrachten. Michael, ein Psychologe, bekommt zum Beispiel immer gute Kritiken für seine Bücher und Zeitschriftenartikel. Sie werden als hilfreiche, nützliche und wertvolle Beiträge rezensiert. Aber nie als wissenschaftlich und gelehrt. Er wollte immer gern ein anerkannter Wissenschaftler werden und erfährt nun statt dessen Anerkennung als klinischer Psychologe und Therapeut. Soll er sich nun sein Leben lang damit quälen, daß seine Kolleginnen und Kollegen ihn nicht als Gelehrten betrachten – oder soll er stolz darauf sein, daß sie seine Arbeit aus anderen Gründen schätzen?

Flexibilität entwickeln

Perfektionisten machen sich oft das Leben schwer, weil sie Perfektion als ein hundertprozentiges Ergebnis definieren, das *immer zu hundert Prozent* erbracht werden muß, obwohl ein Repertoire an unterschiedlichen »Perfektionsstilen« ihren Zwecken dienlicher wäre.

Sicher ist es gut, ein schriftliches geschäftliches Angebot auf Rechtschreib- und Interpunktionsfehler hin zu kontrollieren, da Sie bei Ihrem potentiellen Kunden keinen schlampigen Eindruck machen wollen. Sie wollen, daß der erste Eindruck ein guter Eindruck ist – und ein richtiger Eindruck. Doch wenn Sie einmal mit einem Auftrag begonnen haben, kann die bestmögliche Reaktion auf eine Anfrage eines Kunden auch sein, einfach eine Notiz auf ein erhaltenes Fax zu kritzeln und es direkt zurückzufaxen. Unter diesen Umständen bedeutet *perfekt* »kurz und schnell«, und es wäre keine so gute Lösung, zu warten, bis eine Sekretärin Ihre Antwort fein säuberlich abgetippt hat.

In ähnlicher Weise müssen Sie auch in einer Beziehung nicht immer denselben Perfektheitsgrad aufrechterhalten. Wenn Sie sich das erste Mal mit jemandem verabreden, wollen Sie einen guten Eindruck machen oder sogar beeindrucken. Aber wenn Sie sich nie entspannen, nie Ihre unperfekteren Seiten zum Vorschein kommen lassen, erlauben Sie dem anderen Menschen nicht, Sie wirklich kennenzulernen – und gestatten auch sich selbst nicht, diesen anderen Menschen kennenzulernen. Und das belastet jede Beziehung.

Auch wenn die Perfektionsanforderungen in Ihrem Beruf sehr hoch sind – wie bei wissenschaftlichen Experimenten oder beim Zusammensetzen von Präzisionsinstrumenten –, müssen Sie die Maßstäbe, die an Ihrem Arbeitsplatz gelten, nicht auf Ihr Privatleben übertragen.

»Gibt es mehrere Wege, die zum Ziel führen?«

Perfektionisten bewundern die von Frank Sinatra in dem Song »I did it my way« ausgedrückte Philosophie. Sie liegen vielleicht richtig damit, daß Ihr Weg der beste ist. Vielleicht aber auch nicht. Bei der Entscheidung hilft die Frage: »Ist dies der *einzige* Weg?«

Normalerweise kennen Sie andere Wege, die zum Ziel führen – Sie wissen, wie dieser oder jener etwas erledigt. Aber sie beharren auf Ihrem eigenen Weg. Flexibilität entwickeln bedeutet, auch die Methoden anderer in Betracht zu ziehen. Manchmal kann Ihnen ein einziger Aspekt eines anderen Arbeitsstils von Nutzen sein. Die Methode eines anderen kann für manche Situationen besser geeignet sein, während Ihr Weg wiederum in anderen Situationen erfolgreicher ist.

Es kommt vor, daß wir eine Vorstellung darüber, wie etwas zu tun ist, im Kopf haben, die einfach nicht richtig ist. Es gibt Menschen, die glauben, daß bei einem »richtigen« sexuellen Erlebnis die Erde bebt oder Blitze zucken, weil sie es so in einem Roman gelesen haben. Und wenn dies nicht passiert, vermuten sie einen Defekt bei sich selbst oder ihrem Partner. Sie können den Sex zu keinem Zeitpunkt genießen, weil sie zu sehr mit Nachdenken darüber beschäftigt sind, wie unperfekt er ist. Solche Leute würden von veröffentlichten Untersuchungen über sexuelle Erlebnismöglichkeiten profitieren, die ihnen helfen könnten, ihre Erwartungen zu ändern und zu verstehen, daß es nicht nur eine einzige, »richtige« Art gibt, sexuelle Befriedigung zu erfahren.

Oder nehmen wir an, der Kellner Max möchte seinen Roman wirklich gerne veröffentlichen und geht davon aus, daß er ihn keinem Verlag anbieten kann, bis er vollständig abgeschlossen und perfekt überarbeitet ist. Also ringt er einsam und allein mit der Perfektion. Wenn Max aber andere Schriftsteller oder ein Buch über Veröffentlichungswege zu Rate ziehen würde, erführe er, daß es inzwischen allgemein üblich ist, sich nur mit wenigen Kapiteln und einem Entwurf an einen Literaturagenten oder einen Verlag zu wenden. Der Schriftsteller erhält auf diesem Wege von Anfang an ein professionelles Feedback, was im allgemeinen auch zu einem besseren Endergebnis führt.

Wenn Sie nie *in Frage stellen*, ob »my way« der einzig mögliche ist, werden Sie nie bessere Wege entdecken und schon gar nicht den »besten« Weg.

»Wäre es nicht vielleicht besser, sich diesmal nach der Methode von jemand anderem zu richten – einfach, um ihm einen Gefallen zu tun, ihm seinen Willen zu lassen oder weil es eine praktische Lösung für ein anstehendes Problem ist?«

Der Lokalredakteur der Tageszeitung, für die Debbie arbeitet, glaubt, daß Debbie das Zeug zu einer Starreporterin hat. »Sie ist clever, sie weiß die richtigen Fragen zu stellen, sie schreibt flott, aber...« Dieses »aber« ist leider ein großes. Debbie hält den Redaktionsschluß oft nicht ein. Sie will eine Story nicht eher abgeben, bis sie ins Detail hinein perfekt ist. Doch rechtzeitige Ablieferung ist wichtig bei einer Tageszeitung. Eine Story, die es nicht mehr in die aktuelle Ausgabe schafft, ist morgen schon überholt. Oder sie erscheint auch in einer anderen Zeitung oder im Fernsehen, statt ein Exklusivbericht zu sein.

Manche Leute weigern sich aus Ärger oder Kontrollbedürfnis, sich nach dem Zeitplan von anderen zu richten, nach dem Motto: »Ich mache es verdammt noch mal dann, wann es mir paßt«. Aber das ist bei Perfektionisten selten der Grund. Debbie ist nicht verärgert, sondern entschlossen, sich und ihre Arbeit im besten Licht zu präsentieren. Der Ressortleiter will jedoch, daß sie es auf seine Art macht – was bedeutet, eine nicht ganz perfekte Story abzuliefern (nur sechs statt sieben Leute interviewen, die Geschichte nur dreimal statt zehnmal umschreiben), aber sie *heute* abzuliefern, nicht morgen oder nächste Woche.

Debbie stehen drei Möglichkeiten zur Wahl:

1. Sie kann es weiter auf ihre Art machen,
   - selbst wenn dadurch viele ihrer Reportagen nicht gedruckt werden.
   - selbst wenn der Lokalredakteur sich über sie ärgert und ihr nicht mehr die besten Aufträge gibt.
2. Sie kann ihre jetzige Stelle kündigen und sich einen Job suchen, der ihrem Bedürfnis nach genügend Zeit zum Überarbeiten eines Artikels mehr entgegenkommt, vielleicht bei einer Zeitschrift mit monatlichem statt täglichem Redaktionsschluß. Aber das ist nur eine Lösung, wenn wirklich die knappe Zeit ihr Problem ist. Wenn ihr Perfektionsbedürfnis sie auch den *monatlichen* Redaktionsschluß verpassen läßt, hilft ein Stellenwechsel wenig.
3. Sie kann sich bereit erklären, sich öfter nach dem Lokalredakteur zu richten und wenigstens einige Artikel rechtzeitig abzugeben,
   - obwohl sie seine Einstellung falsch findet.
   - obwohl sie es haßt, ihren Namen unter eine Story zu setzen, die sie für unvollkommen hält.

- obwohl sie der festen Überzeugung ist, daß den Lesern nicht damit gedient ist, wenn sie weniger als ihr Bestes zu lesen bekommen.

Es ist nicht leicht, etwas nach Art und Weise anderer zu tun. Es ist nicht leicht, sich zu sagen: »Das ist das Beste, was ich unter diesen Umständen abgeben kann, auch wenn ich bei mehr Zeit etwas Besseres zustande bringen könnte.« Aber manchmal tun Sie sich selbst einen Gefallen, indem Sie *jemand anderem* einen Gefallen tun. Seien Sie großzügig. Lassen Sie diesmal den anderen gewinnen.

Manchmal fällt es schon schwer, anderen dabei zuzusehen, wie sie etwas auf »falsche« Art angehen. Fran stöhnt, als sie ihrer Schwiegermutter beim Abwaschen zusieht. »Du mußt die Gläser doch vor den Tellern spülen«, sagt Fran. »Komm, laß mich das machen.« Die Schwiegermutter ist über die Belehrung nicht begeistert. »Ich habe schon Geschirr abgewaschen, bevor du geboren wurdest, und bisher hat sich noch niemand an meinen Gläsern oder Tellern vergiftet«, entgegnet sie ärgerlich.

Fran hat zwei Möglichkeiten:

1. Sie kann ihrer Schwiegermutter zwei Dutzend Bücher über Haushaltsführung unterbreiten, die beweisen, daß sie recht hat,
   - obwohl dies das Verhältnis zu ihrer Schwiegermutter belasten wird.
   - obwohl es ihren Mann verärgern wird.
2. Sie kann die Augen schließen und die Schwiegermutter auf ihre Art abwaschen lassen,
   - obwohl sie diese Art für falsch hält.

Wenn Sie Ihren Standpunkt aus Prinzip durchsetzen wollen, müssen Sie bereit sein, den Preis dafür zu zahlen (den Chef verärgern, mit einem geliebten Menschen streiten, Energien in Kämpfe investieren). Wenn Debbie als Reporterin Erfolg haben will, muß sie ihre Arbeitsweise ändern und das Insistieren des Lokalredakteurs auf rechtzeitige Abgabe in ihre Definition von Perfektion miteinbauen. Das mag ihr etwas Unbehagen bereiten, wenn sie eine Story abliefert, aber wahrscheinlich weniger Unbehagen, als es der Verlust ihres Jobs zur Folge haben würde.

Wenn Fran die Freundschaft mit ihrer Schwiegermutter, an der ihr wirklich etwas liegt, erhalten will, muß sie entscheiden, ob es sich lohnt, einen Streit über Abwaschmethoden anzufangen.

Vielleicht glauben Sie, daß nicht perfekt sein bedeutet, nicht sein Bestes gegeben zu haben, und empfinden deswegen Gewissensbisse. Ihnen ist beigebracht worden, immer nach der Spitze zu streben, sich nie mit dem Zweitbesten zufrieden zu geben. Und dennoch ist das Mittelmaß manchmal die beste Lösung. Nicht immer, aber manchmal. Geben Sie sich mit der bauchigen Mitte der glockenförmigen Kurve zufrieden – diesmal.

Auch hierbei mag es Ihnen helfen, ein bestimmtes Projekt auf einer Skala von 1 bis 10 einzuordnen. Wie wichtig ist es, daß Sie diese bestimmte Aufgabe perfekt erledigen? Ist es das wichtigste Projekt, mit dem Sie je zu tun haben werden? Ist dies der entscheidende Wendepunkt in Ihrem Leben? Oder ist es ein Projekt von vielen? Ist dieser Mensch, der vielleicht nicht die perfekte Person zum Verlieben ist, eventuell eine Bereicherung für Ihren Freundeskreis? Wenn die Wichtigkeit, bei *dieser Gelegenheit* perfekt zu sein, auf der Skala nur bei vier oder fünf rangiert – wozu sich dann zuviel Sorgen um Perfektion machen?

Ein schrittweises Verfahren

Die Entscheidung, nicht ganz perfekt zu sein, kann zumindest anfangs Angst und Unbehagen verursachen. Aber am Ende werden Sie weniger Unbehagen und weniger Angst empfinden, wenn Sie merken, daß Sie tatsächlich mehr erreichen als in der Vergangenheit.

Sie müssen vielleicht schrittweise beginnen. Fangen Sie damit an, unwichtigere Dinge nicht perfekt zu erledigen. Machen Sie das Bett, und schlagen Sie die Zipfel des Bettuchs nicht ein. Oder lassen Sie beim Abwasch einen Teller stehen. Oder waschen Sie das Auto und wischen Sie die Stoßstangen nicht ab. Es kommt nicht darauf an, was Sie unperfekt machen. Es geht darum, irgend etwas nicht perfekt zu machen und das Ergebnis zu betrachten. Haben Sie es überlebt? Zeigen die Leute auf der Straße mit dem Finger auf Sie? Haben Ihre Lieben Sie verlassen?

Das klingt, als ob wir uns über eine ernste Sache lustig machen. Aber das tun wir nicht. Wenn Sie glauben, alles perfekt machen zu müssen, tragen Sie tief im Innern die Überzeugung, daß furchtbare Dinge geschehen werden, wenn Sie nicht perfekt sind. Sie müssen sich selbst – in kleinen Schritten – beweisen, daß dies *nicht* so ist. In den vorhergehenden Kapiteln haben wir bereits die Notwendigkeit dargelegt, Ihre Wahrnehmungen von Problemen zu testen und Zwischenschritte zu unternehmen, die Lösungswege aufzeigen können. Das kann in diesem Fall genauso wichtig sein.

Ein schrittweises Verfahren wird Ihnen beim Erreichen von jeder Art von Zielen helfen – und Sie müssen dazu oft nicht einmal Ihre Ansprüche herabschrauben. Was als Ganzes betrachtet unmöglich auf perfekte Weise zu bewältigen zu sein scheint, wird häufig ganz einfach, wenn Sie es schrittweise angehen. Manche sagen: »Ich kann dieses Projekt unmöglich in der mir zur Verfügung stehenden Zeit ordnungsgemäß abschließen.« Und dann verschwenden sie Zeit, die sie besser auf das Projekt verwendet hätten, mit Sorgen.

Es mag stimmen, daß das Projekt in der verfügbaren Zeit nicht »ordnungsgemäß« durchgeführt werden kann. Andererseits könnten Sie es versuchen, indem Sie die Aufgabe in kleinere Arbeitsschritte einteilen – Schritte, die einzeln leichter und besser zu bewältigen sind. Dann arbeiten Sie an einem Abschnitt nach dem anderen, bis das Projekt fertiggestellt ist. Vielleicht werden Sie erstaunt sein, wie gut das Ergebnis am Ende ausfällt.

Nehmen wir an, Sie wollen einen Artikel schreiben. Aber Sie stoßen sofort auf ein Hindernis, weil Ihnen keine perfekte Einleitung einfällt. Die Einleitung ist nur ein Teil des Ganzen. Gehen Sie zu einem Teil über, der Ihnen leichter fällt. Schreiben Sie diesen. Möglicherweise fällt Ihnen dann eine Idee für den Schluß ein. Arbeiten Sie also am Schluß. Wenn Sie in Ihrem Artikel viel Material bewältigen müssen, schreiben Sie einen groben Entwurf für jeden einzelnen Punkt. Sie können die Teile später zusammensetzen. Sie können später an allem feilen. Denken Sie sich Ihre Arbeit als einen Prozeß, nicht als einen einzigen kreativen Akt. Denken Sie an die Teile, nicht an das Ganze. Es ist einfacher, kleine Aufgaben gut zu bewältigen. Und das Teilstück kann dann benutzt werden, um etwas Größeres entstehen zu lassen.

Das Wichtigste ist, überhaupt zu beginnen und sich nicht von der Möglichkeit eines nicht perfekten Resultates überwältigen und abhalten zu lassen.

Oft wird uns gesagt, daß der »beste« und »schnellste« Weg, um von einer Stelle zur anderen zu kommen, die direkte Route ist. Aber das ist nicht immer der Fall. Wenn Sie versuchten, geradewegs einen steilen, vereisten Hang hinaufzulaufen, würden Sie bald merken, daß Sie ständig zurückrutschen. Sie würden es vielleicht nie bis nach oben schaffen, oder erst nach vielen frustrierenden Versuchen. Aber stellen Sie sich vor, Sie könnten eine Reihe von Stufen in den Hang schlagen. Jede Stufe gibt Ihren Füßen Halt. Stufe für Stufe kommen Sie also genau dahin, wohin Sie wollen.

Etwas, nicht nichts

Solange Sie in Kategorien von alles oder nichts, perfekt oder überhaupt nicht, auf meine Art oder gar nicht, in einem einzigen großen Schritt oder gar nicht denken, ist die Wahrscheinlichkeit groß, daß Sie am Ende frustriert und niedergeschlagen zurückbleiben. Aber wenn Sie in Kategorien denken, bei denen Ergänzung und Vervollständigung statt Perfektion im Vordergrund stehen, wenn Sie daran denken, daß Sie sich verbessern, Neues entdecken, Ihr Vorgehen einem übergeordneten Ziel anpassen können, haben Sie die besten Chancen, Fortschritte zu machen. Alles wird leichter, wenn Ihr Denken sich darauf richtet, sich einem Ziel anzunähern, statt es auf Biegen und Brechen zu erreichen. Ja, es ist schwer, sich dem zu entziehen, was man ein Leben lang eingetrichtert bekommen hat, aber man kann es nur schaffen, indem man es tut.

8. Vergleichssucht

In dem Märchen »Schneewittchen und die sieben Zwerge« sieht eine schöne Königin jeden Tag in ihren Zauberspiegel und fragt ihn: »Wer ist die Schönste im ganzen Land?« Viele Jahre lang kann der Spiegel wahrheitsgemäß antworten: »Ihr seid es.« Aber dann wird Schneewittchen geboren, und als sie heranwächst, wird allen, auch dem Spiegel, klar, daß sie noch schöner ist als die Königin. Und so kommt der Tag, an dem die Königin den Spiegel fragt: »Wer ist die Schönste im ganzen Land?« und der Spiegel sie darüber informieren muß, daß sie an die zweite Stelle gerückt ist.

Die Königin wird von Eitelkeit, Wut und Eifersucht so verzehrt, daß sie versucht, Schneewittchen umzubringen, und das nicht nur einmal, sondern immer wieder. Jedesmal wird ihr natürlich ein Strich durch die Rechnung gemacht. Und wie alle, die mit diesem Märchen aufgewachsen sind, wissen, lebt Schneewittchen glücklich bis an ihr Ende, und die böse Königin versinkt in Elend und Verachtung. Die Königin war nämlich unglücklicherweise von einem weit verbreiteten Denkfehler besessen, der in diesem Buch »Vergleichssucht« genannt wird. Dieser Fehler verursacht viel Leid und Unglück – und nicht nur bei Königinnen, die versuchen, ihre Rivalinnen mit vergifteten Äpfeln aus dem Weg zu schaffen.

Der Wortstamm »Sucht« bezeichnet ein krankhaftes Verlangen. Eßsucht nennen wir ein krankhaftes Verlangen nach Essen, Trinksucht ein krankhaftes Verlangen nach Alkohol. Daher können wir auch ein krankhaftes Verlangen nach dem natürlichen Bedürfnis des Vergleichens Vergleichssucht nennen. Unter dieser Sucht leiden Sie, wenn Sie unsinnige Vergleiche ziehen, wenn Sie zu viele Vergleiche anstellen oder wenn Sie zu oft vergleichen.

Die Fähigkeit, Vergleiche anzustellen

Es ist kaum vorstellbar, daß wir existieren könnten, ohne je Vergleiche anzustellen, denn Vergleiche dienen uns als Richtlinien und sind ein Mittel, um Ordnung aus dem Chaos entstehen zu lassen. Wir stellen fest, daß das Wirtschaftswachstum in diesem Jahr besser oder schlechter als im letzten ist, daß in diesem Frühjahr mehr oder weniger Regen als gewöhnlich fällt, daß uns dieses Theaterstück besser gefallen hat als jenes.

Wir leben nicht abstrakt. Wir müssen die Situationen, in denen wir uns befinden, einschätzen können. Wenn es heute kälter ist als gestern, müssen wir zusätzlich zur Jacke noch einen Pullover anziehen. Durch Vergleichen können wir Dinge in einen Zusammenhang einordnen. Ein Ergebnis ist zwar nicht perfekt, aber schon besser als das vorhergehende. Die Lage ist zwar nicht katastrophal, hat sich aber verschlechtert.

Viele unserer Entscheidungen – welchen Job wir annehmen, welche Person wir einstellen, welches Auto wir kaufen, auf welches Pferd wir setzen oder welche Kandidatin wir wählen – treffen wir, nachdem wir eine Wahlmöglichkeit mit einer anderen oder mit mehreren anderen verglichen haben.

Vergleichen ermöglicht es uns nicht nur, Entscheidungen zu treffen, sondern auch Probleme zu lösen. Wenn die Weihnachtsgans letztes Jahr für sechs Personen gereicht hat, dieses Jahr aber zwölf Personen zum Weihnachtsessen kommen, müssen Sie entweder zwei Gänse kaufen oder das Essen durch andere Gerichte bereichern. Die Überschrift des ersten Kapitels dieses Buches enthält einen Komparativ – wir sprechen davon, etwas besser zu wissen, nicht, ein perfektes Wissen zu besitzen. Gibt es irgend jemanden, der ein perfektes Wissen besitzt? Wie wir im vorigen Kapitel gesehen haben, ist dies äußerst zweifelhaft. Aber manchmal – das haben Sie sich vermutlich selbst schon gesagt – hätten Sie es besser wissen können und sollen.

Wir sind von Maßeinheiten, Meßinstrumenten und Hierarchien umgeben, die uns helfen, Vergleiche anzustellen. Wir werden mit Ranglisten überhäuft: die zehn Besten, die zehn Schlechtesten, die Fortune 500 (größten Unternehmen Amerikas), die Forbes 400 (reichsten Leute Amerikas). In Zeitungskommentaren werden gesellschaftliche Werte und politische Strategien verglichen. Verbraucherzeitschriften bieten uns Preis- und Qualitätsvergleiche. Und all das kann tatsächlich sehr nützlich sein.

Der Ich-Faktor

Doch bei den Vergleichen, bei denen wir am meisten Hilfe nötig hätten, scheinen wir sie am wenigsten zu bekommen. Dies sind die Vergleiche, bei denen es um unser Ich geht, das heißt Vergleiche, die wir ziehen, um uns über uns selbst bzw. über unsere Fähigkeiten und Eigenschaften klar zu werden.

Manchmal fallen Ihre Vergleiche positiv aus: »Ich habe meine Arbeit besser gemacht als sie.« »Ich sehe jünger aus.« Das sind gewöhnlich nicht die Vergleiche, die Ihnen Probleme bereiten. Sie können natürlich Schwierigkeiten bekommen, wenn Sie diese Meinungen herausposaunen und die Leute Sie für arrogant halten. Oder wenn Sie so von sich überzeugt sind, daß Sie sich auf Ihren Lorbeeren ausruhen (»Ich bin sowieso besser als alle anderen«) und dann feststellen, daß andere Ihre Meinung nicht teilen.

Aber im großen und ganzen verursachen negativ ausfallende Vergleiche den meisten Kummer. Diese negativen Vergleiche sind es, die am ehesten zum Schrecken der Vergleichssucht führen. Sie treten meistens in einer von drei Formen auf.

Sie vergleichen sich mit anderen.

Wenn Sie nicht gerade wie ein Einsiedler leben, der nie einen anderen Menschen zu Gesicht bekommt, vergleichen Sie sich zweifellos mit anderen – mit ganz bestimmten anderen.

- Sie vergleichen sich meist mit Menschen, die mehr besitzen als Sie, und nicht mit solchen, die weniger besitzen.

  Selbst wenn Sie sehr wenig haben, können Sie jemandem begegnen, der noch weniger hat, und sich sagen: »So könnte es mir auch gehen. Habe ich ein Glück.« Aber häufiger vergleichen Sie sich wahrscheinlich mit Leuten, *die mehr zu haben scheinen.* Es ist vielleicht kein bewundernswerter Zug, aber es gehört zur menschlichen Natur, sich mit anderen zu vergleichen, die haben, was wir zu entbehren glauben – während wir das, was wir bereits besitzen, für selbstverständlich halten.

- Sie vergleichen sich mit Menschen, die Sie als Konkurrenten betrachten.

  Sie mögen eine hervorragende Wissenschaftlerin, einen hochrangigen Staatsmann oder auch einen cleveren Kollegen im Büro herzlich zu ihrem Erfolg beglückwünschen. Sie lesen gern über das Liebesleben eines Filmstars. Sie genießen es, einem berühmten Violinisten zuzuhören. Das einzige, was Sie diesen Leuten gegenüber empfinden, mag Bewunderung oder gar Ehrfurcht sein. Sie kommen nicht auf den Gedanken, sich mit ihnen zu vergleichen, weil Sie sich mit ihnen nicht im Wettstreit fühlen.

Was aber, wenn Sie und die Wissenschaftlerin sich um dieselben Forschungsgelder bewerben? Wenn Sie und der Filmstar Cousinen sind? Wenn der Staatsmann ein Klassenkamerad von Ihnen war? Wenn Sie viele Jahre Violine studiert haben? Dann empfinden Sie vielleicht anders.

- Sie vergleichen sich in verschiedenen Bereichen mit anderen.

  Sie können persönliche Eigenschaften vergleichen. Sie können sagen: »Ich wünschte, ich wäre Frauen gegenüber so unbefangen wie mein Bruder« oder »so geistreich wie Mary« oder »so groß wie die anderen Jungs im Büro« oder »so dünn wie Jane Fonda«.

  Sie können sich in bezug auf Familie, Besitz, Status oder einen anderen Bereich, in dem Sie sich unterlegen fühlen, mit anderen vergleichen. Sie können sagen: »Es ärgert mich, daß er ein größeres Haus hat als ich« oder »daß ihre Kinder Einsen in der Schule bekommen, während meine Schwierigkeiten haben« oder »daß mein Schwager zehn Millionen hat, während ich nur eine habe«. Oder: »Ich weiß, daß meine Eltern mich nicht so geliebt haben wie andere Eltern ihre Kinder. Ich habe immer die Familienserien im Fernsehen angeschaut und weiß, wie andere Eltern sich ihren Kindern gegenüber verhalten.«

  Sie können Status und öffentliche Anerkennung vergleichen. Sie können sagen: »Als ich mit diesem Kerl zusammen zur Schule ging, war er ein Nichts – und jetzt sieh dir an, wie er öffentlich geehrt wird, während ich überhaupt nicht beachtet werde.« Oder: »Ich habe härter gearbeitet als sie und mich mehr für die Firma eingesetzt – aber sie haben ihr die begehrte Stelle gegeben und nicht mir.«

Sie vergleichen Ihr gegenwärtiges Selbst mit einem früheren Selbst.

Die Kernaussage von A. E. Housmans berühmtem Gedicht »To an Athlete Dying Young« (»An einen jung gestorbenen Athleten«) ist, daß ein junger Mann, der in der Blüte seiner Jahre stirbt, sich nie der Tatsache stellen muß, die Leistungen seiner Jugend nicht mehr erreichen zu können. Der Tod ist natürlich eine etwas drastische Lösung für dieses Problem, aber es ist oft schwer, sich mit Veränderungen im Leben abzufinden, die in irgendeiner Form eine Verschlechterung gegenüber einem früheren Zustand mit sich bringen. Eine Scheidung kann Ihr persönliches und gesellschaftliches Selbstwertgefühl erschüttern. Ebenso der Verlust des Arbeitsplatzes oder einer bestimmten Position. Oder eine dauerhafte Verletzung, die Sie daran hindert, etwas zu tun, was Ihnen früher Freude bereitet hat. Oder das Verblassen eines Ruhms. Housmans Gedicht spricht in diesem Zusammenhang von einem Namen, der noch »vor dem Menschen stirbt«.

Sie fühlen sich vielleicht in Ihrem Wert gemindert oder glauben – vermittels Gedankenlesens – daß andere Sie als einen heruntergekommenen Star sehen, als Verlierer oder jedenfalls als einen traurigen Fall. Auf diesem Gebiet findet die Vergleichssucht viele Opfer.

Sie vergleichen Ihr gegenwärtiges Ich mit einem erträumten Ich, das nie Wirklichkeit geworden ist.

Diese Art von Vergleich ähnelt der oben besprochenen mit einem früheren Selbst. Sie kann ebenfalls in ein Gefühl des Verlusts und der Niederlage münden. Sie hat ebenfalls die Tendenz, zu Vergleichssucht zu führen. Genau um diese Art von Vergleich dreht sich die Handlung des Kinoklassikers *Ist das Leben nicht schön?*. James Stewart spielt einen Mann, der in jüngeren Jahren davon träumte, in ferne Länder zu reisen und es weit entfernt von der Kleinstadt, in der er aufwuchs, zu etwas zu bringen. Statt dessen endet er als Bankangestellter in eben jener Kleinstadt, und seine Bank steckt auch noch in Schwierigkeiten. Er vergleicht sein Leben mit seinen Träumen und empfindet sich als Versager. Verzweifelt und mutlos will er seinem Leben ein Ende setzen. An diesem Punkt taucht Clarence, sein Schutzengel, auf und führt ihm vor Augen, wie trostlos es in seinem Heimatort zugegangen wäre, wenn er nicht dort gelebt hätte. Clarence verhilft ihm zu der Erkenntnis, daß er ein wunderbares Leben gelebt hat, auch wenn er seine Jugendträume nicht verwirklichen konnte.

Oft enthalten diese Träume auch romantische Liebesvorstellungen. Ausdrücke wie »der Mann meiner Träume«, »meine Traumfrau«, »traumhafter Geliebter«, »von der Liebe träumen« sind seit Generationen Allgemeingut. Die meisten Menschen wachsen mit der Erwartung auf, daß sie sich verlieben und bis an ihr Lebensende glücklich mit der geliebten Person zusammenleben werden. Natürlich kann es sein, daß sich diese Erwartung nicht erfüllt. Vergleiche mit einer solchen Traumvorstellung können Sie unter verschiedenen Umständen unglücklich machen:

- Die erträumte Liebe taucht einfach nicht auf. Und anstatt sich auf all die positiven Aspekte Ihres Lebens zu konzentrieren – Ihre Freunde, die Familie, Ihren Beruf, die Freiheit, allen möglichen Interessen nachgehen zu können –, denken Sie nur an den Traum, der sich *nicht* erfüllt hat, und betrachten Ihr gesamtes Leben als einen Fehlschlag.

- Die Menschen, die sich in Sie verlieben, weisen nicht die erträumten Eigenschaften auf. Hier kommt auch wieder das Perfektionismus-Problem ins Spiel. Sie weisen mögliche Partner, mit denen Sie vieles gemeinsam haben, ab, weil sie nicht dem perfekten Ideal Ihrer Träume entsprechen. Sie wollen alles oder nichts und enden mit nichts.
- Die Liebe Ihres Lebens tauchte auf – aber blieb nicht »glücklich bis ans Lebensende« bei Ihnen. Vielleicht ist der geliebte Mensch gestorben, und Sie empfinden seinen Verlust auch nach vielen Jahren noch sehr deutlich. Andere, denen Sie begegnen, können nicht an diesen Menschen heranreichen. Oft erinnern Sie sich auch nur an die guten Eigenschaften des verlorenen Partners und blenden die negativen Seiten aus. Niemand kann dem Vergleich mit dieser idealisierten Erinnerung standhalten. Auf diese Weise geben Sie einer neuen Liebe keine Chance.

Wenn andere vergleichen

Sie sagen vielleicht: »Ich würde ja nicht so empfinden, wenn ich mich selbst mit X – oder mit dem, was X besitzt – vergliche, aber andere vermitteln mir dieses Gefühl.«

Es stimmt, andere stellen manchmal Vergleiche an, die zu Ihren Ungunsten ausfallen, und lassen Sie dies auch wissen. Wir alle kennen dafür genügend Beispiele:

- »Sieh dir Klein Johnny an. Sein Tisch ist sauber aufgeräumt. Warum ist dein Tisch nicht so aufgeräumt?«
- »Deine Schwester Mary kann das schon, obwohl sie jünger ist als du – ich glaube, du strengst dich einfach nicht genug an.«
- »Alle Patersons sind Ingenieure – wie kannst du es wagen, auch nur daran zu denken, Schauspieler zu werden?«
- »Wenn du wenigstens halb so klug wie Margaret wärst.«
- »Hattest du früher nicht einmal eine wichtige Position inne?«
- »Jim und Carrie konnten *ihre* Ehe retten – aber sie haben sich auch wirklich darum bemüht.«
- »Schneewittchen ist die Schönste von allen – nicht du.«

Wir haben schon in einem früheren Kapitel über den Umgang mit Kritik von anderen gesprochen. Negative Vergleiche anzustellen ist einfach eine andere Form der Kritik. Die entscheidende Frage dabei ist, ob Sie *diese Vergleiche verinnerlichen und sie sich zu eigen machen*. Übernehmen von Verantwortung ist ein wichtiges Mittel zur Behandlung von Vergleichssucht. Wenn *andere* eine bestimmte Ansicht äußern, heißt das, daß *Sie* diese Ansicht übernehmen müssen? Die Meinung anderer können Sie vielleicht nicht beeinflussen, wohl aber Ihre eigene.

Jerrys Mutter sagt zu ihm: »Sieh dir deinen Cousin Ned an. Er ist viel erfolgreicher als du, obwohl er zehn Jahre jünger ist.« Jerry denkt möglicherweise: »Stimmt nicht, sie hat unrecht.« Aber nehmen wir an, Jerrys Mutter hat recht mit dem, was sie sagt. Jerry hat die Wahl, wie er darauf reagiert.

Er kann denken: »Mutter hat recht. Ich bin ein Versager.« In diesem Fall zählt nicht, was die Mutter genau gesagt hat, sondern die Bedeutung, die Jerry ihren Worten zuschreibt. Nach seiner Auffassung denkt sie nicht nur, daß er ein bißchen älter und ein bißchen weniger erfolgreich ist als Ned, sondern daß er ein totaler Versager ist – und Jerry gibt ihr recht. Das bewirkt verständlicherweise, daß er sich elend fühlt.

Aber Jerrys Mutter muß noch nicht einmal ein Urteil äußern, damit Jerry verunsichert wird. Nehmen wir zum Beispiel an, daß Jerry beobachtet, wie seine Mutter sich mit Ned auf einem Familienfest unterhält. Er denkt: »Ned ist so viel erfolgreicher als ich – und auch noch jünger. Meine Mutter sagt zwar nichts zu mir, aber ich weiß, daß sie tief im Innern enttäuscht von mir ist. Sie wünscht, ich wäre mehr wie Ned.« Jetzt fühlt Jerry sich schuldig, weil er glaubt, seine Mutter enttäuscht zu haben, obwohl sie nie etwas dergleichen gesagt hat.

Hat Jerry eine andere Wahl? Er hat viele Wahlmöglichkeiten. Er kann auf das, was seine Mutter denkt (oder von dem er denkt, daß sie es denkt), reagieren, indem er sich sagt: »Na und?« oder »Wen schert's?« oder »Neds Art von Erfolg interessiert mich nicht«. Oder auch: »Ned sei sein Erfolg gegönnt – ich weiß, was er dafür in Kauf nehmen muß, und ich möchte nicht an seiner Stelle sein.« Auf diese Weise kann Jerry die gedachte oder geäußerte Bemerkung seiner Mutter als eine Form von Familientratsch auffassen, selbst wenn sie ihn damit wirklich kritisieren wollte.

Es ist ganz natürlich, daß wir bei Vergleichen mit anderen lieber positiv abschneiden wollen. Werbeleute machen sich diesen Wunsch zunutze, wenn sie uns die Botschaft vermitteln, daß wir bei Verwendung eines bestimmten Produktes in den Augen anderer besser dastehen.

»Sehen Sie diesen traurigen Tropf? Erinnert er Sie an sich selbst? Nun, dann beobachten Sie, was passiert, nachdem er unser Mundwasser benutzt hat (oder Deodorant oder Rasierwasser). Frauen finden ihn jetzt unwiderstehlich.« »Sehen Sie sich diese Gruppe selbstbewußter, schwungvoller, ausgelassener, lachender, glücklicher Colatrinker an – wenn Sie auch so sein möchten, wissen Sie ja, was Sie kaufen müssen.«

Vergleiche als Mittel zur Motivierung

Gesagt zu bekommen, daß wir nicht so gut sind wie andere – oder zu glauben, daß andere dies von uns denken –, kann ein starker Ansporn sein. Deshalb werden Vergleiche so häufig benutzt, um uns zu besseren Leistungen oder zu einer Änderung unseres Verhaltens zu motivieren:

- »Willst du, daß unser Verein an letzter Stelle steht?«
- »Sieh mal wie schön deine Schwester ihr Zimmer aufgeräumt hat. Warum kannst du das nicht auch?«
- »Euer Verhalten ist eine Schande. Ich habe in meiner ganzen Laufbahn noch nie eine so laute Klasse gehabt.«

Diese Äußerungen sollen uns einschüchtern und dazu bewegen, mehr zu trainieren, aufzuräumen oder still zu sein.

Jerrys Mutter hofft vielleicht, daß sie ihn durch den Vergleich mit seinem jüngeren und erfolgreicheren Cousin Ned dazu motivieren kann, härter zu arbeiten, sich fortzubilden oder eine Stelle anzunehmen, für die er sich noch nicht recht entscheiden konnte. Sie hofft, daß er denken wird: »Mutter hat recht. Ich bin ein Versager. Aber ich muß nicht mein ganzes Leben lang ein Versager bleiben. *Ich kann etwas daran ändern...* und das werde ich, und zwar sofort.« Und Jerry wird vielleicht wirklich schlagartig aktiv, weil er glaubt, daß seine Mutter von ihm enttäuscht ist. So etwas geschieht häufig. Es ist ein Beispiel dafür, wie sich ein Nachteil in einen Vorteil verwandeln läßt.

Der Psychiater Alfred Adler vertrat die Auffassung, daß das menschliche Streben nach Überlegenheit eine der wichtigsten Antriebskräfte im Leben ist. Adler brach wegen dieser Theorie mit Freud, weil Freud die Bedeutung dieses Einflusses nicht anerkennen wollte, während Adler dabei blieb, daß das Streben nach Überlegenheit die menschliche Entwicklung überhaupt erst ermöglicht. Adler, der den Begriff *Minderwertigkeitskomplex* prägte, sagte, daß wir uns alle von Zeit zu Zeit minderwertig fühlen und versuchen, dieses Gefühl zu überwinden, indem wir unsere Mängel beseitigen oder ausgleichen.

Als Babys fühlen wir uns nach Adler minderwertig, weil die anderen um uns herum durch Sprache miteinander kommunizieren können, und werden dadurch motiviert, sprechen zu lernen. Es wurden schon zahlreiche andere Theorien über den Spracherwerb von Kleinkindern entwickelt, aber sie widerlegen nicht Adlers Hauptthese, daß Vergleichen ein normaler und notwendiger Teil des Entwicklungsprozesses ist. Adler betonte die Wichtigkeit von Rollenmodellen – verkörpert von Menschen, die wir für überlegen halten. Er glaubte, daß der Wunsch, diesen Menschen zu gleichen, uns zur Weiterentwicklung und zum Lernen motiviert.

Ein Rollenmodell muß nicht von jemand verkörpert werden, den wir persönlich kennen. Die Gesellschaft gibt uns Modelle vor. Ihr Vater mag Ihnen gesagt haben, daß »anständige« Leute bestimmte Dinge nicht tun. Sie lernen in der Schule, in Ihrer Gemeinde, am Arbeitsplatz, was bewunderns- und erstrebenswert ist. Kaum jemand geht durchs Leben, ohne überall auf Maßstäbe zu stoßen, an denen wir uns messen sollen. Der Drang, dazuzugehören, Erwartungen zu erfüllen oder zu übertreffen, ist ein starker Motivationsfaktor.

Viele erfolgreiche Leute erzählen später, daß sie ihren Ansporn durch andere erhalten haben, die sagten: »Du hast das Zeug nicht dazu.« Daraufhin dachten sie: »Na warte. Eines Tages komme ich zurück, und dann werden wir ja sehen, wer es geschafft hat.«

Stumpfer Gegenstand statt Ansporn

In Krimis kommt häufig ein stumpfer Gegenstand vor, der benutzt wurde, um jemandem den Schädel einzuschlagen. Meist ist dies ein ganz unschuldiger und nützlicher Gegenstand, wenn er nicht in die falschen Hände gerät. Wie ein Schürhaken zum Beispiel. Jeder Kaminbesitzer weiß, wie nützlich so etwas ist. Und jeder, der Krimis liest oder viel fernsieht, weiß, was für eine tödliche Waffe so ein Schürhaken sein kann.

Genauso ist es mit Vergleichen. Sie können ein nützlicher Ansporn sein, sie können motivieren, ermuntern, anregen. Aber sie können auch mit großer Effektivität vernichtend eingesetzt werden.

Bedenken Sie nur einmal, wie viele Beleidigungen aus Vergleichen bestehen. Stur wie ein Esel, dumm wie eine Kuh. »Du bist nicht besser als ein Schwein.« »Du bist wie ein Tier.« »Du benimmst dich wie ein

Baby.« »Du bist nicht der Kerl, der dein Vater war.« Zweck solcher Vergleiche ist es vermutlich, uns zu beschämen und zu angepaßterem Verhalten zu bewegen. Aber wer könnte leugnen, daß es sich um stumpfe Gegenstände handelt, die die Macht haben zu verletzen?

Je nachdem, wie Sie sie aufnehmen, können negative Vergleiche ihr Selbstbewußtsein und Ihr Urteilsvermögen untergraben.

Wenn Sie denken: »Ich will genauso gut sein wie Leslie, deshalb werde ich härter arbeiten«, ist der Vergleich motivierend. Wenn Sie aber denken: »Ich werde nie so gut sein wie Leslie, deshalb hat es gar keinen Sinn, sich anzustrengen«, wird der Vergleich zu einem Hindernis.

Wenn Sie sich sagen: »Ich bringe nicht mehr das zustande, was ich früher einmal konnte, also kann ich es gleich ganz sein lassen«, verurteilen Sie sich selbst zu lebenslanger Passivität und Unzufriedenheit.

Wenn Sie immer wieder denken: »Ich habe nicht, was bestimmte andere haben, und deshalb bin ich ein Versager«, versagen Sie sich jede Möglichkeit, die positiven Seiten Ihres Lebens wahrzunehmen und zu genießen. Wenn Jerry den Vergleich seiner Mutter verinnerlicht, kann er dadurch entmutigt statt motiviert werden und verzweifelt statt entschlossen reagieren. »Ich schaffe es einfach nicht. Ich habe offensichtlich nicht das Zeug dazu. Es hat keinen Zweck, es weiter zu versuchen.« Abhängig davon, wie Sie sie aufnehmen, können negative Vergleiche Sie *in die falsche Richtung lenken* und Sie dazu bewegen, aufzugeben, statt etwas Neues zu versuchen, und positive Möglichkeiten zu ignorieren, statt Ausschau nach ihnen zu halten. Oder Ihre Energien wie die böse Königin darauf zu konzentrieren, den Erfolg einer Rivalin zu unterminieren, statt etwas für sich selbst zu tun.

Wenn die Königin die Souveränität besessen hätte, zu sagen: »Gut, ich bin immer noch eine der beiden Schönsten, und das ist schließlich nicht schlecht«, hätte sie sich und anderen viel Kummer ersparen können. Wenn Sie gesagt hätte: »Das mag die Meinung des Spiegels sein, aber ich stimme ihm nicht zu«, hätte sie weiter glücklich leben und sich an all der Bewunderung freuen können, die ihr sicher immer noch gezollt wurde.

Wie wirkt es bei Ihnen?

Sie wissen, wie sich Vergleiche bei Ihnen auswirken. Macht es Sie ehrgeiziger und unternehmungslustiger, wenn Sie sich mit einer bestimmten anderen Person oder Ihrer Vergangenheit oder Ihren Träumen vergleichen, oder entmutigt Sie dies eher?

Inspiriert der Vergleich mit einem anderen Menschen oder dessen Besitztümern Sie zu dem Gedanken: »Was er kann, kann ich auch« oder verursacht er derart verzehrende Eifersuchtsgefühle, daß Sie kaum noch an etwas anderes denken können? »Ich sollte auch haben, was er hat. Wenn ich an ihn denke, fühle ich mich wie ein Versager.«

Nehmen wir an, es ist Ihr Ziel, genauso schlank zu werden wie Jane Fonda. Würde es Ihnen helfen, ein Foto Ihres Rollenmodells an Ihren Kühlschrank zu heften? Würden Sie es ansehen und sich sagen: »Wenn ich diese Diät durchhalte, werde ich auch so dünn sein«? Oder würden Sie denken: »Jedesmal, wenn ich dieses Foto sehe, bin ich frustriert, weil ich aufgrund meines ererbten Knochenbaus niemals so aussehen werde, selbst wenn ich einen Monat lang faste.« Anders formuliert: Würden Sie das Foto betrachten und auf den Schokoladenkuchen verzichten, oder würden Sie denken: »Es hat doch keinen Sinn. Ich kann den Kuchen genausogut essen und das Stück Apfelkuchen auch noch«?

Nehmen wir an, es ist Ihr Ziel, der beste Verkäufer Ihrer Firma zu werden. Würde es Sie anspornen, wenn die Geschäftsleitung den besten Verkäufer der Woche bekanntgäbe? Oder würde das Wissen um die Verkaufsquote, die Sie erreichen müßten, um »Bester der Woche« zu werden, Sie mit einem Gefühl der Mutlosigkeit und Minderwertigkeit zurücklassen?

Haben Sie festgestellt, daß Wettbewerb und Vergleiche Sie zwar in einigen Lebensbereichen aufblühen lassen, in anderen aber – vielleicht im privaten Bereich – eher deprimieren?

Wenn vergleichen und verglichen zu werden für Sie schmerzhaft ist, leiden Sie wahrscheinlich unter einer Form von Vergleichssucht.

Wenn Sie unter Vergleichssucht leiden

Vergleichssucht führt häufig dazu, daß Menschen sich unzulänglich, unsicher oder sogar mutlos fühlen. Das ist schon schlimm genug, doch Vergleichssucht kann uns auch auf direktem Wege in Schwierigkeiten bringen.

Sie geben sämtliche Bemühungen, ein Ziel zu erreichen, auf.

Aufgeben ist eines der verbreitetsten Resultate der Vergleichssucht:

- »Ich werde nie der Topverkäufer der Firma, also brauche ich es gar nicht erst zu versuchen.«

- »Aufgrund meines Alters werde ich nie wieder eine so gute Stelle bekommen, also brauche ich mich gar nicht erst um eine solche bemühen.«
- »Ich bin größer (oder dicker oder weniger geistreich) als alle anderen hier, deshalb wird sich niemand mit mir unterhalten wollen. Ich halte das nicht aus. Ich gehe nach Hause.«

Sie setzen lieber andere herab, als sich selbst zu verbessern.

Manchmal sagen wir in verächtlichem Ton, daß jemand einen »Überlegenheitskomplex« hat, aber Alfred Adler würde einwenden, daß es so etwas nicht gibt. Er behauptete, daß Menschen, die andere herabsetzen, um selbst besser dazustehen, unter einem verstärkten *Minderwertigkeitskomplex* leiden.

Diese Theorie unterscheidet zwischen positiven und negativen Arten, sich auszuzeichnen oder aus einer Menge hervorzuheben.

Bei dem normalen Überlegenheitsstreben versuchen wir, unsere Anstrengungen, Fähigkeiten und Errungenschaften zu verbessern. Aber das ist natürlich nicht die einzige Art, Beachtung zu finden. Sie können Ärger machen. Sie können Ihr Selbstwertgefühl aufblasen, indem Sie alle anderen verhöhnen: »Joe, du hast seit zehn Jahren keine gute Idee mehr gehabt.« »Du bist naiv, Nancy.« »Du kommst wohl von einem anderen Planeten, Pete.« Sie werten die anderen nacheinander ab, bis nur noch Sie selbst gut dastehen. Das zwanghafte Bedürfnis, andere herabzusetzen, ist auch eine Wurzel der verschiedenen Formen von Bigotterie.

Wenn andere Ihr Verhalten tolerieren, bereitet es Ihnen vielleicht keine Probleme – doch wenn die von Ihnen verachteten beschließen, sich zu wehren, können Sie in einem breiten Spektrum von Beziehungen Schwierigkeiten bekommen, angefangen mit Ihrer Ehe oder Partnerschaft bis zum Umgang mit Kolleginnen oder Angestellten im Arbeitsbereich.

Mit den Müllers Schritt zu halten wird so wichtig für Sie, daß Sie fast alles tun würden, um mit ihnen gleichzuziehen – auch wenn Sie es sich nicht leisten können, auch wenn es schlimme Konsequenzen für Sie hat.

In seinem Buch *Getting by on $ 100000 a Year* (»Mit 100000 Dollar Jahresgehalt zurechtkommen«) erzählt der Finanzwelt-Autor Andrew Tobias die traurige Geschichte von David Begelman, der als Direktor des Filmsektors von Columbia Pictures Industries Schecks im Wert von 80000 Dollar fälschte und ertappt wurde. Zu dieser Zeit – das war Mitte der siebziger Jahre – verdiente Begelman 234000 Dollar im Jahr, dazu kamen diverse Zulagen und luxuriöse Sondervergünstigungen (die Studios stellten ihm ein Haus mit Swimmingpool in Beverly Hills zur Verfügung). Warum riskiert ein derart erfolgreicher Mann seine Karriere für 80000 Dollar? Tobias bot folgende Theorie an: Dem Rest der Welt erscheint ein Mann mit einem Jahresgehalt von einer Viertelmillion Dollar »reich«, doch wenn all Ihre Freunde Multimillionäre sind, fühlen Sie sich »arm«. Ein hohes Einkommen, erklärt Tobias, ist kein wirklicher Reichtum. Begelman wollte mit Leuten Schritt halten, die sich nichts dabei dachten, tausend Dollar am Tag auszugeben, obwohl er noch nicht einmal tausend Dollar *brutto* am Tag verdiente. Als der Betrug herauskam, wurde Begelman von Columbia gefeuert, und die Geschichte machte viel Furore.

Diese spezielle Variante der Vergleichssucht beschränkt sich keineswegs auf diejenigen, die sich mit Multimillionären messen wollen. Der Drang, mit den Müllers Schritt zu halten – also von anderen für genauso wohlhabend oder tapfer oder klug oder sonst etwas gehalten zu werden –, bringt ständig eine große Zahl von Menschen in Schwierigkeiten.

Als Pete Alyce kennenlernte, traf er auch mit ihren Freunden zusammen und fand sie sehr sympathisch. Eines Abends sagte einer aus der Gruppe: »Laßt uns doch zusammen verreisen. Ich kenne da ein tolles Fleckchen.« Pete wußte, daß er dazu weder das nötige Geld noch genug Urlaub hatte, aber wollte dies Alyce oder ihren Freunden gegenüber nicht zugeben. Er wollte sie nicht wissen lassen, daß er nicht so viel Geld und Freiheiten hatte wie sie. Also stimmte er zu. Und lieh sich Geld, obwohl er wußte, daß er es nur sehr schwer zurückzahlen konnte, und erfand Ausreden an seinem Arbeitsplatz, obwohl er wußte, daß dies seiner Karriere nicht gerade förderlich sein würde. Obendrein hatte er dann keinen Spaß an der Reise. Er machte sich zu viele Sorgen wegen des Geldes und wegen seiner Stelle. »Dieser Urlaub ist den Preis nicht wert, den ich dafür zahlen muß«, lamentierte Pete, »ich habe überhaupt keinen Spaß daran.«

Die Probleme, die entstehen, wenn man mit den Müllers Schritt halten will, sind nicht immer finanzieller Natur. Es kann auch passieren, daß Sie so darauf versessen sind, einen Rivalen auszustechen, daß Sie jede Handlung dieser Person als Herausforderung betrachten. »Sie nimmt also Tanzstunden? Das werde ich auch tun und besser tanzen als sie – auch wenn mich Tanzen gar nicht interessiert.« »Er ist in die Marketingabteilung versetzt worden? Ich werde auch eine Versetzung beantragen, auch wenn mich Marketing nicht interessiert.«

Der Wunsch, einer Gang, einer Clique oder einer Elitegruppe anzugehören, kann so übermächtig werden, daß er unbedachte Leute zu allem möglichen verführt – vom Autodiebstahl über das Überziehen von Konten bis zu den verschiedensten Handlungen, die sie normalerweise nicht begehen würden und die sie später reuevoll zugeben lassen: »Ich hätte es besser wissen müssen.«

Die Realität ins Spiel bringen

Es ist sicherlich unangenehm, bei einem Vergleich schlecht abzuschneiden. Ärgerlich genug, wenn dieser Vergleich unleugbar korrekt ist. Aber noch ärgerlicher, wenn er – verursacht durch einen Anfall von Vergleichssucht – verzerrt, übertrieben oder schlichtweg unfair ausfällt. Hier ist das Gegengift des Realitätssinns vonnöten.

Der erste Schritt zur Behandlung der durch Vergleichssucht verursachten Beschwerden besteht darin, Vergleiche auszumerzen, die schlichtweg falsch sind. Zu diesem Zweck müssen Sie sich eine Reihe von Fragen stellen.

Was vergleichen Sie?

Um diese Frage beantworten zu können, bedarf es einiger Selbsterforschung. In welcher Beziehung fühlen Sie sich einer anderen Person gegenüber minderwertig? Ist es Aussehen, Erfolg, Macht, Berühmtheitsgrad, Beliebtheit, Glück, Familienleben?

Wie korrekt ist Ihr Vergleich?

Vergleichen Sie sich mit etwas, das Sie sicher über die andere Person wissen – oder nur mit dem, was Sie *glauben* zu wissen? Vielleicht betreiben Sie ja ein wenig Gedankenleserei.

Wir gehen leicht davon aus, daß andere Leute keine Probleme haben, daß ihnen alles zufliegt und daß sie rundum glücklich sind – vor allem wenn wir diese Leute kaum oder überhaupt nicht kennen. Wenn Sie Ihr eigenes Leben mit dem Leben, das Sie für jemand anders erfunden haben, vergleichen, ist es nicht schwer, sich unzulänglich zu fühlen.

Dazu kommt, daß wir im Zeitalter der Massenkommunikation in Zeitungen und Zeitschriften und im Fernsehen mit Erfolgsstorys bombadiert werden – mit den Lebensstilen der Reichen, Berühmten, Schlanken, Schönen, Verehrten, Mächtigen, derer, die alles haben. Deren Leben erscheint Ihnen um so vieles leichter, glücklicher, besser als Ihr eigenes. Vielleicht stimmt das, vielleicht aber auch nicht. Oft sind wirkliche PR-Agenten hinter diesem Erscheinungsbild am Werk, die die schönen Seiten betonen und die weniger schönen sorgsam verstecken. Vielleicht überblättern Sie auch gern diejenigen Artikel und Interviews, in denen die angeblich wunschlos Glücklichen als Menschen mit Problemen dargestellt werden oder in denen sie selbst zugeben, ebenfalls Sorgen zu kennen. Die TV-Moderatorin Barbara Walters sagte in einem Interview, daß man von niemandem glauben soll, daß er immer die Kontrolle behält, auch nicht von ihr. Ein Reporter fragte einmal den Schauspieler Tom Selleck, ob er sich je Sorgen um ein vorzeitiges Ende seiner Karriere und den Verlust alles bisher Erreichten machen würde. Und Selleck antwortete einfach: »Ja.«

Aber die bewunderte oder beneidete Person muß nicht unbedingt eine Berühmtheit sein, um Sie zu uninformierten Vergleichen zu bewegen. Edward erinnert sich zum Beispiel, daß er als Kind immer seinen Klassenkameraden Billy beneidete, weil Billy so eine tolle Mutter hatte. »Alle Kinder wollten Billys Mutter Esther zur Mutter haben. Sie schien immer so lustig zu sein. Sie erzählte uns schmutzige Witze. Keine von unseren Müttern tat das je.« Erst viele Jahre später erfuhr Edward, daß Billy das Verhalten seiner Mutter stets furchtbar peinlich war und daß er viel lieber eine normale Familie gehabt hätte. Während Billys gesamter Kindheit mußte Esther immer wieder in psychiatrische Kliniken eingewiesen werden. Es war nicht leicht, Esther zur Mutter zu haben.

Schließen Sie von einer Tatsache, die Sie über eine Person wissen, auf ihr gesamtes Leben?

Diese Person ist also Millionärin – und daher ist sie auch gesund, wohlversorgt, entspannt, von lieben Menschen umgeben, die sie anbeten, und glücklich in ihrem Beruf. Das mag alles stimmen. Untersuchungen haben ergeben, daß Menschen mit viel Geld zufriedener mit ihrem Leben sind als Menschen mit wenig Geld – was kaum verwundert. Doch das alte Sprichwort »Geld allein macht nicht glücklich« enthält einen wahren Kern. Wie oft lesen Sie von beneidenswert reichen und berühmten Leuten, die drogensüchtig sind, eine Scheidung nach der anderen einreichen oder Jahre in Therapien zubringen. Sie erfahren von einem Star – manchmal erst an dessen Lebensende –, daß er viele Jahre des Leids durchleben mußte. Warum *nehmen* Sie also einfach *an*, daß es jemandem so viel besser geht als Ihnen, wenn Sie gar nicht die ganze Lebensgeschichte dieses Menschen kennen und der *einzige Effekt* dieser Annahme darin besteht, daß sie Sie frustriert?

Heben Sie bei Vergleichen alle positiven Aspekte auf der anderen Seite hervor, ignorieren aber diejenigen auf Ihrer Seite? Listen Sie gerechterweise die negativen Aspekte beider Seiten auf?

Wenn Sie an Vergleichssucht leiden, betrachten Sie häufig die Attribute anderer wie durch ein Fernglas, wobei Sie sie natürlich vergrößern. Bevor Sie dann Ihre eigenen Attribute betrachten, drehen Sie das Fernglas herum. Haben Sie je umgekehrt durch ein Fernglas gesehen? Alles sieht kleiner und entfernter aus. Oft verkleinern Sie nicht nur eigene Eigenschaften, sondern ignorieren einige auch komplett. Wenn Spieler erzählen, wieviel sie gewonnen haben, vergessen sie oft zu erwähnen, wieviel sie zuvor verloren haben. Wenn Sie vergleichssüchtig sind, machen Sie es umgekehrt. Sie konzentrieren sich beim Vergleich mit anderen oder mit einem früheren, »besseren« Selbst auf Ihre Verluste und vergessen die Gewinne.

Hier ein Beispiel:

Martha steht kurz vor dem Ruhestand und unterhält sich daher mit Altersgenossen über diesen Lebensabschnitt. Einige sprechen über das Geld, das sie beiseite gelegt, und die Investitionen, die sie im Laufe der Jahre getätigt haben, um sich im Alter abzusichern. Martha wird ganz übel. Sie hat kein solches Polster angelegt. Sie tadelt sich selbst: »Ich hätte mein Geld lieber sparen sollen, statt es aus dem Fenster zu werfen.«

Aber hat Martha es denn aus dem Fenster geworfen oder hat sie sich damit ein schönes Leben gemacht? Während die sparsameren unter ihren Freunden in Sicherheit investiert haben, hat Martha in Vergnügen investiert. Sie hat schöne Reisen gemacht. Sie hat in teuren Restaurants gegessen. Sie hat sich gern neue Kleider gekauft. Vielleicht hat Martha zuviel in Vergnügungen investiert und zuwenig in eine langfristige Absicherung. Wenn aber andererseits eine der vorsichtigeren Geldanlegerinnen am Tag nach ihrer Pensionierung stürbe, würde Martha wahrscheinlich sagen: »Was für eine Schande, daß sie nie etwas von ihrem Geld ausgeben konnte. Ich bin froh, daß ich mir mit einem Teil von meinem schon eine schöne Zeit gemacht habe.«

Es geht hier nicht darum zu entscheiden, wer die weisere Wahl getroffen hat, sondern nur darum zu zeigen, daß jede Wahl ihre Vor- und Nachteile mit sich bringt, die wir für einen fairen Vergleich ebenfalls mit heranziehen müssen.

Hier noch ein weiteres Beispiel:

Der Mediziner William A. Nolen, der den Bestseller *The Making of a Surgeon* (»Werdegang eines Chirurgen«) schrieb, sagte Jahre später, daß er trotz des Erfolgs des Buches und seines dadurch gewonnenen Ruhms eine ernsthafte Midlifecrisis erlebte. Er war der Chef der Chirurgie eines Kreiskrankenhauses in Litchfield, Minnesota, er hatte Geld, er liebte seine Frau und seine sechs Kinder, und dennoch begann er, sich irgendwann mit anderen zu vergleichen, die seiner Meinung nach mehr aus ihrem Leben gemacht hatten. »Einer meiner Studienkollegen war ein Pionier auf dem Gebiet der Nierentransplantation geworden.« Nolen hatte auf einmal das Gefühl, daß es ein Fehler gewesen war, so lange in Litchfield (5000 Einwohner) geblieben zu sein. Er fing an, unter Schlafstörungen zu leiden. Er wollte morgens nicht mehr aufstehen. Er versuchte, sich mit Valium, Quaaludes und Alkohol zu betäuben. Sein Beruf und sein Privatleben litten darunter. Er glaubte, weggehen zu müssen. »Ich setzte eine Anzeige in eine Ärztezeitschrift, in der ich meine gegenwärtige Position beschrieb und meinen Wunsch nach einer Stelle im Umkreis von 80 km von Boston äußerte.« Er bekam Dutzende von Zuschriften auf seine Anzeige, alle von Ärzten, die begierig waren, seine Nachfolge anzutreten. Für sie war äußerst attraktiv, wovor er fliehen wollte. »Das ließ mich meine Situation mit anderen Augen sehen«, sagt Nolen. Er blieb in Litchfield.

Verwechseln Sie »dort hinkommen« mit »schon da sein«?

Es ist verständlich, wenn ein junger Trompetenschüler danach strebt, das Niveau eines Wynton Marsalis zu erreichen oder ein Schauspielschüler Dustin Hoffman nacheifert. Aber wenn der Anfänger schon nach ein paar Unterrichtsstunden aufgibt, weil »Ich nicht so gut spiele«, dann ist der Vergleich selbstbehindernd und dumm. Er zerstört die Motivation, zu lernen und sich zu verbessern.

Die Meinung anderer einholen

Manchmal ist es von Vorteil, die Meinung anderer einzuholen. Manchmal hilft es, jemanden, dem Sie vertrauen, zu fragen: »War ich wirklich so schlecht, wie ich dachte?« »Sehen mich die Leute wirklich so, wie ich glaube?« Sie entgegnen vielleicht: »Das nützt nichts, denn die Leute, die ich kenne, sind viel zu höflich, um mir die schreckliche Wahrheit zu sagen.« Und Sie könnten damit recht haben. Aber wenn Sie anderen erklären, daß Sie unbedingt eine ehrliche Meinung hören wollen, weil Sie sich nicht verbessern können, ohne genau zu erfahren, wo Ihre Schwächen liegen, zerstreuen diese vielleicht Ihre schlimmsten Befürchtungen oder geben Ihnen durch die Bestätigung Ihrer Befürchtungen den Anstoß, *etwas gegen Ihre Schwächen zu unternehmen*.

Wenn Sie ein positives Echo erhalten, lassen Sie es auch gelten. Wenn Sie ein negatives erhalten, akzeptieren Sie es ohne Murren und Protest, sonst werden Sie vielleicht nie wieder eine ehrliche Meinung hören.

Die Na-und-Lösung

Der Vergleichssucht fallen Sie, wie auch den anderen Denkfehlern, meistens zum Opfer, weil Sie voreilige Schlüsse ziehen. Sie haben jene Gedanken, die unterhalb der Bewußtseinsschwelle durch Ihren Kopf sausen, die Oberhand über Ihren Verstand gewinnen lassen. Wenn Sie noch einmal über einen Vergleich nachdenken und dabei die in diesem Kapitel erwähnten Faktoren beachten, werden Sie vermutlich feststellen, daß Sie zu negativ urteilen. Sie zollen sich selbst möglicherweise nicht genug Anerkennung. Sie setzen Eigenschaften bei anderen voraus, für die Sie keine Beweise haben. Oder Sie konzentrieren sich nur auf ein Element des Vergleichs statt auf das Gesamtbild.

Sie können jedoch auch völlig richtig mit Ihrem Vergleich liegen. Diese Person ist glücklicher als Sie. Sie hat mehr Erfolg. Ihr eigener Ruhm hingegen gehört der Vergangenheit an. Eine vernünftige Frage, die man an diesem Punkt stellen kann, ist: »Na und?«

Das mag leichtfertig klingen, ist es aber nicht. Welchen *bedeutsamen Unterschied* macht Ihr Vergleich? Welchen bedeutsamen Unterschied macht es, wenn Ihr alter Klassenkamerad gerade einen Preis gewonnen hat und Sie nicht? Beeinträchtigt dies Ihre Arbeit, Ihre Fähigkeiten oder Ihr sonstiges Leben in irgendeiner Weise? Bleiben die Leute auf der Straße stehen und zeigen mit dem Finger auf Sie? Werden Ihre Freunde Sie nicht mehr anrufen? Es gibt Ihnen vielleicht einen Stich, daß Sie nicht erreicht haben, was Ihr Klassenkamerad erreicht hat, aber hat es irgendwelche anderen Auswirkungen auf Ihr Leben?

Wenn nicht, wozu die Aufregung?

Welchen bedeutsamen Unterschied macht es, wenn Sie nicht so hübsch sind wie Ihre Freundin Marie? Können nur schöne Frauen Spaß am Leben haben? Schauen Sie sich um, und Sie werden feststellen, daß dies nicht der Fall ist. Die bekannte Talkshow-Gastgeberin Oprah Winfrey hat einmal erzählt, daß sie ziemlich früh bemerkte, nicht so hübsch zu sein wie einige ihrer Klassenkameradinnen, und daher folgerte, daß ihr Aussehen allein sie nicht sehr weit bringen würde im Leben. Daher verlagerte sie ihre Kräfte auf ihre Ausbildung und ihr Kommunikationstalent – mit unübersehbar gutem Ergebnis.

Was sind Sie bereit aufzugeben?

Wenn Sie *nicht* mit »Na und?« reagieren wollen, könnten Sie sich auch fragen: »Was bin ich bereit für das, was ich will, aufzugeben?« Wenn Sie sich mit anderen vergleichen – berücksichtigen Sie dabei auch die Opfer, die diese anderen eventuell erbracht haben? Wissen Sie, ob sie bestimmte Opfer bringen mußten? Wenn ja, sind Sie bereit, diese ebenfalls zu bringen?

Die meisten Leute antworten auf die Frage: »Welchen Preis sind Sie bereit zu zahlen?« mit: »Gar keinen.« »Ich will denselben Job, den ich vorher hatte, ... aber ich bin nicht bereit, dafür nach X zu ziehen.« »Ich will haben, was sie hat, aber ich will nicht wie sie vierzehn Stunden am Tag arbeiten.« »Ich möchte seine Freiheiten haben, aber ich brauche mehr Geld als er verdient.« »Ich will, was ich will, und zwar wann, wo und wie ich es will.« Wenn Sie nichts aufgeben wollen, um zu bekommen, was Sie wollen, wundern Sie sich nicht, wenn Sie es nicht bekommen.

Einen anderen Vergleich finden

Nehmen wir an, Sie haben recht mit der Schlußfolgerung, daß Sie nie wieder so glücklich sein werden, wie in der Vergangenheit. Vielleicht ist Ihr Ehepartner gestorben. Vielleicht ist das Geschäft, dem Sie die meiste Zeit Ihres Lebens gewidmet haben, bankrott gegangen. Nehmen wir an, Sie haben recht, wenn Sie sich sagen, daß Sie nie haben werden, was eine andere Person hat. Diese Person ist die Erbin eines Millionenvermögens. Sie jedoch müssen sich jeden Pfennig erarbeiten. Jene hat einfach unverschämt viel Glück. Und Sie nicht. Sie haben zur Zeit nicht so viel Erfolg wie früher.

Nun haben Sie zwei Möglichkeiten: Sie können in Hoffnungslosigkeit versinken, weil Sie nie haben werden, was diese andere Person hat oder was Sie früher einmal hatten, und Ihr Leben in Trauer, Verzweiflung und Selbstvorwürfen zubringen. Oder Sie können die Ausgangsbasis Ihres Vergleiches ändern. Statt das, was Sie früher einmal waren oder hatten, mit dem zu vergleichen, was Sie jetzt sind, können Sie sich mit dem vergleichen, was Sie in einem Jahr sein können. Statt zu vergleichen, was ein anderer hat und Sie nicht, vergleichen Sie doch, was Sie jetzt haben, mit dem, was Sie erreichen können, wenn Sie dies oder jenes tun.

Übertriebene Übertreibungen sind ebenfalls ein gutes Mittel gegen Vergleichssucht. Damit ist gemeint, daß Sie Ihre Vergleiche absichtlich übertreiben sollen. Sagen Sie nicht: »Verglichen mit früher bin ich ein Versager.« Sagen Sie: »Verglichen mit allen anderen auf der Welt bin ich ein Versager. Niemand hat mehr Mist gebaut im Leben als ich. Eine Amöbe hat mehr Erfolg als ich.« Klingt das lächerlich? Das soll es auch. Übertreibungen können Ihnen eine realistischere Perspektive vermitteln. Absichtliche Übertreibungen helfen Ihnen dabei, sich der übertriebenen Gedanken bewußt zu werden, die Ihnen bereits durch den Kopf gehen und Sie unzufriedener als nötig machen.

Ein Schritt nach dem anderen

Hüten Sie sich davor, Perfektionismus mit Vergleichssucht zu kombinieren. Denken Sie daran, daß eine Alles-oder-nichts-Haltung (»Wenn ich nicht wieder alles haben kann, was ich früher hatte, will ich lieber gar nichts haben«) Sie am Ende oft mit nichts dastehen läßt. Sagen Sie sich statt dessen: »Ich bin im Moment nicht glücklich, aber ich werde versuchen, daran etwas zu ändern. *Schon ein wenig mehr* als das, was ich jetzt habe, *ist besser als nichts.*« Das ändert die Basis des Vergleichs in einer Weise, die es Ihnen erlaubt, weiterzumachen und schließlich über den Vergleich hinauszugehen. Vielleicht geht es nicht so schnell, wie Sie gern möchten. Aber auch hier können Sie Schritt für Schritt vorwärtskommen.

Als eine Rückenverletzung Stan zwingt, seinen Beruf im Baugewerbe aufzugeben, hat er das Gefühl, seine gesamte Identität zu verlieren. Stans Arbeit war zugleich sein Hobby. Er liebte es, im Freien zu arbeiten. Er liebte körperliche Arbeit. Er war gut in seinem Beruf und genoß die Achtung, die ihm andere wegen seines Könnens entgegenbrachten. Freunde erinnern ihn daran, daß er ja immer noch seine Familie und seinen Freundeskreis hat und niemand ihm das in der Vergangenheit Erreichte wegnehmen kann. Stan stimmt ihnen zu, aber er ist trotzdem deprimiert.

Da Stan sich über seine Arbeit definiert – wie übrigens die meisten von uns –, glaubt er, daß seine besten Tage vorbei sind. Das stimmt auch, soweit es seinen bisherigen Beruf betrifft. Doch die jetzt anstehende Frage ist, wie es mit ihm weitergehen soll. Er muß sich eine neue Beschäftigung suchen. Zugegebenermaßen mag ihm diese nicht *genauso* viel Freude bereiten wie die alte, aber sie wird ihm sicher *mehr* Freude bereiten, als sich endlos in seinem Gefühl des Verlusts zu ergehen. Stan muß seine Vergleichsbasis Schritt für Schritt ändern.

Hier sind einige Vorschläge für Stan, die eventuell auch Ihnen helfen:

1. Machen Sie eine Brainstorming. Nehmen Sie Stift und Papier zur Hand und schreiben Sie alles auf, was Sie tun können oder gern tun würden, alles, was Ihnen interessant und möglich erscheint. Wenn Freunde bei Ihrem Brainstorming mitmachen wollen, um so besser. Schreiben Sie jede Idee auf, egal wie verrückt sie zuerst erscheinen mag. Das größte Hindernis beim Lösen eines Problems ist nicht, keine Lösung zu finden, sondern eine einzige Lösung zu finden und stur dabei zu bleiben. Wenn diese eine Lösung sich als nicht praktikabel erweist, sagen Sie nämlich: »Na ja, ich habe es versucht. Nichts hilft.« Gönnen Sie sich eine Liste – eine ganze Speisekarte – von Lösungsmöglichkeiten, aus der Sie wählen können.
2. Wählen Sie eine Möglichkeit aus der Liste, um ihr nachzugehen. Nehmen wir an, Stan dachte: »Ich würde schon gerne im Baugewerbe bleiben, aber mit dieser Rückenverletzung gibt es wahrscheinlich keine Möglichkeit.« Stan kann sich entschließen, eine Möglichkeit zu finden, doch im Baugewerbe zu bleiben.
3. Noch ein Brainstorming. Welche Schritte kann Stan unternehmen, um mehr Informationen zu erhalten? Wen kann er anrufen? Wo kann er nachschlagen? Wer könnte etwas wissen? Baufirmen? Das Arbeitsamt?
4. Unterteilen Sie die Liste der Schritte in noch kleinere Schritte: zum Beispiel Telefonnummern herausfinden. Adressen sammeln, einen Zeitplan aufstellen, um allen Hinweisen nachzugehen.
5. Diese Nachforschungen können zu möglichen neuen Stellen führen. Es könnte sich aber auch herausstellen, daß Stan recht hat und das Baugewerbe nicht mehr in Frage kommt. Dann muß er nun einer anderen Möglichkeit auf seiner ersten Liste nachgehen. Oder die Nachforschungen ergeben, daß Stan für eine andere Beschäftigung im Baugewerbe Fähigkeiten erwerben muß, die er noch nicht besitzt. Das würde ein neues Ziel setzen: Fortbildung.

Stan könnte dazu sagen: »Kommt nicht in Frage. Ich müßte wieder zur Schule gehen. Außerdem habe ich das Geld nicht dafür.« Doch Stan kann sich auch hierüber Schritt für Schritt kundig machen: Wie lange müßte er zur Schule gehen? Was würde es kosten? Gibt es eine Stelle, die finanzielle Unterstützung gewährt? Kann er eine Teilzeitbeschäftigung annehmen?

6. Die Nachforschungen können verschiedene Alternativen ergeben. An diesem Punkt mag es notwendig werden, jene hoch entwickelte Fähigkeit, Vergleiche anzustellen, auf positive Weise zu nutzen – das heißt, die Vor- und Nachteile der Alternativen zu vergleichen. Die eine würde zum Beispiel den Umzug in eine andere Stadt erfordern. Die andere ist dafür schlechter bezahlt. Es kann ein Dutzend bedenkenswerter Unterschiede zwischen ihnen geben.

Vor- und Nachteile vergleichen

Hier noch ein nützlicher Hinweis für diese Art von Vergleichen: Vergleichen Sie nicht nur zweispurig (Alternative A mit Alternative B), sondern vierspurig. Das funktioniert so: Nehmen Sie zwei Blätter Papier und teilen Sie sie jeweils durch einen Strich in der Mitte. Die eine soll die Vor- und Nachteile von Alternative A enthalten, die andere diejenigen von Alternative B.

Sie werden feststellen, daß die Punkte auf den Listen sich oft überschneiden, aber wenn Sie die Vor- und Nachteile jeder Alternative *getrennt* abwägen, fallen Ihnen mehr Aspekte zu A und B ein, als wenn Sie sie einander direkt gegenüberstellen.

Nachdem Sie die Listen fertiggestellt haben, bewerten Sie jeden Vorteil und jeden Nachteil mit einer Zahl zwischen 1 bis 5. Dadurch können Sie feststellen, wie sehr jeder Punkt bei Ihnen ins Gewicht fällt: 1 bedeutet, daß er Ihnen nicht so wichtig ist, 5 bedeutet, daß er Ihnen äußerst wichtig ist. 2, 3 und 4 stehen für die Zwischenpositionen.

Auf diese Weise gibt Ihr Vergleich Ihnen zusätzliche Informationen. Sie können nun feststellen, welche Vor- und Nachteile für Sie am entscheidendsten sind.

Weniger vergleichen

Sie werden nie aufhören, Vergleiche anzustellen, und hilfreiche Vergleiche wollen Sie ja auch gar nicht aufgeben. Aber Sie stellen möglicherweise fest, daß Ihr Leben angenehmer wird, wenn Sie einfach weniger vergleichen – und seltener. Achten Sie darauf, was sich verändert, wenn Sie es tun. Wird Ihre Produktivität geringer, wenn Sie aufhören, sich mit anderen zu messen? Oder verringert sich Ihr Unbehagen? Das wäre doch ein interessanter Vergleich.

9. Was-ist-wenn-Denken

Sorgen. Sorgen. Sorgen. Nur um sie dreht sich das Was-ist-wenn-Denken. Zusätzlich zu den realen Bedrohungen für Glück und Gesundheit sorgen Sie sich um Dinge und Umstände, die nicht existieren oder nur mit größter Unwahrscheinlichkeit eintreten. Und die Sorgen um die realen Bedrohungen nehmen ein Ausmaß an, das Ihre Kompetenz, etwas gegen sie zu unternehmen, schwächt statt stärkt.

Die Was-ist-wenn-Persönlichkeit ähnelt Klein-Hühnchen insofern, als beide deutlich imaginäre Katastrophen vor sich sehen können, allerdings in unterschiedlicher Form und verbunden mit unterschiedlichen Reaktionen. Klein-Hühnchen ist sich so sicher, daß etwas Furchtbares gerade passiert oder in Kürze passieren wird, daß es vor lauter Verwirrung und Panik das wirkliche Geschehen nicht mehr registrieren kann. Ein Was-ist-wenn-Mensch behauptet nicht, daß etwas Schreckliches gerade passiert *ist*, sondern konzentriert seine Aufmerksamkeit darauf, daß etwas Schreckliches passieren *könnte*.

Sorgen. Sorgen. Sorgen. »Was ist, wenn sie mich ablehnen? Was ist, wenn die Brücke zusammenbricht? Was ist, wenn das Ergebnis der ärztlichen Untersuchung schlecht ausfällt? Was ist, wenn ich mich blamiere? Was ist, wenn mir etwas Schreckliches – was immer es ist – passiert? Was ist, wenn die bedrückende Situation, in der ich mich zur Zeit befinde, sich nicht ändert? Was ist, wenn mein gegenwärtiger Erfolg nicht anhält?«

Was-ist-wenn-Fragen geben Ihnen ein Gefühl der Verwundbarkeit und Exponiertheit, so als würden Sie am Rand eines Abgrunds hängen und sich nur noch mit den Fingern festklammern. Schlimmer noch, diese Fragen erhöhen Ihre Verwundbarkeit, wenn Sie bereits am Rande eines Abgrunds hängen. Wenn sich in Ihrer Nähe der Ast eines Baumes erstreckte, würden Sie ihn wahrscheinlich noch nicht einmal wahrnehmen, weil Sie immer nur denken könnten: »Was ist, wenn niemand meine Schreie hört? Was ist, wenn der Rand abbricht? Was ist, wenn meine Finger nachgeben?«

Was-ist-wenn-Denken paralysiert. Es untergräbt Ihre Fähigkeit, auf neue Ideen und Lösungen zu kommen, weil Sie in Gedanken lauter furchtbare Dinge sehen, die passieren *könnten*, wenn Sie es wagen, sich zu bewegen. Es beeinträchtigt jede Freude über glückliche und erfolgreiche Lebensphasen, denn in Gedanken sehen Sie schon wieder, was alles schiefgehen *könnte*.

Was-ist-wenn-Menschen gehen nicht gerne Risiken ein, weil die potentiellen Gefahren des Versagens so viel bedeutender vor ihnen aufragen als die potentiellen Freuden des Erfolgs. Was-ist-wenn-Menschen verfügen gar nicht mehr über genug Energien, um Risiken einzugehen, weil sie zu sehr damit beschäftigt sind, erwartete Katastrophen abzuwehren.

Murphys Gesetz neu schreiben

Sie könnten jetzt wieder einwenden: »Aber es stimmt doch, daß dauernd schreckliche Sachen passieren.« Ja, natürlich stimmt das. Viele Leute zitieren gerne Murphys Gesetz, welches besagt: »Wenn irgend etwas schiefgehen kann, tut es das auch.« Selbstverständlich *können* Dinge schiefgehen. Es gibt so gut wie kein Problem und keine Komplikation, von denen wir sagen können, daß sie unter beliebigen Umständen garantiert nicht eintreten. Aber selbst wenn die Wahrscheinlichkeit nur eine Million zu eins ist, wird ein Was-ist-wenn-Grübler der einen Chance, daß etwas schiefgehen könnte, mehr Aufmerksamkeit schenken als den 999999 Chancen, daß alles gutgehen wird.

Wenn Sie von Sorgen verzehrt werden, erscheint das Unwahrscheinliche nur allzu wahrscheinlich. Sie haben es buchstäblich vor Augen, wie die Katastrophe eintritt – Sie visualisieren vermutlich geradezu, wie sie sich abspielt. Was-ist-wenn-Denker sind häufig sehr kreativ und haben ein ausgeprägtes Vorstellungsvermögen – sie können sich gleich Drehbuchautoren ein Katastrophenszenario nach dem anderen ausdenken.

Doch obwohl schlimme Dinge in der Tat passieren, ist es statistisch nachweisbar, daß sie nicht so oft passieren, wie wir uns den Kopf über sie zerbrechen. Häufig stellt sich auch heraus, daß das, worüber wir uns solche Sorgen gemacht haben, nur halb so schlimm ist wie befürchtet oder daß wir mit dem Problem leichter fertig werden können als wir dachten. Daher müßte Murphys Gesetz korrekter formuliert lauten: »Wenn etwas schiefgehen kann, tut es das möglicherweise auch – unter bestimmten Umständen, zu bestimmten Zeiten, bei bestimmten Leuten; aber die meisten dieser Leute werden merken, daß sie mit den nachfolgenden Problemen durchaus fertig werden können.«

Das klingt vielleicht nicht so witzig, ist aber sehr viel realistischer.

Die fehlerhafte Prämisse

Was-ist-wenn-Denken entspringt im allgemeinen einer fehlerhaften Prämisse. Diese Prämisse bildet das Fundament, auf dem wir anschließend unseren Turm der Angst errichten.

Hier ein Beispiel: George, seit über vierzig Jahren Professor der Biologie, weiß, daß er eine Dummheit begangen hat, als er mit seiner langjährigen Sekretärin Phyllis Küsse und intime Berührungen austauschte. Er konnte Phyllis immer alles anvertrauen. Sie hatte auch für seine persönlichen Probleme stets ein offenes Ohr. Aber diesmal war er zu weit gegangen. Obwohl der Zwischenfall auf gegenseitigem Einverständnis beruhte, weiß George sehr gut, daß er sich unprofessionell verhalten hat – er war unfair seiner Frau und Phyllis gegenüber. Dann fällt ihm mit Schrecken ein: »Was ist, wenn sie schwanger ist?«

Er beginnt fieberhaft zu überlegen, ein Gedanke jagt den nächsten. »Ich bin am Ende. Meine Frau wird sich scheiden lassen. Meine Kollegen werden sich über mich lustig machen. Das könnte mich ruinieren. Ich könnte alles verlieren.«

All das könnte passieren, *wenn* Phyllis schwanger wäre. Aber ist dies denn überhaupt möglich? Diese Frage stellt George sich nicht. Er ist zu sehr damit beschäftigt, sein Was-ist-wenn-Szenario zu konstruieren. Hätte er sich die Frage gestellt, hätte er sie leicht mit nein beantworten können. Phyllis hat sich nämlich schon vor Jahren sterilisieren lassen. Außerdem war es trotz Küssen und Pettings nicht zum Geschlechtsverkehr gekommen. Es ist also sehr unwahrscheinlich, daß Phyllis schwanger ist, und wer sollte dies besser wissen als ein Biologieprofessor?

Aber wie alle Beispiele in diesem Buch zeigen, hindert uns die Tatsache, daß wir es besser wissen, nicht unbedingt daran, einen Denkfehler zu begehen. Ohne Zweifel wird George irgendwann zurückblicken und sich fragen: »Wie konnte ich nur so unglaublich dumm sein?«

Die Antwort darauf lautet, daß George zu einem Opfer des Was-ist-wenn-Denkens wurde. Die Was-ist-wenn-Frage allein genügte, um in seinem Kopf eine Reihe von Folgen auftauchen zu lassen, die eintreten könnten, wenn die *Prämisse* korrekt wäre. Als seine Gedanken losrasten, ließen sie seinen gesunden Menschenverstand zurück. Er hielt nicht einmal inne, um die der Frage zugrundeliegende Prämisse selbst zu überprüfen. Und dies ist ein häufig vorkommendes Versäumnis.

Hier ein weiteres Beispiel: Emily hat einen schweren Tag hinter sich. Ungeduldig und schlecht gelaunt steigt sie in ihr Auto, aber die mit Schnee und Eis bedeckte Straße hebt ihre Stimmung auch nicht gerade.

Als sie aus ihrer Parklücke am Straßenrand scheren will, fährt sie auf den vor ihr stehenden Wagen auf. »O nein.« Sie steigt aus, sieht nach, ob ein Schaden entstanden ist, und fährt weiter, als dies nicht der Fall ist.

Aber der Zwischenfall geht ihr nicht aus dem Kopf. Er löst eine Prozession von Was-ist-wenn-Gedanken aus. »Was ist, wenn ein Baby auf dem Rücksitz dieses Wagens saß? Was ist, wenn es durch den Aufprall vom Sitz gestoßen wurde? Was, wenn das Baby verletzt ist? Was, wenn seine Eltern nicht gleich wieder zum Auto zurückkehren? Was ist, wenn ich wegen Fahrerflucht verhaftet werde? Ich könnte alles verlieren, wenn ich angeklagt werde. Ich könnte ins Gefängnis kommen. Mein Leben ist ruiniert!«

Dieses Szenario geht davon aus, daß jemand ein Baby an einem eiskalten Tag allein auf dem Rücksitz eines Auto lassen würde. Es geht weiterhin davon aus, daß ein Baby durch einen leichten Stoß gegen das Autoheck verletzt werden kann. Es ist zwar möglich – aber doch sehr unwahrscheinlich. Aber als Emily an den Stoß denkt, sieht sie im Geist das schreiende Baby vor sich und stellt sich auch gleich vor, wie die Polizei kommt, um sie zu verhaften. Diese Bilder sind so lebensecht, daß ihr ganz übel wird.

Was-ist-wenn-Denken kann lähmende Furcht auslösen:

Der Wind schlägt einen Ast gegen ein Fenster Ihres Hauses. Sie lagen im Bett und schliefen fest, aber das Geräusch hat sie geweckt. »Was ist das?« fragen Sie sich. Vielleicht denken Sie: »Was ist, wenn jemand einbrechen will?«

Das ist ein beängstigender Gedanke. Sie merken, wie Ihr Körper sich anspannt. Ihr Herz beginnt, wild zu schlagen. Die Gedanken rasen in Ihrem Kopf. »Was ist, wenn es ein Einbrecher ist? Wird er mich nur ausrauben? Oder wird er mich niederschlagen, töten, meiner Familie weh tun, meinem Hund, meiner Katze?« Ihr Gehirn schaltet auf Automatik – und beginnt, automatisch eine Horrorgeschichte zu erfinden. Sie haben das Gefühl, in der Falle zu sein. Sie sind wie gelähmt. Sie wollen schreien, aber es dringt kein Laut aus Ihrem Mund.

Wenn Sie jedoch beim Erwachen durch das Geräusch denken: »Das klingt wie ein Ast, der gegen eines der Fenster schlägt«, machen Sie sich vielleicht Sorgen, daß das Fenster zerbrechen könnte, aber Sie haben keine richtige Angst. Ihre Reaktion hängt also davon ab, wie Sie das Geräusch interpretieren.

Sie wenden vielleicht ein, daß man in diesem Fall nicht wissen konnte, daß die Prämisse fehlerhaft war – denn das Geräusch *hätte* ja wirklich von einem Einbrecher stammen *können*. Okay, zugegeben, es gibt Einbrecher. Doch das einzige, was Sie wirklich wissen, ist, daß Sie ein Geräusch gehört haben. Dafür kann es verschiedene Erklärungen geben, und der Einbrecher ist nur eine von ihnen. Auch wenn ein Eindringling sicher die beängstigendste Erklärung ist, muß es deswegen nicht die wahrscheinlichste sein. Aber wenn Ihre Geanken erst einmal losgerast sind, um die Frage »Was ist, wenn es ein Einbrecher ist?« zu beantworten, haben Sie schon das Fundament gelegt, auf dem Ihre Furcht zu immer neuen Höhen aufsteigen kann. Das Ergebnis? Ihr Verstand ist zu sehr damit beschäftigt, sich Katastrophenszenen auszumalen, um das Geräusch genauer einschätzen zu können.

Um fehlerhaft zu sein, muß eine Prämisse nicht *absurd* sein; es genügt, wenn sie *einen geringen Wahrscheinlichkeitsgrad* hat.

Harris hat von einer freigewordenen Stelle bei einem lokalen Fernsehsender gehört und würde sich gern darum bewerben, tut es aber nicht. Er fragt sich nicht: »Was ist, wenn sie mich nicht einstellen?« Damit könnte er leben. Ihm ist klar, daß es vermutlich hundert Bewerber für diese Stelle geben wird. Nein, was Harris sich fragt, ist: »Was ist, wenn der Geschäftsführer denkt, daß ich naiv bin, weil ich es wage, mich um diesen Job zu bewerben? Und wenn er mit anderen beim Sender darüber Witze reißt? Was ist, wenn er meinem derzeitigen Chef erzählt, daß ich mich beworben habe? Was ist, wenn mein Chef sich darüber ärgert und mich feuert? Was ist, wenn ...«

All diese Dinge sind möglich, aber sie sind *nicht sehr wahrscheinlich*. Wahrscheinlich ist, daß der Geschäftsführer hundert Bewerbungen durchsieht, die geeignetsten Kandidaten auswählt und sie zu einem Gespräch einlädt. Punktum. Harris könnte zu ihnen gehören. Oder auch nicht. Doch selbst wenn der Geschäftsführer denkt, daß es naiv von Harris war, sich zu bewerben, wird dies wohl kaum nach außen dringen. Die uninteressanten Bewerbungen werden weggeworfen. Ende der Geschichte.

Sich Probleme borgen

Was-ist-wenn-Überlegungen sind nichts als eine weitere Denkstruktur, mit der wir uns auf die negativen statt auf die positiven Seiten unseres Lebens konzentrieren und uns einreden, daß es uns schlecht geht, statt uns dies auszureden und uns zuversichtlicher zu fühlen.

Wir sehen uns tatsächlich oft potentiellen Bedrohungen mit unbekannten Auswirkungen gegenüber. Manchmal besteht die Bedrohung in

Gravierenderem als einer weggeworfenen Bewerbung. Und manchmal hilft es nicht, einfach nur genauer hinzuhören. Stellen Sie sich zum Beispiel vor, Sie müßten sich einer Operation unterziehen. Die Operation kann erfolgreich verlaufen, so daß Sie glücklich bis ans Ende Ihrer Tage weiterleben können. Der Chirurg kann aber auch schlechte Neuigkeiten für Sie haben, wenn Sie aus der Narkose erwachen. Es ist nur natürlich, sich über letzteres Sorgen zu machen. Aber oft beginnen Patienten mit der negativen Möglichkeit und türmen darauf ein Katastrophenszenario nach dem nächsten.

Was ist, wenn die Neuigkeiten schlecht sind?

- »Es kann bedeuten, daß ich monatelang im Krankenhaus bleiben muß.«
- »Das kann bedeuten, daß ich meinen Job verliere.«
- »Das kann bedeuten, daß ich nie wieder Arbeit finde.«
- »Das kann bedeuten, daß meine Familie verarmt.«
- »Es kann bedeuten, daß ich sterben muß.«

Sehr bald können wir nicht mehr auseinanderhalten, wo das Was-ist-wenn-Denken aufhört und das Klein-Hühnchen-Syndrom mit dem begleitenden Alles-ist-aus-Gefühl anfängt. Man nennt das auch: sich Probleme borgen. Sie wissen nicht und können es auch nicht wissen, daß die Nachrichten schlecht sein werden, aber Sie stellen sich alle möglichen schrecklichen Folgen vor, die Sie hilflos auf sich zukommen lassen müssen. Mit anderen Worten: Da Sie nicht wissen, ob Sie zu einem späteren Zeitpunkt Probleme haben werden, borgen Sie sich ein paar Probleme, um sich schon jetzt darüber Sorgen machen zu können.

Auch hier ist die Prämisse fehlerhaft, da Sie bis zur Besprechung mit dem Arzt nicht wissen, ob die Nachrichten gut, schlecht oder irgendwo dazwischen sein werden. Darüber hinaus kennen Sie die Wahlmöglichkeiten nicht genau, die sich Ihnen zusammen mit der präzisen Diagnose eröffnen werden. Und daher können Sie auch nicht wissen, ob diese Wahlmöglichkeiten für Sie in Frage kommen und ob Sie Ihre Situation meistern können oder nicht.

Viele Leute verschieben es immer wieder, wegen eines Symptoms, das ihnen Sorgen bereitet, zum Arzt zu gehen, weil sie Angst haben, daß ihre schlimmsten Befürchtungen bestätigt werden könnten. Dadurch schaden sie sich in jedem Fall: Entweder machen sie sich umsonst Sorgen, oder sie verschlechtern ihre Heilungschancen, weil sie eine rechtzeitige Erkennung verhindert haben.

Das positive oder realistische Was-ist-wenn-Denken

Wir müssen festhalten, daß Was-ist-wenn-Denken nicht immer einen Fehler darstellt. Es ist sicher möglich, dieses Denken auf positive und realistische Art einzusetzen. Schließlich kann unsere Phantasie genauso gut optimistische wie pessimistische Vorstellungen produzieren. Außerdem ist es manchmal besser, auf potentielle Probleme vorbereitet zu sein.

Leonard ist ein positiver Was-ist-wenn-Denker. Er bereitet sich psychisch auf einen Abend in einer Singlebar vor, indem er denkt: »Was ist, wenn ich dort eine Frau sehe, die mir gefällt? Was ist, wenn ich ein Gespräch mit ihr anfange? Was ist, wenn sich herausstellt, daß sie auch gerade nach einer neuen Beziehung sucht? Und was, wenn ich genau ihr Typ bin?« Leonard kann sich vorstellen, wie er einen wunderbaren Abend verbringt. Es ist natürlich möglich, daß er trotz seiner optimistischen Einstellung diesmal enttäuscht wird. Leonard ist sich darüber im klaren. Er denkt: »Was ist, wenn sie nicht an mir interessiert ist? Nun, andere Mütter haben auch schöne Töchter. Was ist, wenn ich an einem Mittwochabend wiederkomme? – ich habe gehört, daß das Publikum dann anders ist.«

Mimi, die den Auftrag erhalten hat, Material für eine Besprechung zusammenzustellen, bereitet sich durch Was-ist-wenn-Denken auf eine Herausforderung vor. Sie denkt: »Was ist, wenn Smedley zu der Besprechung kommt? Er wird bestimmt eine Gewinn-und-Verlust-Übersicht der letzten fünf Jahre haben wollen. Deshalb werde ich besser dafür sorgen, daß ich sie parat habe. Was ist, wenn Forsythe fragt, wie viele neue Leute in diesem Jahr eingestellt wurden? Sie will so etwas immer wissen. Ich werde mir die Zahlen lieber noch vor der Besprechung geben lassen.« Weil sie mögliche schwierige Fragen voraussieht, hat Mimi auf alles eine Antwort. Nach der Besprechung wird ihre gute Vorbereitung lobend erwähnt.

Was-ist-wenn-Denken ist eindeutig dann kein Fehler, wenn es unsere Phantasie dazu anregt, uns Wahlmöglichkeiten zu offerieren oder auf eine Aufgabe vorzubereiten. Doch leider wird die menschliche Fähigkeit, Was-ist-wenn-Szenarien hervorzurufen, allzu oft nur dazu benutzt, sich Sorgen, Sorgen und noch mehr Sorgen zu machen. Was-ist-wenn-Denken wird kontraproduktiv, wenn es nur dazu dient, unwahrscheinliche und negative Szenarien auf Möglichkeiten aufzubauen, die entweder unbekannt sind oder selbst von vornherein einen geringen Wahrscheinlichkeitsgrad haben.

Selektives Sorgenmachen

Um mit Was-ist-wenn-Gedanken richtig umgehen zu können, ist es wichtig zu erkennen, wie selektiv es ist. Obwohl in jeder Situation eine fast unendliche Zahl von Was-ist-wenn-Fällen möglich (wenn auch nicht wahrscheinlich) ist, machen Sie sich vermutlich nicht über alle Sorgen. Sie sorgen sich vielleicht über die Möglichkeit, sich bei einer bestimmten Gelegenheit zu blamieren oder über die Sicherheit Ihres Arbeitsplatzes oder über Ihre Gesundheit – und nicht eine Sekunde lang darüber, daß Ihnen ein Klavier auf den Kopf fallen könnte, während Sie durch die Straßen gehen.

Sorgen sind eine sehr individuelle Sache. Theresa hat Angst vorm Fliegen. Sie denkt: »Was ist, wenn das Flugzeug abstürzt? Was ist, wenn ich dabei umkomme?« Sie läßt die Tatsache außer acht, daß Flugzeugabstürze relativ selten sind (wann haben Sie je die Schlagzeile gelesen: »Flugzeug sicher auf Flughafen gelandet!«) und daß es selbst bei Abstürzen manchmal Überlebende gibt. Als sie daher in eine weiter entfernte Stadt gelangen muß, weigert sie sich zu fliegen und fährt lieber die ganze Strecke mit dem Auto. Theresa weiß, daß es mehr Tote bei Autounfällen als bei Flugzeugabstürzen gibt, aber wenn sie hinter dem Steuer sitzt, kommt sie nicht auf Was-ist-wenn-Gedanken. Dann fährt sie einfach nur.

Judith macht sich derart viele Sorgen, daß sie schon unter Agoraphobie leidet, das heißt, sie hat Angst, überhaupt aus dem Haus zu gehen. Ihre Gedanken weben ein unendliches Szenario von: »Was ist, wenn ich beim Überqueren der Straße überfahren werde? Was ist, wenn ich überfallen werde? Was ist, wenn ich ohnmächtig werde und niemand in der Nähe ist?« Judith fühlt sich nur in ihrem Haus sicher – obwohl Statistiken besagen, daß die meisten Unfälle sich im Haus ereignen. Aber Judith macht sich keine Sorgen über eine Lebensmittelvergiftung oder einen Sturz von der Treppe. Wie Theresa hat sie ihre persönlichen Was-ist-wenn-Sorgen selektiert und hält an ihnen fest.

Tom ist unbestreitbar tapfer. Er arbeitet bei der Feuerwehr und erhielt schon mehrfach Belobigungen, weil er Menschen aus brennenden Gebäuden rettete. Sein Hobby ist Fallschirmspringen. Er liebt es, sich im freien Fall zu bewegen und nur seine Arme und Beine als Ruder zu haben, und er zieht die Reißleine des Fallschirms erst, wenn sein Höhenmesser ihm anzeigt, daß er sich dem Boden nähert. Aber wenn es darum geht, seiner Frau zu sagen, daß ihm ihre Erziehungsmethoden gegen den Strich gehen, verschlägt es ihm vor Angst die Sprache. »Was ist, wenn sie mich verläßt? Was ist, wenn ich unsere Kinder nie wiedersehe? Was ist, wenn ...«

Die Was-ist-wenn-Frage in Frage stellen

Genauso, wie Sie sich selbst dazu überreden können, sich mehr Sorgen zu machen, können Sie sich auch dazu überreden, sich weniger zu sorgen. Zu diesem Zweck stellen Sie zuerst Ihre Was-ist-wenn-Frage in Frage.

Was-ist-wenn-Denkern genügt es nicht zu wissen, daß etwas nicht sehr wahrscheinlich ist. Wenn jemand sagt: »Das wird nicht passieren«, antworten Sie vermutlich: »Wie kannst du da so sicher sein?« Wenn jemand sagt: »Das ist noch nie passiert«, entgegnen Sie: »Es gibt immer ein erstes Mal.«

Was Sie wollen, ist absolute Sicherheit – und die gibt es nicht. Wenn Sie entschlossen sind, sich Sorgen zu machen, solange es noch den millionstel Bruchteil einer Chance gibt, daß ein von Ihnen gefürchteter Umstand eintritt, bauen Sie sich Ihr eigenes Gefängnis. Wenn Sie sich nicht weiterbewegen können, solange es im Universum die geringste Chance gibt, daß etwas schiefgehen kann, werden Sie sich nie weiterentwickeln. Wenn Sie nie das geringste Risiko eingehen wollen, versagen Sie sich jede Möglichkeit zur Veränderung, denn alle Veränderungen bergen Risiken. (Sich nicht zu verändern birgt natürlich auch Risiken, aber das wird selten bedacht.) Die wichtigste Frage, die Sie sich über Ihr Was-ist-wenn-Denken stellen müssen, ist, ob es Ihnen nützt oder schadet. Hat es Ihnen geholfen, im Leben weiter zu kommen? Hat es Sie vor etwas beschützt? Oder hat es Sie unglücklich gemacht?

Sie wissen, daß Sie beim Was-ist-wenn-Denken dazu neigen, sich auf ein Risiko zu konzentrieren und andere dabei zu übersehen. Sie erhalten einen Brief vom Finanzamt und stellen sich sofort all die unangenehmen Dinge vor, die er enthalten mag. Also verschieben Sie es immer wieder, ihn zu öffnen. Und doch kann die Weigerung, sich mit dem Problem zu befassen (wenn es sich überhaupt um ein solches handelt), das größere Risiko darstellen. Daher müssen Sie sich fragen, ob Sie nicht durch Vermeidung bestimmter Risiken in Wirklichkeit größere Risiken in bezug auf Ihre Gesundheit, Ihre Karrierechancen oder Ihr zukünftiges Glück im allgemeinen eingehen.

Da sich Was-ist-wenn-Fragen um noch nicht stattgefundene Ereignisse drehen – die auch in den meisten Fällen nie stattfinden werden –, ist es hilfreich, die Beweise zu hinterfragen, die Sie an Ihrer pessimistischen Einstellung festhalten lassen. Die Beweise zu hinterfragen ist beim Umgang mit allen Denkfehlern äußerst wichtig. Nehmen wir an, George, der Biologieprofessor, würde sich fragen: »Warum mache ich mir solche Sorgen? Was genau gibt mir das Gefühl, daß ich mich einer Katastrophe gegenübersehe?« Dann würde er sich mit seiner ursprünglichen Prämisse konfrontieren: »Weil ich Angst habe, daß meine Sekretärin schwanger sein könnte.«

»Habe ich irgendeinen Beweis dafür, daß sie tatsächlich schwanger ist?«

»Nein.«

»Wie wahrscheinlich ist diese Möglichkeit?«

Diese letzte Frage zwingt George, die Fakten daraufhin zu überprüfen, ob es sich um eine wahrscheinliche Möglichkeit handelt – nicht, ob eine wissenschaftlich definierte Möglichkeit beim Zusammentreffen außergewöhnlicher Umstände existiert. Wenn er realistisch denkt, wird er vermutlich zu dem Schluß kommen, daß sehr wenig Grund zur Sorge besteht.

Egal, welches Szenario Sie entworfen haben, Sie können jederzeit innehalten und sich fragen: »Wie wahrscheinlich ist das? Stimmt das wirklich? Gibt es irgendeine andere mögliche Erklärung? Ist ein anderes Resultat möglich?«

Das Infragestellen des Was-ist-wenn-Szenarios allein verlangsamt schon den automatischen Prozess, der Ihre Anspannung bis ins Unerträgliche steigert, Ängste aufbaut, Sorgen vermehrt und Sie handlungsunfähig macht.

Aber vielleicht genügt Ihnen das Infragestellen Ihrer Gedanken nicht, und Sie brauchen Bestätigung. Nehmen wir an, Sie haben heute viel gehustet. Sie könnten sich sagen: »Ich huste ja ziemlich viel. Hoffentlich bekomme ich keine Erkältung.« Sie könnten aber auch denken: »Was ist, wenn dieser Husten das erste Anzeichen einer Tuberkulose ist?« Mit welchen Beweisen arbeiten Sie? Einem Husten. Was können Sie tun, um eine genaue Diagnose zu erhalten? Sie können Ihre Lunge röntgen lassen. Manche würden sagen, daß das ziemlich viel Aufwand ist, um die Ursache eines kleinen Hustens festzustellen. Aber wenn Sie sich Sorgen machen und nachts schlecht schlafen, kann es durchaus die Mühe wert sein.

Wenn Sie dann unbedingt mit dem Was-ist-wenn-Denken fortfahren wollen, können Sie fragen: »Was ist, wenn das Röntgenbild und die Untersuchung, die ergeben haben, daß meine Lunge gesund und nur mein Rachen durch Staub gereizt ist, falsch sind?« Sie können dann von einem Arzt zum nächsten wandern und niemandem glauben, der Ihnen sagt, daß Sie gesund sind – das heißt, wenn Sie Perfektionismus mit Was-ist-wenn-Denken kombinieren und einen Unsicherheitsfaktor von Null verlangen. Und wenn Sie der Überzeugung sind, daß das Risiko eines falsch diagnostizierten Hustens größer ist als das Risiko, Ihre Lebensfreude zu verlieren.

Ihre Gedanken ablenken

Wenn das Infragestellen der Beweise nicht ausreicht, um Ihre Sorgen zu vertreiben, können Sie versuchen, Ihre Was-ist-wenn-Gedanken durch Ablenkung zu unterbrechen.

Sie können Ihren Verstand zum Beispiel bewußt mit einer alternativen Frage beschäftigen. Statt zu denken: »Was ist, wenn er mich abweist?« denken Sie: »Was ist, wenn ich ihm gefalle? Was würde das für mich bedeuten?« Sie können die Frage »Was ist, wenn das Flugzeug abstürzt?« in »Was ist, wenn das Flugzeug zu früh landet?« verwandeln.

Sie könnten auch versuchen, Antworten auf Ihre Fragen zu finden. Nehmen wir an, Sie machen sich Sorgen wegen einer geplanten Reise in ein fremdes Land. Ihre Gedanken stimmen den ermüdenden Refrain an: »Was ist, wenn ich krank werde? Was ist, wenn mir mein Geld abhanden kommt? Was ist, wenn ich mich verlaufe und niemanden finde, der meine Sprache spricht?« Statt diese Fragen immer wieder im Kopf kreisen zu lassen, können Sie genauso gut die Antworten herausfinden. Besorgen Sie sich einen Reiseführer. Fragen Sie im Reisebüro. Sammeln Sie spezifische Informationen über das Land, in das Sie reisen wollen. Wenn Sie sich sorgen, ob es ein Krankenhaus gibt, in das Sie sich notfalls wegen eines Leidens begeben können, finden Sie es heraus – und Sie brauchen nicht länger darüber nachzugrübeln.

Weitere Möglichkeiten, Ihr Denken in eine andere Richtung zu lenken, bieten entspannende Tätigkeiten oder Entspannungsübungen. Sie können ein interessantes Buch lesen, das Sie von Ihren Sorgen ablenkt, oder auch Kassetten mit Anleitungen für Entspannungsübungen hören. (In Kapitel dreizehn findet sich eine Beispielanleitung, die Sie selbst auf Band sprechen und somit Ihre eigene Entspannungskassette herstellen können.)

Zweck des Ganzen ist es, für eine Unterbrechung im Was-ist-wenn-Denken zu sorgen. Dazu ist alles geeignet, was Ihnen hilft, Ihre Aufmerksamkeit auf etwas anderes zu richten. Eine sehr gute Technik ist es, an jeden Körperteil einzeln zu denken und sich dabei vorzustellen, wie er sich entspannt, während man tief und regelmäßig atmet.

Sie beginnen zum Beispiel mit Ihren Zehen. Stellen Sie sich vor, wie Ihre Zehen sich entspannen und schlaff werden. Fühlen Sie es. Dann gehen Sie weiter die Füße hinauf ... dann die Unterschenkel ... dann die Oberschenkel. Während Sie einen Körperteil nach dem anderen entspannen, spüren Sie, wie Sie immer schwerer werden. Das ist ein Zeichen dafür, daß Ihr Körper sich entspannt. Wenn Ihr ganzer Körper sich anfühlt, als würde er eine Tonne wiegen, und Sie keine Lust mehr haben, sich zu bewegen, werden Sie ein wunderbar wohliges Gefühl verspüren. Die ganze Zeit atmen Sie dabei tief ein und aus.

Es erfordert Konzentration, sich vorzustellen und zu spüren, wie sich jeder Teil Ihres Körpers entspannt und die damit einhergehenden Gefühle der Wärme und Schwere empfinden. Es erfordert Konzentration, fortlaufend rhythmisch zu atmen. Es erfordert Aufmerksamkeit, das sich ausbreitende Gefühl des Wohlbehagens wahrzunehmen, das die Entspannungsübungen vermitteln. Und während Sie sich auf diese Dinge konzentrieren, kann Ihr Kopf keine weiteren quälenden Was-ist-wenn-Gedanken mehr hervorbringen.

Einen Sorgentermin festsetzen

Eine andere sehr nützliche Technik ist es, eine bestimmte Zeit festzusetzen, zu der Sie die Gedanken, die Ihnen das Leben vermiesen, herauslassen können – aber Sie dürfen Ihnen dann zu keiner anderen Tages- oder Nachtzeit mehr erlauben, sich breitzumachen. Das ist sehr viel leichter, als die meisten Leute glauben.

Es kommt recht häufig vor, daß Sorgen auf einen anderen Zeitpunkt verschoben werden. Eine Chirurgin erfährt kurz vor einer Operation, daß das Finanzamt einen Termin für eine Steuerprüfung anberaumen will. »Ich kann mir darüber jetzt keine Gedanken machen«, sagt die Ärztin. »Ich muß mich auf die Operation konzentrieren.«

Sie müssen in einer Stunde einen Bericht abgeben und mühen sich damit ab, ihn fertigzustellen. Das Telefon klingelt. Es ist Ihr Automechaniker, der mit Ihnen über die Probleme mit Ihrem Wagen sprechen will. »Dafür habe ich jetzt keine Zeit«, sagen Sie. »Ich kann jetzt nur an die Fertigstellung dieses Berichtes denken.«

Wenn Sie einen Sorgentermin festsetzen, heißt das, daß Sie sich im gegenwärtigen Augenblick keine Sorgen machen können – das muß bis später warten. Dies scheint ein etwas künstliches Vorgehen zu sein, aber es funktioniert. Viele unterliegen der irrigen Vorstellung, daß das Leben hauptsächlich spontan verläuft: »Die Dinge geschehen halt, und damit basta.« Doch obwohl sich viele Dinge im Leben weder vorhersehen noch kontrollieren lassen, gilt dies nicht für alles. Ein großer Teil des Lebens ist Routine. Ein großer Teil kann geplant werden. Mahlzeiten geraten nicht durch Zauberei auf unseren Tisch. Jemand kocht sie zuerst. Jemand plant die Gerichte und kauft die Zutaten.

Sie können mit der Notwendigkeit, sich Sorgen zu machen, genauso umgehen wie mit der Notwendigkeit, die Wäsche zu waschen, den Rasen zu mähen oder zum Zahnarzt zu gehen. Sie legen eine bestimmte Zeit dafür fest – und nutzen den Rest Ihrer Zeit für andere Aktivitäten. Vielleicht denken Sie: »Ich bin sowieso schon überlastet. Ich habe schon viel zu viele Dinge zu erledigen. Ich kann mir nicht auch noch Zeit zum Sorgenmachen nehmen.« Aber das können Sie – und Sie werden feststellen, daß es Ihnen nach und nach leichter fällt. Das Aufstellen eines Zeitplans hilft Ihnen, eine bessere Übersicht darüber zu gewinnen, womit Sie Ihre Zeit verbringen. Wenn Sie schwarz auf weiß niederlegen, was Sie genau mit Ihrer Zeit anfangen, werden Sie merken, daß Ihnen noch Zeit für andere Aktivitäten bleibt.

Sie können sich Zeit nehmen, um sich Sorgen zu machen, wenn Sie die Notwendigkeit dazu verspüren. Aber Sie haben auch klare Zeiten, in denen Sie Ihren Was-ist-wenn-Gedanken *nicht erlauben, sich dazwischenzudrängen.* Wenn Sie schon zu viele Dinge zu erledigen haben, hilft es Ihnen nicht, sich rund um die Uhr zu sorgen, denn Sorgen machen alles nur noch schwerer. Sie werden feststellen, daß Sie in Ihren festgelegten sorgenfreien Stunden wesentlich mehr zuwege bringen als bisher.

In Kapitel dreizehn finden Sie eine genaue Anleitung für die Erstellung eines Zeitplans Ihrer täglichen Aktivitäten. Anhang B enthält zur Erleichterung ein Muster, das Sie kopieren und für jeden Tag ausfüllen können.

Weiterbildung und Vergnügen planen

Auch wenn Sie sich von Ihren Aufgaben – und den Sorgen, die Sie sich machen zu müssen glauben – überlastet fühlen, ist es wichtig, Zeit für Aktivitäten einzuplanen, die Ihnen helfen, Ihr Leben besser zu gestalten oder es einfach mehr zu genießen.

Auch solche Aktivitäten und Erfahrungen bieten sich nicht immer spontan an. Auch sie bedürfen der Überlegung und Planung. Entspannung und Vergnügen zu planen, zeitlich einzurichten und zu erleben, hilft Ihnen, Ihr Denken aus der Struktur der Was-ist-wenn-Sorgen zu befreien, und stellt darüber hinaus ein Mittel gegen das Problem dar, das Ihr Was-ist-wenn-Denken ursprünglich ausgelöst hat.

Gehen wir zum Beispiel einmal davon aus, daß sich, bedingt durch das Schreckgespenst der wirtschaftlichen Rezession, die sehr berechtigte Frage über einen eventuellen Verlust Ihres Arbeitsplatzes ergibt. Es ist ganz natürlich, sich deswegen Sorgen zu machen. »Was ist, wenn es wirklich dazu kommt? Was ist, wenn ich nicht sofort wieder eine neue Stelle finde? Was ist, wenn ich all meine Ersparnisse aufgebraucht habe? Was ist, wenn ich nie wieder einen Job bekomme? Was ist, wenn ich mein Haus verliere?« und so weiter und so fort.

Sie können Zeit für Entspannungsübungen einplanen – um Ihrem Körper die Chance zu geben, sich wieder normal zu fühlen. Es wird Ihnen weder bei Ihrem jetzigen Job noch bei der Suche nach einem neuen helfen, wenn Sie krank werden oder wenn Sie so verspannt sind, daß Sie sich kaum noch bewegen können.

Planen Sie Dinge ein, die Ihnen Spaß machen, die Sie vielleicht aufgeschoben haben. Warum? Weil Ihr Was-ist-wenn-Denken Ihnen das Gefühl vermitteln kann, daß Sie an nichts mehr Freude haben können – weder jetzt noch später. Und Sie können sich selbst beweisen, daß dies nicht stimmt, wenn Sie etwas einplanen, das Ihre Aufmerksamkeit auf angenehme Weise in Anspruch nimmt.

Sie können außerdem Zeit zur Vorbereitung auf die gefürchtete Schwierigkeit einplanen – für den Fall, daß sie wirklich auftaucht. Sie können sich darüber informieren, wie Sie Ihre finanziellen Mittel am besten strecken, damit Sie sich bei Wegfall Ihres Gehalts und unzureichendem Arbeitslosengeld nicht zu stark unter Druck gesetzt fühlen. Sie können sich über Möglichkeiten der Stellensuche informieren, damit Sie wissen, was zu tun ist, wenn die Notwendigkeit entsteht. Sie können einen Kurs belegen, der Sie in die Lage versetzt, neue Wege in Ihrem Berufszweig einzuschlagen, falls dies für Sie in Frage kommt. Und wenn Sie sich für einen solchen Kurs entscheiden, nehmen Sie ihn am besten auch gleich in Ihren Zeitplan auf. Fest eingeplante Aktivitäten können Ihnen neuen Antrieb geben, wenn Sie durch Was-ist-wenn-Denken gelähmt sind. Sie erleichtern es Ihnen überdies, Ihr Was-ist-wenn-Denken an seinen Platz zu verweisen, denn wenn Ihre Gedanken mit anderen Aufgaben vollauf beschäftigt sind, haben Sie keinen Spielraum mehr für die Frage: »Was ist, wenn ...?«

10. Gebote des Sollens

»Ich sollte« oder »man sollte« zu sagen kann ein Fehler sein.

Auf den ersten Blick werden Sie dies vielleicht nicht glauben wollen. Schließlich beziehen wir uns, wenn wir sagen »Ich sollte dies tun«, »Ich sollte jenes tun« oder »Ich weiß, ich sollte so und so darüber denken«, auf all die Verhaltensweisen und Ansichten, die uns als gut, angemessen, einzig richtig beigebracht wurden. Wir benutzen die Worte »ich sollte« als abgekürzte Formel für den Unterschied zwischen richtig und falsch.

Angefangen bei den Zehn Geboten, die mit »Du sollst« und »Du sollst nicht« beginnen, wird zwischen den meisten von uns ein Konsens über diesen Unterschied bestehen. Wir akzeptieren die Goldene Regel, die besagt, daß wir »jeden so behandeln sollten, wie wir selbst von ihm behandelt werden wollen«. Die meisten von uns befolgen daher die Gesetze und glauben an faires Verhalten.

Ein Glück, daß es so ist, sagen Sie vielleicht. Unsere Welt wäre noch verrückter und gefährlicher, wenn es keine Grundsätze, keine Gesetze, keinen Konsens über richtiges Verhalten gäbe. Tatsächlich kann man sich fragen, ob die Menschheit überhaupt überleben könnte, wenn Mord als individuelle Laune betrachtet würde und Raub und Folter zum alltäglichen Verhaltenskodex gehörten.

Wie kann es also ein Fehler sein, »ich sollte« zu sagen?

Diese gewöhnliche und alltägliche Formel besitzt ein enormes Potential zur Verursachung von Schwierigkeiten. Um genau zu sein, liegt das Problem nicht in der Verwendung dieser Formulierung selbst, sondern in der *Bedeutung*, die viele ihr zuschreiben.

Das Wesen von »sollen«

»Ich sollte« oder »man sollte« zu sagen, ist handeln, ohne zu denken. Das »Sollen« ist der erhobene Zeigefinger, an dem Sie nicht vorbeisehen können. »Sollen« enthält einen Befehl, in dem die Warnung mitklingt: »Wage es nicht, auch nur einen tausendstel Millimeter von dem vorgeschriebenen Weg abzuweichen, oder es wird dir leid tun, du wirst dich schuldig und beschämt fühlen, und andere werden mit dem Finger auf dich zeigen – was sie auch *sollten.*«

Natürlich ist die konditionale Form »ich sollte« nicht immer mit solch schwerwiegender Bedeutung verbunden. Sie können beispielsweise sagen: »Ich sollte wirklich Stricken lernen« oder »Ich sollte mehr aus dem Haus gehen« und damit lediglich meinen, daß dies eine gute Idee wäre. Doch häufiger wird »sollen« benutzt, wenn wir uns auf eine konkrete, perfektionistische, schwarz-weiße Vorstellung von richtig und falsch beziehen, die keine Grauabstufungen zuläßt.

Oft handelt es sich dabei um Werte, die uns unsere Eltern unter großen Mühen vermittelt haben, als wir Kinder waren. Nach dem bekannten französischen Entwicklungspsychologen Jean Piaget nimmt die Fähigkeit, abstrakt zu urteilen, mit dem Alter allmählich zu. Sehr kleine Kinder besitzen sie nur in geringem Maße, da ihr Nervensystem sich noch im Wachstum befindet und abstraktes Denken neurologische Verbindungen erfordert, die selten vor dem zwölften oder dreizehnten Lebensjahr erreicht werden. Bei kleinen Kindern ist daher die Trennlinie zwischen richtig und falsch, ja und nein, da und nicht da sehr deutlich. Bedecken Sie die Füße eines Babys, und für das Kind sind die Füße verschwunden. Wenn man sie nicht sehen kann, sind sie nicht da. Richtig? Zweijährige halten die Hände vor die Augen und sagen: »Du kannst mich nicht sehen.« Wenn *sie* nichts sehen können, muß das auch für andere gelten.

Viele scharfe Trennungen bestehen auch dann fort, wenn die Kinder anfangen, abstrakte Unterscheidungen treffen zu können – darunter die Unterscheidung zwischen dem, was man tun soll, und dem, was man lassen soll. Kinder bekommen beigebracht, daß sie böse sind, wenn sie nicht gut sind. Erwachsene vermitteln ihnen diese Lektion aus verschiedenen Gründen. Einer davon ist, daß es ihnen die schwierige Verantwortung der Kindererziehung etwas erleichtert. Ein anderer ist, daß es für Kinder weniger verwirrend ist, wenn sie einfache, klare Richtlinien bekommen. Es ist sicherer, einem Kleinkind zu sagen: »Du darfst die Herdplatte nie anfassen – das ist ganz, ganz schlimm.« Später wird das Kind lernen, daß die Platten manchmal heiß sind und manchmal kalt, so daß man sie manchmal mit bloßen Fingern anfassen kann und manchmal nicht.

Aber selbst wenn wir dann zu der intellektuellen Leistung des Abstrahierens fähig sind, bleibt uns ein bestimmter Kern von »sollen« erhalten. Ein Teil davon stammt aus der Zeit, als wir zu jung waren, um zu verstehen, daß so etwas wie Zwischenstufen existieren kann. Den anderen Teil absorbieren wir, wenn wir die vielen verschiedenen Regeln lernen, die das Leben unserer Familie, unserer sozialen Gruppen, unseres

Landes und der Menschheit bestimmen. Diese Gebote des Sollens werden zu unseren Normen, die keinen Spielraum für Abweichungen und Irrtümer lassen und an denen wir uns selbst und andere messen. Wenn wir »sollen« verwenden, meinen wir gewöhnlich: »Denk nicht darüber nach, stell keine Fragen – tu es einfach, denn es ist richtig. Alles andere ist falsch.«

Eine sittenabhängige Liste

Man sollte glauben, daß wir alle dieselbe Liste solcher Gebote in uns trügen. Denn wenn es nur eine einzig richtige Art gibt, bestimmte Dinge zu tun oder über bestimmte Dinge zu denken, wie sollte es da auch nur zwei voneinander abweichende Listen geben? Aber natürlich wissen wir alle, daß es so viele unterschiedliche Listen gibt wie unterschiedliche Menschen.

Gebote des Sollens sind schon von Kultur zu Kultur verschieden. Die Amerikaner schätzen den Individualismus, sie sagen: »Das quietschende Rad bekommt das Öl.« Die Japaner hingegen legen wert auf Gruppenzusammenhalt. Sie sagen: »Der hervorstehende Nagel muß eingeklopft werden.« Normen und Sitten sind abhängig von Landesgesetzen, von religiösen Überzeugungen, von politischen Ideologien. Menschen, die sehr überzeugt von einem bestimmten Gebot sind und denken, daß dieses von jedem befolgt werden sollte, bezeichnen wir je nach Zustimmung oder Ablehnung als engagiert oder als fanatisch.

Auch Ihre persönlichen Gebote des Sollens können sich ändern. Selbst diejenigen, die vielen Menschen gemeinsam sind, ändern sich mit der Zeit. Heute erscheint uns die Ära lächerlich, in der anständige Mädchen ihre Fußknöchel nicht zeigen durften. (Die Männer in der Familie kauften sogar die Schuhe für sie, um zu verhindern, daß der Angestellte im Schuhgeschäft einen Blick auf den verbotenen Körperteil erhaschte.) Dieses spezielle Gebot wird wohl kaum wieder eingesetzt werden, obwohl möglicherweise jemand denkt, daß es wiedererweckt werden *sollte*.

Kathleen wird ganz nostalgisch, wenn sie an ihre Teenagerzeit denkt, als noch die Regel bestand: »Einen Jungen niemals bei der ersten Verabredung küssen – geschweige denn sonstige Zugeständnisse machen.« Sie findet, daß ein erstes Rendezvous dadurch entspannter ablaufen konnte. Da die jungen Männer die Regel ebenfalls kannten, faßten sie es nicht gleich als unwiderrufliche Abfuhr auf, wenn es beim ersten Mal nicht zu

Zärtlichkeiten kam. Aber Kathleens Tochter hält das für eine drollig-altmodische Einstellung. Was nur bedeutet, daß ihr Gebot des Sollens ein anderes ist: Eine junge Frau sollte sich entscheiden, wie sie einem jungen Mann gegenüber empfindet, und entsprechend reagieren.

Erleichterung und moralischer Halt

Einige feste Regeln darüber zu haben, was wir tun und was wir nicht tun sollen, bietet uns Erleichterung und moralischen Halt im täglichen Leben. Oft ist es sehr viel einfacher, Dinge so zu tun, »wie sie eben gemacht werden«. Die meisten von uns haben keine Lust, über jede einzelne Handlung nachzudenken und sie zu hinterfragen. Wer hat schon die Zeit dazu? Wir möchten an ein paar unumstößliche Wahrheiten glauben, auf die wir uns verlassen können. »Wir halten folgende Wahrheiten für selbstverständlich« heißt es in der amerikanischen Unabhängigkeitserklärung.

Wir bewundern Menschen, die einfach automatisch das Richtige tun. Ein Mann sieht, wie ein Kind fast ertrinkt, und springt ins Wasser, um es zu retten. »Du hättest selbst ertrinken können«, sagen Freunde später zu ihm. »Daran habe ich überhaupt nicht gedacht«, antwortet der Mann. »Ich konnte doch nicht einfach tatenlos zusehen, wie der kleine Junge ertrinkt.«

Automatische Reaktionen können Ihnen im gesellschaftlichen Bereich den Weg ebnen oder Ihnen sogar das Leben retten. Ihre Eltern haben Ihnen bestimmt eingebleut, stets nach beiden Richtungen zu sehen, bevor Sie eine Straße überqueren, und daran halten Sie sich auch, wenn Sie eine Einbahnstraße kreuzen. Und warum schließlich nicht? Sie können nie ausschließen, daß ein unaufmerksamer Autofahrer aus der falschen Richtung kommt. Und jedes Jahr lesen wir eine Geschichte über einen amerikanischen Touristen in den Zeitungen, der beim Überqueren einer Straße in England, Jamaika, Australien oder Japan von einem Auto überfahren wurde. In diesen Ländern herrscht Links- statt Rechtsverkehr. Wenn Sie daher nur in die Richtung sehen, aus der Sie ein Auto in Hamburg, New York oder Paris erwarten, könnten Sie eine böse Überraschung erleben.

Auf vielerlei Art verschafft uns eine vorgegebene stabile Struktur Erleichterung im Leben. Und es geht um Struktur und Stabilität, wenn wir die Formeln »ich sollte« oder »man sollte« benutzen. Flexibilität und Veränderlichkeit können beängstigend sein. Zuviel Flexibilität artet in

Chaos aus. Je mehr Entscheidungen Sie treffen müssen, desto mehr Gelegenheiten gibt es auch, sich »falsch« zu entscheiden. Wenn Sie sich dagegen sicher sind, was Sie und andere tun und wie alle über bestimmte Dinge denken sollten, ist Ihr Universum leichter zu handhaben. Sie wissen, wo Sie im Leben stehen. Ihr Geist ist frei, sich mit anderen Dingen zu beschäftigen.

Die Störenfriede identifizieren

Wenn es auch manchmal das einfachste ist, ein Gebot routinemäßig zu befolgen, kann Ihnen jedoch die Überzeugung, daß es nur einen möglichen Weg gibt – ohne Alternativen, ohne Wahlmöglichkeiten, ohne Spielraum –, unnötige Probleme bereiten. Dann ist es an der Zeit, etwas mehr über die Gebote des Sollens in Ihrem Leben nachzudenken.

Solche Gebote werden zu lästigen Störenfrieden,

- wenn Sie etwas zu tun versäumen, von dem Sie glauben, daß Sie es tun sollten – und sich am Ende schuldig und wertlos fühlen;
- wenn sie in der Vergangenheit etwas getan haben (oder versäumt haben zu tun), worüber Sie jetzt in Reue versinken;
- wenn andere etwas getan haben oder verfehlt haben, etwas zu tun, was sie tun sollten – und Sie sich dadurch verletzt oder wütend oder beides fühlen;
- wenn Sie pflichtgemäß tun, was Sie Ihrer Meinung nach tun sollten – aber tief im Innern wünschen, es nicht tun zu müssen, und daher sowohl Groll als auch Schuldgefühle empfinden;
- wenn Sie etwas tun möchten, was Sie nicht tun sollten – und dadurch gleichzeitig von Schuldgefühlen, Angst und Streß geplagt werden;
- wenn Ihre Überzeugung (Ihr Gebot des Sollens) mit der eines anderen in Konflikt gerät.

Sie können die besonderen Gebote des Sollens, die Ihnen das Leben schwermachen, identifizieren. Der erste Schritt, um auf konstruktive Weise mit den Geboten umzugehen, die bei *Ihnen* Schuldgefühle, Wut, Angst, Reue oder Streß auslösen, ist, sie einfach aufzulisten.

- Was sollten Sie tun, das Sie nicht tun?
- Was hätten Sie tun sollen, das Sie nicht getan haben?
- Was machen andere hinsichtlich Ihrer Person falsch?

- Welche Pflicht erfüllen Sie, die in Ihnen Wutgefühle erzeugt?
- Welchen Schritt würden Sie gerne unternehmen, obwohl er Ihren Wertvorstellungen widerspricht?

Wenn Ihre Gebote des Sollens Sie drücken

Vielleicht erschweren es Ihnen die Gebote auf Ihrer Liste, Ihren eigenen Anforderungen zu genügen. Theoretisch sollte eine konsequente Anwendung der Regeln das Leben weniger kompliziert, also einfacher machen. In der Praxis wirkt sich dies jedoch ganz anders aus.

In gewisser Hinsicht sind Gebote des Sollens wie Schuhe. Schuhe müssen eine gewisse Struktur und Festigkeit aufweisen, um Ihren Füßen den nötigen Halt zu geben, aber wenn sie überhaupt nicht nachgeben oder zu eng geschnürt sind, fangen sie an zu drücken. Sie fangen an, Ihnen weh zu tun. Statt Ihnen das Weitergehen zu erleichtern, zwingen sie Sie dazu, stehenzubleiben und sich hinzusetzen.

Erweitern wir das Bild noch ein wenig: Wenn Sie alles tun, was Sie tun sollten, und sich ordnungsgemäß allem enthalten, was Sie nicht tun sollten, nennt man das auch »den geraden und schmalen Pfad wandeln« – im Prinzip eine bewundernswerte Leistung.

Aber stellen Sie sich vor, daß Sie eine Brücke überqueren müssen. Diese Brücke ist lang und *sehr* schmal. Sie ist sogar nur so breit wie einer Ihrer Füße. Um sicher auf die andere Seite zu gelangen, müssen Sie vorsichtig einen Fuß vor den anderen setzen. Sie müssen sich darauf konzentrieren, das Gleichgewicht zu halten. Eine falsche Bewegung, und es geht abwärts. Jetzt stellen Sie sich vor, wie Sie diese Brückenüberquerung mit schmerzenden Füßen zu bewältigen versuchen.

Genau das tun Sie, wenn Sie Ihre Soll-Gebote und die von anderen auf sehr enge, unflexible, festumrissene Weise definieren. Das ist eine große Belastung. Eine falsche Bewegung, und Sie fühlen sich schuldig, wütend oder gestreßt.

Wenn Sie die Brücke nur ein wenig verbreitern können, erleichtern Sie damit Ihr Weiterkommen. Sie brauchen immer noch die Grundstruktur, um von einer Seite auf die andere zu gelangen, aber der Gang ist weniger anstrengend, wenn die Brücke breiter ist und Ihre Schuhe bequemer sind. Wenn Ihre Füße nicht schmerzen und Sie nicht ständig Angst haben müssen herunterzufallen, macht Ihnen die Wanderung vielleicht sogar Spaß. Sie können sich umsehen und die Landschaft genießen. Sie können sich in aller Ruhe überlegen, welche Richtung Sie einschlagen wollen, wenn Sie auf der anderen Seite angekommen sind. Sie können sogar mal eine Pause einlegen oder stolpern, ohne daß dies schwerwiegende Folgen hätte.

Die Brücke verbreitern

Um die Brücke, auf der Sie gehen, zu verbreitern, müssen Sie jedes einzelne Gebot auf Ihrer Liste neu durchdenken.

Wenn Sie »ich sollte« oder »man sollte« sagen, meinen Sie im Grunde: »*Nicht* nachdenken. *Keine* Alternativen in Betracht ziehen. *Keine* Folgen bedenken. *Keine* Pros und Kontras abwägen. *Einfach tun.*« Aber genau dann, wenn Sie einfach etwas tun – ohne die unterschiedlichen Umstände oder Kompromißmöglichkeiten und alternative Handlungswege in Betracht zu ziehen –, werden Ihre Gebote häufig vom Hilfsmittel zum Hindernis.

Es ist kein Zufall, daß das Wort »sollte« so oft im Kapitel über das Gedankenlesen vorkommt. Wenn Sie verärgert sind, weil jemand, der *wissen sollte,* was Sie wollen, Ihren unausgesprochenen Wünschen nicht entspricht, haben Sie nicht nur den *Wunsch,* daß diese Person Ihre Gedanken lesen soll, sondern haben sie bereits verurteilt, weil sie es nicht tut. Wenn Sie davon ausgehen, daß andere bestimmte Dinge wissen *sollten* und tun *sollten,* lassen Sie ihnen wenig Spielraum und sind schnell mit einem Urteil bei der Hand. Keine weitere Untersuchung nötig, Fal abgeschlossen.

Gebote des Sollens spielen auch bei der Macht, die wir unseren vermeintlichen Kritikern verleihen, eine gewisse Rolle. Wir übersetzen etwas, von dem wir *annehmen,* daß sie es denken, in ein Gebot. Nehmen wir an, Sie sind zur Hochzeit eines Paares eingeladen, das viel mehr Geld hat als Sie. Sie bekommen schlechte Laune, als Sie überlegen, was Sie ihnen für ein Geschenk machen *sollten,* weil Sie denken: »Ich muß ihnen etwas schenken, was ihrer Stellung entspricht. Wenn ich etwas schenke, das nicht so schön oder wertvoll ist wie die anderen Dinge, die sie bekommen, werden mich alle für einen Geizkragen halten. Aber ich kann mir kein teures Geschenk leisten. Ich wünschte, sie hätten mich nicht eingeladen.«

Der Psychologe Albert Ellis ist der Meinung, daß es uns allen besser gehen würde, wenn wir einfach das Wort »sollte« aus unserem Wortschatz verbannten. Er schlägt vor, es durch die Formulierung »Es wäre besser, wenn...« zu ersetzen. Diese bietet nach Ellis einen größeren

Spielraum für Überlegungen und Entscheidungen. »Sollte« läßt dagegen nur zwei Möglichkeiten offen – »ich sollte« oder »ich sollte nicht«. »Es wäre besser« ist variabler und stellt mehr Wahlmöglichkeiten zur Verfügung: »Es könnte ein wenig besser sein oder nicht viel schlechter...«

Vielleicht wäre es besser, wenn Sie diesem Paar ein teures Geschenk machen könnten, aber wenn Sie das Geld dafür nicht haben, geht es eben nicht. Was werden die Leute sagen? Welche Leute? Wie wichtig sind sie Ihnen? Der Trick ist, vom Modus des Gebots oder gar des Befehls (»Tu dies, sonst bist du unten durch«) in den Modus der sorgfältigen Überlegung zu wechseln (»Wie gehe ich dies am besten an?«).

Es gibt kein Gebot, das Sie nicht noch einmal überdenken könnten. Die meisten würden einwenden, daß »Du sollst nicht töten« eines der unumstößlichsten Gebote überhaupt ist, und doch macht jedes Land Ausnahmen in bezug auf Soldaten in Kriegszeiten oder Gesetze über Notwehrsituationen. Sollten Sie sich an die Geschwindigkeitsbeschränkung halten? Im Prinzip ja – aber wenn Sie jemanden schnell ins Krankenhaus bringen müssen und kein Verkehr auf der Straße ist?

Es gibt viele Möglichkeiten, die Brücke auf *akzeptable* und *verantwortungsvolle* Weise zu verbreitern, angefangen bei ein paar harmlosen Sprachtricks. Leute, die nie fluchen oder ein unanständiges Wort benutzen würden, sagen zum Beispiel »Verflixt noch mal« statt »Verdammt noch mal« oder »Scheibenkleister« statt eines anderen mit »Schei...« beginnenden Wortes. Das mag Ihnen auf den ersten Blick nicht wie eine Abwandlung eines Gebotes erscheinen, aber genau das ist es.

Wenn Sie erst einmal beginnen, auf das Wort »sollte« zu achten, werden Sie erstaunt sein, wie oft Sie dieses oder einen äquivalenten Ausdruck wie »Ich muß« oder »So macht man das eben« benutzen. Sie werden vielleicht genauso erstaunt sein, wie leicht Sie ein Gebot des Sollens einfach akzeptieren und bei Nichtbefolgung eine Strafe auf sich nehmen, ohne sich zu fragen, ob Sie überhaupt eine Strafe verdienen.

Oft machen Leute sich Vorwürfe, weil sie in einer bestimmten Situation nicht gehandelt haben, auch wenn sie nicht die geringste Vorstellung haben, worin diese Handlung hätte bestehen sollen.

Gordon kann es sich nicht verzeihen, daß er nichts unternommen hat, um den Selbstmord seines Bruders zu verhindern. Er sagt sich immer wieder: »Ich hätte wissen sollen, wie ernst die Lage war. Es muß irgendwelche Anzeichen gegeben haben, die ich hätte erkennen sollen. Ich hätte ihm helfen müssen.« Er sagt nicht: »Ich wünschte, ich hätte es geahnt. Ich wünschte, ich hätte ihm helfen können.« Statt dessen fügt er seiner Trauer noch Schuldgefühle hinzu. Er verkündet sein eigenes Urteil: Schuldig.

Wenn Sie innehalten, Ihre Soll-Gebote aufschreiben und analysieren, werden Sie möglicherweise auch feststellen, daß Sie sich Geboten unterwerfen, die gar nicht existieren. Das klingt verrückt? Es ist tatsächlich ein recht verbreitetes Phänomen.

Hier ein Beispiel, bei dem jemand die Gedanken vermeintlicher Kritikerinnen liest und sie dann fraglos hinnimmt: Als Julie in den Mutterschaftsurlaub geht, sagt sie ihren Freundinnen im Büro, daß sie bald wieder arbeiten will. Als sie den Mutterschaftsurlaub verlängert, begründet sie dies mit Schwierigkeiten, eine Aufsicht für das Kind zu finden. Schließlich gesteht sie sich ein, daß sie noch gar nicht wieder arbeiten, sondern zu Hause bei ihrem Kind bleiben will. Sie weiß, daß ihr Mann ihre Entscheidung achtet, fürchtet aber, daß ihre Freundinnen im Büro auf sie herabsehen werden. Sie haben es alle geschafft, Kind und Beruf zu vereinen. Sie ist sicher, daß sie denken, alle Frauen sollten so handeln, und daß sie Julie daher als Verräterin an der Sache der Gleichberechtigung ansehen werden. Aber als sie ihnen gesteht, daß sie mehrere Jahre zu Hause bleiben will, nehmen ihre Freundinnen das ganz gelassen hin. »Du solltest tun, was du für das Beste hältst«, sagen sie. »Die Frauenbewegung will Frauen neue Möglichkeiten eröffnen und ihnen keine bestehenden verschließen.«

Die Folgen analysieren

Wenn Sie Ihre persönliche Liste von Geboten des Sollens neu überdenken, können Sie als ersten Schritt die Folgen einer Beibehaltung dieser Gebote mit den Folgen vergleichen, die entstehen, wenn Sie die Gebote aufgeben oder abwandeln.

Sie haben nicht unrecht, wenn Sie glauben, daß die Übertretung eines Gebotes Folgen hat. Alle Handlungen haben Folgen. Aber das müssen nicht diejenigen sein, die Sie erwarten.

Ihre innere Stimme sagt Ihnen, daß Sie alles auf Ihrem Teller aufessen sollten (selbst in einem Restaurant, das Mengen auf den Teller häuft, die unweigerlich zu überflüssigen Pfunden führen würden, wenn Sie alles aufäßen). Sie sagt, daß Sie Urlaubskarten verschicken sollten. Sie sagt, daß Sie ein perfekter Vater oder eine perfekte Mutter sein sollten. Was wird passieren, wenn Sie ihr nicht gehorchen? Werden Sie im Morgengrauen erschossen werden? Oder geteert und gefedert? (Ein wenig absichtlich übertriebene Übertreibung hilft Ihnen, die Übertreibungen zu erkennen, mit denen Ihr Denken bereits arbeitet.)

Wenn Sie beginnen, die Vor- und Nachteile bestimmter Konsequenzen zu überdenken, werden Sie merken, daß Sie nach der *besten* Lösung suchen, statt nur eine *einzig mögliche* in Betracht zu ziehen. Gehen wir zum Beispiel davon aus, daß Julie persönlich glaubt, daß sie dabei ist, etwas zu tun (zu Hause bei ihrem Kind bleiben), was sie als moderne Frau nicht tun sollte. Um dies zu analysieren, schreibt sie die Folgen auf, die die Aufrechterhaltung dieses Gebotes mit sich bringt:

- »Ich werde mich schuldig fühlen, weil ich meinen eigenen Anforderungen nicht genüge.«
- »Ich werde mich schuldig fühlen, weil ich andere Frauen im Stich lasse.«

Was sind die Folgen, wenn sie dieses Gebot *ignoriert*?

- »Ich werde zu Hause bei meinem Baby sein.«
- »Ich werde zufrieden sein, weil ich ihm meine ungeteilte Aufmerksamkeit widmen kann.«
- »Ich kann später wieder außer Haus arbeiten, wenn ich das möchte.«

Julie hat jetzt eine Grundlage, auf der sie die Vorteile und Nachteile vergleichen kann. Sie kann eine bewußte Entscheidung treffen, statt automatisch mit Schuldgefühlen zu reagieren.

Marty lebt mit seiner Mutter zusammen, die seine Freunde mit unfreundlichen Blicken bedenkt, sich ständig über sie beschwert und noch keinen von ihnen akzeptiert hat. Marty denkt daran, sich eine eigene Wohnung zu suchen, aber er fühlt sich schuldig. Sie hat niemanden außer ihm. Wie kann er sie ganz allein lassen? Marty hat sich durch sein Gebot des Sollens (»Ich sollte mich um meine Mutter kümmern und bei ihr bleiben«) selbst ein unüberwindliches Hindernis geschaffen, da ihm dieses Denken nur eine einzige Lösung erlaubt, statt ihm den Freiraum zu lassen, einen Kompromiß auszuarbeiten. Bedeutet eine eigene Wohnung, daß er seine Mutter nie wieder sehen wird? Nicht notwendigerweise. Indem er in einem Brainstorming Alternativen auflistet und die Vor- und Nachteile vergleicht, wird Marty leichter eine Lösung finden können, die sein Leben angenehmer macht, ohne daß er seine Mutter ganz sich selbst überlassen muß.

Hätte, könnte, sollte

»Hätte, könnte, sollte« könnte als Überschrift über vielen Sportreportagen stehen, die über all die Fußballspiele berichten, die hätten gewonnen werden müssen, können oder sollen, wenn der entscheidende Paß stattgefunden hätte, wenn die Abwehr auf Draht gewesen wäre oder wenn die neue Angriffsstrategie durchgehalten worden wäre.

Was beim Fußball Spaß macht, ist jedoch im Alltagsleben weniger lustig. Über einen Fehler nachzugrübeln, den Sie nicht zurücknehmen können, oder in Bitterkeit verfallen, weil Ihnen jemand weh getan oder Sie enttäuscht hat, kann – um eine Fußballmetapher zu verwenden – den Abstieg bedeuten.

Wegen eines Vorfalls in der Vergangenheit von Reue oder Schuld überwältigt zu werden, ist eine der Hauptfolgen dieses Denkens. Wenn Sie über etwas nachdenken, das in der Vergangenheit hätte geschehen sollen oder nicht hätte geschehen dürfen, befinden Sie sich in einer besonders nachteiligen Position, da sich Vergangenes nicht ändern läßt. Sie können nicht zurückgehen. Sie können etwas nicht noch einmal erleben und einen anderen Ausgang bewirken.

Sie sagen heute vielleicht: »Ich habe den falschen Menschen geheiratet. Ich hätte warten sollen.« Oder: »Ich hätte nie heiraten sollen.« Es wäre eventuell besser gewesen, wenn Sie nicht geheiratet hätten, aber Sie haben diesen Menschen nun einmal geehelicht, und jetzt müssen Sie mit den Konsequenzen fertig werden. Oder Sie sagen: »Er hätte mich nie verlassen dürfen. Ich liege nachts wach und denke mir Sachen aus, die ihm zur Strafe zustoßen sollen.« Es wäre vielleicht besser gewesen, wenn er bei Ihnen geblieben wäre (vielleicht auch nicht), aber die Wahrheit ist, daß er gegangen ist. Ihre Gedanken darauf zu verschwenden, was ihm passieren *soll*, wird Ihr Leben kein bißchen glücklicher machen.

Sie denken vielleicht auch: »Ich hätte diesen Job in Kalifornien annehmen sollen, als sich die Chance bot. Wenn ich ihn angenommen hätte, würde ich jetzt nicht in diesem Schlamassel stecken.« Es wäre möglicherweise besser gewesen, diesen Job anzunehmen, aber auf der Realitätsebene können Sie nicht wissen, wie Ihre Situation dann heute wäre. Wenn Sie einen Fakt in Ihrer Vergangenheit ändern könnten, würden sich dadurch auch andere Fakten ändern. Wenn Sie den Job angenommen hätten, hätten Sie vielleicht einen tödlichen Autounfall auf dem Weg zur Arbeit erlitten. Ihr Denken darum kreisen zu lassen, was hätte sein können oder sollen, wird Sie zukünftigen Zielen keinen Zentimeter näher bringen.

Die Vergangenheit hinter sich lassen

Oft sagt jemand: »Ich kann nicht aufhören, an diesen vergangenen Fehltritt zu denken. Ich würde ihn gerne vergessen, aber ich kann nicht.« Daran zeigt sich der langanhaltende Einfluß von Geboten des Sollens auf unser Denken und Leben.

Die beste Art, rückblickend mit einem Gebot umzugehen, ist, daraus zu lernen – Sie können beispielsweise beschließen, in Zukunft sorgfältiger bei der Wahl Ihres Ehepartners oder eines Jobs vorzugehen – und es dann *in den Hintergrund Ihres Bewußtseins zu verbannen.*

Wie Sie das bewerkstelligen können? Sie ersetzen einen Gedankenkreis durch einen anderen. Wenn ein bestimmter Gedankenkreis Sie beschäftigt, können Sie sich zur selben Zeit nur schwer auf etwas anderes konzentrieren. Wenn Sie ständig darüber nachdenken, was in der Vergangenheit hätte passieren sollen, können Sie sich kaum auf die nächsten Schritte konzentrieren. Doch wenn Sie sich umgekehrt zwingen, Ihre Gedanken auf die nächsten Schritte zu richten, werden Sie merken, daß Sie immer weniger über das nachgrübeln, was in der Vergangenheit hätte sein sollen.

Um die Vergangenheit in den Hintergrund Ihres Bewußtseins zu schieben, suchen Sie sich einen bestimmten Bereich Ihres Lebens aus, den Sie verbessern wollen – eine neue Stelle suchen, mehr mit Freunden unternehmen, ein neues Hobby finden – was immer Sie möchten.

Folgen Sie den Schritten, die wir für Stan in Kapitel acht vorgeschlagen haben: Wenn Ihnen nicht gleich etwas einfällt, machen Sie ein Brainstorming mit einem Freund oder einer Freundin. Schreiben Sie alles auf, was Ihnen Spaß machen könnte, auch alle Vorschläge Ihres Freundes oder Ihrer Freundin, egal wie verrückt oder unrealisierbar sie klingen.

Wenn Sie sich wegen etwas, das nach Ihrem Dafürhalten sein sollte, aber in der Realität nicht ist, schuldig oder wütend oder deprimiert fühlen, denken Sie vielleicht zuerst: »Es gibt nichts, was mich glücklich machen könnte.« Aber was Sie wirklich meinen, ist: »Ich glaube, daß nichts, was ich in diesem Moment tun kann, mich so glücklich machen würde, wie ich sein *sollte.*« Und damit könnten Sie natürlich auch recht haben.

Wenn Sie eine Verletzung erlitten haben, die Sie von Ihrem früheren Beruf ausschließt, wenn Ihre große Liebe gestorben ist, wenn Sie die Chance, ein Profifußballer zu werden, in Ihrer Jugend verpaßt haben, wenn Sie nie bekommen, was Sie haben würden, könnten, sollten, wenn das Leben gerechter wäre, wenn Sie mehr Glück hätten, wenn eine Million Dinge...

Aber denken Sie daran: Selbst wenn es stimmt, daß Sie jetzt glücklicher wären, wenn die Dinge in der Vergangenheit gelaufen wären, wie sie sollten, haben Sie immer noch die Chance, in Zukunft glücklicher zu sein, als Sie es jetzt sind. Glücklicher ist vielleicht nicht so gut wie glücklich – aber es ist besser als ein Leben voller Wut und Verzweiflung.

Falls Sie nicht zufällig die Zukunft voraussagen können – was ungefähr so leicht ist wie Gedankenlesen –, wissen Sie nie wirklich, was sie Ihnen bringen wird. Was Sie hingegen wissen, ist, daß Sie die Wahl haben, entweder Ihr zukünftiges Leben besser zu gestalten oder aber damit fortzufahren, die Vergangenheit zu beweinen. Sie können Ihre Aufmerksamkeit auf Projekte oder Aktivitäten konzentrieren, die Ihren Geist und Ihre Zeit ausfüllen, oder Sie können weiterhin dem nachtrauern, was hätte sein sollen.

Mit Schuldgefühlen umgehen

Sie wollen die Vergangenheit vielleicht weiter beklagen, weil Sie das Gefühl haben, daß Sie dies *sollten*. Sie haben etwas falsch gemacht. Sie haben eine Sünde begangen. Sie haben jemandem weh getan. Sie haben ein Gebot des Sollens nicht nur etwas weit ausgelegt, sondern es völlig in den Boden gestampft. Und daher glauben Sie, das Elend zu verdienen, in dem Sie sich jetzt befinden. Sie denken: »Was ich mir eingebrockt habe, muß ich auch auslöffeln.«

Es gibt jedoch mehr als einen Weg, vergangene Schuld wiedergutzumachen. Sich nur schlecht zu fühlen wird weder die Vergangenheit ändern noch die Zukunft verbessern. Wenn Sie in der Vergangenheit jemandem weh getan haben, können Sie darüber nachdenken, wie Sie dieser Person – oder auch einer anderen – in der Gegenwart helfen könnten. Wenn Sie etwas falsch gemacht haben, wollen Sie vielleicht anderen helfen, denselben Fehler zu vermeiden. Dieser Weg wird oft von ehemaligen Drogenabhängigen beschritten. Sie haben sich entschlossen, Ihre Probleme nicht mehr mit Drogen zu betäuben, und helfen nun lieber den anderen, davon loszukommen, statt den Rest Ihres Lebens über die verschwendeten Jahre zu jammern.

Auch dies ist ein Beispiel dafür, wie Sie die Vergangenheit hinter sich lassen können, indem Sie etwas zur Verbesserung der Zukunft unternehmen.

Wenn unterschiedliche Gebote des Sollens aufeinanderprallen

Der größte Aufruhr im Umgang mit Geboten entsteht gewöhnlich, wenn Ihre persönlichen Gebote mit denen von anderen kollidieren. Das ist nur zu erwarten, wenn so viele unterschiedliche Listen von Soll-Geboten kursieren.

Gebote neigen dazu, Verheerung anzurichten, wenn sie aufeinanderprallen – selbst wenn ihr Inhalt von geringer Bedeutung ist. Angela sagt, daß das Geschirr abgespült werden sollte, bevor es in die Geschirrspülmaschine kommt. Ehemann Jim sagt, das ist Blödsinn. Angela sagt, daß die Suppenteller in das oberste Regal kommen. Als Jim die Geschirrspülmaschine ausräumt, stellt er sie in das zweitoberste Regel. Resultat: ständige Zankereien. Diese eskalieren manchmal derart, daß auch jedes andere Gebot des Sollens, über das Angela und Jim sich uneinig sind, auf den Tisch gebracht wird. (»Du solltest netter zu meiner Mutter sein.« – »Ach ja, und wann ist sie mal netter zu mir?«) Es gibt im Grunde nur zwei Möglichkeiten, mit den Geboten des Sollens von anderen umzugehen: Wir können sie akzeptieren oder ablehnen.

Gebote des Sollens von anderen akzeptieren

Es ist nicht leicht, die Gebote von anderen Menschen zu akzeptieren – besonders, wenn diese Ihre persönlichen Gebote kritisieren. Wenn Ihr Gefühl sagt, daß Sie recht haben, warum sollten Sie dann etwas Falsches akzeptieren?

Die Antwort auf dieses Dilemma ist, daß Sie einer anderen Person nicht recht geben müssen, um sich einmal nach ihren Wünschen zu richten. Sie brauchen dazu nur den Gedanken zu akzeptieren, daß andere Menschen andere Gebote des Sollens haben und daß es manchmal günstiger ist, sich nach ihren Geboten zu richten, als auf einem Streit zu beharren.

Ron ist Pflegeauszubildender in einem großen städtischen Krankenhaus. In diesem Krankenhaus gibt es die Regel, daß Auszubildende zuerst eine Genehmigung einholen müssen, wenn sie eine Änderung in ihrem Dienstplan vornehmen möchten. Als Ron einen Tag frei haben möchte, kümmert er sich nicht um die Genehmigung, sondern tauscht seine Schicht mit einem anderen Auszubildenden. Als Ron wiederkommt, erfährt er, daß der Oberarzt ihn vorerst vom Dienst suspendiert hat, weil er sich nicht an die Regel gehalten hat. Ron protestiert gegen seine Suspendierung. Er weist darauf hin, daß der Sinn der Genehmigungsregel darin besteht, sicherzustellen, daß keine Schicht unbesetzt bleibt, und er hatte schließlich für Ersatz gesorgt. Ron hat den Sinn der Regel richtig erfaßt, stimmt der Oberarzt ihm zu, aber es bleibt trotzdem bei der Suspendierung. Warum? Weil er findet, daß Auszubildende die Regeln befolgen und keine eigenen aufstellen sollten. Und er ist schließlich für sie verantwortlich.

Ron muß entscheiden, ob das Angehen gegen die Regel die Mühe wert ist. Wenn es das nicht ist, kann er die Vorschrift immer noch unsinnig finden und sich trotzdem nach ihr richten.

Rita ist lesbisch und will ihre Freundin zu einem Wochenendbesuch bei ihrem Vater mitbringen. Ihr Vater, der der Überzeugung ist, daß seine Kinder alle heiraten und ihm Enkelkinder schenken sollten, weigert sich, Ritas Freundin einzuladen.

Indem sie einfach anerkennt, daß ihr Vater andere Gebote des Sollens als sie selbst hat, erweitert Rita die ihr zur Verfügung stehenden Wahlmöglichkeiten. Wenn nämlich Rita der Meinung ist, daß ihr Vater ihre Lebensweise akzeptieren sollte, und er glaubt, daß sie sie ändern sollte, versetzen sie sich gegenseitig in eine Tu-es-oder-laß-es-Position. Das wahrscheinlichste Ergebnis dabei ist, daß sie ihre Beziehung ganz abbrechen und beide nicht besonders glücklich darüber sind.

Wenn Rita jedoch akzeptieren kann, daß ihr Vater genauso von seinem Gebot überzeugt ist wie sie von ihrem, fügt sie der Situation eine andere Handlungsmöglichkeit hinzu: Sie könnte sich einverstanden erklären, ihn allein zu besuchen. Das ist zwar zugegebenermaßen nicht so zufriedenstellend, wie ihn mit ihrer Freundin gemeinsam zu besuchen, aber andererseits richtet sie sich ja auch nur in dieser Frage nach den Wünschen ihres Vaters. Das wiederum eröffnet eine weitere Möglichkeit: Vielleicht ändert ihr Vater irgendwann seine Meinung. (Es kann natürlich auch sein, daß er weiterhin hofft, *sie* möge sich ändern.)

Wenn Gebote des Sollens aufeinanderstoßen, müssen Sie nicht einfach nachgeben, sondern die Konsequenzen Ihrer jeweiligen Entscheidung abwägen: ob Sie Ihr Soll-Gebot beibehalten und verteidigen, ob Sie sich nach dem eines anderen richten oder ob Sie einen Kompromiß finden.

Wenn Sie sich in bestimmten Kreisen bewegen oder auf eine bestimmte Führungsebene gelangen wollen, müssen Sie häufig die dort herrschenden Gebote lernen, ob es sich um Kleidervorschriften handelt oder Betriebsverordnungen oder einfach um bestimmte Verhaltensmuster. Sie müssen sie nicht für das Nonplusultra halten, um zu dem

Schluß zu kommen, daß es günstiger ist, sich nach ihnen zu richten, als sie abzulehnen.

Gebote des Sollens von Kritikern ablehnen

Ein Gebot des Sollens abzulehnen scheint ein Widerspruch in sich zu sein, da jedes Gebot impliziert: »Tu es und denk nicht darüber nach.«

Doch wenn Sie beginnen, die Konsequenzen zu analysieren, werden Sie feststellen, daß Sie nicht nur Ihre Reaktionen auf ein gegebenes Gebot variieren, sondern sich auch entscheiden können, das Gebot eines von außen oder innen kommenden Kritikers schlichtweg abzulehnen.

Nehmen wir an, daß Julie, die bei ihrem Baby zu Hause bleiben will, recht damit gehabt hätte, daß ihre Freundinnen diese Entscheidung kritisieren. Nehmen wir an, daß ein Teil von ihr auch der Meinung ist, daß eine moderne Frau wieder arbeiten gehen *sollte*. Sie muß sich jetzt die Frage stellen, wie wichtig ihr diese Kritikerinnen sind. Sie muß sich fragen: »Was sind die Konsequenzen, wenn ich an dem festhalte, was ich ihrer – und meiner – Meinung nach tun *sollte*, und was, wenn ich tue, was ich wirklich tun will?« Julie gibt sich selbst Raum zum Manövrieren, indem sie erkennt, daß sie die *Wahl* hat.

Andere Menschen wollen vielleicht nicht, daß Sie dies erkennen.

Burts Mutter fragt ihn: »Hast du in letzter Zeit mit deiner Schwester gesprochen?«

»Nein«, antwortet Burt.

»Du solltest sie anrufen.«

»Soll sie mich doch anrufen. Ich unterhalte mich nicht gern mit ihr.«

»Wie kannst du so etwas Schreckliches sagen. Sie ist deine Schwester.«

»Sie ist meine Schwester, und seit ich sie kenne, ist sie einfach abscheulich.«

»Das ist egal. Familienmitglieder sollten zusammenhalten.«

Es mag besser sein, wenn die Mitglieder einer Familie zusammenhalten – aber Sie können trotzdem beschließen, daß Ihnen der Preis für das Zusammenhalten zu hoch ist.

Wenn aber zum Beispiel jemand in einflußreicher Position sagt, daß Sie nicht wählen dürfen sollten oder kein anständiges Gehalt bekommen sollten oder Ihre Religion nicht frei ausüben dürfen sollten, sind Sie eventuell trotzdem bereit, den Preis für das Vertreten Ihrer Position zu bezahlen. Sie sind für sich selbst verantwortlich. Was halten *Sie* für das Beste? Was wollen *Sie* unternehmen?

»Besseres« Denken

Der Fehler des automatischen Befolgens von Geboten läßt sich leicht vermeiden, wenn Sie sich gestatten, nachzudenken, Beweise zu prüfen und sich zwischen Alternativen zu entscheiden, statt unbewußt zu reagieren. Wenn Sie die Gebote des Sollens in Ihrem Leben bewußt betrachten, werden Sie zweifellos beschließen, einige beizubehalten, weil Sie sich mit ihnen wohlfühlen. Sie entscheiden sich vielleicht auch, sich an das eine oder andere Soll-Gebot von anderen anzupassen, damit *diese* sich wohlfühlen. Und es mag Gebote geben, bei denen Sie sich entscheiden, sie abzuwandeln oder ganz aufzugeben. Das entscheidende Wort hierbei ist *entscheiden.* In jedem Fall treffen Sie die Entscheidung. Sie entscheiden, was besser ist. Sie entscheiden, was möglich ist. Sie haben die Macht, diejenigen Gebote zu lösen, die zu eng geschnürt sind und Sie bei Ihrer Wanderung durchs Leben drücken.

»Nehmen Sie es etwas lockerer« klingt vielleicht trivial – es ist aber dennoch ein guter Ratschlag.

11. Ja-aber-Sucht

Es gibt eine alte Geschichte über eine Großmutter, die ihren geliebten Enkelsohn mit zum Strand nimmt. Er spielt gerade im Sand, als eine riesige Welle den Strand mit Wucht überspült und den Enkel hinaus ins Meer reißt. Die Großmutter ist natürlich verzweifelt. Der Schmerz über den Verlust des Enkels überwältigt sie, und sie weiß nicht, wie sie ihrer Tochter und ihrem Schwiegersohn die furchtbare Nachricht beibringen soll. Sie fleht Gott um Hilfe an. »Bitte gib mir meinen Enkel zurück«, ruft sie. »Er ist ein guter Junge. Seine Eltern sind wunderbare Menschen. Ich werde alles tun, was du willst, wenn du ihn mir wiedergibst.«

Und siehe da, eine neue Riesenwelle überflutet den Strand und spült den Jungen wieder genau dorthin, wo er vorher war, völlig unbeschadet von seiner feuchten Reise. Die alte Frau blickt auf das Kind nieder, sieht zum Himmel auf und sagt: »Danke, Herr... aber wo ist sein Sonnenhut?«

Das ist Ja-aber. Ja, das war wunderbar, aber... *aber nicht wunderbar genug.*

Ja-aber ist eine Technik, bei der eine positive, anerkennende Bemerkung durch eine folgende negative Bemerkung wieder zurückgenommen wird, die alle Zufriedenheit, alles Vergnügen, allen Stolz in bezug auf das Vorhergehende zunichte macht. Das funktioniert immer, ob Sie es zu sich selbst sagen oder zu anderen:

- »Ja, das sieht gut aus, aber...«
- »Ja, er hat gesagt, daß er mich mag, aber...«
- »Ja, es könnte funktionieren, aber...«

Aber... aber... aber... danach kommen all die Gründe, weshalb es keinen Sinn hat zu hoffen, keinen Sinn, es zu versuchen, keinen Sinn, in irgendeiner Weise stolz auf das bisher Erreichte zu sein.

Ja-aber ist wie ein Knüppel, der über Ihrem Kopf hängt, um Sie jedesmal niederzuschlagen, wenn Sie versuchen aufzustehen. Ja-aber macht aus jedem Sieg noch eine Niederlage. Es umgibt jeden Silberstreifen mit einer Wolke. In seiner harmlosesten Form ist es wie eine bittere Pille, die in einem Schokoladenbonbon versteckt ist – gerade groß genug, um jemandem den Genuß zu verderben. In seiner schlimmsten Form ist es, als ob man eine Medaille verliehen bekommt, bevor man vor ein Erschießungskommando treten muß – es ist sehr schwer, sich über die Medaille zu freuen, wenn einem gerade die Brust durchlöchert wird.

Therapeuten auf der ganzen Welt können die furchtbare Macht dieser beiden kleinen Worte bestätigen, ob sie *ja-aber, yes-but* (Englisch), *sí-pero* (Spanisch), *oui-mais* (Französisch), *ja-men* (Schwedisch) oder wie auch immer in anderen Sprachen heißen. Was immer *ja* – oder *yes* oder *sí* oder *oui* – geben, nehmen *aber, but, pero, mais* und *men* wieder zurück.

Das Küchenmesser

Ja-aber kann auch in einem rein informativen Kontext gebraucht werden, wie in diesen Beispielen:

- »Ja, ich nehme gern ein Hühnchensandwich, aber ohne Mayonnaise bitte.«
- »Ja, ich würde gern mit dir ins Kino gehen, aber nicht Dienstag abend, weil ich da immer länger arbeite.«
- »Ja, das ist ein wunderbares System, aber es ist leider zu teuer für mich.«
- »Ja, Justin ist ein sehr netter Mann, und ja, er ist reich, und ja, viele meiner Freunde denken, daß er ein besserer Fang ist als Larry, aber ich liebe Larry und werde ihn heiraten.«

In diesen Fällen ist Ja-aber ein angebrachtes sprachliches Mittel, um die zwei Seiten einer Gegebenheit zu formulieren. Es gibt auch Zusammenhänge, in denen Ja-aber sogar motivierend wirken kann:

- »Ja, was ich bisher habe, ist schlecht, aber ich werde mich verbessern.«
- »Ja, ich bin im Moment unglücklich, aber wenn ich mir Mühe gebe, kann ich etwas daran ändern.«
- »Ja, ich weiß, daß dieser Auftrag nicht gut gelungen ist, aber die Erfahrungen, die ich dabei gemacht habe, werden mir in Zukunft nützlich sein.«

Die Wortkombination Ja-aber wird jedoch zu einem Denkfehler größerer Ordnung, wenn sie zur *vorherrschenden Reaktionsweise* wird oder wenn sie, wie es häufig vorkommt, zu einem *lächerlichen Extrem getrieben* und in unpassenden Fällen angewandt wird.

Wie jeder andere in diesem Buch beschriebene Denkfehler kann auch Ja-aber mit einem Küchenmesser verglichen werden. Seinem Zweck entsprechend angewandt, ist das Küchenmesser harmlos, nützlich und auch notwendig. Aber wenn es in gedankenloser Weise oder in emotional angespannter Stimmung oder gar in verletzender, bösartiger Absicht gebraucht wird, kann dasselbe Küchenmesser sehr viel Schaden anrichten. Dasselbe Messer, mit dem sonst Kartoffeln geschält werden, kann zu einer tödlichen Waffe werden. Ja-aber-Denken hat ein ähnlich zerstörerisches Potential.

In seiner Grundform ist Ja-aber der Ausdruck einer hartnäckigen Entschlossenheit, irgendwo, irgendwie etwas Negatives zu entdecken, um jedes positive Moment abzuwerten oder auszulöschen. Es wird manchmal dazu benutzt, die eigene Macht zu untergraben *oder* Macht über jemand anderen auszuüben, indem man einen Weg findet, ein positives Element im Leben des anderen aufzuheben.

Alans Mutter kauft ihm zwei Hemden, ein rotes und ein blaues. Als er sie das nächste Mal besucht, trägt er das rote Hemd. »Hat dir das blaue nicht gefallen?« fragt seine Mutter. Ja, er trägt das rote Hemd, was darauf hindeutet, daß er es mag, aber er trägt nicht das blaue. Daher muß etwas falsch sein. Dies ist ein zweischneidiges Ja-aber-Messer. Alans Mutter schneidet sich selbst (»Er mag mein Geschenk nicht«) und ihren Sohn zugleich (»Ich kann es meiner Mutter einfach nicht recht machen«). Jede Freude, die das Überreichen oder Empfangen des Geschenks machen könnte, ist dadurch wieder zerstört.

Für Ja-aber-Denker gibt es praktisch keine Beschränkungen bei ihrer Suche nach Negativem. Wenn zwanzig Leute sagen: »Das ist ein tolles Hemd, das du da trägst«, und dann eine Person bemerkt: »Ich glaube, Rot ist nicht die richtige Farbe für dich«, wird ein Ja-aber-Mensch das Hemd in die hinterste Schublade stecken und es nie wieder anziehen. Ja, zwanzig Leuten gefiel dieses Hemd, *aber einer Person gefiel es nicht.* Ja, zwanzig Leute hatten eine positive Meinung dazu, *aber nur die negative Meinung zählt.*

Ein schwacher Ersatz für Macht

Warum benutzen so viele Menschen Ja-aber, um andere oder sich selbst zu verletzen? Im allgemeinen entsteht dieses Ja-aber aus einem Gefühl der Machtlosigkeit heraus. Vielleicht können Sie zu nichts und niemandem *nein* sagen. Deshalb müssen Sie eine einzige negative Meinung akzeptieren, auch wenn Sie zwanzig positive erhalten haben. Oder Sie leiden darunter, daß *Sie sich selbst nicht richtig behaupten können.*

Ja-aber zu sagen, erlaubt Ihnen, eine direkte Konfrontation zu vermeiden. Sie haben Angst, nein zu sagen, und stimmen daher scheinbar zu, während Sie diese Zustimmung im selben Atemzug einschränken. Das ermöglicht es Ihnen zwar, einer Situation auszuweichen und Ihre Selbstachtung zu wahren, aber durch Ausweichen ändern Sie selten etwas.

Auf Ja-aber können Sie auch zurückgreifen, wenn Sie Wut ausdrükken, sich aber mit der eigentlichen Ursache dieser Wut nicht auseinandersetzen wollen. Alans Mutter mag zum Beispiel wütend auf ihren Sohn sein, weil er sie ihrer Ansicht nach nicht oft genug besucht. Aber sie hat Angst, ihn direkt darauf anzusprechen. Sie befürchtet, daß er sagen könnte: »Ich besuche dich eben nicht gerne. Ich komme nur aus Pflichtgefühl.« Also drückt sie ihre Frustration durch Ja-aber aus. Sie macht dem Sohn ein Geschenk und sorgt dann dafür, daß er sich nicht daran freuen kann – auch wenn das bedeutet, daß sie sich selbst die Freude am Schenken verdirbt.

Kurzum: Wenn Sie Ja-aber in dieser Form gebrauchen, geben Sie zu, daß Sie nicht die Macht haben, etwas zu ändern.

Wenn Sie zu sich selbst Ja-aber sagen

Wenn Sie Ja-aber zu sich selbst sagen, vermitteln Sie sich damit die Botschaft, daß Sie nicht die Stärke haben, zu bekommen, was Sie wollen. Sie geben zu, daß Sie etwas wollen. Sie geben zu, daß Sie sehr wohl das Potential hätten, dieses Etwas auch zu erreichen. Aber...

Aber dann versagen Sie sich das, was Sie wollen, bevor jemand anders die Gelegenheit dazu erhält. Das vermeidet ein direktes Kräftemessen mit einer anderen Person. Es verhindert, daß ein anderer die Chance erhält, Sie zurückzuweisen. Es ist leichter, eine Zurückweisung durch sich selbst zu ertragen, als von anderen zurückgewiesen zu werden.

Joe sagt: »Ja, ich würde mit Denise ausgehen, aber sie hat wahrscheinlich schon einen Freund. Sie interessiert sich wahrscheinlich überhaupt nicht für jemanden, der keinen Doktortitel hat.« Es liegt auf der Hand, daß Joe nie mit Denise ausgehen wird, wenn er sie nicht um eine Verabredung bittet – es sei denn, sie kommt auf die Idee, *ihn* zu fragen.

Ja-aber-Menschen schieben die Dinge gern hinaus. »Ja, ich weiß, daß das wichtig ist, und ich werde es auch erledigen, aber nicht jetzt... später... nie.« Ja-aber-Menschen sind Genies darin, Entschuldigungen zu finden. Kreative Entschuldigungen. Clevere Entschuldigungen. Komplexe Entschuldigungen. Doch bleibt die Tatsache bestehen, daß durch Entschuldigungen Handlungen vermieden werden. Mit fünfzig Entschuldigungen bringen Sie es vielleicht zu einer Tasse Kaffee – solange Sie dafür bezahlen.

Wenn Sie nicht nein sagen können

Viele Menschen können nur schwer nein sagen. Schuldgefühle oder ein schlechtes Gewissen können der Grund dafür sein. Ein Vater findet zum Beispiel, daß er jedes seiner vier Kinder gleichberechtigt behandeln muß. Wenn er sich also bereit erklärt, für ein Kind etwas zu tun, hat er sofort das Gefühl, daß er gleichzeitig den Wünschen der anderen drei entsprechen muß – auch wenn dies eine untragbare Bürde für ihn darstellt. Nicht nein sagen zu können kann auch von dem brennenden Wunsch, akzeptiert zu werden, herrühren. Ein neues Gemeindemitglied wird gebeten, bei einem Dutzend Komitees auszuhelfen – und erklärt sich jedesmal bereit dazu. Solche Reaktionen entstehen auch aus dem Gefühl, sich gegen eine übermächtige Opposition nicht wehren zu können.

Viele Menschen haben ihre Ja-aber-Sucht in der Kindheit entwickelt, als sie mit einem Elternteil zurechtkommen mußten, der sich nie mit einem Nein als Antwort zufriedengab.

Ralphs Vater explodiert immer vor Wut, wenn Ralph seine Anordnungen nicht widerspruchslos befolgt. Alle Eltern müssen manchmal Grenzen ziehen, aber Ralphs Vater errichtet Grenzen aus Beton. Ralph lernt, zu allem ja zu sagen. Egal, wie die Order lautet: Ja. Doch oft schiebt er dadurch die zornige Reaktion seines Vaters nur auf. Wenn sein Vater mit einem Ergebnis nicht zufrieden ist, flüchtet Ralph sich in Ja-aber-Antworten. Er widerspricht ihm nie direkt: »Nein, du hast unrecht. Nein, was du wolltest, ist unmöglich. Statt dessen sagt er: »Ja, aber ich habe es versucht. Ja, aber es ist dies passiert. Ja, aber es ist jenes passiert.«

Das Problem bei dieser Ja-aber-Verteidigungsstrategie ist, daß sie keine verläßliche Methode ist, Ärger von sich abzuwenden. Im Gegenteil, oft hat sie den umgekehrten Effekt. Renee zum Beispiel arbeitet für drei Geschäftspartner und will es unbedingt allen dreien recht machen. Sie haben alle drei die gleiche Machtposition und auch die gleiche Macht, sie zu feuern. Daher fühlt Renee sich machtlos, ihre Aufträge abzulehnen.

Partner A: »Renee, ich brauche bis vier Uhr vier Kopien dieses fünfzigseitigen Dokuments.«

Renee: »Ja.«

Partner B: »Renee, die gesamte Smithers-Akte muß bis vier Uhr zu Jones nach Atlanta gefaxt sein.«

Renee: »Ja.«

Partner C: »Renee, tippen Sie diesen Bericht ab und geben Sie ihn mir bis vier Uhr wieder zurück.«

Renee: »Ja.«

Leider kann die überarbeitete Renee unmöglich all diese Aufträge bis vier Uhr erledigt haben. Statt einen Partner zu verärgern, hat sie nun alle drei gegen sich aufgebracht.

»Sie haben gesagt, das ginge in Ordnung. Wir haben uns auf Sie verlassen«, sagt einer von ihnen.

»Ja, aber ich habe versucht, alles zu schaffen.«

»Was nützt uns das jetzt?« fragt Nummer zwei.

»Warum haben Sie nicht gleich gesagt, daß Sie nicht alles schaffen?« brüllt der dritte.

»Ja, aber...«

Andere Verwendungsformen von Ja-aber

Ja-aber wird auch häufig gebraucht, um Verantwortung abzuwälzen. Sid sagt: »Ja, du hast recht, ich sollte mit meiner Frau darüber sprechen, ...aber du kennst meine Frau nicht.« Übersetzung: Meine Frau ist das Problem, nicht die Tatsache, daß ich mich ihr nicht verständlich machen kann.

Ja-aber wird dazu benutzt, ein Maß an Kontrolle auszuüben, das uns an anderer Stelle versagt ist. Ralphs Vater fühlt sich an seinem Arbeitsplatz machtlos und bringt die Feindseligkeit, die er dort unterdrückt, mit nach Hause. Wenn er schon an seiner Arbeitsstelle keine Macht hat, so hat er doch immerhin Macht über seine Kinder, und diese nutzt er auch aus. Er hat Ralph befohlen, sein Zimmer aufzuräumen. Dann geht er hin, um es zu inspizieren. Ja, es sieht sauber aus, das muß er zugeben. Es sieht ordentlich aus. Aber, aha! Die Taschentücher in der Schublade sind nicht richtig zusammengefaltet. Er leert die Schublade auf das Bett. Ralph beißt sich auf die Lippen und träumt davon, wegzulaufen.

Margie traut sich nicht, das anzusprechen, was sie wirklich stört. Sie würde ihrem herrischen Ehemann gerne sagen, daß er weniger despotisch sein soll. Aber sie hat Angst. Statt also die direkte Auseinandersetzung zu suchen, ärgert sie ihn durch Kleinigkeiten. »Ja, ich habe die Wäsche gewaschen, aber sie ist noch nicht zusammengelegt. Ja, ich weiß, daß du heute abend ein Steak wolltest, aber ich bin nicht zum Einkaufen gekommen.« Das ist die häusliche Version des Guerillakrieges.

Stephen fürchtet, daß andere ihn für seine Leistungen nicht respektieren, deshalb wertet er sich selbst auf (zumindest in seinen Augen), indem er andere abwertet. Stephen kann immer einen Makel an allem finden, was andere haben oder tun:

- »Ja, das ist nett, aber ich glaube nicht, daß es nötig ist.«
- »Ja, Ihre Methode ist leichter, billiger und wirkungsvoller, aber ich möchte, daß die Sachen auf *meine* Art erledigt werden.«
- »Ja, Sie haben wirklich gründliche Nachforschungen angestellt, aber ich glaube, Sie sollten noch einen Anruf machen.«
- »Ja, das ist ein sehr schönes Hemd, aber findest du wirklich, daß Rot dir steht?«

Eine selbstbehindernde Verteidigungsart

Wie das Vorhergehende zeigt, gibt es viele Möglichkeiten, Ja-aber einzusetzen. Sie können Ja-aber-Antworten gebrauchen, um sich gegen jemand Mächtigeren zu verteidigen oder um einer Konfrontation aus dem Weg zu gehen, die Ihren Mangel an Macht offenbaren würde. Sie können Ja-aber verwenden, um einen Mangel an Stärke zu entschuldigen oder um wahre Autorität durch eine armselige Form von Macht zu ersetzen.

Doch eine Tatsache bleibt bestehen: Ja-aber ist ein ungeeignetes Machtwerkzeug. Es kann Ihre Absichten nicht nur unterlaufen, sondern sich auch gegen Sie richten. Das heißt, Ja-aber behindert Sie, wenn Sie es sich selbst gegenüber benutzen. Und Sie entfremden sich anderen, wenn Sie es ihnen gegenüber benutzen.

Eine Mischung gefährlicher Fehler

In früheren Kapiteln haben wir bereits festgehalten, daß dumme Denkfehler genausooft schubweise auftreten wie einzeln. Ja-aber-Fehler sind das beste Beispiel dafür. Sehr häufig entsteht Ja-aber-Denken aus anderen Fehlern oder taucht in Kombination mit diesen auf.

Hier ein Beispiel: Todds Frau Melissa will sich scheiden lassen. Der erschütterte Todd fragt sie, was er tun kann, um ihre Ehe zu retten. Melissa hat eine Liste von sieben Dingen vorbereitet, die sie am meisten an ihm stören. Todd spricht darüber mit einem Eheberater.

»Was ist die erste Beschwerde auf dieser Liste?« fragt der Berater.

»Sie sagt, daß ich nicht zärtlich wäre, daß ich sie nie umarmen oder

›Schatz‹ nennen würde. Daß ich sie nur berühren würde, wenn wir miteinander schlafen.«

»Wie oft am Tag haben Sie Ihrer Frau Ihre Zuneigung ausgedrückt, seit Sie Ihnen diese Liste gab?«

»Keinmal«, erwidert Todd offen.

»Warum nicht?«

»Weil es nicht wirklich das ist, worum es ihr geht. Da steckt noch etwas anderes dahinter.«

»Was?«

»Ich weiß es nicht.«

»Sie sagt, daß ihr das wichtig ist. Warum gehen Sie nicht darauf ein und warten ab, was passiert?«

»Das ist, was sie sagt, aber es ist nicht das eigentliche Problem. Und selbst wenn ich sie ›Schatz‹ nennen würde, hätte sie immer noch die anderen sechs Beschwerden.«

»Glauben Sie, Sie könnten ein paarmal am Tag Zärtlichkeiten ausdrücken – durch Gesten oder Koseworte –, wenn Sie sich Mühe gäben?«

»Ja, aber...«

Hier haben wir einen Mann, den sein Ja-aber vor den Scheidungsrichter führen wird. Ja, das ist, was sie sagt, aber es ist nicht das eigentliche Problem. Todd begeht an dieser Stelle den Fehler des Gedankenlesens. Vielleicht verbirgt Melissa tatsächlich den wahren Grund ihres Ärgers, doch das kann er nicht wissen, solange er keine Hinweise darauf hat. Wenn er zärtlicher wird und dies überhaupt keine Auswirkung hat, ist das eventuell ein Hinweis auf einen anderen Grund. Indem er Ja-aber sagt, stellt Todd jedoch sicher, daß er es nie herausfinden wird.

Todd sagt außerdem: »Selbst wenn ich sie ›Schatz‹ nennen würde, hätte sie immer noch diese sechs anderen Beschwerden.«

Ja, er könnte an dem einen Problem etwas ändern, und die anderen würden bestehen bleiben.

Hier begeht Todd den Fehler des Perfektionismus. Wenn er nicht alle Probleme auf einmal lösen kann, will er gar nicht erst versuchen, auch nur eines zu lösen.

Ja, Todd will seine Ehe retten, *aber* er will nichts zur Lösung der Probleme beitragen.

Hier ein weiteres Beispiel:

Sarah war seit zwanzig Jahren verwitwet, als sie Timothy traf, der deutlich sein Interesse an ihr bekundete. Sie verstanden sich gut, ihre jeweiligen Kinder freuten sich mit ihnen und erwarteten, daß die beiden heiraten würden. Doch Sarah sagte: »Ja, er ist ein wunderbarer Mann.

Ja, ich liebe ihn. Ja, er liebt mich auch. Ja, er hat sein eigenes Geschäft und ist wohlhabend ... aber ... er repariert Schuhe.«

Vielleicht ist Sarah eine Perfektionistin, die verlangt, daß der Mann ihrer Träume jedem einzelnen ihrer Kriterien entsprechen muß. Vielleicht ist sie auch ein Opfer des Was-ist-wenn-Fehlers und sucht nur nach Ausreden, weil sie Angst hat, daß die Ehe fehlschlägt. Vielleicht befürchtet sie, daß sie nach zwanzig Jahren des Alleinlebens nicht mehr fähig ist, sich auf das Zusammenleben mit jemand anderem einzustellen. Statt sich diesen Ängsten zu stellen und etwas gegen sie zu unternehmen, versteckt sie sich hinter Ja-aber.

Ja-aber-Denken läßt sich mit allen möglichen Fehlern kombinieren. Es kann sein, daß die Ja-aber-Person, die zwanzig positive Meinungen über ein Hemd wegen einer einzigen negativen für ungültig erklärt, zu leicht ihren Kritikern glaubt. Diese einzige Neinstimme kann der Ton sein, der eine innere Stimmgabel zum Schwingen bringt, weil diese Person unsicher über ihren Kleidungsgeschmack ist. Ja-aber-Denken ist in jeder Kombination gefährlich. Es verdirbt uns die Freude. Es beschränkt unsere Möglichkeiten. Und es hält uns davon ab, intelligente Lösungen zu finden.

Sich auf das Ja zubewegen

Um eine Tendenz zur Ja-aber-Sucht zu korrigieren, ist es zuerst nötig, sich bewußtzumachen, wie oft und bei welchen Gelegenheiten Sie es sagen oder denken. Versuchen Sie zu zählen, wie oft Sie Ja-aber sagen.

Hören Sie sich selbst zu. Machen Sie sich bewußt, was Sie denken.

- »Bin ich dabei, das, was ich tue, herabzusetzen? Will ich mich selbst vor dem Versuch bewahren, zu bekommen, was ich wirklich gerne haben möchte?«
- »Welche Auswirkungen hat es, wenn ich mich selbst disqualifiziere, bevor jemand anders eine Chance dazu erhält? Motiviert es mich? Hilft es mir, erfolgreicher zu sein? Oder behindert mich meine Unzufriedenheit und gibt mir ein Gefühl der Leere?«
- »Setze ich gerade herab, was ein anderer Mensch tut? Brüskiere ich andere, löse ich Streitereien aus? Habe ich wirklich den Wunsch, Leute zu verärgern?« Fragen Sie die Menschen in Ihrer Umgebung – Ehepartner, Kinder, Kollegen, Untergebene – »Tue ich das? Wie wirkt es sich bei dir / bei Ihnen aus?«

Wenn Sie beschließen, sich vom Ja-aber-Denken wegzubewegen, heißt das nicht, daß Sie diese beiden Worte vollständig aus Ihrem Wortschatz streichen müssen, da sie, wie bereits erwähnt, durchaus notwendig und nützlich sind. Sie wollen damit lediglich Ihren Gebrauch von ja-aber modifizieren oder, genauer gesagt, Ihren zu häufigen Gebrauch. Sie wollen Ihre Ja-aber-Reaktionen zügeln, bevor sie weiteren Schaden anrichten.

Ja-und statt Ja-aber

In einigen Fällen können Sie Ja-aber zu Ja-und umwandeln.

Sagen Sie nicht: »Ja, ich würde dies oder jenes gerne tun, aber hier sind die Gründe, warum ich es nicht kann.«

Sagen Sie: »Ja, ich würde dies gerne tun, und hier sind die Hindernisse, die ich zuerst überwinden muß.«

Diese positive Haltung entspricht dem Unterschied, den es ausmacht, wenn Sie ein Glas als halb voll statt als halb leer ansehen. Es ist eine Anschauungsweise, die eher etwas hinzufügt als etwas wegnimmt. Ja-aber liefert Ihnen nur Entschuldigungen. Ja-und ist eine Aufforderung zur Tat.

In den vorhergehenden Kapiteln haben wir schon gezeigt, wie man durch Brainstorming Handlungsideen gewinnt und ein größeres Ziel in kleine, leichter zu bewältigende Schritte unterteilt. Diese Technik ist auch in diesem Zusammenhang nützlich. Wenn Sie niedergeschlagen sind, mögen Ihnen eine Million Dinge einfallen, die Sie tun könnten, aber Sie wissen einfach nicht, wo Sie anfangen sollen. »Ja, ich weiß, was helfen könnte, aber ich sehe keine Möglichkeit, es durchzuführen.« Daraus wird dann schnell: »Es gibt nichts, was ich tun kann.«

Um aus dieser Ich-kann-gar-nichts-tun-Stimmung herauszukommen, müssen Sie sich nur auf einen einzelnen Abschnitt des Projektes konzentrieren – auf einen Ansatzpunkt, einen Faden, der die Verbindung zu anderen Fäden knüpft.

Nehmen wir an, Ihr ursprünglicher Gedanke lautet:

»Ja, ich glaube, daß ich für diese Stelle geeignet bin – *aber* sie würden bestimmt niemanden in meinem Alter in Betracht ziehen; *aber* sie haben bestimmt schon genug Leute; *aber* man muß wahrscheinlich ›jemanden kennen‹, um einen Fuß in die Tür zu bekommen.«

Stopp. Schreiben Sie Ihr Ziel nieder: »Ich will diese bestimmte Stelle.«

Jetzt listen Sie die Schritte auf, die Sie für eine Bewerbung unternehmen müssen. Führen Sie die Informationen an, die Ihnen bei der Erreichung Ihres Ziels weiterhelfen können. Schreiben Sie die zur Erhaltung dieser Informationen notwendigen Schritte auf. Führen Sie diese Schritte einen nach dem anderen aus.

Mao Tse-tung soll gesagt haben: »Eine Reise von tausend Meilen beginnt mit einem einzigen Schritt.« Er mag sich in anderen Dingen geirrt haben, aber damit hatte er recht.

Wenn Sie alles aufgeschrieben haben, rufen Sie bei der betreffenden Firma an. Diesen Schritt können Sie unterteilen in:

Das Telefon holen.
Die Nummer heraussuchen.
Die Nummer aufschreiben.
Die Nummer mit zum Telefon nehmen.
Die Nummer wählen.

Natürlich können Sie einwenden: »Das ist unsinnig. Ich muß mir nicht zuerst aufschreiben ›Die Nummer heraussuchen, die Nummer aufschreiben‹. Das würde ich automatisch tun.«

Wenn Sie das sagen, okay. Schreiben Sie es trotzdem auf. Sinn dieser Übung ist es, sich selbst davon zu überzeugen, daß die beabsichtigte Unternehmung nicht so schwierig ist, wie Ihr Ja-aber-Denken es erscheinen läßt.

Eventuell müssen Sie noch festlegen, welche Abteilung genau Sie anrufen und mit welcher Person Sie sprechen wollen:

Das Personalbüro anrufen.
Mit dem Abteilungsleiter verbinden lassen.
Fragen stellen.

Vielleicht möchten Sie sich notieren, was Sie fragen wollen. Denken Sie an die Informationen, die Sie benötigen:

Gibt es eine freie Stelle?
Wer entscheidet über die Einstellungen?
Welche Art von Hintergrundinformationen möchte diese Person über mich haben?
Einen Lebenslauf? Bereiten Sie einen Lebenslauf vor. (Dies kann wieder in kleinere Schritte eingeteilt werden.)

Schreiben Sie einen Bewerbungsbrief.
Bringen Sie ihn zur Post.

Wenn dieser Anruf keinen Erfolg bringt, beginnen Sie damit, die nächsten notwendigen Schritte aufzuschreiben, und unterteilen diese wieder in Einzelschritte. Das ist mit Ja-und gemeint. »Ja, ich habe die ersten zehn Aufgaben auf meiner Liste erledigt, und ich werde weitermachen, bis ich mein Ziel erreicht habe.« Mit jedem Schritt, den Sie durchstreichen, kommen Sie Ihrem Ziel ein Stück näher.

Ja-und hält Sie davon ab, Dinge hinauszuzögern. Statt »Ja, ich werde es tun, aber später«, denken Sie »Ja, ich werde es tun – und ich kann es genausogut jetzt gleich hinter mich bringen. Ja, und wenn ich damit fertig bin, belohne ich mich mit einem Essen im Restaurant.«

Wenn Sie sich selbst Ja-aber sagen oder denken hören – halten Sie inne. Finden Sie einen Weg, es in Ja-und umzuwandeln.

Rollenspiele

Eine Technik, die Ihnen helfen kann zu beginnen, ist das Spielen von Rollen. Wenn Sie sich selbst immer eingeredet haben, daß Sie es zu nichts bringen, weil andere Sie nicht attraktiv genug finden oder weil Arbeitgeber gegen Ihre soziale Gruppe oder Rasse oder sonst etwas voreingenommen sind – tun Sie so, als ob Sie jemand seien, der dieses Problem nicht kennt. Seien Sie ein Schauspieler. Spielen Sie eine Rolle. Sie sind nicht Sie selbst. Sie sind jemand, der nicht unter Ihren Nachteilen zu leiden hat – jemand, der einem Ja kein *Aber* hinzufügt. Was würde diese Person sagen? Wie würde sie sich verhalten?

Sie haben wahrscheinlich schon viele verschiedene Rollen in Ihrem Leben gespielt, obwohl es Ihnen in der jeweiligen Situation nicht bewußt gewesen sein mag. Vielleicht gab es eine Zeit, in der Sie sich wegen einer bestimmten Sache große Sorgen machten, aber trotzdem den Tapferen spielten, damit die Kinder sich nicht ängstigten. Vielleicht haben Sie schon einmal auf einer Beerdigung ein trauriges Gesicht gemacht und der Witwe Ihr herzlichstes Beileid ausgedrückt, obwohl Sie den Verstorbenen zu seinen Lebzeiten überhaupt nicht mochten.

Sie können eine Rolle spielen, um das *Aber* zu testen, das Ihr Ja auslöscht. Nehmen wir an, Sie glauben, daß eine Gruppe von Leuten an Ihrem Arbeitsplatz Sie nicht mag. Ja, es stimmt, daß sie es nie direkt gesagt haben, aber Sie merken so etwas.

Sie können diese Theorie testen, indem Sie die Rolle eines Menschen spielen, für den es selbstverständlich ist, gemocht zu werden. Seien Sie freundlich. Gehen Sie auf andere zu. Grüßen Sie die Leute dieser Gruppe, wenn Sie Ihnen einzeln oder zusammen begegnen. Wenn sich die Gelegenheit eines Gesprächs ergibt, bitten Sie sie wegen einer Angelegenheit um ihre Meinung. Die meisten Menschen reden gerne und mögen es, wenn ihnen jemand zuhört. Sie können die Rolle des Zuhörers spielen. Und dann werden Sie ja sehen, ob die anderen zurückgrüßen oder nicht.

Gedankenumkehrung

Eine andere nützliche Technik gegen einige Formen von Ja-aber-Denken ist die Betonung des Positiven durch eine Umkehrung des Gedankens.

Statt zu sagen ja, zwanzig Leute haben Ihr Hemd bewundert, *aber einer fand es scheußlich,* können Sie den Satz umdrehen und sagen: »Einer fand mein Hemd scheußlich, *aber zwanzig andere bewunderten es.*«

Diese Technik kostet Ja-aber-Menschen eine bewußte Anstrengung. Da Sie sich automatisch den negativen Punkt heraussuchen, setzt er sich automatisch in Ihrem Denken fest und Sie fühlen sich automatisch schlecht. Daher müssen Sie sich zuerst bewußtmachen, was Sie denken. Dann versuchen Sie, Ihren Gedanken umzukehren, wobei Sie diesmal das Positive in den entscheidenden Aber-Satz stellen. Auf diese Weise können Sie buchstäblich Ihre Einstellung ändern:

- »Ja, sie ist schön. Ja, sie ist eine interessante Gesprächspartnerin. Ja, wir haben viele gemeinsame Interessen. Aber sie hat eine nervtötende Stimme.«
- »Ja, sie hat eine Stimme, die ich nervtötend finde, aber sie ist schön. Sie ist eine interessante Gesprächspartnerin, und wir haben viele gemeinsame Interessen.«

Ja zu anderen sagen

Wenn Sie spüren, daß Ihre Ja-aber-Haltung gegenüber anderen eine Mauer der Feindseligkeit errichtet – und Sie dies nicht beabsichtigen –, werden Sie einen Weg finden wollen, auf positivere Weise auf Ihre Mitmenschen zuzugehen. Auch hierbei müssen Sie zuerst aufmerksam beobachten, was Sie tun.

Lassen Sie Ihren Ärger über andere an Menschen aus, denen Sie gar nicht weh tun wollen? Kann man Ihnen nichts recht machen? Müssen Sie immer noch etwas hinzufügen? »Ja, das sieht gut aus, aber die Ränder könnten breiter sein.« Erwähnen Sie negative Punkte, auch wenn sie überhaupt nicht wichtig sind? Gibt es Gelegenheiten, bei denen Sie einfach sagen können »Das ist gut« und nichts weiter?

- »Das ist eine wunderbare Lasagne. Schade, daß dein Parmesankalbsschnitzel nicht genauso gut ist.«
- »Das ist eine wunderbare Lasagne.« (Stopp.)

Das heißt nicht, daß Sie keinen Widerspruch mehr äußern sollen, wo dieser angebracht ist, oder keine Verbesserung, wo diese nötig ist. Die Schlüsselfrage ist: Müssen Sie etwas Negatives erwähnen, *wenn es nicht wichtig ist*? Wie alle Denkfehler wird auch das Ja-aber-Denken zum Problem, wenn es exzessiv betrieben wird.

Nein zu anderen sagen – die Kraft der Selbstbehauptung

Der Rat »Sag einfach nein« (zu Drogen, anderen Leuten etc.) läßt es leicht erscheinen, aber Neinsagen ist in vielen Fällen sehr schwer. Es bedeutet, sich selbst zu behaupten, und schon der Gedanke daran kann einen Anfall von Was-ist-wenn-Denken kombiniert mit Klein-Hühnchen-Syndrom provozieren. Renee, die Sekretärin mit den drei Chefs, sagt sich vielleicht: »Was ist, wenn ich nein sage? Was ist, wenn einer von ihnen wütend wird? Dann werde ich gefeuert. Ich werde nie wieder einen Job finden. Ich werde meine Wohnung verlieren.«

Es stimmt, daß Selbstbehauptung manchmal Risiken birgt. Wenn Renee ihren Chefs mitteilt, daß sie nicht alle Arbeiten erledigen kann, ist es gut möglich, daß diese antworten: »Wenn Sie die Arbeit nicht schaffen, werden wir uns nach jemand anderem umsehen. Auf Wiedersehen.« Andererseits ist »ja« zu sagen, wenn sie genau weiß, daß dem bald ein *Aber* folgen wird, nur eine kurzfristige Lösung. Denn spätestens bei dem Aber werden die Chefs wirklich ärgerlich sein.

In solchen Situationen hilft es, sich daran zu erinnern, daß man nicht notwendigerweise einen Streit anfangen muß, um sich selbst zu behaupten. Renee muß nicht in die Luft gehen und ihren Chefs die Unterlagen ins Gesicht schleudern.

Problemlösung ist also gefragt. Renee weiß, daß es ein Problem gibt. Welche Vorschläge kann sie zur Lösung des Problems beitragen? Vielleicht könnte jemand im Büro – ein Büromanager – Renees Aufgaben durchsehen und nach deren Priorität einstufen, so daß sie diese Entscheidungen nicht selbst treffen muß.

Ist ein Chef vielleicht länger in der Firma als die anderen? Wäre es möglich, es so einzurichten, daß die Aufträge dieses Chefs grundsätzlich zuerst erledigt werden und die der anderen so, wie es Renees Zeit erlaubt?

Könnten die Chefs sich vorstellen, die Aufgaben der Dringlichkeit nach einzustufen und auf jeder zu notieren, wie wichtig es ist, daß sie beispielsweise bis vier Uhr erledigt sein muß?

Wäre es sinnvoll, wenn Renee jedem Chef mitteilte, was die anderen ihr aufgetragen haben, so daß die Chefs eine Reihenfolge festlegen könnten?

An diesem Punkt angekommen, könnte Renee ihre Chefs bitten, sich ein paar Vorschläge zur Verbesserung der Arbeitseffektivität anzuhören. Es ist immerhin möglich, daß sie vernünftige Leute sind, die Verbesserungsvorschläge willkommen heißen. Renee muß sich fragen, wie realistisch ihre Befürchtung ist, daß das Bossetrio in die Luft geht, wenn sie nein sagt oder Vorschläge macht, um die Arbeiten nach Prioritäten einzustufen. Liest sie vielleicht Gedanken? Welche Beweise hat sie? Werden die drei bei jeder Kleinigkeit wütend? Entlassen sie Leute leicht?

Mit Ja-aber-Menschen umgehen

Die Welt ist voller Ja-aber-Menschen, die fähig und willens sind, Ihnen die Freude und stolze Zufriedenheit an allem Erreichten zu verderben. Sie bekommen eine Eins in Ihrer Physikprüfung, und der Ja-aber-Kritiker sagt: »Ja, aber was ist mit deiner Note in Algebra?« Sie werden zum Direktor der Firma ernannt, und Ihr Kritiker sagt: »Ja, aber es ist nur eine kleine Firma.«

Wenn Sie sich des Ja-aber-Fehlers bewußt werden, können Sie auch mit Personen besser umgehen, die auf Ihre Errungenschaften mit Ja-aber antworten. Die von ihnen geäußerte Kritik ist keine, die Sie fraglos akzeptieren müssen. Selbst wenn Sie nicht in der Position sind, die

Worte der betreffenden Person direkt zu entkräften, so können Sie ihre Kritik doch zumindest innerlich in Frage stellen. Dies entspricht der Methode, Ihre Kritiker in Frage zu stellen. Es ist wichtig zu wissen, daß Sie es mit einer Ja-aber-Person zu tun haben, damit Sie den Fehler als solchen erkennen können und die Abwertung Ihrer Leistung nicht widerspruchslos hinzunehmen brauchen. Sie können sich sagen: »Ja, das sagt *sie*, aber ich weiß es besser.«

12. Ihren Verstand aktivieren

In den vorangegangenen Kapiteln haben wir fünfundzwanzig therapeutische Techniken vorgeschlagen, mit deren Hilfe Sie den durch Denkfehler entstehenden Schaden auf ein Mindestmaß reduzieren können. In diesem Kapitel und im darauffolgenden werden wir all diese Techniken noch einmal durchgehen und ein paar neue einführen. Das vorliegende Kapitel beschäftigt sich mit achtzehn kognitiven Techniken, während im nächsten sieben Verhaltenstechniken beschrieben werden.

Sie können diese Kapitel als eine Art Speisekarte betrachten, aus der Sie diejenigen Techniken wählen, die Ihnen in dem jeweiligen Moment am geeignetsten und hilfreichsten erscheinen. Wenn Sie von einer Speisekarte im Restaurant wählen, entscheiden Sie sich vielleicht für ein Lieblingsgericht oder für etwas, das einem speziellen Bedürfnis entgegenkommt – etwa weil es fett- oder salzarm ist. Oder Sie suchen ein Gericht aus, weil es zum Hauptgang paßt. In ähnlicher Weise können Sie auch eine Technik von dieser Anti-Fehler-Speisekarte wählen. Sie suchen vielleicht eine aus, die Ihnen schon öfter geholfen hat, oder eine, die Sie in diesem Augenblick benötigen. Oder eine, die am besten zu dem speziellen Problem paßt, das Sie gerade besonders beschäftigt. Manchmal werden Sie auch zwei oder drei auswählen, um sie gemeinsam anzuwenden.

Die folgende Liste stellt eine Übersicht über die kognitiven Techniken dar, die in diesem Kapitel noch einmal beschrieben werden. Diese Techniken stehen Ihnen jederzeit zur Verfügung, egal wo Sie sind. Sie sind einfach anzuwenden und erfordern weder eine Ausbildung noch ein ärztliches Rezept.

1. Bedeutungen untersuchen
2. Beweise in Frage stellen
3. Verantwortung zuschreiben
4. Ent-Katastrophisieren
5. Alternative Gedanken entwickeln
6. Alternative Gefühle entwickeln
7. Alternative Handlungen entwickeln
8. Vorteile und Nachteile vergleichen
9. Ihre Fehler benennen

10. Und dann?
11. Übertriebene Übertreibungen
12. Auf einer Skala von 1 bis 10 bewerten
13. Aus der Not eine Tugend machen
14. Negative Vorstellungen durch positive ersetzen
15. Positive Vorstellungen üben
16. Selbstinstruktion
17. Sich ablenken
18. Ihre Verteidigung übernehmen

Bedeutungen untersuchen

Diese Technik besteht einfach darin, sich selbst zu fragen: »Was bedeutet dieses bestimmte Wort oder dieser Zwischenfall für mich?« Und das ist wirklich eine sehr wichtige Technik, denn die Bedeutungen, die wir Worten und Handlungen zuschreiben, sind äußerst subjektiv. Der eine denkt bei dem Wort »Sahnetörtchen« an ein Dessert, der andere an das *Playboy*-Poster. Der eine sagt: »Ich habe furchtbare Angst«, weil er fürchtet, bei einer schweren Operation zu sterben. Die andere sagt: »Ich habe furchtbare Angst«, weil sie sich Sorgen macht, bei einer Schulprüfung nicht gut abgeschnitten zu haben. Die Worte sind dieselben, aber die Bedrohungen sind es nicht.

Das Problem ist, daß wir dazu neigen, in Kurzformeln zu sprechen und auch zu denken. Wir verwenden Hyperbeln, also Übertreibungen, die die wahre Bedeutung unserer Aussage eher verschleiern als erhellen. Jemand sagt: »Ich habe eine schlechte Woche« und meint: »Ich habe bisher nicht soviel erreicht wie ich gerne wollte.« Ein anderer sagt: »Ich habe eine schlechte Woche« und meint: »Ich habe so schlimme Depressionen, daß ich mich am liebsten umbringen würde.« Kein Wunder, daß wir mit endlosen Mißverständnissen im Umgang miteinander zu kämpfen haben.

Wir haben Kommunikationsprobleme, weil wir oft einfach davon ausgehen, daß andere dasselbe denken wie wir. Und das ist nicht immer der Fall. John sagt: »Mir liegt viel an dir.« Er will Mary damit sagen, daß er nicht in sie verliebt ist, ohne ihre Gefühle allzusehr zu verletzen. Er meint damit, daß sie ihm nicht gleichgültig ist und daß er mit ihr befreundet bleiben will. Aber Mary hört: »Mir liegt viel an dir« und übersetzt den Satz in »Ich liebe dich«, denn das ist für sie das gleiche. Für beide wäre es besser, wenn John deutlich sagen würde, was er meint.

Kurzformelgedanken können mit einer Autohupe verglichen werden. Manchmal hupen Sie, um den Fahrer vor Ihnen darauf aufmerksam zu machen, daß die Ampel grün ist und er weiterfahren soll. Manchmal hupen Sie auch, um eine Freundin auf dem Gehweg auf sich aufmerksam zu machen. Leider klingt die Hupe in beiden Fällen gleich. Also hupen Sie, damit Ihre Freundin zu Ihnen hersieht, und der Fahrer vor Ihnen läßt sein Fenster herunter und brüllt: »Was hupen Sie denn? Sehen Sie nicht, daß die Ampel rot ist?«

Zu den Problemen, die entstehen, weil wir anderen nicht genau vermitteln können, was wir meinen, kommen noch die Probleme, die wir verursachen, weil wir *uns selbst* nicht genau vermitteln können, was wir meinen. Wir verwenden in unseren Gedanken die gleichen Jargonausdrücke, Verkürzungen und Hyperbeln, in denen wir uns oft auch anderen mitteilen. Solche Gedanken verursachen eine emotionale Reaktion, die die Situation gewöhnlich verschlimmert.

Mary merkt schließlich, daß John sie nicht liebt, und denkt: »Ich bin am Boden zerstört. Meine Welt ist zusammengebrochen.« Das Ergebnis: Sie *fühlt* sich am Boden zerstört. Sie fühlt sich, als ob sie *alles verloren hätte*.

Aber was genau *meint* sie mit diesen überzogenen Formulierungen? Sie meint, daß John sie nicht liebt, daß ihre Liebe nicht erwidert wird. Ist ihre Welt zusammengebrochen? Was meint sie mit ihrer *Welt*? Gehört ihre Familie zu dieser Welt? Hat sie ihre Familie noch? Gehören ihre Freunde zu ihrer Welt? Hat sie ihre Freunde noch? Gehört ihr Beruf zu ihrer Welt? Hat sie ihren Beruf noch? Gehört ihre Gesundheit zu ihrer Welt? Hat sie ihre Gesundheit noch?

Wenn Mary die genaue Bedeutung der Gedanken, die ihr durch den Kopf schießen, untersucht, wird sie zwar trotzdem darunter leiden, daß John sie nicht wiederliebt, aber sie wird auch besser in der Lage sein, mit diesem *speziellen* Problem, diesem Verlust, dieser Krise fertig zu werden. Es wird sie in die Lage versetzen, zu anderen Techniken überzugehen, die ihr in ihrer Situation helfen können.

Der erste Schritt, um mit Worten oder Ereignissen fertig zu werden, die eine starke emotionale Reaktion hervorrufen, ist immer, sich selbst zu fragen: »Was denke ich da genau? Was ist die Bedeutung dieser Gedanken? Wie interpretiere ich dieses Vorkommnis? Wie schätze ich seine Bedeutung für mein Leben ein?«

Man hört Leute oft sagen: »Ich bin ein Versager«, wenn sie meinen: »Ich habe bei drei Gelegenheiten mit einer Sache keinen Erfolg gehabt, und das macht mir Sorgen.«

Sie sagen auch: »Ich bin wütend«, »Ich platze vor Wut«, »Es ist hoffnungslos«, »Ich bin am Ende« etc. und steigern sich dann in diese Gefühle hinein. Doch genauso, wie es für zwei Menschen schwierig oder gar unmöglich ist, sich richtig zueinander zu verhalten, wenn sie sich völlig mißverstehen, ist es auch für jeden einzelnen schwierig und manchmal unmöglich, mit einem Problem umzugehen, wenn ihm solche Kurzbotschaften unerklärt und ungehindert durch den Kopf schießen.

Daher müssen Sie *sich selbst* deutlich mitteilen, was Ihre Gedanken bedeuten.

Beweise in Frage stellen

Manchmal kennen Sie die Bedeutung genau. Sie glauben, etwas genau zu wissen. Sie glauben fest, jedes Recht zu haben, wütend, besorgt, schuldbeladen oder deprimiert zu sein. Dann ist die Technik des Beweisehinterfragens eventuell genau das Richtige für Sie.

Welche Beweise? Die Fakten, auf denen Sie Ihre Schlußfolgerung, daß Sie jedes Recht haben, wütend, besorgt, schuldbeladen oder deprimiert zu sein, aufgebaut haben. Was glauben Sie, was geschehen ist? Woher wissen Sie das so sicher?

»Ich weiß es eben, das genügt.« Oder: »Das weiß doch jeder.« Oder: »Ich habe es im Gespür, deswegen.« Wenn Sie mit diesen oder ähnlichen Verallgemeinerungen antworten, meinen Sie in Wirklichkeit: »Ich habe keine Beweise. Ich reagiere nur auf mein Gefühl.« Aber das ist keine gute Idee. Denn mit Ihren Gefühlen liegen Sie mindestens so oft – wenn nicht öfter – falsch wie richtig.

Manchmal glauben Sie natürlich auch, Beweise zu haben. Sie haben sich nur nicht richtig klar gemacht, worin diese Beweise bestehen. Haben Sie dies einmal getan, können Sie dazu übergehen, sie zu analysieren. Wie verläßlich ist dieser Beweis? Gibt es eine andere Erklärung?

Der französische Autor Guy de Maupassant hat die menschliche Neigung, voreilige Schlüsse ohne Überprüfung der Beweise zu ziehen, zum Thema vieler seiner Erzählungen gemacht. In der Geschichte »Das Halsband« leiht sich eine Frau ein Diamanthalsband von einer reichen Freundin und verliert es dann. Sie kauft ein neues Diamanthalsband, damit die Freundin nichts von ihrer Nachlässigkeit erfährt, und muß dann jahrelang hart arbeiten, um ihre Schulden abzutragen. Jahre später, als sie von dieser Bürde schon ganz niedergedrückt ist, erfährt sie, daß das ursprüngliche Halsband aus falschen Steinen bestand.

Man kann ohne weiteres sagen, daß voreilige Schlüsse ziehen unser aller Lieblingssport ist. Sie sagen zum Beispiel: »Ich weiß, daß er wütend war, weil ich die Tür zuschlagen hörte.«

Und Sie könnten recht haben. Wütende Menschen knallen Türen zu. Aber wenn diese Wut für Sie von Bedeutung ist, ist es besser, Ihre Beweise in Frage zu stellen. Können Sie sicher sein, wer diese Tür zugeschlagen hat? Wissen Sie überhaupt, ob sie zugeknallt wurde oder ob sie aus anderen Gründen zufiel? Bevor Sie nicht über die Fakten Bescheid wissen, können Sie keine korrekten Schlüsse ziehen. Vielleicht ist es ja kein richtiger Diamant. Vielleicht ist es eine Fälschung.

Manchmal taugen Ihre Beweise auch einfach nichts. Philip betritt die Praxis einer Therapeutin und verkündet: »Sie werden mir nicht helfen können, ich bin ein hoffnungsloser Fall.« »Woher wissen Sie das?« fragt die Therapeutin. »Weil ich schon bei fünfzehn Therapeuten war und keiner mir helfen konnte.« »Wie lange waren Sie bei jedem?« fragt die sechzehnte Therapeutin. »Ich war immer zu einer Sitzung da und fühlte mich hinterher nicht besser.« »Das ist ein fehlerhafter Beweis«, erklärt die Therapeutin, »denn eine Sitzung genügt nicht, um eine Veränderung zu erzielen.«

Ed ist Vorstandsmitglied einer Bank und bekommt es mit der Angst zu tun, als er entdeckt, daß sein Büro in dem neuen Bankgebäude wesentlich kleiner ist als sein altes Büro. Seine Bank ist ein Unternehmen, in dem die Größe des Büros etwas über die Stellung seines Inhabers aussagt – jeder weiß, daß jemand, dessen Büro zwei Fenster hat, einen höheren Rang einnimmt als jemand, dessen Büro nur ein Fenster oder gar keines hat.

Ed ist sicher, daß dies ein Zeichen dafür ist, daß er degradiert wird oder daß er für die Bank nicht mehr so wichtig ist wie früher. Die Größe des neuen Büros ist sein Beweis. Erst später, nachdem er sich lange gequält hat, stellt er diesen Beweis in Frage, indem er auch die Büros der anderen vermißt. Er stellt fest, daß alle Büros kleiner sind, weil das neue Gebäude schmaler als das alte ist.

So vernünftig es auch ist, Beweise in Frage zu stellen, werden Sie doch hin und wieder bemerken, daß Ihr Vorgehen entmutigt wird. Es kommt vor, daß man Sie entmutigt, in Ermangelung von Fakten alternative Erklärungen anzubieten. Wenn Sie sagen: »Ach, vielleicht hat er es nicht so gemeint, wie es sich anhörte« oder »Vielleicht hat er sich nicht gut gefühlt«, antwortet meist jemand: »Sei doch nicht naiv. Du entschuldigst jemand, der einfach ein Mistkerl ist.«

Und möglicherweise ist er ja ein Mistkerl. Aber solange Sie keine überzeugenden Beweise dafür haben, solange auch andere Erklärungen möglich sind, ist es genauso vernünftig, sich auf die positive Seite zu schlagen wie auf die negative.

Wer sich auf die positive Seite schlägt, stellt Beweise eher in Frage als jemand, der gleich etwas Negatives vermutet. Und Sie geraten weniger leicht in Schwierigkeiten, wenn Sie Beweise überprüfen.

Verantwortung zuschreiben

Wer ist schuld? Diese Frage taucht häufig auf. Und weil wir so oft in Alles-oder-nichts-Kategorien oder Schwarzweißmustern denken, lautet die Antwort häufig: »Es ist alles meine Schuld.« Oder: »Es ist alles deren Schuld.«

Selten ist die Schuldfrage so einfach zu klären. Daher ist es beim Sortieren unserer Gedanken wichtig, Verantwortung sorgfältig zuzuschreiben. Vielleicht übernehmen Sie zuwenig Verantwortung oder zuviel. Betrachten Sie zum Beispiel das vieldiskutierte Thema der elterlichen Verantwortung für unser heutiges Sein. Bei vielen Menschen löst allein schon der Gedanke an ihre Eltern Wut aus. »Es bringt mich in Rage, wenn ich daran denke, was sie mir angetan haben. Sie haben mein Leben ruiniert.«

Vielleicht – aber nur bis zu einem gewissen Grad.

Es mag wohl sein, daß Ihre Eltern Ihnen das Leben schwer gemacht haben. Es ist fair, ihnen vorzuwerfen, daß sie launenhaft oder irrational oder sonst etwas waren oder sind. Aber sobald Sie erwachsen sind, tragen Sie ebenfalls Verantwortung für Ihr Leben. Wenn der Gedanke an Ihre Eltern Sie wütend macht, denken Sie nicht an sie. Wenn es Ihnen Kopfschmerzen bereitet, sich mit einem Hammer auf den Kopf zu schlagen, hören Sie auf damit. Statt daran zu denken, was Ihre Eltern Ihnen in der Vergangenheit angetan haben, denken Sie lieber daran, was Sie tun können, um Ihr Leben in Zukunft besser zu gestalten. Schreiben Sie Ihren Eltern die Verantwortung für das, was sie getan haben, zu, und übernehmen Sie die Verantwortung für das, was Sie jetzt selbst tun müssen.

Paula war zehn Jahre lang unglücklich verheiratet. Als die Ehe auseinandergeht, empfindet sie zuerst nur Erleichterung. Doch als sie eine Weile allein ist, beginnt sie, anders darüber zu denken. »Es war alles meine Schuld«, jammert sie. »Ich hätte mehr Verständnis zeigen müssen. Er wäre nicht immer so jähzornig geworden, wenn ich seine Bedürfnisse besser vorausgeahnt hätte. Er wäre mir nicht untreu gewesen, wenn ich entgegenkommender gewesen wäre.« Jetzt fühlt Paula sich nicht nur einsam, sondern auch noch schuldig. Doch wenn sie die Verantwortlichkeiten fair zuweisen würde, müßte sie einsehen, daß dieser Mann zum Jähzorn neigte, daß er untreu war. Sie hätte vielleicht einiges besser machen können, aber er hätte sich ebenfalls Mühe geben müssen. Und *das hat er nicht getan.* Darüber hinaus ist Paula jetzt für ihre Zukunft verantwortlich, egal, was in der Vergangenheit geschah.

Wenn Sie Verantwortung zuschreiben, dürfen Sie nicht nur das in Betracht ziehen, was zuvor geschehen ist, sondern müssen auch bedenken, was *den Schmerz in der Gegenwart wach hält.*

Sie sind vielleicht der Meinung, daß jemand für ein vergangenes Geschehen bestraft werden sollte. Doch durch die Gefühle, die Sie damit verbinden, *bestrafen Sie sich selbst mehr.* Hören Sie auf, daran zu denken. Machen Sie mit Ihrem Leben weiter. Möglicherweise glauben Sie auch, daß Sie selbst für einen Vorfall in der Vergangenheit Bestrafung verdienen. Dann liegt es in Ihrer Verantwortung zu entscheiden, wie Sie Ihren Fehler wiedergutmachen können. Welchen positiven Beitrag können Sie leisten, um eine vergangene negative Handlung zu mildern?

Beim Zuweisen von Verantwortung kann es hilfreich sein, Ihre Gedanken schwarz auf weiß niederzulegen. Teilen Sie ein Blatt Papier durch eine Linie und schreiben Sie auf die eine Seite die Dinge, für die Sie andere verantwortlich machen, und auf die andere Seite diejenigen, für die Sie sich selbst verantwortlich machen.

Das muß sich nicht unbedingt ausgleichen. Vielleicht hat Ihnen jemand großen Schaden zugefügt. Doch wenn Sie nicht gerade unschuldig in einer Zelle eingeschlossen sind, tragen Sie immer auch selbst Verantwortung für Ihre augenblickliche Situation. Auch wenn Sie nicht alles in Ihrem Leben in Ordnung bringen können, so können Sie doch wenigstens einen Teil verbessern.

Manche Leute sagen: »Ich kann nichts an meiner Situation ändern.« Zum Beispiel: »Wenn ich mich nicht nach den Wünschen meines Vaters richte, beklagt er sich nur noch mehr und macht mir das Leben zur Hölle.« Tatsache ist, daß einige Menschen es anderen geradezu erlauben, ihnen das Leben zur Hölle zu machen. Es wäre schließlich auch möglich zu sagen: »Ich kann gar nicht glauben, wie idiotisch mein Vater sich manchmal benimmt. Ich werde sein Verhalten einfach ignorieren, egal, wie schlimm es wird. Es ist nämlich niemandem damit gedient, wenn wir beide verrückt werden.«

Andere versuchen, uns an ihren Haken zu bekommen, so wie ein Angler, der einen Fisch fangen will. Der Angler ist dafür verantwortlich, daß er einen Köder ins Wasser hängt, aber der Fisch muß den Köder nicht schlucken und am Haken enden. Menschen, die uns gut kennen, wissen, auf welchen Köder wir anbeißen – aber wenn wir wissen, daß sich ein Haken darunter verbirgt, liegt es bei uns, weiterzuschwimmen.

Ent-Katastrophisieren

Diese Technik können Sie gut gebrauchen, wenn Sie denken, daß sich gerade eine Katastrophe ereignet hat oder in Kürze ereignen wird. »Ich bin erledigt«, denken Sie. »Das war's. Das ist eine Katastrophe.«

Um zu ent-katastrophisieren, müssen Sie anhalten und sich fragen: »Was ist das Schlimmste, das passieren kann?«

Überlegen Sie. Was ist das Schlimmstmögliche, das passieren kann?

- »Ich könnte sterben.«
- »Ich könnte gedemütigt werden.«
- »Ich könnte gefeuert werden.«
- »Ich könnte all mein Geld verlieren.«
- »Sie könnte mich verlassen.«
- »Sie könnten mich hassen.«

Manchmal genügt es, sich ganz realistisch den schlimmstmöglichen Fall vorzustellen, um solche Gedanken zu stoppen. Wenn Sie die Frage: »Was ist das Schlimmste?« beantworten, werden Sie oft sofort feststellen, daß dieses Schlimmste nicht eintreten wird oder daß es nicht das Ende der Welt bedeuten würde. Wenn Sie ängstlich oder aufgeregt sind, neigen Ihre Gedanken dazu, ungehindert Kapriolen zu schlagen, aber indem Sie das Schlimmste konkret benennen, können Sie sich häufig selbst beruhigen.

Auch hier hilft es, die Beweise zu überprüfen, obwohl Sie dies vielleicht nur ungern tun. Nehmen wir zum Beispiel an, Sie sollten ein Bürohaus betreten, in dem Sie niemand kennen, dort in den Aufzug steigen und jedes einzelne Stockwerk laut ausrufen. »Sechster Stock. Siebter Stock. Achter Stock...« Sie würden wahrscheinlich sagen: »Soll das ein Witz sein? Die Leute würden mich für verrückt halten.«

Um dies definitiv herauszufinden, müßten Sie wirklich in einen Aufzug steigen und brüllen. Was glauben Sie würde passieren? Die Leute denken möglicherweise, daß Sie verrückt sind. Werden sie Sie schlagen? Sie verhaften lassen? Sie in eine Anstalt bringen lassen? Wahrscheinlich nicht. Sie würden Sie vermutlich etwas befremdet ansehen. Würde das wirklich einen Einschnitt in Ihrem Leben bedeuten? Eventuell fragt Sie jemand, warum Sie die Stockwerke ausrufen. Sie könnten sagen, daß Sie mit jemandem um tausend Mark gewettet haben, daß Sie so etwas Blödsinniges tun würden. Sie könnten auch sagen, daß Sie einfach alle ein bißchen aufrütteln wollten, weil es so ein öder Tag gewesen war. Sie könnten behaupten, daß Sie eine Show wie »Verstehen Sie Spaß« planen und herausfinden wollten, wie Leute auf einen Unbekannten reagieren, der im Aufzug die Nummern der Stockwerke brüllt.

Menschen, die in der ständigen Furcht gelebt haben, einen Fehler zu begehen, sagen später oft, daß ein Fehler das Beste war, was ihnen passieren konnte. Sie wissen nun, daß viele Leute diesen Fehler gar nicht bemerken, und viele andere, die ihn bemerken, sich nicht darum kümmern. Das heißt, sie haben herausgefunden, daß die Folgen eines Fehlers nicht annähernd so schlimm sind, wie sie befürchteten.

Eine gute Methode, eine öffentliche Reaktion auf einen Fehler zu testen, ist, einfach einen gekauften Artikel in den Laden zurückzubringen. Viele Menschen tun so etwas äußerst ungern (zum Beispiel die Komikerin Carol Burnett, die einem Journalisten anvertraute, daß ihr ein Publikum von tausend Zuschauern gar nichts ausmache, sie sich aber nicht traue, einen Gegenstand in einem Kaufhaus umzutauschen). Was erwarten Sie, was passieren wird? Die Verkäuferinnen werden Sie schlimmstenfalls für einen Idioten halten. (Schließlich haben sie ein Recht auf ihre Meinung.) Aber wird jemand ausrufen: »Hey, guckt mal, hier ist jemand, der nicht gleich die richtige Größe oder Farbe aussuchen konnte!«? Das ist eher zweifelhaft.

Ent-Katastrophisieren heißt, Ihre Prämisse, daß das Schlimmste geschehen wird, in Frage zu stellen und an der Wirklichkeit zu testen. Es bedeutet, die Schritte zu hinterfragen und zu testen, die in Ihrer Phantasie zum Schlimmsten führen. Sie werden häufig feststellen, daß Ihre Vorstellungen übertrieben sind, wenn Sie sich zwingen, Ihre Gedanken bewußt wahrzunehmen und sich zu fragen: »Wie wahrscheinlich ist dieses Resultat eigentlich?«

Alternative Gedanken, Gefühle und Handlungen entwickeln

Nichts ist lähmender als der Gedanke, daß es nur eine mögliche Sichtweise gibt oder nur einen Weg, etwas zu tun. Wenn diese Sicht oder dieser Weg verstellt sind beziehungsweise Schmerz verursachen, sind Sie in großen Schwierigkeiten.

Stellen Sie sich vor, Sie fahren in einer Einbahnstraße, und ein Baum stürzt vor Ihnen um und blockiert den Weg. Was nun? Wenn Sie glauben, daß der einzige Weg aus dieser Straße hinaus blockiert ist, sitzen Sie fest. Aber wenn Sie wenden, können Sie herausfahren und eine andere Route finden. Man kann aber nicht wenden, werden einige sagen. Es ist doch eine Einbahnstraße. Stimmt, aber wenn die eine Richtung nun einmal blockiert ist, können Sie trotzdem versuchen, *vorsichtig* in die falsche Richtung zurückzufahren oder zurückzusetzen.

Manchmal ist es notwendig, alternative Sichtweisen oder Erklärungsmöglichkeiten für eine gegebene Situation zu entwickeln. Sie müssen mit diesen Sichtweisen nicht völlig übereinstimmen, aber sie können Ihnen gelegentlich einen Ausweg zeigen, den Sie vorher nicht gesehen haben.

Nehmen wir an, Sie müssen mit einer Kollegin zusammenarbeiten, die grundsätzlich etwas an Ihrer Arbeit auszusetzen hat. Sie haben daraus geschlossen, daß sie eine bösartige Person ist, die Ihnen schaden will. Vielleicht ist sie das. Aber es könnte von Vorteil sein, auch andere mögliche Erklärungen in Erwägung zu ziehen. Vielleicht ist sie ja eine hoffnungslose Perfektionistin und kann nicht anders. Vielleicht ist sie unsicher und versucht, ihr Selbstbewußtsein zu stärken, indem sie andere herabsetzt. Sie werden sich über ihr Verhalten auch ärgern, wenn es andere Ursachen hat, aber wenn Sie denken, daß diese Person unsicher oder zwanghaft statt bösartig ist, wird es Ihnen leichterfallen, mit ihr zusammenzuarbeiten. Und solange Sie keinen Beweis dafür haben, daß die eine Erklärung richtiger als die andere ist, müssen Sie nicht bei der negativsten bleiben.

Wir haben in diesem Buch immer wieder betont, daß Ihre Gefühle sich verlagern, wenn Ihre Gedanken sich verlagern. Und daß Ihre Gefühle sich wiederum auf Ihre Handlungen auswirken. Sie können Ihre Denkfähigkeit dazu benutzen, Ihre Gefühle und Handlungen zu ändern.

Nehmen Sie sich ein paar Minuten Zeit, um sich eine erwartete Situation ausführlich auszumalen. Die meisten Leute stellen sich eine Situation nur ganz oberflächlich vor. Sie sagen zum Beispiel: »Ich werde heute abend in eine Singlebar gehen, und es wird ganz furchtbar werden.«

Beginnen Sie einen inneren Dialog, um die Bedeutung dieses Gedankens zu untersuchen – und entwickeln Sie dann Alternativen. Wie hier:

»Was wird ganz furchtbar werden? Sag's mir.«

»Ich werde mich unwohl fühlen.«

»Warum?«

»Niemand wird mit mir sprechen.«

»Wenn das so ist, kannst du vielleicht als Alternative selbst etwas unternehmen? Kannst du jemanden ansprechen?«

»Ich weiß nie, was ich sagen soll.«

»Dann nimm dir jetzt Zeit, um dir ein paar einleitende Sätze auszudenken.« Einige Leute sind sehr erfolgreich damit, einfach ihr Unbehagen einzugestehen: »Ich bin immer schrecklich nervös an solchen Orten. Ich will mich mit jemandem unterhalten und weiß nicht, was ich sagen soll.« (Das ruft meistens die Antwort »Geht mir genauso« hervor.)

»Aber angenommen, ich sage etwas dergleichen und mein Gegenüber antwortet: ›Verschwinde, du Ekel.‹«

»Was würdest du von jemandem halten, der so mit Leuten spricht?«

»Ein Ekel. Gut, daß ich gleich herausgefunden habe, was das für ein Mensch ist, bevor ich meine Zeit verschwendete.«

Phantasieren Sie also zur Vorbereitung über alternative Szenarien. Wenn Sie nämlich glauben, daß es nur einen Weg gibt, eine Denkweise, eine Handlungsweise, beschränken Sie sich selbst in Ihren Möglichkeiten.

Vorteile und Nachteile vergleichen

Das Leben stellt uns vor viele Entscheidungen, und die meisten fallen uns nicht leicht. Sie werden nicht gefragt, ob Sie lieber eine Million hätten oder einen Eimer voll Dreck. Sie haben die Wahl zwischen schrecklich und vielleicht noch schlimmer, zwischen einer Mischung aus gut und schlecht und einer anderen Mischung aus gut und schlecht, zwischen einem großen Risiko und einem anderen großen Risiko. Mit anderen Worten, Sie stehen vor schwierigen Entscheidungen.

Die Antworten liegen bei solchen Wahlmöglichkeiten nicht einfach auf der Hand. Die beste Art, sie gegeneinander abzuwägen ist, dies schriftlich zu tun. Wenn Sie die Pros und Contras aufschreiben, zwingen Sie sich, sie deutlich zu formulieren, und können sie dadurch einander besser gegenüberstellen. Sie brauchen dazu zwei Blatt Papier, die Sie jeweils durch eine Mittellinie teilen, so daß Sie vier Spalten für *vier* Listen erhalten.

Warum vier Listen? Weil es bei jeder Wahl, vor der Sie stehen, ob es darum geht, etwas zu tun oder es zu lassen, etwas zu verändern oder beizubehalten, Vor- und Nachteile bei beiden Alternativen gibt.

Nehmen wir also an, Sie versuchen zu entscheiden, ob Sie weiterhin mit Ihrer Mutter zusammenleben oder sich eine eigene Wohnung suchen sollen. Auf die erste Seite schreiben Sie die Vor- und Nachteile, die ein weiteres Zusammenleben mit Ihrer Mutter mit sich bringen würde. Auf der zweiten Seite listen Sie die Vor- und Nachteile einer eigenen Wohnung auf. Einige der Vor- und Nachteile werden sich überschneiden, andere aber nicht – je mehr Sie also aufschreiben, desto umfassender wird die Perspektive auf Ihre Wahlmöglichkeiten.

Wenn Sie Ihre Listen fertiggestellt haben, gehen Sie jeden Punkt noch einmal durch und bewerten ihn mit einer Zahl zwischen 0 und 5. Die 0 steht für »keine große Bedeutung«, die 5 für »ist mir sehr wichtig«. Durch diese Bewertung zwingen Sie sich, darüber nachzudenken, was Ihnen wichtig ist.

Wenn Sie Ihre Aufgabe beendet haben, werden Ihnen die vier Listen mit den Bewertungen helfen, eine Entscheidung zu treffen. Und was genauso wichtig ist, sie werden Ihnen helfen, *mit dieser Entscheidung zu leben*. Es ist leichter, mit einer Entscheidung zu leben, die Sie nach einem bewußten Abwägen der Vor- und Nachteile getroffen haben, als mit dem Gefühl, daß Ihnen Ihr Leben irgendwie aufgezwungen wird. Psychologen benutzen zur Beschreibung dieses Phänomens den Begriff *Selbsteffektivität*. Wenn Sie überzeugt sind, daß Sie unter den gegebenen Umständen den besten Weg eingeschlagen haben, werden Sie seine Möglichkeiten auch am effektivsten nutzen.

Alles hat seine Vor- und Nachteile. Lily verbringt viel Zeit damit, einen gegen ihren verachteten Ex-Ehemann gerichteten Racheplan zu entwerfen. Sie gibt ihr Geld für Anwälte aus. Sie verbringt ihre Zeit mit der Planung neuer Attacken. Was ist der Vorteil? Es macht ihr Spaß, ihn zu schikanieren. Was ist der Nachteil? Sie hat keine Zeit und keine Energie mehr übrig, um ihr eigenes Leben zu planen. Andere Männer haben kein Interesse an einer Frau, die darauf fixiert ist, ihren Ex fertigzumachen. Wenn Lily die Möglichkeit einer neuen Beziehung für ihre Rachegelüste opfern will, gut. Wenn sie jedoch das Gefühl bekommt, daß ihr Leben an ihr vorbeigeht, wird sie eventuell beschließen, daß ihre Rache dies nicht wert ist.

Die Entscheidung, was und wieviel Ihnen etwas wert ist, ist eine ganz persönliche, die Ihnen niemand abnehmen kann. Indiana Jones will den Heiligen Gral, aber andererseits will er auch nicht in den Abgrund fallen. Nach einigem Abwägen erlaubt er seinem Vater, ihn heraufzuziehen und zu retten.

Ihre Fehler benennen

In zehn Kapiteln dieses Buches haben wir sehr spezifische Denkfehler beschrieben – wie Klein-Hühnchen-Syndrom, Ja-aber-Sucht, Perfektionismus, Personalisieren und so weiter. Ohne Zweifel haben Sie festgestellt, daß Sie einigen dieser Fehler den Vorzug vor anderen geben, und manche sind für Sie möglicherweise überhaupt kein Problem.

Es ist hilfreich, die Bezeichnungen der Fehler, die Sie häufig begehen – oder zu denen Sie neigen –, im Gedächtnis zu behalten. Wenn dann Ihre Gedanken anfangen loszurasen und Ihre Gefühle in Wallung bringen, die wiederum Ihren Magen verstimmen, können Sie sich sagen: »Ich glaube, ich weiß, was hier vorgeht. Ich bin dabei zu personalisieren.« Oder: »Ich falle gerade dem Klein-Hühnchen-Syndrom zum Opfer.« Wenn Sie dem Vorgang einen Namen geben können, ist es leichter, etwas dagegen zu tun. Wenn Sie einen Fehler erkennen, können Sie ihn jetzt und in Zukunft leichter vermeiden.

Und dann?

Dies ist eine nützliche Technik zur Analyse jener imaginären Szenarios, die Sie davon abhalten, die nächsten Schritte zu unternehmen. Sie denken zum Beispiel: »Ich würde wirklich gern auf diese Party gehen, aber ...« (Sie sehen sich im Geiste allein in einer Ecke stehen.) Oder: »Ich würde mir gern eine eigene Wohnung nehmen, aber meine Mutter würde einen Herzinfarkt bekommen.« (Sie sehen, wie der Notarztwagen vor dem Haus hält.) Oder: »Dieser dichte Verkehr ist furchtbar; ich werde mein Flugzeug verpassen, was bedeutet, daß ich die Konferenz verpassen werde, und das bedeutet das Ende meiner Karriere.« (Sie sehen im Geiste, wie Sie entlassen werden.)

Auch hier springen Ihre Gedanken *direkt zum Ende* der Geschichte, und das Ende ist immer ein schlechtes. Wenn Sie unsere Technik anwenden wollen, gehen Sie noch einmal zum Anfang der Geschichte zurück –

und entfalten Sie sie dann l-a-n-g-s-a-m, indem Sie immer wieder die Frage »Und dann?« stellen und beantworten. Dies hilft Ihnen, die automatischen Gedanken, die Sie auf direktem Weg in die Katastrophe befördern, zu stoppen und zu erkennen, daß Sie die Herausforderung leichter bewältigen können, als Ihre Furcht es zuließ. Es kann Sie auch zu einer anderen Technik führen – der des Entwickelns von Alternativen.

»Dieser dichte Verkehr ist furchtbar, ich werde zu spät zum Flughafen kommen.«

Und dann?

»Ich werde keine Zeit mehr haben, einen Parkplatz zu suchen.«

Und dann?

»Ich muß das Auto auf dem teuren Parkplatz abstellen.«

Und dann?

»Ich werde meine Maschine vielleicht trotzdem verpassen.«

Und dann?

»Dann muß ich anrufen und Bescheid sagen, daß ich nicht zu der Konferenz kommen kann.«

Und dann?

»Meine Vorgesetzten werden toben.«

Und dann?

»Ich könnte meine Stelle verlieren.«

Und dann?

»Dann muß ich mir eine neue suchen.«

Dieses Szenario endet immer noch in einer mittleren Katastrophe, und doch löst es nicht dieselbe Panik aus, die Ihre Gedanken hervorriefen, als sie die Katastrophe in Bruchteilen von Sekunden entstehen ließen. Warum nicht? Zum Teil, weil die Und-dann-Fragen den Ablauf über den Verlust des Arbeitsplatzes *hinaus*führen und den nächsten Schritt des Suchens nach einer neuen Stelle miteinbeziehen. Zum Teil auch, weil das langsame Vorgehen Ihnen erlaubt, die Wahrscheinlichkeit und die potentiellen Möglichkeiten jedes Schrittes einzuschätzen. Sie könnten Ihre Maschine nicht verpassen. Es könnte noch einen späteren Flug geben. Wenn Sie anrufen, um Bescheid zu sagen, könnten Sie die Konferenz vielleicht verschieben. Ihre Vorgesetzten könnten zwar wütend sein, Sie aber nicht gleich entlassen. Die nächste Stelle könnte Ihnen sogar besser gefallen.

Kurzum, die Situation könnte sich als weniger schlimm als befürchtet herausstellen oder Ihnen mehr Handlungsmöglichkeiten bieten, als Sie ursprünglich glaubten.

Übertriebene Übertreibungen

Wir neigen dazu, negative Konsequenzen zu übertreiben, was uns mehr als nötig entmutigt. Eine gute Technik gegen diesen Fehler ist es, *noch mehr* zu übertreiben. Wenn Sie merken, wie Sie kummervoll denken: »Ich habe einfach nie Erfolg«, formulieren Sie diesen Gedanken noch negativer: »Ich hatte noch niemals bei irgend etwas, was ich jemals in meinem ganzen bisherigen Leben versucht habe, auch nur den geringsten Erfolg, nicht das winzigste bißchen. Ich habe es nie geschafft, auch nur einen Löffel Suppe zum Mund zu führen. Noch nie.«

Aus »Ich werde es nie zu etwas bringen« wird: »Ich werde es niemals zu irgend etwas bringen, noch nicht einmal, wenn man mir eine Million schenkt, noch nicht einmal, wenn ich wieder studieren und zwölf Abschlüsse machen würde, noch nicht einmal, wenn ...«

Übertriebene Übertreibungen können Ihnen helfen, die Dinge realistischer zu betrachten, denn wenn Sie die Worte *niemals* oder *immer* betonen und keine Abmilderung zulassen, merken Sie recht schnell, wie sehr Sie übertreiben, und können erkennen, daß die Situation in Wirklichkeit nicht ganz so schlimm oder ganz so hoffnungslos ist. Wenn Sie das Problem durch Ihre Formulierung auf die Spitze getrieben haben, können Sie mit dem Ent-Katastrophisieren und der Überprüfung der Beweise beginnen.

Auf einer Skala von 1 bis 10 bewerten

Wo würden Sie Ihr gegenwärtiges Problem auf einer Skala von 1 bis 10 einordnen? Wenn Sie sich gestreßt, traurig, nervös, deprimiert oder sonst irgendwie aus dem Gleichgewicht gebracht fühlen, kreuzen Sie wahrscheinlich automatisch die 10 an. Immer wenn Sie sich in einem Netz von Komplikationen verstrickt haben, neigen Sie dazu zu denken: »Was könnte schlimmer sein?«

Dieses Gefühl entsteht, weil die meisten Leute keine Vergleichspunkte auf der Skala festlegen. Das ist, als würden Sie einen Raum vermessen wollen, indem Sie einfach ein Lineal auf den Boden fallen lassen. Was wollen Sie messen? Die Breite des Raums? Den Abstand zwischen Sofa und Wand?

In welcher Weise brauchen Sie Bezugspunkte, um eine akute Schwierigkeit einschätzen zu können. Um diese Bezugspunkte zu finden, denken Sie zuerst an das schlimmste Ereignis Ihres Lebens. Welcher Todesfall, welches Unglück, welcher Rückschlag oder welche Zeit der Angst und Sorge könnte bisher als der Tiefpunkt Ihres Lebens bezeichnet werden? Dann denken Sie an Ereignisse oder Zeitabschnitte – vielleicht in Ihrer Kindheit –, die erfreulich, hoffnungsvoll, angenehm oder zumindest weniger streßreich waren. Welche von diesen würden Sie als am wenigsten problematisch ansehen?

Auf der Problemskala nehmen die angenehmeren Zeiten also das untere Ende bei der 1 ein; das schrecklichste Ereignis das obere Ende bei der 10. Jetzt haben Sie eine Vergleichsbasis für das, was Sie gerade erleben. Ist es so schlimm wie das schlimmste Erlebnis? Oder rangiert es vielleicht eher bei 4?

Was Sie gegenwärtig erfahren, mag tatsächlich die schlimmste Phase Ihres Lebens sein. Aber viele Menschen ordnen jede Krise auf derselben Stufe ein, was nicht den Tatsachen entspricht. Daher kann es manchmal äußerst nützlich sein, Ihre Probleme zu relativieren. Wenn Sie durch das Einordnen Ihres aktuellen Problems feststellen, daß Sie in der Vergangenheit schon Schlimmeres überlebt haben, wächst Ihre Zuversicht, daß Sie auch diesmal überleben können.

Aus der Not eine Tugend machen

»Wenn das Leben dir eine Zitrone reicht, mach Limonade draus«, heißt ein altes Sprichwort. Auf das die meisten Leute erwidern: »Leichter gesagt als getan.« Das ist wohl wahr, besonders wenn Sie erwarten, daß die Limonade am selben Tag gemacht wird, an dem Sie die Zitrone bekommen. Doch auf längere Sicht betrachtet, verwandelt sich eine Not häufig in eine Tugend. Die Erfahrungen, die wir im Leben machen, sind selten vergebens. Und es kann Ihnen schon helfen, wenn Sie dieses Faktum im Gedächtnis behalten.

Mitte der achtziger Jahre veröffentlichte das Magazin *Time* eine von Psychologen durchgeführte Studie, die die »erstaunliche« Widerstandskraft von Leuten hervorhob, die schon dreimal wegen Fabrikschließungen ihren Job verloren hatten. »Erstaunlich« deswegen, befand der Artikel, weil man erwarten würde, daß jemand, der bereits dreimal seinen Arbeitsplatz verloren hat, niedergeschlagen und entmutigt ist. Aber das war nicht der Fall.

Die Erklärung ist, daß sich hier eine wiederholte Not in eine Tugend verwandelt hatte. Denn jemand, der schon wenigstens zweimal einen Job verloren und wieder einen neuen gefunden hat, ist auch bei der nächsten Arbeitsplatzsuche zuversichtlicher als jemand, der immer in demselben Betrieb arbeitete und sich dann unerwarteterweise in der Schar der Arbeitslosen wiederfindet. Wenn Sie eine Notlage einmal überlebt haben, gewinnen Sie dadurch das Wissen, daß Überleben möglich ist.

Auch Alkoholiker, die ihre Sucht überwunden haben und es dann zu ihrem Beruf machen, anderen Alkoholikern zu helfen, haben eindeutig aus einer Not eine Tugend gemacht. Sie haben einen Berufsweg gewählt, den sie sonst wohl kaum in Betracht gezogen hätten, und werden von ihren Klienten eher als Berater akzeptiert als Menschen, die das Problem der Alkoholsucht nicht aus eigener Erfahrung kennen.

Viele Leute fühlen sich durch Widerstände erst recht motiviert, Ablehnungen spornen sie zu verstärkten Anstrengungen an, um denen, die sie abgelehnt haben, zu beweisen, daß sie falsch lagen. Und sie erreichen auf diese Weise Ziele, die sie sonst vielleicht nicht erreicht hätten.

Es kann sich als sehr hilfreich erweisen, bewußt darüber nachzudenken, wie Sie eine bestimmte Not in eine Tugend verwandeln können. Ein Beispiel: John hat Mary verlassen. Die Not beziehungsweise die Nachteile sind offenbar. Liegen auch mögliche Vorteile in Johns Weggang?

Sie mögen gering erscheinen, aber es gibt sie. Ohne John ist Mary wieder frei für eine neue Beziehung. Und sie kann diese neue Beziehung ganz anders angehen, indem sie zum Beispiel höhere Ansprüche an sie stellt: »Ich werde mir von keinem Mann mehr so viel bieten lassen wie von John.«

Negative Phantasien durch positive ersetzen

Forschungen haben deutlich ergeben, daß wir Verhaltensweisen in der Phantasie üben und sie dann in die Wirklichkeit übertragen können. Eiskunstläufer laufen ihre Pflichtkurven mehrmals im Geiste ab, bevor sie auf das Eis gehen. Basketballspieler stellen sich vor, wie sie trotz der Pfiffe und Buhrufe der gegnerischen Fans einen Korb werfen. Das hilft ihnen, die Buhrufe im Ernstfall zu ignorieren. Athleten aller Art arbeiten mit Sportpsychologen zusammen, um ihre Leistungen zu verbessern. Die Bedeutung von Sportpsychologen hat enorm zugenommen, seit der mehrfache Goldmedaillengewinner Mark Spitz 1976 erklärte, daß er mentales Training für genauso wichtig hält wie das Training im Schwimmbecken.

Was bei Sportlern wirkt, wirkt auch bei allen möglichen anderen Arten von Aktivitäten. Das heißt, es hilft Ihnen erfolgreicher zu werden, wenn Sie sich Ihren Erfolg bildlich vorstellen. Und dennoch scheinen die meisten Menschen darauf zu beharren, eher Mißerfolge in ihrer Phantasie vorzubereiten. Sie wollen zum Beispiel eine Diät machen, und an was denken sie? An Schokoladenkuchen. An riesige Portionen Pommes frites. Die Ärmsten würden sich besser fühlen, wenn sie sich vorstellten, wie sie der Versuchung des Kuchens erfolgreich widerstehen, oder wenn sie an Gerichte dächten, die intensiver im Geschmack und dafür kleiner in den Portionen sind.

Vorstellungen von Mißerfolg tauchen merkwürdigerweise ohne jede vorherige Übung auf. »Ich sehe es genau vor mir. Ich werde versagen.« »Ich sehe es so deutlich, als wäre es schon passiert. Ich werde meine Aufzeichnungen verlieren.« »Ich kann es schon vor mir sehen. Die Brücke wird zusammenbrechen.« »Ich sehe es ganz deutlich. Ich bin mit ihr im Bett, und nichts geht mehr.«

Versuchen Sie, sich statt Versagen Erfolg vorzustellen. Sehen Sie es vor sich, wie Sie erfolgreich sind. Sehen Sie in Ihrer Vorstellung, wie Sie die Aufzeichnungen finden und Ihre Rede beenden. Sehen Sie vor sich, wie Sie auf die andere Seite der Brücke gelangen. Sehen Sie, wie Sie Spaß am Sex haben.

Manche werden sagen: »Das ist bloß Phantasie.« Das ist es auch. Aber das sind auch die Vorstellungen von Mißerfolg. All Ihre Gedanken, die sich nicht um etwas drehen, das gerade im Augenblick geschieht, sind Phantasie. Warum sich nicht also vorstellen, wie Sie Erfolg haben und Situationen meistern, statt Mißerfolg und Katastrophen vor sich zu sehen?

Diese Vorstellungen müssen natürlich in einem realistischen Rahmen bleiben. Es mag einem alleinstehenden Mann Spaß machen, sich vorzustellen, wie er einen Raum betritt und zehn tolle Frauen ihn umringen und um seine Aufmerksamkeit buhlen. Aber das ist nicht die Sorte Phantasie, die uns im wirklichen Leben viel weiterbringt. Realistischer wäre es für den Mann, sich vorzustellen, wie er einen Raum betritt, eine Frau sieht, die ihm gefällt, sie anspricht und sich später mit ihr verabredet.

Positive Vorstellungen üben

Diese Technik – auch kognitives Einüben genannt – ist eine Erweiterung der vorhergehenden. Positive Vorstellungen müssen mehrmals am Tag geübt werden, nicht nur einmal, kurz bevor Sie aus dem Haus gehen, sondern immer wieder. Sie üben praktisch auf mentalem Wege eine neue Verhaltensweise ein. Wird das *allein* genügen, um Sie erfolgreicher zu machen? Nein, das wäre zuviel verlangt. Aber durch diese Übungen werden Sie bessere Ergebnisse erzielen. Denn es ist eine deutliche Erleichterung, ein positives Bild als Ausgangsbasis zu haben, als zuerst die Vorstellung des Versagens überwinden zu müssen.

Selbstinstruktion

Sie haben sicher schon von selbstdestruktivem Verhalten gehört, aber Selbstinstruktion ist etwas ganz anderes. Wenn Sie sich selbst instruieren, wollen Sie sich helfen, nicht schaden. Selbstinstruktion bedeutet, sich selbst *genaue* Anweisungen zu geben. Es ist leicht zu sagen: »Ich werde es das nächste Mal besser machen.« Aber eine derart vage Aussage gibt Ihnen nicht viel Hilfestellung.

Wenn Sie in Ihrem Haus neue elektrische Leitungen verlegen wollten, würden Sie sich entweder ein Buch besorgen, das Sie Schritt für Schritt instruiert, was zu tun ist, oder Sie würden sich selbst im Geist Anweisungen geben – was zuerst zu tun ist, was als zweites, daß Sie sicherstellen müssen, daß positive Drähte mit positiven verbunden sind und so weiter. Wenn Sie zum Supermarkt gehen, machen Sie sich wahrscheinlich auch eine Liste. Wenn sich auf der Liste die Worte Milch, Brot, Butter und so weiter befinden, versteht sich der Imperativ *kaufen* dabei von selbst. Sie weisen sich selbst an, Milch zu kaufen, Brot zu kaufen, Butter zu kaufen. Mit der Liste wollen Sie sicherstellen, daß Sie nichts Wichtiges vergessen.

Genau dieselbe Technik kann Ihnen helfen, wenn Sie vor einer schwierigen Aufgabe stehen. Stellen Sie sich vor, Sie müssen vor einer Gruppe von Leuten eine Präsentation (einer Werbekampagne zum Beispiel) machen und sind nervös deswegen. Sie können sich die Situation erleichtern, indem Sie sich eine detaillierte Liste mit Instruktionen machen. Detailliert bedeutet, auch solche Vorsorgemaßnahmen wie »Geh vorher noch zur Toilette« aufzunehmen, damit Sie sich keine Gedanken um Ihre Blase zu machen brauchen, oder »Überprüfe alle Reißverschlüsse und Knöpfe«, damit Sie sich sicher fühlen, und »Sieh die Zuhörer an«, damit Sie einen guten Einstieg in Ihre Präsentation finden.

Versuchen Sie, Ihre Instruktionen in möglichst kleine Schritte einzuteilen, denn je kleiner der Schritt ist, desto weniger brauchen Sie sich vor ihm zu fürchten. Sie können auch ein ganzes Script für eine bevorstehende Situation entwerfen. Sie werden zuerst dieses sagen. Die andere Person wird wahrscheinlich jenes darauf erwidern. Dann werden Sie dieses sagen etc.

Viele der Maximen, die wir im Kopf haben, sind einfach verkürzte Instruktionen. Wir merken uns diejenigen, die uns nützlich erscheinen. »Morgenstund hat Gold im Mund.« »Wer wagt, gewinnt.« »Iß nie in einer Kneipe, die ›Bei Muttern‹ heißt.«

Bestimmte Umgebungen erzeugen ihre eigenen Instruktionen. Hal beginnt einen neuen Job als Hilfskellner und wird sehr bald von den schon erfahrenen jungen Männern über die Erfolgsregeln instruiert. Regel Nummer eins: »Mach immer einen geschäftigen Eindruck. Steh niemals nur herum, sonst wird der Chef ärgerlich.« Regel Nummer zwei: »Geh niemals mit leeren Händen in die Küche. Wenn du eine Wasserkaraffe holen willst, nimm gleich ein paar schmutzige Teller mit. Davon stehen immer genug herum.« Regel Nummer drei: »Komm niemals mit leeren Händen aus der Küche. Es gibt dort immer etwas, was in den Speiseraum getragen werden muß.«

Es kommt nicht darauf an, ob diese Regeln in jeder Situation anwendbar sind. Der Trick ist, herauszufinden, welche Regeln in einer jeweiligen Situation gebraucht werden. Das können auch sehr einfache Instruktionen sein. Wenn Sie zum Beispiel beschlossen haben, mit dem Trinken aufzuhören, können Sie sich sagen: »Geh vorbei, geh vorbei, geh vorbei«, sobald Sie sich einer Kneipe nähern. Eine genaue Instruktion können Sie leichter befolgen als einen vagen Vorsatz, etwas »besser zu machen«.

Wenn Sie sich vorgenommen haben, sich nicht von einem der in den vorhergehenden Kapiteln beschriebenen emotionalen Anglern fangen zu lassen, kann Ihre Instruktion einfach lauten: »Beiß nicht auf diesen Köder an.«

Sich ablenken

Wenn ein bestimmter Gedankengang sich nachteilig auf Ihre Stimmung auswirkt, hilft es oft, diesen Gedankengang einfach zu unterbrechen. Eine Methode, dies zu tun, ist, sich durch andere Gedanken abzulenken. Wenn die Bilder auf Ihrem inneren Bildschirm Sie deprimieren, schalten Sie auf einen anderen Kanal um.

Hier ein Beispiel: Paul kommt mit einem schweren Koffer am Flughafen an und stellt fest, daß sein Flugsteig sich am anderen Ende eines langen Korridors befindet. Er bekommt schlechte Laune. Er denkt: »Mein Arm bricht gleich ab. Hätte ich doch meinen Gepäckroller mitgenommen. Ich bin ein Idiot, daß ich ihn zu Hause gelassen habe. Dieser Koffer bringt mich um. Warum muß dieser Flugsteig auch am anderen Ende der Welt liegen.« Diese Gedanken steigern seinen Ärger und seine Verkrampfung und machen ihm den Weg nicht gerade leichter. Was kann er tun, um sich abzulenken? Er kann ein Spiel erfinden. »Ich wette, daß die Entfernung zum Schalter 225 Schritte beträgt.« Jetzt muß er jeden Schritt zählen, um zu sehen, ob er recht hat oder nicht. Das lenkt ihn von den Gedanken an den schweren Koffer und die große Entfernung ab. Der Koffer wird dadurch nicht leichter, aber *es wird ihm leichter fallen,* diese Schwierigkeit zu überwinden.

Sie können sich auch mit einer Erfolgsphantasie ablenken, um sich vor einer schweren Aufgabe aufzumuntern. So ein Vorgehen wird oft abschätzig bewertet. »Ach, du versuchst ja nur, dich aufzumuntern.« Stimmt. Was wesentlich sinnvoller ist, als sich zu entmutigen.

Sie können sich durch eine Entspannungstechnik ablenken. Nehmen wir an, Sie liegen im Bett und denken sorgenvoll an all die schrecklichen Dinge, die morgen passieren werden. Das erschwert das Einschlafen und macht das Wachbleiben unangenehm. Sie könnten sich auf Ihren Atem konzentrieren. Den Atem entspannen bedeutet, tief und gleichmäßig in den Bauch statt in den Brustkorb zu atmen. Sie müssen also darauf achten, daß Ihr Bauch und nicht Ihr Brustkorb sich hebt und senkt. Sie können sich auch darauf konzentrieren, wie die Luft durch Ihre Nasenlöcher ein- und ausströmt. Sie können die Atemzüge zählen. Es ist sehr schwierig, all das zu tun und dabei noch an etwas anderes zu denken.

Ralph, ein zweiundzwanzigjähriger Medizinstudent, fühlt sich gedemütigt, weil er keine Erektion bekommen kann, wenn er mit einer Frau ins Bett geht. Er weiß einfach, daß er versagen wird, er sieht es vor sich – und es passiert. Er weiß, daß er an etwas anderes als an seinen eigenen Körper denken muß. Aber an was? Er beschließt, an den Körper seiner Partnerin zu denken. Er denkt an ihr Haar, wie es riecht, wie es sich anfühlt. Er denkt an ihre Haut – und bald kann er kaum glauben, wie gut sein Körper funktioniert, wenn er sich seinetwegen keine Gedanken mehr macht.

Ihre Verteidigung übernehmen

Diese Technik könnte auch »Mit sich selbst rechten« genannt werden. Manchmal ist das nötig, denn wir neigen dazu, härter über uns selbst zu urteilen als über andere. Ein Verhalten, das Sie einem Freund verzeihen würden, vergeben Sie sich selbst nicht. Andere können Fehler machen, und Sie vergessen sie wieder. Sie selbst begehen einen Fehler und werfen ihn sich die nächsten achtzig Jahre lang vor.

Was Sie da tun, ist, sich selbst vor Gericht zu stellen und dabei alle Rollen außer einer zu übernehmen. Sie sind der Angeklagte. Sie sind der Staatsanwalt. Sie sind die Jury. Und Sie sind der Richter. Sie haben nicht die geringste Chance. Was bei diesem Prozeß fehlt, ist der Verteidiger. Die Aufgabe des Verteidigers ist es, auf die mildernden Umstände hinzuweisen: »Ja, diese Person ist schuldig, aber Sie müssen die Umstände berücksichtigen.« Er wird die Beweise außerdem in einem für den Angeklagten günstigeren Licht präsentieren: »Ja, der Angeklagte scheint schuldig zu sein, aber Sie kennen nicht die ganze Geschichte.« Und schließlich muß er versuchen, ein milderes Urteil zu erwirken: »Ja, diese Person hat es getan, aber sie verdient nicht den elektrischen Stuhl.« Immer wenn Sie dabei sind, sich selbst zu verurteilen, überprüfen Sie zuerst, ob auch ein Verteidiger in Ihrem geistigen Gerichtssaal anwesend ist. Wenn nicht, müssen Sie daran denken, diese Rolle ebenfalls zu spielen. Behandeln Sie sich, wie Sie einen Freund behandeln würden. »Ein Versager? Aber nein, er hat nur eine Pechsträhne.« »Ein gemeines Miststück? Na ja, sie hat etwas Dummes getan, aber sie hat auch ihre guten Seiten.« »Nichts, was dieser Mensch anfaßt, gelingt? Falsch, das ist eine unzulässige Vermutung.«

13. Über die Erkenntnis hinausgehen

Ein junger Mann betritt eine vornehme Bar und bestellt ein Glas Weißwein. Seine Erscheinung ist untadelig – dreiteiliger Anzug, konservative Krawatte, klassische Schuhe. Er spricht mit wohlmodulierter Stimme. Er nimmt das Glas zur Hand – und kippt den Inhalt ganz gelassen auf den polierten Fußboden der Bar.

Der Barkeeper und die anderen Gäste trauen ihren Augen nicht. Der Mann selbst ist ein Bild der Verlegenheit. »Ich weiß nicht, was in mich gefahren ist«, ruft er aus und verläßt fluchtartig die Bar.

Am nächsten Abend ist er wieder da, genauso gut gekleidet wie zuvor. Er bestellt wieder ein Glas Wein. Der Barkeeper zögert eine Sekunde lang, bedient den Mann dann aber doch. »Der arme Kerl war bestimmt betrunken oder krank gestern abend«, sagt er sich. Der junge Mann nimmt das Glas – und schüttet den Wein auf den Boden.

»Ich verstehe das einfach nicht«, ruft er. »Es ist mir so peinlich. Ich weiß nicht, was ich sagen soll.« »Sagen Sie lieber gar nichts, gehen Sie einfach«, schimpft der Barkeeper. »Sie brauchen Hilfe, Mister. Und wagen Sie es nicht, noch einmal hierherzukommen, bevor Sie sich haben behandeln lassen.«

Drei Jahre vergehen. Der gut gekleidete junge Mann betritt wieder die Bar und bestellt wieder ein Glas Wein. »Ich kann mich an Sie erinnern, und ich bin nicht sicher, ob ich Sie bedienen soll«, sagt der Barkeeper.

»Oh, ich kann verstehen, daß Sie so denken«, antwortet der junge Mann. »Aber Sie sollten wissen, daß ich Ihren Rat befolgt habe. Ich war drei Jahre lang dreimal die Woche bei einem Therapeuten in Behandlung. Und nur weil die Therapie so erfolgreich war, habe ich mich wieder hierhergetraut.«

»Na, wenn das so ist – hier ist Ihr Wein.« Der junge Mann lächelt, nimmt das Glas ... und schüttet den Wein auf den Boden.

»Sie haben doch gesagt, die Behandlung sei erfolgreich gewesen«, zetert der Barkeeper, während er hinter dem Tresen hervorkommt, um den Mann hinauszuwerfen. »Das war sie auch«, erwidert dieser. »Ich verstehe jetzt, *warum* ich den Zwang verspüre, den Wein auf den Boden zu gießen, und deshalb ist es mir nicht mehr peinlich, wenn es passiert.«

Die Moral von der Geschichte ist: Einsicht in Ihre Fehler zu gewinnen genügt nicht. Es ist genauso wichtig, *sie nicht mehr zu begehen.*

Von der Erkenntnis zur Tat

Erkenntnis ist sehr wichtig. Der Großteil dieses Buches dient dazu, Ihnen die Erkenntnis zu vermitteln, wie sich Fehler, die in der *Art und Weise, wie Sie über die Dinge denken,* begründet liegen, auf Ihre Gefühle – und damit auch auf Ihre Reaktionen und Handlungen auswirken. Ihr neues Wissen darüber, wie Sie Ihre Denkweise – und daher auch Ihre Gefühle und Stimmungen – ändern können, hilft Ihnen, Empfindungen wie Niedergeschlagenheit, Ängstlichkeit, Streß, Wut und Schuld, die Sie nur behindern, zu Mißerfolg führen und Ihnen allgemein das Leben schwermachen, zu reduzieren. Ihr neues Wissen über diese weit verbreiteten Denkfehler wird Sie auch die Reaktionen anderer besser verstehen lassen.

Nach dieser Vorrede müssen wir nun hinzufügen, daß Erkenntnis allein nicht genügt. All Ihr neugewonnenes Wissen wird Ihnen nicht helfen, wenn Sie es nicht *einsetzen.* Wie jeder Wissenschaftler zugeben würde, zeigen sich die Früchte des Wissens erst in der Praxis.

Nehmen wir zum Beispiel an, daß Sie die Reste Ihres Salz- und Pfeffervorrats aus Versehen zusammengeschüttet haben. Diese Mischung ist alles, was Sie noch von beiden Gewürzen im Haus haben, und Sie sind entschlossen, die Körnchen zu trennen. Sie einzeln auseinanderzusortieren würde Jahre dauern. Daher wäre es in diesem Fall nützlich, etwas über die physikalisch-chemischen Eigenschaften von Natriumchlorid (Kochsalz) und Pfeffer zu wissen. Natriumchlorid ist zum Beispiel wasserlöslich, Pfeffer dagegen nicht. Natriumchlorid wird von statischer Elektrizität angezogen – Pfeffer nicht.

Dieses Wissen allein wird nicht zu einer Trennung von Salz und Pfeffer führen. Sie können solange darüber nachdenken, wie Sie wollen, und die Gewürze werden dennoch vermischt bleiben. Was jetzt gefragt ist, ist eine auf Ihrem Wissen basierende Handlung. Sie könnten die Mischung beispielsweise in ein Glas Wasser schütten. Das Salz löst sich auf, der Pfeffer treibt oben. Dann schöpfen Sie den Pfeffer ab und warten, bis das Wasser verdunstet ist und ein Häufchen Salz zurückläßt. Sie können auch mit einem Stück Fell an einem Luftballon reiben, auf diese Weise statische Elektrizität erzeugen und dann den Ballon über die Salz-Pfeffer-Mischung halten. Die Salzkörnchen werden von der Ballonhaut angezogen, die Pfefferkörnchen bleiben liegen. Problem gelöst!

Auch die Lösung Ihrer persönlichen Probleme erfordert sowohl Wissen als auch Tat. Es ist unabdingbar, zu einem Verständnis Ihrer Gedankenprozesse zu gelangen, aber es ist auch wichtig, dieses Verständnis zu nutzen, das heißt nicht nur anders zu denken und zu fühlen, sondern auch anders zu handeln. Wenn Sie zwar verstehen, warum Sie so empfinden, wie Sie es tun, aber nicht für eine Veränderung sorgen, haben Sie nicht mehr erreicht als der junge Mann in der Bar. Sie müssen über die Erkenntnis hinaus zur Tat gelangen.

Sie sagen vielleicht: »Ich bin ja willens, etwas zu unternehmen, ich weiß nur nicht, was. Ich denke, ich bin bereit, mich in eine neue Richtung zu bewegen – ich weiß nur nicht, wie ich den Motor starten oder welchen Weg ich wählen soll.«

Zweck dieses Kapitels ist es, Ihnen bewährte Techniken zu empfehlen, die Motoren starten, Räder ins Rollen bringen und Wege aufzeigen können. Nicht jede Technik ist für jedes Problem geeignet, aber mindestens eine – wahrscheinlich sogar mehrere – wird Ihnen von Nutzen sein.

Denken Sie daran: Es *genügt nicht*, nur über diese Techniken zu lesen und sie zu kennen. Sie müssen sie anwenden. Sie müssen handeln. Im vorhergehenden Kapitel wurden achtzehn kognitive Techniken beschrieben. Die sieben in diesem Kapitel vorgestellten verhaltensbetonten Techniken sind:

1. Einen Zeitplan anlegen
2. Weiterbildung und Vergnügen planen
3. Problemlösungen finden
4. Das Ziel in kleinere Schritte unterteilen
5. Rollenspiele
6. Neue Verhaltensweisen ausprobieren
7. Entspannungsübungen

Einen Zeitplan anlegen

Ein schriftlicher Zeitplan kann Ihnen helfen, mehr Kontrolle über Ihr Leben zu gewinnen. Das mag befremdlich klingen, aber es stimmt. Wenn Sie planen, etwas zu tun, müssen Sie sich *Zeit dafür nehmen*. Ein Zeitplan hilft Ihnen dabei, Aktivitäten in Ihren Alltag aufzunehmen, die Ihr Wohlbefinden steigern.

Zeitpläne haben sich besonders bei Menschen, die dem Klein-Hühnchen-Syndrom oder der Was-ist-wenn-Blockade zum Opfer fallen, als sehr nützlich erwiesen. Wenn Sie zum Beispiel wissen, daß Sie sehr schnell alles verloren glauben, sobald die Gefahr besteht, einen Zug zu verpassen, können Sie Ihren Tagesablauf so planen, daß Sie sich eine halbe Stunde früher als sonst zum Bahnhof begeben. Und indem Sie aufschreiben, was Sie vorher noch alles erledigen müssen, und genügend Zeit dafür einplanen, können Sie später unangenehme Nervosität und Hektik vermeiden.

Menschen, die häufig daran denken, was alles schiefgehen könnte, neigen dazu, Unternehmungen aufzuschieben. Sie entschuldigen ihre Aufschübe damit, daß sie »einfach keine Zeit haben«. Wenn Sie immer wieder Schritte hinauszögern, die vielleicht ein wenig riskant, aber wichtig für Ihr Weiterkommen sind, können Sie sich durch das Festsetzen eines Termins dazu anhalten, diese Schritte endlich zu unternehmen. Eine Übersicht über Ihren aktuellen Tagesablauf ergibt eventuell, daß Sie statt fernzusehen oder Ihren Schreibtisch zum vierzehnten Mal in diesem Monat aufzuräumen, diese Zeit produktiver und zufriedenstellender nutzen können.

Wenn Sie genau aufschreiben, womit Sie Ihre Zeit verbringen, stellt sich möglicherweise heraus, daß Sie einen großen Teil damit ausfüllen, sich Sorgen zu machen. Ist dies der Fall, können Sie spezielle Zeiten zum Sorgenmachen festlegen und um sie herum Aktivitäten planen, die Ihren Geist anderweitig beschäftigen. Wenn Sie jede Minute des Tages damit verbringen, Ihre Entscheidungen in Frage zu stellen (»Habe ich das richtige getan? Wird alles gutgehen? Was ist, wenn ich mich geirrt habe?«), bleibt Ihnen weniger Energie für das Erreichen Ihrer selbstgesetzten Ziele. Aber wenn Sie eine bestimmte Zeit festlegen, in der Sie Ihre Fortschritte begutachten und bewerten – etwa am Ende des Tages oder der Woche oder des Monats –, ermöglichen Sie sich selbst größere Erfolgschancen und zugleich einen besseren Überblick.

Ja-aber-Menschen können Aktivitäten einplanen, die ihnen gewünschte Fähigkeiten und Erfahrungen vermitteln. Vielleicht sagen Sie öfter: »Ja, das würde ich gerne tun, aber ich weiß nicht wie.« Dann holen Sie Ihren Zeitplan hervor und legen eine Zeit fest, in der Sie diese Fähigkeit lernen können. Wenn Sie sich ständig unter Druck fühlen, weil der Tag nicht genug Stunden für all das hat, was Sie tun »sollten«, kann Ihnen ein Zeitplan etwas von diesem Druck nehmen. Vielleicht stellen Sie fest, daß Sie Ihre Zeit nicht so effektiv nutzen, wie Sie könnten. Oder daß Sie sich mit zu vielen unrealistischen Projekten belastet haben.

Die Erfahrung hat gezeigt, daß eine effektivere Zeitplanung Denkfehler auf vielfältige Weise verhindert oder minimiert. Tatsächlich geht es in diesem ganzen Buch darum, Ihre Zeit besser zu nutzen – nämlich indem Sie Ihre Gedanken auf positive statt auf negative *Handlungen* richten.

Auf den Seiten 282–284 finden Sie einen vorgezeichneten 24-Stunden-Plan, der in Segmente von fünfzehn Minuten unterteilt ist. Da Sie einen großen Vorrat an diesen Plänen benötigen, machen Sie am besten gleich mindestens vierzehn Kopien davon. Sie können die Seiten natürlich auch vergrößert kopieren oder sich mit Linienpapier und Lineal einen eigenen Plan zeichnen. Benutzen Sie nicht das Original im Buch, da Sie es als Vorlage für zukünftige Kopien benötigen.

Rückblickende Verwendung des Zeitplans

Notieren Sie mindestens eine Woche lang Tag für Tag möglichst detailgenau, wie Sie Ihre Zeit verbringen. Schreiben Sie nicht einfach »Zu Hause gewesen« über eine Zeitspanne von 9 bis 15 Uhr am Samstag. Schreiben Sie genau auf, was Sie in diesen Stunden getan haben. Gegessen? Saubergemacht? Geduscht? Ferngesehen? Gelesen? Einem Hobby nachgegangen? Sie können natürlich über mehrere Stunden in Ihrem Plan »Geschlafen« schreiben – wenn Sie wirklich geschlafen haben. Wenn Sie zwischendurch aufgewacht sind und mitten in der Nacht an die Decke gestarrt oder gelesen oder ferngesehen haben, müssen Sie dies auch notieren.

Sinn und Zweck des Plans ist es, Ihnen einen genauen Überblick darüber zu verschaffen, womit Sie Ihre Zeit verbringen. Wir glauben zu wissen, was wir in unseren wachen Stunden tun, aber zumeist wissen wir es nur in groben Zügen und ohne Details angeben zu können. Oft sagen wir: »Wo ist die Zeit bloß geblieben? Ist es wirklich schon Dienstag?« Oder im umgekehrten Fall: »Ist es erst zwölf Uhr mittags? Die Zeit schleicht heute dahin. Die Minuten vergehen wie Stunden.«

Vorausblickende Verwendung des Zeitplans

Jetzt, da Sie einen Plan haben, der Ihnen präzise sagt, womit Sie Ihre Zeit verbringen, brauchen Sie frische Vorlagen, um zukünftige Aktivitäten zu planen.

Die meisten Menschen haben irgendeine Art von zukunftsgerichtetem Terminplan. Das kann auch einfach ein am Kühlschrank klebender Zettel mit der Bemerkung »Wagen um 15 Uhr von der Werkstatt abholen« sein oder eine Notiz auf dem Wandkalender, die besagt »24. Januar – 12 Uhr Zahnarzt«. Die meisten Leute halten Verabredungen und Termine ein. Wenn etwas dazwischenkommt, verschieben sie den Termin.

Sie können auch einen Zeitplan anlegen, der Sie zwingt, Verabredungen mit sich selbst einzuhalten. Sie wissen wahrscheinlich aus Erfahrung, daß der Vorsatz »Ich muß das irgendwann einmal in Angriff nehmen« selten zu konkreten Ergebnissen führt. Wenn eine Freundin sagt: »Wir sollten uns dieser Tage mal verabreden«, ist es sehr ungewiß, wann diese Verabredung stattfinden wird. Etwas anderes ist es, wenn sie sagt: »Wollen wir am nächsten Dienstag um 12.30 Uhr in dem und dem Restaurant zusammen zu Mittag essen?« In diesem Fall ist es sehr wahrscheinlich, daß Sie sich entweder an jenem Dienstag oder zu einem anderen für beide akzeptablen Termin sehen werden. Genauso ist es wahrscheinlicher, daß Sie einen Vorsatz wirklich ausführen, wenn Sie einen genauen Termin oder Zeitraum dafür festlegen.

Sie können Pendelzeiten in öffentlichen Verkehrsmitteln besser nutzen oder ablenkende Aktivitäten (ins Kino gehen, jemanden anrufen, ehrenamtliche soziale Dienste leisten, einen Kurs belegen) für die Zeiten planen, die Sie sonst damit verbringen, sich Sorgen zu machen oder zu grübeln. Sie selbst entscheiden, was Sie tun wollen, und notieren dann, wann Sie es tun wollen. Und dann *tun* Sie es.

Viele Leute sind der Meinung, daß sie ihre Zeit schon so effektiv wie möglich nutzen. Sie werden sagen: »Glauben Sie mir, es gibt keine ungenutzte Minute in meinem Tagesablauf.« In manchen Fällen mag das stimmen. Aber meistens kann durch effizienteres Handeln zusätzliche Zeit freigesetzt werden. Dies hat eine psychologische Studie über Problemlösungen in einer Büroumgebung belegt. Zwei Gruppen sollten gemeinsam dasselbe Problem lösen. Eine Gruppe bekam dafür einen Raum mit einem Tisch und bequemen Stühlen zur Verfügung gestellt. Die zweite Gruppe sollte in einem Raum arbeiten, in dem es noch nicht einmal eine einfache Sitzgelegenheit gab. Was glauben Sie, welche Gruppe das Problem schneller löste? Die Gruppe, deren Mitglieder stehen mußten, reduzierte die Plaudereien und Scherze, die in den meisten Besprechungen vorkommen – und bestimmt in solchen, bei denen die Teilnehmer es bequem haben –, auf ein Minimum und war daher deutlich früher fertig.

Zeitplanung in Krisenzeiten

Zeitpläne sind in Krisenzeiten und Phasen erhöhten Stresses, wie sie etwa eine Scheidung oder eine Krankheit darstellen, besonders nützlich, da in solchen Phasen zu Ihren normalen Aufgaben, Pflichten und Aktivitäten zusätzliche Belastungen kommen. Das kann zu einer Überforderung führen, wodurch Sie auch Routinedinge nicht mehr zufriedenstellend erledigen können.

Indem Sie aufschreiben, was Sie erledigen müssen und wann Sie es erledigen müssen und sich dann an diesen Plan halten, befreien Sie sich von einem Teil des Drucks, der auf Ihnen lastet. Sie müssen auf diese Weise nicht an alles auf einmal denken und können Ihren Tag so produktiv wie möglich gestalten.

Zeitplanung ist von besonders hohem Wert, wenn Ihre Krise im Verlust des Arbeitsplatzes und dem Druck, eine neue Stelle finden zu müssen, besteht. »Outplacement«-Spezialisten (das sind – häufig von der entlassenden Firma angeheuerte – Berater, die höheren Angestellten helfen sollen, eine neue Stelle zu finden) verlangen von ihren Klienten, zur Arbeitssuche genauso früh und pünktlich zu erscheinen wie zu ihrer normalen Arbeit. Die Stellensuche wird zu ihrem neuen Job, dem sie acht Stunden täglich nachgehen müssen.

Auf diese Weise werden Sie nicht nur aktiv, wenn Sie von einer Stelle erfahren, auf die Sie sich bewerben könnten, sondern betrachten es als Ihre Aufgabe, selbst nach in Frage kommenden Stellen zu suchen.

Vorbereitungszeit einplanen

Enthielt Ihr rückblickender Zeitplan genügend *Vorbereitungszeit*? Vorbereitungszeit wird oft vergessen oder vernachlässigt. Dabei kann sie von entscheidender Wichtigkeit für Ihren Erfolg sein. Alice ist zum Beispiel aufgeregt, weil sie bei einer Konferenz eine Präsentation abhalten muß. Sie hat sich ausreichend durch eine schriftliche Ausarbeitung sowie Schaubilder und Folien vorbereitet. Aber als sie noch einmal im Geist alles durchgeht, um herauszufinden, was sie so nervös macht, merkt sie, daß sie noch mehr Vorbereitungszeit braucht. Sie kann einen durch Klein-Hühnchen-Syndrom und Was-ist-wenn-Denken hervorgerufenen inneren Aufruhr vermeiden, indem sie einen früheren Flug bucht. Dadurch hat sie möglicherweise etwas Leerlauf an ihrem Zielort, aber wenigstens ist sie da, wo sie sein muß, und braucht sich keine Sorgen mehr über Staus, Wetterbedingungen oder ähnliche Hindernisse zu machen. Außerdem hat sie so noch genügend Zeit, um sich davon zu überzeugen, daß alle benötigten Materialien und Gerätschaften vorhanden sind (oder diese andernfalls noch besorgen zu lassen). Auch dies vermindert ihren Streß, und Zeit, die zur Verminderung von Streß beiträgt, ist meistens eine gute Investition.

Zeit für Geselligkeit einplanen

Enthielt Ihr rückblickender Zeitplan Zeit für *Geselligkeit*? Die Autorin Erma Bombeck gesteht in einem ihrer Bücher, Angst davor zu haben, eine Party zu geben. Sie verspricht immer, Leute einzuladen, sobald das Sofa neu bezogen ist, die Kinder ihr Examen gemacht haben oder die

Steuernachzahlung erfolgt ist. Also kommt es nie dazu. Ihr Problem ist es, erklärt Bombeck, daß ihrer Überzeugung nach alle Leute von ihr erwarten, eine elegante und mühelose Gastgeberin zu sein, wenn sie in Wirklichkeit so nervös ist, daß sie kaum Hallo oder Auf Wiedersehen sagen kann.

Wie Erma Bombeck zweifellos weiß, teilt sie dieses Problem mit Millionen anderen. Offenbar handelt es sich dabei um einen Fall von zu viel Furcht vor imaginären Kritikern – und daher ist es der erste Schritt für Bombeck und ihre Leidensgenossen, zu überlegen, wie elegant eine Party sein muß, damit Freunde einen netten Abend miteinander verbringen können. Muß sie dazu perfekt sein? Der zweite, genauso wichtige Schritt ist dann, *einen Termin für die Party festzulegen.*

Statt also zu warten, bis das Sofa neu bezogen ist und die Kinder Enkelkinder haben, nehmen Sie sich Ihren Zeitplan vor und suchen sich einen Termin aus. Diesen Termin müssen Sie einhalten. Sie legen einen Termin fest, um eine Gästeliste aufzustellen. Sie legen Termine fest, an denen Sie Einladungen schreiben oder telefonisch aussprechen. Und wenn diese Termine da sind, tun Sie genau das. Sie halten diese Verabredung mit sich selbst ein, und bald darauf werden Sie auch eine Verabredung mit anderen getroffen haben. Danach machen Sie eine Liste der Dinge, die Sie für die Party benötigen, und legen eine Zeit fest, in der Sie sie besorgen.

Wenn die Party erst einmal einen festen Platz in Ihrem Zeitplan hat, werden Sie auch einen Weg finden, sie stattfinden zu lassen. Und Ihre Freunde werden einen Weg finden zu kommen. Die meisten Leute wissen, daß es sich so verhält. Man muß sie nur zuerst dazu bringen, die Party auf ihren Terminkalender zu setzen. Nur vage daran zu denken genügt nicht.

Natürlich gibt es auch Menschen, die erst einmal eine Zeit festlegen müssen, um überhaupt über ihr Sozialleben nachzudenken. Sie würden gern mehr Leute kennenlernen, sind aber zu beschäftigt, zu gestreßt oder zu schüchtern, um sich auch nur Gedanken darüber zu machen, was sie zur Erweiterung ihres Freundeskreises tun könnten. Hier ist es nötig, einen Zeitraum festzulegen, in dem Sie etwas Neues ausprobieren oder darüber nachdenken und mit anderen darüber sprechen, was dieses Neue sein könnte. Und dann müssen Sie Zeit dafür einplanen.

Selbstkontrolle

Feste Termine für Ihre Aktivitäten zu haben bedeutet nicht, jegliche Flexibilität aufzugeben. Es wird recht häufig etwas Unerwartetes auftauchen, das Ihre Aufmerksamkeit erfordert und Ihren Zeitplan durcheinanderbringt. Das ist in Ordnung. Es bedeutet lediglich, daß Sie etwas, das nicht mehr auf Ihren Zeitplan paßt, auf einen späteren Zeitpunkt oder ein späteres Datum verschieben müssen. Sie werden jedoch feststellen, daß Sie – auch zu einem verschobenen Termin – mehr in die Tat umsetzen, als wenn Sie keinen Plan angelegt hätten.

Weiterbildung und Vergnügen planen

Das bringt uns zu einer weiteren, verwandten Technik. Einsichten und Erkenntnisse in die Tat umsetzen kann auch das Planen von Aktivitäten einschließen, die Ihre Fähigkeiten erweitern oder Ihnen einfach Freude bereiten.

Vergnügen planen

Viele Menschen vernachlässigen es, entspannende Unternehmungen zu planen, weil sie von Streß und Problemen so niedergedrückt sind, daß sie an so etwas wie Vergnügen gar nicht mehr denken. Oder sie ziehen es vor zu warten, daß sich vergnügliche Aktivitäten spontan ergeben. Doch gerade in Streßzeiten oder wenn Sie merken, daß sich bestimmte Unternehmungen nicht spontan ergeben, kann eine solche Planung erforderlich sein. Wenn es Ihnen ergeht wie den meisten Leuten, gibt es wahrscheinlich Dinge, die Sie gerne tun, zu denen Sie aber nur sehr selten kommen. Wie Katie, die sagt: »Ich liebe das Theater.« Aber wenn man sie fragt, wie oft sie ins Theater geht, lautet die Antwort: »Oh, ein- oder zweimal im Jahr.«

Wenn Sie etwas, das Ihnen Freude bereitet, nur ein- oder zweimal im Jahr (wenn überhaupt) tun, geben Sie sich nicht genug Raum für Anregungen und Vergnügen. Wenn Sie gerne ins Theater gehen, gibt es wahrscheinlich mehr als ein oder zwei Stücke, in die Sie während eines Jahres gehen könnten. Selbst wenn Sie in einer Kleinstadt leben, gibt es bestimmt ein Schultheater, das jedes Jahr ein Stück zur Aufführung bringt, oder eine Universitäts- oder Gemeindetheatergruppe. Die Inszenierungen haben vielleicht nicht die Qualität großer Bühnen, aber sie sind Theater. Indem Sie sie besuchen, können Sie Ihre Erfahrungen erweitern und mehr Freude in Ihr Leben bringen.

Vergnügen strukturiert zu planen kann besonders für Leute von Vorteil sein, die von anderen erwarten, daß sie ihre Gedanken lesen. Elise geht zum Beispiel gern ins Kino und findet, daß ihr Mann Frank das wissen und manchmal von sich aus einen Kinobesuch vorschlagen sollte. Aber da Filme auf Franks Prioritätenliste nicht ganz oben rangieren, enttäuscht er sie ständig ungewollt.

Elise muß also zuerst einsehen, daß ihr Mann unmöglich ihre Gedanken lesen kann. Aber der *Handlungsschritt*, den sie dieser Einsicht folgen läßt, könnte beispielsweise darin bestehen, den Freitagabend als regelmäßigen Kinoabend vorzuschlagen. Elise bittet Frank, diesen Termin in seinen Zeitplan aufzunehmen, und da Frank nichts gegen Kinobesuche hat und Elise eine Freude machen will, erklärt er sich einverstanden. Weil er weiß, daß sie sich freitags einen Film ansehen, schlägt er nun hin und wieder selbst einen vor. Und das freut Elise natürlich noch mehr.

Selbstvertrauen aufbauen

Erfolg baut Ihr Selbstvertrauen auf, und daher lohnt es sich, Zeit in Aktivitäten zu investieren, bei denen Sie erfahrungsgemäß erfolgreich sind. Das müssen keine großen, veränderungsträchtigen Taten sein – Sie können ein bestimmtes Gericht kochen oder bei einer Briefaktion für eine politische Kampagne helfen. Alles, was Sie erfolgreich durchgeführt haben – und sei es auch noch so geringfügig –, ist eine Wiederholung wert. Jedesmal, wenn Sie sich sagen können »Ich habe dies und das getan, und ich habe es gut gemacht« steigern Sie Ihr Wohlbefinden und stärken Ihr Selbstvertrauen für neue und unbekannte Erfahrungen.

Übung planen

Wenn Sie in einer Sache, die Sie noch nicht so gut beherrschen, gerne gut wären, planen Sie Unternehmungen ein, die Ihnen die nötige Übung vermitteln. Nehmen wir an, Sie verschieben es immer wieder, eine Party zu geben, weil Sie fürchten, daß diese Party – um bei Erma Bombecks Worten zu bleiben – nicht »elegant und mühelos« über die Bühne gehen würde. Höchstwahrscheinlich rührt Ihre Befürchtung daher, daß Sie nicht viel Erfahrung im Organisieren von Partys haben. Leute, die Partys elegant und scheinbar mühelos inszenieren, haben sehr viel Übung darin.

Wie das Sprichwort schon sagt: »Übung macht den Meister.« Niemand erwartet von einem Golfanfänger, das Masterturnier zu gewinnen. Niemand erwartet von einer Mannschaft Siege, bevor sie nicht oft zusammen trainiert hat.

Leute, die zum erstenmal vor einem Computer sitzen, sind oft etwas eingeschüchtert. »Was ist, wenn er explodiert?« (Wird er nicht.) »Was ist, wenn mir Daten abstürzen?« (Willkommen im Club.) Übung bringt auch hier mehr Gelassenheit – und Spaß. Trotzdem glauben viele Leute, daß man in bezug auf manche Aktivitäten (gesellschaftliche Konversation machen, Sex haben, eine Party geben, zu einer Gruppe sprechen) entweder ein Naturtalent ist oder ein ewiger Versager bleibt. Falsch. Falsch. Falsch. Die begabteste Athletin erringt keinen Sieg ohne Training. Der talentierteste Schauspieler braucht Proben. Nobelpreisträger in den Naturwissenschaften haben zuerst dies und jenes ausprobiert, bevor sie die entscheidende Formel fanden. Und gleiches gilt für jedes menschliche Bestreben. Selbst die Gabe der Rede findet sich am häufigsten bei denjenigen, die das Sprechen vor und mit anderen geübt haben. Wenn Sie es also in irgend etwas zur Meisterschaft bringen wollen, müssen Sie Übungszeiten in Ihren Zeitplan einbauen. Wenn Sie zu Was-ist-wenn-Fragen neigen, werden sich die Antworten durch Übung einstellen. Was ist, wenn das Rezept nicht gelingt? Die Antwort ist: »Ich werde daraus lernen und das Rezept das nächste Mal abwandeln.«

Was ist, wenn Sie ein Vorstellungsgespräch haben und abgelehnt werden? Das wird wahrscheinlich häufig passieren, während Sie Vorstellungsgespräche üben. Analysieren Sie jedesmal, was dabei gut lief und was nicht. Je mehr Vorstellungsgespräche Sie hinter sich bringen, desto gelassener werden Sie. Sie wissen allmählich, was auf Sie zukommt. Sie werden mit der Sorte Fragen vertraut, die man Ihnen stellt. Sie werden geschickter in Ihren Antworten. Der Party-Gastgeber in spe mag jetzt sagen: »Ich weiß nicht, was ich üben soll, da ich nicht weiß, wie man eine Party gibt.« Die Antwort darauf ist, klein anzufangen. Üben Sie, indem Sie zuerst nur ein paar gute Freunde einladen und abwarten, wie der Abend verläuft. Wenn Sie auf dieser Ebene sicherer geworden sind, erweitern Sie den Kreis und laden noch andere Leute ein. Sie können Ihre Partyformel allmählich verbessern. Variieren Sie die Zutaten. Merken Sie sich, was sich bewährt und was nicht.

Ein Perfektionist mag einwenden: »Selbst wenn ich noch so viel übe, werde ich meinen Herzenswunsch nie verwirklichen können. Selbst wenn ich jeden Tag Fußball spiele, werde ich – mit fünfzig Jahren – nie für meine Lieblingsmannschaft antreten können.« Auch in diesem Fall ist der erste Schritt ein Denkschritt. Wenn Sie nicht haben können, was Sie sich am meisten wünschen, was ist dann Ihr zweitgrößter Wunsch? Der nächste Schritt besteht in der Tat: üben, um sich diesen zweitgrößten Wunsch zu erfüllen.

Problemlösungen finden

Wenn Sie gestreßt sind, erscheinen Probleme oft unlösbar. Eine der nützlichsten Strategien beim Umgang mit schwierigen Problemen ist zu fragen: »Was ist zur Lösung dieses Problems zu tun?« statt: »Kann dieses Problem gelöst werden?« Indem Sie die Frage einfach ins Aktiv setzen, vergrößern Sie die Wahrscheinlichkeit einer Lösungsfindung.

Aktiv nach Lösungen suchen

Wenn Sie sich in einer Streßsituation befinden, weisen Sie oft eine naheliegende Lösung aus dem einfachen Grund zurück, weil sie *Ihnen* eingefallen ist (»Wenn ich selbst darauf gekommen bin, kann es nicht viel taugen«). In diesem Fall können Sie sich helfen, indem Sie aktiv nach Lösungen suchen. Sie stellen sich die Frage: »Hat schon einmal jemand irgendwo, zu irgendeiner Zeit, dieses Problem gelöst?«

Jetzt überlegen Sie, wen Sie fragen, was Sie lesen, woher Sie Informationen über Lösungsmöglichkeiten für Ihr spezielles Problem bekommen können. Sie können dann einige der Lösungen, die andere gefunden haben, ausprobieren – und, falls nötig, etwas Versuch und Irrtum üben –, um zu entscheiden, welche für Sie die beste ist.

Janice ist Mutter zweier kleiner Kinder und lebt seit kurzem von ihrem Mann getrennt. Sie fühlt sich durch ihre Situation überfordert, denn einerseits will sie arbeiten, um Geld dazuzuverdienen, aber andererseits kann sie sich ohne Geld noch keine Kindertagesstätte leisten.

Janice spürt Leute auf, die sich in der gleichen Situation befinden. Sie geht zu einem Treffen alleinerziehender Eltern und erfährt von einer Frau, daß diese sich Geld als Babysitter dazuverdient, wobei sie gleichzeitig auf ihre eigenen Kinder aufpassen kann. Das bringt Janice auf zwei Ideen: Sie verteilt Flugblätter in der Nachbarschaft, auf denen sie ihre Dienste als Babysitter anbietet, und sieht Anzeigen von Babysittern durch, die auf ihre Kinder aufpassen könnten, falls sie einen Teilzeitjob als Kellnerin bekommt.

Den Weg zum Ziel in kleinere Schritte unterteilen

Der größte Hinderungsgrund, ein Ziel zu erreichen, ist wahrscheinlich der Eindruck, daß der Weg dorthin zu mühselig, zu schwierig, zu kostspielig oder zu gefährlich ist. Wenn Sie von der Prämisse ausgehen, daß Sie nicht besitzen, was immer zur Erreichung dieses Ziels nötig ist, ist die naheliegendste Reaktion, einfach aufzugeben. Warum überhaupt anfangen, fragen Sie, wenn meine Mühen doch alle umsonst sein werden?

Eine Technik gegen diese Reaktion ist es, an den ersten Schritt und nicht an das Endziel zu denken. Wenn Sie auf dem Gehweg vor einem dreistöckigen Gebäude ohne Aufzug stünden und es Ihr Ziel wäre, in den dritten Stock zu gelangen, wonach würden Sie Ausschau halten?

Sagten Sie Treppenstufen?

Richtig.

Der direkteste Weg wäre es vielleicht, auf die Höhe des dritten Stocks zu schweben und durch ein Fenster einzusteigen, aber unter praktischen Gesichtspunkten ist es vernünftiger, die Stufen zu suchen und eine nach der anderen hinaufzusteigen.

Das gilt auch für das Erreichenwollen von Zielen. Wenn Sie auf die Frage »Was ist zur Lösung dieses Problems zu tun?« antworten »zuviel«, denken Sie vielleicht in zu großen Schritten. Bevor Sie aufgeben oder nachgeben, wäre es besser zu fragen: »Welche speziellen Schritte würde es erfordern, um der Lösung dieses Problems näherzukommen?«

Machen Sie sich eine Liste der nötigen Schritte. Gehen Sie sie dann noch einmal durch und unterteilen Sie die Schritte in noch kleinere – je kleiner, desto besser, selbst wenn der Schritt Ihnen schon lächerlich klein erscheint. (Telefonbuch holen. Nummer heraussuchen. Nummer aufschreiben. Nummer wählen.) Schritte, die lächerlich klein erscheinen, sind leicht zu bewältigende Schritte.

Rollenspiele

»Die ganze Welt ist Bühne und alle Fraun und Männer bloße Spieler« schrieb William Shakespeare in *Wie es euch gefällt* – und wie recht er damit hat.

Wir alle spielen dauernd Rollen. Haben Sie nicht auch schon gelächelt, obwohl Ihnen nicht danach zumute war? Haben Sie nicht auch schon Ihre normale Arbeit erledigt – Kunden bedient, Telefongespräche geführt, was auch immer –, obwohl Sie sich krank fühlten und lieber zu Hause im Bett gelegen hätten? Haben Sie nicht auch schon manchmal so getan, als sei alles in Ordnung, weil Sie nicht wollten, daß andere auf Ihre Probleme aufmerksam werden?

Die meisten Menschen spielen mehr Rollen, als ihnen bewußt ist. Sie sprechen aus Erziehungsgründen streng mit einem Kind, obwohl sie innerlich schmunzeln müssen. Sie heucheln Verständnis für die Beschwerde eines Kunden, obwohl sie finden, daß der Kunde eine nörgelnde Nervensäge ist. Sie verhalten sich bei einer ersten Verabredung rücksichtsvoller als später, wenn man sich schon länger kennt.

Und doch zögern sie oft gerade dann, eine Rolle zu spielen, wenn sie davon *am meisten profitieren* könnten.

Howard zum Beispiel fühlt sich auf Partys verlegen und hat Hemmungen, andere anzusprechen. Was aber wäre, wenn Howard in die Rolle eines selbstbewußten Partygängers schlüpfen würde? Er kommt selbstsicher herein, lächelt, als würde er alle kennen und sagt: »Hallo, ich heiße Howard« – so wie es ein wirklich selbstbewußter Partygänger tun würde.

Sie denken vielleicht: »Das kann ich nicht.« Warum nicht? Es ist nur eine weitere Rolle unter vielen, die Sie bereits spielen müssen. Rollenspiele sind eine sehr wirkungsvolle Technik zur Verhaltensänderung. Wenn Sie sich anders verhalten wollen, können Sie eine andere Rolle spielen. Geben Sie vor, jemand anders zu sein. Tun Sie so, als *wären* Sie die Person, die Sie gern sein möchten.

Wenn Sie gern ein freundlicher Mensch wären, können Sie damit beginnen, sich freundlich zu benehmen. Lächeln Sie und sagen Sie hallo. Nicht alle werden zurücklächeln. Nicht alle werden zurückgrüßen. Aber einige werden es. Beobachten Sie den Effekt, den Ihr Verhalten auf andere Menschen hat.

Therapeuten nennen diese Technik »Aussetzen in eine In-vivo-Situation«. Ein Therapeut, der versuchte, das Selbstvertrauen eines Klienten zu stärken, bot diesem einmal an, ihn in eine Singlebar zu begleiten. Er schlug seinem Klienten vor, daß dieser ihn zuerst beobachten und anschließend nachahmen sollte. Der Therapeut ging also auf eine Frau zu und begann ein Gespräch mit ihr. Der Klient imitierte dieses Verhalten und war bald selbst in einem Gespräch begriffen. Am nächsten Tag gestand der Therapeut einem Kollegen, daß er noch nie einen solchen Erfolg in einer Singlebar gehabt hatte. Indem er die Rolle des »selbstbewußten Therapeuten« spielte (was er seinem Patienten schuldig zu sein glaubte), gelang ihm etwas, für das er als »er selbst« immer zu unsicher gewesen war.

Sie können jede Rolle spielen, die Sie möchten. Sie können eine Rolle ausprobieren und sehen, ob sie für Sie geeignet ist. Sie können eine erfolgversprechende Rolle vorher proben.

Ein Drehbuch schreiben

Es kann nützlich sein, für die Rolle, die Sie spielen wollen, vorher ein kleines Drehbuch zu schreiben. Ungleich einem richtigen Drehbuch können Sie natürlich nicht festlegen, was die anderen Personen sagen werden. Aber indem Sie sich durch das Drehbuch auf Ihre eigenen Worte vorbereiten, können Sie Ihr Selbstvertrauen im Umgang mit der anvisierten Situation stärken. Drehbuchautoren beschreiben im allgemeinen die gesamte Szene und legen auch fest, was die Personen anhaben. Auch Sie können vorher planen, was Sie tragen werden. Je ausgiebiger Sie vorbereitet sind, desto besser.

Rollenspiele können Ihnen in allen möglichen Situationen helfen. Wenn Sie einen Anruf tätigen müssen, um etwas zu verkaufen, können Sie so tun, als wären Sie ein professioneller Telefonverkäufer, der gern telefoniert und sich von fünfzig Absagen überhaupt nicht beeindrucken läßt, weil der einundfünfzigste Anruf erfolgreich sein kann. Sie schreiben auf, was dieser enthusiastische Telefonverkäufer zu der Person am anderen Ende der Leitung sagen könnte, und denken sich zusätzlich ein paar alternative Erwiderungen aus: »Wenn der andere dies sagt, werde ich das sagen.« Wenn Sie auf Partys nicht wissen, was Sie sagen sollen, lesen Sie die Zeitung, bevor Sie aus dem Haus gehen. Picken Sie ein paar Berichte oder Geschichten heraus, die Sie interessieren, und schreiben Sie auf, was Sie dazu sagen könnten. »Ich habe heute gelesen, daß der Präsident eine Verbesserung der wirtschaftlichen Situation absieht. Was meinen Sie dazu?« Andere nach ihrer Meinung fragen ist immer ein guter Gesprächsanknüpfungspunkt. Die meisten Leute sind an sich selbst interessiert und finden andere, die ebenfalls an ihnen interessiert sind, interessant.

In einem seiner Filme spielt der Komiker Danny Kaye einen unscheinbaren Mann, der einem vermißten hohen Regierungsbeamten ähnlich sieht. Man überredet ihn, diesen Würdenträger zu verkörpern, damit die Bevölkerung nicht merkt, daß er verschwunden ist. Aber natürlich besitzt er nicht das Wissen dieses hohen Regierungsbeamten. Wie kann er sich also als dieser ausgeben, ohne daß der Schwindel gleich auffliegt? Er schafft dies, indem er keine Frage wirklich beantwortet. Er legt die Hände unter dem Kinn zusammen, gibt seinem Gesicht einen nachdenklichen Ausdruck und sagt nur »Hmmm«. Oder: »Da könnten Sie recht haben.« Das ist nur ein Film, zugegeben. Aber es ist wahr, daß auch das einfachste Drehbuch Ihnen bei der Bewältigung einer schwierigen Situation äußerst nützlich sein kann.

Ein Drehbuch für ein heikles Gespräch kann Ihnen helfen, während des Gesprächs die Ruhe zu bewahren. Sandy muß sich mit ihrem von ihr getrennt lebenden Mann Al über eine Regelung seiner Besuche bei den gemeinsamen Kindern einigen. Sandy weiß, daß ihre Gespräche mit Al häufig mit gegenseitigem Anschreien enden. »Du sollst mir nicht vorschreiben, was ich zu tun habe.« »Ja, du willst nie auf jemand anderen hören, das ist dein Problem.« Sie will nicht, daß es diesmal wieder soweit kommt, und plant vorher sorgfältig eine feste, aber nicht aggressive Gesprächshaltung.

SANDY: »Ich möchte mit dir darüber reden, wie wir deine Besuche bei den Kindern regeln wollen.« Wenn Al einverstanden ist, können sie das Gespräch beginnen. Aber Al sagt möglicherweise: »Nicht jetzt, ich habe zu tun.«

SANDY: »Okay, verstehe ich. Wann würde es dir passen?«

AL (möglicherweise): »Ich weiß nicht. Ich habe im Moment so viel im Kopf. Warum lassen wir es nicht einfach und warten ab, ob es sich von alleine regelt?«

SANDY: »Ich weiß, daß du zur Zeit viel um die Ohren hast, aber wir haben dieses Gespräch jetzt schon lange aufgeschoben, und ich möchte die Situation wirklich gerne klären. Ich würde mich gern am Wochenende mit dir treffen, wenn du mehr Ruhe hast, um darüber zu sprechen. Wäre dir Samstag oder Sonntag lieber?«

AL (wahrscheinlich): »Okay. Ich glaube, Sonntag ginge. Wie wäre es mittags?«

SANDY: »Sehr gut. Verschieben wir es also auf dann.«

Neue Verhaltensweisen ausprobieren

Eine dem Rollenspiel verwandte Technik ist das Ausprobieren neuer Verhaltensweisen. Das bedeutet im Grunde, eine Rolle einzustudieren. Teenager machen das gewöhnlich vor dem Spiegel. Jungen üben, cool auszusehen. Mädchen üben, umwerfend auszusehen. Sie probieren Gesichtsausdrücke vor dem Spiegel. Und was Teenager können, können Sie auch. Sie können Ihre Drehbuchszene üben: »Hallo, ich heiße Howard.« »Hallo, ich bin Howard, kann ich Ihnen einen Drink spendieren?« Sie können auch üben, ruhig und gelassen auszusehen. Sie können ein Lächeln üben. Sie können üben, einfach nur hallo zu sagen. Sie können mit einem Freund oder einer Freundin zusammen ein Vorstellungsgespräch üben.

Entspannungsübungen

Sie wundern sich vielleicht, daß sich Entspannungsübungen in einer Liste von Handlungstechniken finden. Aber sich selbst bewußt zu entspannen kann eine sehr hilfreiche Handlung sein. Wenn Sie angespannt und nervös sind, fällt Ihnen jeder Schritt schwer. Daher kann etwas, das Ihnen hilft, sich zu entspannen, wenn Sie besonders gestreßt, nervös oder besorgt sind, eine äußerst wichtige Unternehmung sein, die Ihnen wiederum andere Unternehmungen erleichtert.

Sie wissen, wann Sie wirklich entspannt sind. Ihr Körper sagt es Ihnen. Ihre Muskeln fühlen sich locker und gelöst an. Sie sind von einem warmen und friedvollen Gefühl durchströmt.

Es gibt viele verschiedene Entspannungstechniken. Manchen Leuten genügt ein warmes Bad oder Musikhören, um ihre Anspannung aufzulösen. Andere setzen sich still und mit geschlossenen Augen in eine Ecke und stellen sich vor, an einem friedlichen, ruhigen Ort zu sein. Sie könnten sich zum Beispiel vorstellen, in einem Boot auf einem in der Sonne glitzernden See zu treiben. Oder am Strand entlangzulaufen und Ihre Zehen von der Brandung umspülen zu lassen. Jede Umgebung, die Sie entspannend finden, hilft Ihnen auch in der Vorstellung, wenn Ihr Körper sich wie ein einziger Knoten anfühlt. Meistens genügt es nicht, nur oberflächlich an diesen Ort zu denken. Sie müssen ihn genauer betrachten und sich Details vorstellen. Welche Farben sehen Sie? Welche Farbe hat der Strand? Welche Farbe hat das Wasser? Wie sieht das Licht aus?

Ihr Ziel ist es, Ihre Gedanken von der Ursache Ihrer Angespanntheit abzuziehen und auf etwas zu richten, das Ihnen Entspannung bringt. Je intensiver Sie also an diesen beruhigenden Ort denken, ihn sich bildlich vorstellen und betrachten, desto entspannter werden Sie.

Manche Menschen finden Meditation hilfreich. Das ist einfach ein anderes Mittel, den Kreislauf Ihres Denkens um den streßverursachenden Gegenstand zu unterbrechen. Eine Meditationstechnik besteht zum Beispiel darin, sich bequem hinzusetzen, tief zu atmen und dabei ein einzelnes Wort zu wiederholen. Das Wort kann irgendeines Ihrer Wahl sein, eines, das Sie mögen und das Ihnen leicht über die Lippen kommt. Viele Meditierende wiederholen einfach den Laut *om*. Sie atmen ein und summen beim Ausatmen *ommmmmm*. Das tun sie etwa zwanzig Minuten lang. Das bedeutet, daß Sie zwanzig Minuten lang ruhig sitzen... auf Ihre Atmung achten... und Geist und Körper entspannen.

Eine andere wirkungsvolle Technik ist, jeden Teil Ihres Körpers einzeln nacheinander zu entspannen, wobei Sie Ihre Gedanken stets auf die jeweilige Stelle richten. Sie können sich zum Beispiel nachts in den Schlaf wiegen, indem Sie zuerst jedem Zeh, dann Ihren Unterschenkeln, Ihren Oberschenkeln, Ihrem Gesäß, Ihrem Bauch und so weiter einzeln gute Nacht sagen. Das ist effektiver als Schafe zählen.

Vielleicht möchten Sie auch eine Kassette mit Entspannungsanleitungen kaufen oder eine eigene Entspannungskassette herstellen. Wenn Sie sich entspannen wollen, spielen Sie einfach die Kassette ab und konzentrieren sich auf die Worte oder die Musik.

Im folgenden finden Sie eine Beispielanleitung für ein solches Tonband. Sprechen Sie die Anleitung in langsamem, ruhigem Tonfall in das Mikrophon Ihres Recorders. Wenn Sie das Band dann abhören wollen, setzen Sie sich dazu auf einen bequemen Stuhl oder legen Sie sich auf Ihr Bett.

Da viele Leute es am wirkungsvollsten finden, jeden Körperteil zuerst anzuspannen, bevor sie ihn entspannen, um ihr Bewußtsein den Unterschied zwischen An- und Entspannung registrieren zu lassen, ist diese Anleitung dahingehend konzipiert. Wenn Sie möchten, können Sie aber auch die Instruktionen zur Anspannung der Muskeln weglassen.

Eine Entspannungsanleitung

Hole tief Atem. Halte ihn kurz an . . . und atme dann aus. Laß den Atem ganz herausströmen. Schließe die Augen.

Damit beginnt der Entspannungsprozeß.

Atme weiter tief, aber entspannt ein und aus. Atme tiefer als gewöhnlich. Atme in den Bauch hinein statt in den Brustkorb. Du kannst fühlen, wie sich der Bauch beim Ein- und Ausatmen hebt und senkt.

Atme tief ein.

Laß den Atem ausströmen. Ganz heraus.

Atme wieder tief ein.

Laß den Atem ausströmen.

Das ist der Beginn des Prozesses, mit dem du deinem Körper gestattest, loszulassen, mit dem du deinen Muskeln erlaubst, sich zu entspannen, mit dem du dir erlaubst, in einen behaglichen warmen, entspannten Zustand zu gleiten.

Atme weiter tief ein und aus – atme in den Bauch hinein und nicht in den Brustkorb.

Jetzt denke an deine Zehen. Biege deine Zehen nach unten. Presse sie aneinander. Spüre, wie angespannt sie sind. Halte diesen Zustand noch ein wenig. Jetzt laß deine Zehen los. Bewege sie ein bißchen. Fühle den Unterschied zwischen dem angespannten Zustand deiner Zehen und ihrem jetzigen entspannten Zustand.

Dein ganzer Körper wird sich anders anfühlen, wenn du ihn entspannt hast, wenn du alle Versteifung und Anspannung losgelassen hast.

Entspanne deinen ganzen linken Fuß. Laß deinen ganzen linken Fuß so entspannt sein wie deine Zehen. Jetzt gehe zu deinem rechten Fuß über. Laß ihn einfach schlaff werden.

Wenn du liegst, strecke deine Beine so lang aus wie du kannst, dehne sie noch ein bißchen weiter. Wenn du sitzt, stemme deine Beine gegen den Fußboden. Wichtig ist, daß du die Anspannung in ihnen fühlen kannst. Halte diese Spannung eine Weile. Das ist die Anspannung, in der sich dein ganzer Körper befindet.

Jetzt erlaube deinen Beinen, sich zu entspannen.

Entspanne deine Unterschenkel. Versuche, dir vorzustellen, wie sie sich entspannen ... wie sie ausruhen ... sich warm und angenehm anfühlen. Entspanne den oberen Teil deiner Beine. Laß die Anspannung aus deinen Knien, deinen Oberschenkeln abfließen.

Manchen Leuten wird wärmer, wenn sie sich entspannen. Vielleicht fühlen sich deine Beine jetzt ein wenig wärmer an. Warm und wohlig und entspannt.

Vielleicht fühlen sich deine Beine auch schwerer an. So schwer, daß es eine große Anstrengung bedeuten würde, sie zu bewegen. Wenn du dies jetzt oder später empfindest, ist das völlig normal. Es ist ein Zeichen, daß dein Körper zur Ruhe findet und sich dem Wohlbehagen öffnet.

Jetzt spanne dein Gesäß an. Fester und fester. Fühle die Anspannung dort. Halte sie noch einen Moment... noch ein klein wenig länger. Desto besser kannst du den Unterschied zwischen dieser Anspannung und dem Gefühl der Entspanntheit spüren, das sich einstellt, wenn du wieder losläßt.

Entspanne dich. Atme weiter tief ein und aus. Atme Weichheit, Wärme, Wohlbehagen ein. Atme Verspannung, Kälte und Versteifung aus.

Atme Weichheit, Wärme und Wohlbehagen ein.

Atme Verspannung, Kälte und Versteifung aus.

Jetzt balle deine Hände zu Fäusten. Drücke die Finger fest gegeneinander. So fest, daß es weh tut. Halte die Spannung in deinen Fäusten. Noch ein klein wenig länger.

Jetzt entspanne deine Hände. Bewege die Finger. Laß deine Hände schlaff... entspannt... und angenehm warm werden. Vielleicht prickeln sie ein wenig. Das ist in Ordnung. Laß deine Finger sich einfach entspannen.

Atme tief ein.

Atme aus... laß den Atem ganz herausströmen.

Lege deine Arme eng an deinen Körper, bohre die Ellbogen in deine Taille. Spanne deine Arme an. Halte diese Spannung in deinen Armen. Halte sie noch ein wenig länger.

Jetzt entspanne sie.

Entspanne deinen linken Unterarm.

Jetzt deinen rechten Unterarm.

Deinen linken Oberarm.

Deinen rechten Oberarm.

Atme weiter tief ein und aus. Du fühlst dich immer wohler. Deine Arme fühlen sich eventuell schwer an. Laß sie einfach schlaff werden. Laß sie einfach schlaff an deinen Seiten liegen oder hängen. Erlaube ihnen, sich warm ... und schwer anzufühlen.

Jetzt spanne deine Schultern an. Ziehe deine Schultern in Richtung deines Halses zusammen. Du spürst die Anspannung dort. Halte sie.

Jetzt entspanne deine Schultern. Laß sie absacken. Laß die Muskeln locker werden.

Laß auch deine Rückenmuskeln locker werden. Entspanne deinen Bekkenbereich. Entspanne den oberen Rücken. Laß deine Schulterblätter sich entspannen.

Entspanne deine Halsmuskeln.

Du spürst, wie dir warm wird. Du spürst vielleicht ein Kribbeln. Alles, was zu deinem Wohlbefinden beiträgt, ist in Ordnung.

Jetzt verspanne deinen Kiefer. Verziehe deinen Mund zu einer Grimasse. Presse deine Lippen direkt über den Zähnen fest aufeinander. Halte die Anspannung dort. Fest. Fest. Fest.

Jetzt entspanne wieder.

Laß deinen Kiefer nach unten fallen... laß deine Lippen locker werden... wenn du angespannt bist, beißen deine Zähne aufeinander... jetzt kannst du spüren, wie Ober- und Unterkiefer locker auseinanderfallen. Laß deine Zunge entspannt im Mund liegen. Du kannst spüren, wie die Spannung von deinem Kiefer abfällt...

Du bist jetzt fast vollständig entspannt... du fühlst dich warm und behaglich.

Entspanne deine Wangenmuskeln.

Entspanne deine Stirn.

Entspanne deine Kopfhaut.

Laß dich einfach in den Stuhl oder das Bett sinken... du sinkst tiefer und tiefer in dieses friedvolle Wohlbehagen, das sich mit der Entspannung einstellt. Tiefer und tiefer und tiefer.

Atme weiter tief ein... und aus... laß mit jedem Ausatmen die Anspannung herausströmen... Atme weiter entspannt ein und aus und genieße diese Zeit totaler Ruhe in deinem Leben.

Wenn du bereit bist, wieder aus der Entspannung herauszukommen, zähle langsam bis fünf... laß dich langsam wieder auftauchen... Du wirst merken, daß du wieder hellwach sein kannst und dich wunderbar erfrischt fühlst.

14. Ein besseres Leben

Sie wußten natürlich auch schon vor der Lektüre dieses Buches, daß Klugheit allein Sie nicht davor bewahrt, dumme Fehler zu machen. Aber jetzt wissen Sie auch genau, *wie* und *warum* so viele dumme Fehler auch bei den Besten und Intelligentesten unter uns zustande kommen.

Sie wußten schon vor der Lektüre dieses Buches, daß die wenigsten unter uns (wenn überhaupt jemand) wie die Heldinnen und Helden im Märchen bis an ihr Lebensende glücklich und zufrieden, ohne Sorgen und Probleme, dahinleben werden. Das wirkliche Leben teilt uns eine Mischung aus Schmerz und Vergnügen, Streß und Zufriedenheit, Sorgen und Freuden aus. Wir können nur versuchen, unseren Anteil an Schwierigkeiten und Problemen möglichst zu verringern und den an Lebensfreude zu steigern. Wir können ohne weiteres zugestehen, daß manche Menschen – und vielleicht gehören Sie ja zu diesen – mehr als das übliche Päckchen an Pech und Problemen zu tragen haben. Es ist nur fair, anzuerkennen, daß viele Leute unter Lebensumständen leiden, die sich ihrer Kontrolle entziehen. Aber Sie wissen jetzt, daß ein großer Teil unseres Leids, unseres Stresses und unserer Sorgen durch unsere *Denkweise* über die Umstände und Ereignisse unseres Lebens verursacht werden. Jetzt verstehen Sie, wie leicht es ist, Schwierigkeiten zu sehen, wo keine sind, unnötiges Unglück heraufzubeschwören und wirklich schwierige Situationen noch ein ganzes Stück schwieriger zu machen.

»Es ist eine Form von Glück, genau zu wissen, wann man unglücklich sein muß«, schrieb der Epigrammatiker François Graf de La Rochefoucauld im siebzehnten Jahrhundert. Ein wahrer Satz. So viele von uns scheinen entschlossen, ohne Anlaß und über das nötige Maß hinaus unglücklich sein zu wollen. Und das vermindert natürlich ihr Maß an Glück. Aber Sie wissen jetzt, *daß Sie etwas dagegen tun können* – und Sie wissen auch, *wie Sie etwas dagegen tun können.*

Eine bessere Idee

Hier ist eine einfache Methode, wie Sie sich die in diesem Buch beschriebene Therapie in ihren Grundzügen merken können: Denken Sie an das Wort IDEE als Akronym für:

I– *Identifikation* Ihres Denkfehlers. (Betrachten Sie die automatischen Gedanken, die Ihnen durch den Kopf schießen.)
D– *Definition* des Fehlers. (Was bedeutet er für Sie? Wie wirkt er sich auf Ihr Leben aus?)
E– *Entwurf* Ihrer Handlungsweise. (Denken Sie sich Alternativen aus, wägen Sie die Vor- und Nachteile ab.)
E– *Einsatz* Ihres Wissens. (Denken Sie daran, daß Erkenntnis nur der erste Schritt ist. Jetzt müssen Sie handeln.)

Macht es etwas aus, wenn Sie Ihren akuten Denkfehler nicht *genau* identifizieren können? Nein, im Grunde nicht. Wie wir gesehen haben, neigen diese Denkfehler eher dazu, sich zu überschneiden, als einzeln und unvermittelt aufzutauchen. Es ist nicht ungewöhnlich, daß Klein-Hühnchen-Syndrom und Was-ist-wenn-Denken zusammen auftreten oder daß Sie gleichzeitig personalisieren und Ihren Kritikern Glauben schenken, um nur zwei von vielen Kombinationsmöglichkeiten zu nennen. Worauf es ankommt ist, daß Sie die Möglichkeit in Betracht ziehen, *einen* der Denkfehler zu begehen. Worauf es ankommt ist, daß Sie innehalten und sich zwingen, Ihre Gedanken zu analysieren. Wenn Sie in ihnen einen Denkfehler entdecken können, ist das ein Anfang. Auch wenn Sie einfach anerkennen, daß Sie wahrscheinlich gerade dabei sind, einen Denkfehler zu begehen – selbst wenn Sie nicht sicher sind, welchen –, ist das ein guter Anfang.

Ist es unerläßlich, eine bestimmte Technik bei einem bestimmten Denkfehler anzuwenden? Nein. Die Tabelle im Anhang A soll Ihnen nur eine Orientierungshilfe geben, welche Techniken bei welchen Fehlern am hilfreichsten sind. Doch Sie werden beim Ausprobieren der Techniken selbst feststellen, welche Ihnen am besten und am häufigsten helfen. Wie die Fehler, die sie korrigieren sollen, überschneiden sich auch die Techniken und können teilweise miteinander kombiniert werden. Wenn Sie mit einer beginnen, wird diese Sie zu anderen führen.

Handwerkszeug fürs Leben

Betrachten Sie die therapeutischen Techniken, die Sie in diesem Buch gelernt haben, als Handwerkszeug, das Sie Ihr Leben lang begleiten wird. Schön wäre es, wenn ein Problem nie wieder aufzutauchen wagte, wenn Sie es einmal bewältigt haben. Schön wäre es, wenn die Versuchung, sich negativen Gedanken zu überlassen, nie wiederkehrte, wenn

Sie ihr einmal erfolgreich widerstanden haben. Aber so ist das Leben nicht. Das Leben ist wie ein Spiegel, der ständig gereinigt und von Staub befreit werden muß. Aber diese Aufgabe fällt Ihnen leichter, wenn Sie das richtige Werkzeug zur Hand haben.

Es ist nützlich, immer wieder in dieses Buch hineinzuschauen, während Sie die Millionen von Problemen bewältigen, die sich Ihnen in den Weg stellen. Wenn Sie sich die kognitiven und verhaltenstherapeutischen Techniken mit einiger Regelmäßigkeit ins Gedächtnis rufen, bleibt Ihr Handwerkszeug gut gepflegt und einsatzbereit.

Denken Sie daran, daß alles Werkzeug der Welt nutzlos ist, wenn Sie es nicht *benutzen*. Mit keinem Hammer und keiner Säge, die in der Schublade oder im Geräteschuppen verstauben, wurde jemals ein Haus gebaut. Jemand muß sie zur Hand nehmen und mit ihnen hämmern und sägen. Dasselbe gilt für die hier beschriebenen Werkzeuge. Sie bleiben nur ein interessanter Wissensgegenstand, wenn Sie sie nicht in Ihr Leben integrieren. Das kostet etwas Mühe. Aber es ist keine riesengroße Mühe, und von selbst wird sich leider gar nichts ändern.

Die Welt ist nicht nur negativ

Manchmal mag es Ihnen erscheinen, als ob Sie bis zum Hals in einem Schlammloch voller Unwissenheit, Gleichgültigkeit und Unvernunft stecken. Das ist zweifellos entmutigend. Aber glücklicherweise gibt es bei aller Unwissenheit auch viel Wissen. Es gibt auch engagierte Leute. Es gibt auch vernünftige Menschen. Die Welt ist nicht nur negativ. Sie müssen nicht in dem Schlammloch steckenbleiben – Sie können herauskommen, auch wenn dies nur langsam zu bewerkstelligen ist.

Viele Menschen geben auf. Die Mühe, sich einen ersten Schritt zu überlegen und diesen Schritt zu unternehmen, scheint so groß zu sein, daß sie lieber kurzfristig Trost darin suchen, anderen die Schuld für Ihr Unglück zu geben. Aber es ist besser, an längerfristigen Gewinn zu denken – zum Beispiel daran, wieviel wohler Sie sich fühlen werden, wenn Sie aus dem Schlammloch heraus sind.

Verantwortung für sich selbst übernehmen

Wenn Sie beschließen, das Handwerkszeug der kognitiven Therapie zur Verbesserung Ihrer Lebensqualität einzusetzen, beschließen Sie im

Grunde, selbst die Verantwortung für Ihre Lebensqualität zu übernehmen. Und das ist wirklich eine wichtige Entscheidung.

Sie bedeutet, daß Sie sich sagen:

- »Ich werde mir nicht von meiner Vergangenheit meine Zukunft zerstören lassen.«
- »Ich werde mich nicht von Verletzungen, die mir andere zugefügt haben, niederdrücken lassen.«
- »Ich werde mich nicht von Hindernissen, die mir meine Lebensumstände oder andere Menschen in den Weg legen, aufhalten lassen. Ich werde nach einem Weg über diese Hindernisse hinweg oder um sie herum suchen.«
- »Andere kann ich vielleicht nicht verändern, aber der eine Mensch, den ich sicher beeinflussen und verändern kann, bin ich.«
- Und um eine Zeile aus dem bekannten Film *Network* zu zitieren: »Ich habe eine Stinkwut, aber ich laß mir das nicht länger bieten.«

Sie können viel Zeit damit verbringen, für Ihre negativen, selbstbehindernden Gefühle einen Elternteil verantwortlich zu machen, der Sie mißbraucht oder enttäuscht hat. Sie können Sie auch auf unfaire Kritik schieben oder auf einen schweren, unverdienten Rückschlag in Ihrem Leben oder schlicht auf Ihr persönliches Pech. Und Sie können vollkommen recht damit haben, daß die Schläge, die Sie hinnehmen mußten, einen entscheidenden Einfluß auf Ihr Leben hatten. Aber nur Sie können entscheiden, ob Sie sich von diesen Schlägen zu Boden drücken lassen.

Denken Sie daran, daß Sie Ihre Probleme nicht lösen, indem Sie anderen – oder widrigen Umständen – die Schuld an ihnen geben. Die anderen mögen sie *verursacht* haben, aber was die Lösung betrifft, müssen Sie sich sagen: »Es liegt bei *mir.*«

Das wird vielen Lesern sicher unfair erscheinen. Warum sollten »die« ungestraft mit dem, was sie getan haben, davonkommen? Vielleicht ist es wirklich unfair. Aber die Schuldigen könnten jetzt tot sein. Oder sie könnten sich gleichgültig zeigen. Ihnen ist möglicherweise nicht klar, was sie angerichtet haben. Sie könnten sich uneinsichtig und feindselig verhalten. Sie könnten tausend Gründe haben, um nicht an einer positiven Veränderung in Ihrem Leben interessiert zu sein. Deshalb liegt es bei Ihnen. Die anderen mögen Ihren Schmerz und Ihr Leid verursacht haben – aber was tun *Sie* dazu, um den Schmerz wachzuhalten?

Oft geben wir in Wirklichkeit anderen die Schuld, wenn wir uns selbst anzuklagen scheinen. »Ja, ich bin drogenabhängig. Ja, ich habe Depressionen. Ja, ich habe ständig Angst. Aber was kann man erwarten, nach all dem, was ich durchgemacht habe?« Oder: »Ich habe wirklich keinen Anspruch auf Lebensfreude, bei meiner Vergangenheit.«

Betrachten Sie das Wort »Vorwurf« einmal genauer. Das Verb dazu heißt »vorwerfen«. Wenn Sie anderen etwas vorwerfen – das heißt vor die Füße werfen –, versperren Sie sich auch selbst den Weg, egal wie berechtigt der Vorwurf sein mag.

Denken Sie daran: Was zählt, ist Ihre Einstellung zum Leben. Was zählt, ist, was Sie denken. Was zählt, ist, was Sie tun.

Identifikation.

Definition.

Entwurf.

Einsatz.

»Nimm dich deiner Gedanken an«, sagte Platon. »Du kannst mit ihnen tun, was du willst.«

Anhang A: Tabelle der Techniken

Die folgende Tabelle gibt Ihnen einen Überblick darüber, welche der in den Kapiteln zwölf und dreizehn vorgestellten Techniken für welche der zehn Denkfehler am geeignetsten sind. Manche Techniken helfen bei jedem Fehler – dann befindet sich in jedem Kästchen ein Kreuz. Ansonsten zeigt das Kreuz die Fehler an, bei denen die Technik besonders wirkungsvoll ist.

	Klein-Hühnchen-Syndrom	Gedankenlesen	Personalisieren	Ihrem PR-Agenten glauben	Ihren Kritikern glauben	Perfektionismus	Vergleichssucht	Was-ist-wenn-Denken	Gebote des Sollens	Ja-aber-Sucht
1. Bedeutungen untersuchen	×	×	×	×	×	×	×	×	×	×
2. Beweise in Frage stellen	×	×	×	×	×	×	×	×	×	×
3. Verantwortung zuschreiben					×			×		×
4. Ent-Katastrophisieren	×				×				×	
5. Alternative Gedanken entwickeln	×	×	×		×	×			×	
6. Alternative Gefühle entwickeln	×	×	×		×	×			×	
7. Alternative Handlungen entwickeln	×	×	×		×	×			×	
8. Vorteile und Nachteile vergleichen		×		×		×				
9. Ihre Fehler benennen	×	×	×	×	×	×	×	×	×	×
10. Und dann?	×		×						×	
11. Übertriebene Übertreibungen								×		×
12. Auf einer Skala von 1 bis 10 bewerten	×			×			×		×	

	Klein-Hühnchen-Syndrom	Gedankenlesen	Personalisieren	Ihrem PR-Agenten glauben	Ihren Kritikern glauben	Perfektionismus	Vergleichssucht	Was-ist-wenn-Denken	Gebote des Sollens	Ja-aber-Sucht
13. Aus der Not eine Tugend machen								×		
14. Negative Vorstellungen durch positive ersetzen		×								
15. Positive Vorstellungen üben		×								
16. Selbstinstruktion				×			×			×
17. Sich ablenken	×								×	
18. Ihre Verteidigung übernehmen			×		×					
19. Einen Zeitplan anlegen	×	×	×	×	×	×	×	×	×	×
20. Weiterbildung und Vergnügen planen	×	×	×	×	×	×	×	×	×	×
21. Problemlösungen finden	×		×	×	×			×	×	
22. Den Weg zum Ziel in kleinere Schritte einteilen						×	×			
23. Rollenspiele			×	×		×			×	×
24. Neue Verhaltensweisen ausprobieren	×	×	×	×	×	×	×	×	×	×
25. Entspannungsübungen	×							×		

Anhang B: Zeitplan für Ihre täglichen Aktivitäten

Anmerkung: Bewerten Sie Ihre Aktivitäten W (Weiterbildung) und V (Vergnügen) von 1 bis 10

Wochentag ______________________________

Vormittag

6.00	9.00
6.15	9.15
6.30	9.30
6.45	9.45
7.00	10.00
7.15	10.15
7.30	10.30
7.45	10.45
8.00	11.00
8.15	11.15
8.30	11.30
8.45	11.45

Mittag/Nachmittag

12.00	15.00
12.15	15.15
12.30	15.30
12.45	15.45
13.00	16.00
13.15	16.15
13.30	16.30
13.45	16.45
14.00	17.00
14.15	17.15
14.30	17.30
14.45	17.45

Abend

18.00	21.00
18.15	21.15
18.30	21.30
18.45	21.45
19.00	22.00
19.15	22.15
19.30	22.30
19.45	22.45
20.00	23.00
20.15	23.15
20.30	23.30
20.45	23.45

Nacht

0.00	3.00
0.15	3.15
0.30	3.30
0.45	3.45
1.00	4.00
1.15	4.15
1.30	4.30
1.45	4.45
2.00	5.00
2.15	5.15
2.30	5.30
2.45	5.45

Register

PIPER

Walter Krämer/Gerald Mackenthun
Die Panik-Macher

362 Seiten. Geb.

Die Deutschen sind die Größten. Zumindest die größten Angsthasen – behaupten zumindest Walter Krämer und Gerald Mackenthun. Viel zu schnell lassen sie sich Angst einjagen, Angst um die Gesundheit, Angst um den Job, Angst um das Geld ... All das wäre noch gar nicht so schlimm, wenn sie wenigstens Angst vor den wirklichen Gefahren des Lebens hätten.
Walter Krämer, Statistikprofessor und Bestsellerautor (»Das Lexikon der populären Irrtümer«) und der Wissenschaftsjournalist Gerald Mackenthun untersuchen die wichtigsten Katastrophenmeldungen der letzten Jahre und klopfen sie daraufhin ab, was wirklich dahinter steckt: Tatsache – oder vielleicht doch nur ein Wahrnehmungsproblem? Wirklicher Grund zur Sorge – oder nur eine der Gefahren des alltäglichen Lebens, die die Menschheit seit Adam und Eva begleiten?
Gegen die Panikmacher hilft nur ein kühler Kopf – und Risiko-Abwägung, wie zum Beispiel die »Krämer-Mackenthun-Risiko-Skala«.

PIPER

Annette C. Anton / Daniel Kiecol
Was die Welt nicht braucht

Von Chatten bis Waschbrettbauch. 268 Seiten. Geb.

Täglich werden wir mit den überflüssigsten Dingen, dümmsten Moden und peinlichsten menschlichen Verhaltensweisen konfrontiert. Annette Anton und Daniel Kiecol wollen sich dem nicht länger wehrlos ergeben und setzen zum Gegenangriff an. Endlich wird die Wahrheit gesagt über Hunde mit Halstüchern und ihre Besitzer, über Frauen, die nichts essen, aber trotzdem irgendwie am Leben bleiben, und über den Drang der Menschen, sich witzige Anrufbeantworteransagen auszudenken. Die vorzeitlichen Rituale hinter dem ganz gewöhnlichen Verhalten von Männern in Sitzungen werden gnadenlos entschlüsselt, und es wird aufgedeckt, was Eltern dazu treibt, ihre Kinder mit originellen Vornamen zu quälen. Auch sogenannte Lifestyle-Trends, die erwachsene Menschen dazu bringen, wieder Roller zu fahren oder von hohen Brücken zu springen, werden nicht geschont. Der Lebensstil der »Generation Golf« wird genüßlich seziert und zum Abschuß freigegeben.

Richard P. Feynman
Was soll das alles?

Gedanken eines Physikers. Aus dem Amerikanischen von Inge Leipold. 153 Seiten. Serie Piper 3316

Von einem großen Wissenschaftler – und Feynman war einer der bedeutendsten Physiker dieses Jahrhunderts – kann man immer profitieren. Selbst wenn Feynman in den hier postum publizierten Texten kaum über Physik spricht, sich vielmehr Themen zuwendet, die jeden nachdenklichen Menschen angehen, lohnt es, mit ihm zusammen zu reflektieren, seine Denkanstöße aufzunehmen. Ihn beschäftigt die Neugier des Menschen, alle Rätsel des Universums aufzuklären. Er wirbt um Verständnis dafür, daß wir nicht alles wissen werden, was wir wissen wollen. Die Rolle der Kreativität in den Wissenschaften bedenkt er ebenso wie den Wert, den Wissenschaft erst aus ihrer Anwendung gewinnt. Und er diskutiert den Konflikt und die Vereinbarkeit von Religion und Wissenschaft, Krieg und Frieden, das Mißtrauen gegenüber Politikern.
Über all dies und mehr denkt Feynman nach – mit viel gesundem Menschenverstand und der Weisheit eines genialen Wissenschaftlers.

PIPER

David Allen

Wie ich die Dinge geregelt kriege

Selbstmanagement für den Alltag. Aus dem Englischen von Helmut Reuter. 315 Seiten. Geb.

Hier geht es nicht um den großen theoretischen Überblick, um die wesentlichen Ziele und Werte, gar um Sinn und Zweck der Arbeit – die Theorie und das Philosophieren darüber überläßt David Allen anderen. Hier geht es schlicht um den »Nahkampf im Detail«, wie man die tägliche Arbeit so organisiert, daß man leistungsfähig und effizient ist, ohne sich dabei kaputtzumachen. Allen läßt den Leser an bewährten Strategien teilhaben, die er bei Seminaren quer durch die USA erprobt und u.a. bei Microsoft und dem amerikanischen Justizministerium eingeführt hat. Ob es nun um die Bewältigung der täglichen E-Mail-Flut geht, um das Jonglieren mit eiligen Terminen oder konstantes Telefonklingeln – mit der richtigen Methode lassen sich die meisten Dinge innerhalb von zwei Minuten organisieren. Und auch die Frage, warum kluge Menschen am stärksten dazu neigen, alles hinauszuschieben, oder wie man sein Gehirn von Zeit zu Zeit intelligent zum Schweigen bringen kann, wird beantwortet. Kurz: Das Buch handelt vom Zauber, das Banale meistern zu können.

PIPER

Mick O'Hare/New Scientist (Hg.)
Warum fallen schlafende Vögel nicht vom Baum?

Wunderbare Alltagsrätsel. Aus dem Englischen von Helmut Reuter. 247 Seiten. Geb.

Unsere Welt ist ein Ort voller Geheimnisse. Um die großen Fragen, auf die Menschen Antworten suchen, kümmert sich die große Wissenschaft. Wie aber steht es mit den kleineren Rätseln? Warum hat jeder Mensch einen anderen Fingerabdruck? Warum ist der Himmel blau? Bringt eine Fliege, die mit einer Lokomotive zusammenstößt, den ganzen Zug möglicherweise für den Bruchteil einer Sekunde zum Halten?
Für alle Neugierigen, die solche und ähnliche Fragen stellen, hat die renommierte Zeitschrift »New Scientist« eine »letzte Seite« eingerichtet. Die Fragen der Leser werden wiederum von Lesern beantwortet. Es sind skurrile, hintergründige, witzige und ganz normale Fragen mit ebensolchen Antworten von der »letzten Seite« des »New Scientist«, die in diesem Buch gesammelt sind. Ob es um den menschlichen Körper, Pflanzen und Tiere, Tricks und Erfindungen, die große Wissenschaft des Alltags geht – immer gibt es etwas zu lernen und zu staunen.

PIPER

Mick O'Hare/New Scientist (Hg.)

Was macht die Mücke beim Wolkenbruch?

Neue wunderbare Alltagsrätsel. Aus dem Englischen von Helmut Reuter. 240 Seiten. Geb.

Es gibt Menschen, die denken intensiv über die Quantenmechanik nach. Andere fragen sich hingegen, warum ihr Fallschirm oben ein Loch hat. Viele Menschen suchen im Kosmos nach außerirdischem Leben, andere überlegen, was wohl im Weltraum mit ihrem Glas Bier passieren würde. Dieses Buch läßt, wie schon sein erfolgreicher Vorgänger »Warum fallen schlafende Vögel nicht vom Baum?«, die kleinen Fragen und die Alltagsrätsel hochleben. Diese können überhaupt nicht skurril oder hintergründig genug sein – den engagierten Lesern des »New Scientist« fallen immer wieder köstliche Antworten auf die Fragen ein, die andere Leser bewegen. Beispiele erwünscht? Was macht eine Kampfkastanie unbesiegbar? Was ist überhaupt eine Kampfkastanie und wozu braucht man sie? Wie und warum überlebt eine Mücke einen Wolkenbruch? Weshalb sind Eier eiförmig? Die Leser erfahren schließlich auch, weshalb Ameisen in einem eingeschalteten Mikrowellenherd vergnügt herumrennen können. Es gibt also viel zu staunen und viel zu lesen.

Paul Watzlawick

Anleitung zum Unglücklichsein
Vom Schlechten des Guten
oder Hekates Lösungen

Doppelband. 255 Seiten. Geb.

»Die Zahl derer, die sich ihr eigenes Unglück nach bestem Wissen und Gewissen selbst zurechtzimmern, mag verhältnismäßig groß scheinen. Unendlich viel größer aber ist die Zahl derer, die auch auf diesem Gebiet auf Rat und Hilfe angewiesen sind. Ihnen sind die folgenden Seiten als Einführung und Leitfaden gewidmet.« Die so vom Autor präsentierte »Anleitung zum Unglücklichsein« ist ein Millionenbestseller geworden. Dies läßt den Schluß zu, daß Leiden ungeheuer schön sein muß. Wollen Sie überraschenderweise glücklich werden, so sollten Sie Watzlawicks Ratschläge lesen, aber nicht befolgen. Denn das Buch ist »ein Lesevergnügen mit paradoxem Effekt« (Brigitte). Das gilt natürlich auch für »Vom Schlechten des Guten«. Mit vielen schönen Beispielen zeigt der Meister des »Unglücklichseins«, wie wir immer wieder auf die vermeintlich hundertprozentigen und glatten Lösungen hereinfallen, die uns die Schicksalsgöttin Hekate anbietet.